普通高等教育"十一五"国家级规划教材

石油和化工行业"十四五"规划教材（普通高等教育）

药品生产
质量管理工程

第三版

朱世斌　刘　红　主编

殷殿书　朱宏吉　副主编

U0359525

化学工业出版社

·北京·

内容简介

　　《药品生产质量管理工程》（第三版）全面更新、增补了国家药品监管最新法律法规及科学监管、智能监管要求；介绍了国际人用药品注册技术协调会（ICH）有关药品质量周期管理、质量风险管理、药品质量体系等指导原则；增设了疫苗生产质量安全管理章节；为了适应制药业的智能制造、连续化生产对药品生产质量管理提出的新挑战，进一步充实了药厂（车间）设计、生产管理、质量管理与控制、确认与验证、无菌药品生产质量管理、制药用水章节的内容。

　　新版《药品生产质量管理工程》彰显"国家级规划教材"独特优势，内容新颖翔实，体系完整清晰，理念与国际接轨，是普通高等学校制药工程、生物工程、药学、药物制剂等专业本科生教材的理想选择。本书也可作为制药企业员工培训及药品管理、研发人员的参考用书。

图书在版编目（CIP）数据

　　药品生产质量管理工程/朱世斌，刘红主编．—3版．—北京：化学工业出版社，　2022.2（2024.2重印）

　　普通高等教育"十一五"国家级规划教材

　　ISBN 978-7-122-40283-7

　　Ⅰ.①药… Ⅱ.①朱…②刘… Ⅲ.①制药工业-工业企业管理-质量管理-高等学校-教材 Ⅳ.①F407.763

　　中国版本图书馆 CIP 数据核字（2021）第 235648 号

责任编辑：马泽林　杜进祥
责任校对：王佳伟
装帧设计：关　飞

出版发行：化学工业出版社
　　　　　（北京市东城区青年湖南街 13 号　邮政编码 100011）
印　　装：大厂聚鑫印刷有限责任公司
787mm×1092mm　1/16　印张 21½　字数 535 千字
2024 年 2 月北京第 3 版第 4 次印刷

购书咨询：010-64518888　售后服务：010-64518899
网　　址：http://www.cip.com.cn

凡购买本书，如有缺损质量问题，本社销售中心负责调换。

定　　价：58.00 元

《药品生产质量管理工程》(第三版) 编写人员

主　编　朱世斌　刘　红
副主编　殷殿书　朱宏吉
编　者(按姓氏笔画为序)

王金子　国家药品监督管理局高级研修学院
朱世斌　国家药品监督管理局高级研修学院
朱宏吉　天津大学化工学院
刘　红　西南大学药学院
刘敬涛　石家庄四药有限公司
张　珩　武汉工程大学化工与制药学院
张秀兰　武汉工程大学化工与制药学院
张朔生　山西中医药大学中药与食品工程学院
殷殿书　石家庄四药有限公司
潘红春　西南大学药学院

前 言

2021 年是我国"十四五"规划开局之年，国民经济进入一个新的发展阶段。制药行业是高新技术密集交叉行业，新发展带来新的机遇，自动化、连续化、智能化、数字化领域的技术进步和快速发展，给制药业发展开辟了新途径。同时，人民至上、生命至上的执政理念对药品质量管理也提出了更高的要求。国家药品监督管理局（简称国家药监局）"十四五"时期药品监管工作的主要目标提出，要构建更加科学、高效、权威、现代的监管体系；药品监管能力整体接近国际先进水平；药品安全保障水平持续提升；形成更加有利于医药产业高质量发展的监管生态和环境；人民群众对药品质量和安全更加放心、更加满意。2019 年以来，国家陆续出台或修订了重要的药品监管法律法规，引入国际药品管理的新理念和新标准。为了贯彻国家最新的药品监管法律法规要求，对药品质量实施"最严谨的标准、最严格的监管、最严厉的处罚、最严肃的问责"的总体要求，笔者对《药品生产质量管理工程》（第二版）进行了全面修改、充实和更新。第三版教材引进国际先进药品质量管理指导原则，内容更加充实丰富，观念与时俱进，具有突出的特色。

首先，第三版教材全面更新了药品监督管理法律法规方面内容。2015 年以来，国家对药品监督管理开启了一系列重大改革措施，鼓励药物创新，加快药品审评审批程序，2019 年，我国颁布了世界上首部有关疫苗管理的法律——《中华人民共和国疫苗管理法》（以下简称《疫苗管理法》），并重新修订了《中华人民共和国药品管理法》（以下简称《药品管理法》）。为了贯彻这两部法律，2020 年，国家市场监督管理总局发布了《药品注册管理办法》《药品生产监督管理办法》等一系列的新法规，国家药监局和国家卫健委联合发布了《中华人民共和国药典》（以下简称《中国药典》）（2020 版），之后陆续出台一系列部门规章、办法，可以看出，国家对药品监督管理的力度明显加大，正朝着智能监督、科学管理的方向发展。尤其是 2021 年 4 月 27 日国务院办公厅发布了《关于全面加强药品监管能力建设的实施意见》，提出强基础、补短板、破瓶颈、促提升，对标国际通行规则，深化审评审批制度改革，持续推进监管创新，加强监管队伍建设，按照高质量发展要求，加快建立健全科学、高效、权威的药品监管体系，坚决守住药品安全底线，进一步提升药品监管工作科学化、法治化、国际化、现代化水平，推动我国从制药大国向制药强国跨越，更好满足人民群众对药品安全的需求。本版教材顺应时代发展趋势，及时更新内容，将最权威的法律法规纳入其中，与时俱进。

其次，自从 2017 年国家药监局加入 ICH（国际人用药品注册技术协调会）后，国家药监部门加快了 ICH 系列指导原则在我国的转化和实施，预计将有更多的 ICH 指导原则被国家采用。面对制药行业国际化步伐的加快，本版教材紧跟国际先进标准，对国际通行规则予以采纳推广，对新的监管理念取其精华，兼容并蓄。GMP（药品生产质量管理规范）本身就是 ICH 质量指导原则之一

（ICH Q7），本版教材进一步增加了药品质量风险管理（ICH Q9）、药品质量体系（ICH Q10）、药品生命周期管理（ICH Q12）等内容。我国2010版GMP也借鉴了ICH指导原则，但当时的附录只有3个，近几年陆续增加到13个附录，大大丰富和扩展了GMP的内容和涵盖的范围。本版教材重视ICH制定的一系列指导原则，将其融入教材各章内容之中，使其与国际先进理念接轨。

再次，增加了疫苗生产质量安全管理方面的内容。2020年，一场突如其来的新型冠状病毒肺炎疫情席卷全球，对人类的生命造成巨大威胁。疫苗是抗击这场疫情大流行的重要工具，是预防病毒大规模传播的药物，因而疫苗的研发和生产成为世界各国的焦点。在应对这场全球疫情大挑战中，我国的疫苗研发、生产处于全球第一方阵，国药中生疫苗、科兴中维疫苗先后被纳入WHO"紧急使用清单"（EUL），这将推进我国深度融入"新冠疫苗实施计划"，对助力中国疫苗走向世界舞台具有里程碑的意义。为了普及疫苗知识，本版教材不失时机地增加了"疫苗生产质量安全管理"一章，在介绍疫苗基础知识之后，对疫苗生产管理、质量管理和安全管理的重点内容进行系统论述，这是本教材向生物制品领域的一次突破，扩大了教材的使用范围，适应了疫情暴发时期对制药工程专业教育的需求，具有深远的意义。

最后，新修订的《药品管理法》对药品生产质量的监管方式发生了重要改变，由原来五年一次的GMP认证模式，转变为国际通用的动态监管模式，采取核查、抽查和定期检查等多种形式，加大了实施GMP力度。取消GMP认证后，药品上市许可持有人如何实施GMP，如何适应药监部门的GMP符合性检查？面对新的变化，教材对这些改变做了针对性的分析，按照新的法律法规要求，阐述了CMP符合性检查的目的要求、重点内容和方式方法，并对GMP发展趋势进行展望，对药品生产企业更加有效地实施GMP具有现实的指导作用。

总之，全面修订的第三版教材用系统工程的理论，对影响药品生产质量的关键要素进行了全面的论述，紧跟时代步伐，扩大国际视角，同时保留了教材原有的编写体例，有利于教学方式的延续和传承。

以数字化引领的新形态教材正在蓬勃发展，本教材紧跟时代发展，尝试在数字化转型中有所突破。全书八章均增加了扫码阅读的拓展资料，有PPT课件、文档、微课、小视频等。为教材提供这些数字化资源的有本书的编委，还有制药行业的科技公司。比如：中国生物技术股份有限公司、西南大学、江苏中有信科技有限公司、南京药育智能科技有限公司等，笔者向所有为教材数字化作出贡献的企业和个人表示衷心感谢。

参加本版教材编写的编委分工如下。第1章 概论：朱世斌、朱宏吉；第2章 药厂（车间）设计：张珩、张秀兰；第3章 生产管理：殷殿书；第4章 质量管理与控制：潘红春；第5章 确认与验证：张朔生；第6章 无菌药品生产质量管理：刘红；第7章 疫苗生产质量安全管理：王金子；第8章 制药用水：刘敬涛、殷殿书。

笔者特别感谢第一版教材的各位编委，他们创造性的工作，为教材的创立、框架结构和基本内容编写奠定了坚实的基础，作出重要贡献；笔者也非常感谢第二版教材的所有编委，他们的艰苦努力和辛勤付出，使得教材能够持续改进和发展；笔者衷心感谢本版教材的每一位编委，在新冠疫情刚刚得以控制，自身工作处于极其繁忙的2021年，不辞辛苦，通过网上沟通交流，博采众长，拓新知识，以高度的社会责任感和使命感，如期完成了教材的修订工作。

在二十大即将召开之际，期待新版教材能发挥"培根铸魂，启智增慧"的作用，能给读者耳目一新的感觉，能够从中获取药品生产质量管理工程有益的知识和新的理念。如有不足之处，还望药界同仁不吝赐教，批评指正。

朱世斌

第一版前言

制药工程专业是 21 世纪我国高等教育改革的产物，是以培养从事药品生产工程技术人才为目标的化学、药学和工程学交叉的工科专业。1998 年，教育部在制订新的工科本科目录的文件中指出："药品是人类战胜疾病、维护健康的特殊商品，它的研制和生产流通整个过程虽然与有机化学及化工过程密切相关，但更有其独有的特殊性。它不仅要考虑终产品的药理、药效问题，更要考虑其使用安全性和毒副作用，因此不宜将它简单地归并为化学工程问题来考虑。目前我国制药类专业人才培养，虽然原设置的药学与制药类专业较多，但除了专业分得太细的问题外，尚存在重理论、轻实践的培养模式，不能适应生产部门和行业的需要。鉴于上述几方面的原因，将涉及多学科知识交叉的制药类专业合并成大类，形成新的制药工程专业是十分必要的，也是符合国情和行业发展需要的。"简言之，国家之所以设立制药工程专业，一是药品质量的重要性；二是药品生产的实践性。

从 1999 年开始，约有一百多所高校开办了制药工程专业，速度之快，令人惊讶。然而，随着制药工程专业发展规模的不断扩大，教材建设成了制约制药工程专业发展的瓶颈之一。为此，有必要编写一本药品生产质量管理方面的本科生教材，以适应我国高等院校制药工程专业和药学专业快速发展的需要。更加重要的是，必须从学生时期开始注重质量意识的培养，让他们牢固树立"药品质量，人命关天"的观念，并能比较系统地掌握药品生产质量管理的规律。

质量问题是经济发展中的一个战略问题。质量水平的高低是一个国家经济、科技、教育和管理水平的综合反映，已成为影响国民经济和对外贸易发展的重要因素之一。

"质量"这两个字所涉及的领域非常广泛，内容极其丰富。在人类社会，质量无所不在，与人人有关，与事事相连。企业在产品质量中得到生存与发展，产品质量在社会中得到验证。质量是现代经济永恒的主题。药品质量更不例外。

药品是一种特殊商品，直接关系人民群众的生命安全，其质量的要求比其他产品更加严格。人类社会经过一个世纪的不断探索与发展，在饱尝了"药害"事件给人类带来灾难的同时，也对药品的生产总结出了一套规范化的管理办法，这就是《药品生产质量管理规范》(Good Manufacturing Practices for Drugs 或 Good Practice in the Manufacturing and Quality Control of Drugs，简称 GMP)。

然而，GMP 仅仅是一个法规，只对影响药品生产质量管理的各种要素做原则规定。至于如何实施 GMP，实施过程中需要应用哪些技术和方法则不做具体限制。这好比是给你一个任务："建一栋楼房，要求是安全、经济、环保、舒适和节能。"至于怎么建、用什么材料、花多少钱、房屋结构、水电气冷的设施等，没有具体规定。对于从未接触制药生产过程的本科生来说，学习 GMP 的条文是十分枯燥、乏味和难懂的课程。为此很有必要编写一本以 GMP 为原则，重点介绍 GMP 实施技术和方法的教科书，这就是本书——已被教育部列为普通高等教育"十一五"国家级规划教材的《药品生产质量管理工程》。

参加本书编写工作的专家分别来自药品监管系统、制药企业、高等院校及药学学术组织，具有广泛的代表性。特别是企业的专家直接参与编写，使本书内容更具有实践性和可操作性。

本书共分 7 章，由朱世斌教授提出编写思路和纲要并最后统稿。编写分工：第 1 章概论——朱世斌；第 2 章药厂（车间）设计——张珩、张秀兰；第 3 章生产管理——肖志坚；第 4 章质量管理——钱月红；第 5 章验证——邓海根、刘明言；第 6 章无菌药品生产质量管理——朱世斌、刘明言；第 7 章药品生产工艺用水——钱应璞、王玉琪。附录由钱月红提供。此外，王玉琪对第 5 章、肖志坚对第 6 章做了部分修改。

本书编写过程中，得到了化学工业出版社、阿斯利康制药有限公司（无锡）的大力支持，在此表示衷心的感谢。

笔者作为主编，曾为制药工程专业在职研究生（工程硕士）编写过一本《药品生产质量管理工程》教材。然而，为从未接触过药品生产实践的高校本科生编写这类教材，仍感一定压力。特别是如何把握课程难易、内容深浅、篇幅等问题，颇费思考。虽然我们尽了很大努力，但是由于水平有限，书中疏漏与不妥之处在所难免，诚恳欢迎各位同行和读者批评指正。

朱世斌

2008 年 2 月于北京

第二版前言

本书为普通高等教育"十一五"国家级规划教材——《药品生产质量管理工程》的修订版。自从 2008 年原版教材发行以来,制药行业和高校的制药工程教育均发生了很多变化。首先,2011 年国家颁布了《药品生产质量管理规范》(2010 年修订),修订版的附录一直延续到 2017 年仍在陆续发布。2010版《药品生产质量管理规范》的核心是和国际接轨,为制药企业走出去,参与国际竞争奠定基础,扫清障碍;其次,制药行业的技术进步非常迅速,自动化、信息化、集成化等新技术在改变传统制药行业的同时,也给药品质量的监管提出了新的课题;最后,2016 年教育部将药品生产质量管理工程列为制药工程专业必修课,意在提升学生的质量意识,掌握药品生产运行过程中质量管理的法律法规、理论知识和实际技能。将药品生产质量管理工程列为必修课,理所当然要有合适的高质量的教材。有鉴于此,教材的修订势在必行。

2016 年 10 月,化学工业出版社组织部分高校、制药企业等单位共 9 人组成教材修订编委会,编委会的组成延续了上届编委会的风格,以高校为主、企业和药监系统人员为辅的三结合模式。制药工程专业以培养药品生产工程技术人员为目标,教材的内容必须体现制药企业的生产实际。修订期间,编委们参观了石家庄四药有限公司承担的河北省大容量注射剂工程技术研究中心的现代化注射剂生产线,耳闻目睹了药品生产过程的智能化、计算机控制和严格的质量管理。编委们获益匪浅,为教材修订增加了很多感性认识。审稿时,高校老师写的稿子请企业专家审,企业专家写的稿子请高校老师审,取长补短,相得益彰。既保证教材内容符合生产实际,又满足高校教学形式需要,充分显示了三结合编委会的优势。

修订后的教材体现了以下特点:一是对符合法规和企业生产实际的内容予以保留或补充,原书的结构基本不变,以保持教材的连续性和可靠性。二是全面更新书中涉及的法律法规,如《中华人民共和国药品管理法》《中华人民共和国药典》《药品生产质量管理规范》等。重点以《药品生产质量管理规范》(2010 年修订)和国际公认的 GMP 为标准,确保教材内容完全符合法规要求,与国际接轨,保持教材的先进性。三是增加了近年来制药行业在生产质量管理方面的新技术、新方法和新进展的内容。如医药工业 4.0、质量风险管理、自动化和计算机验证等,紧跟时代步伐,保持教材的新颖性。四是吸收了八年来制药工程专业教学实践经验,各章均安排有实例、案例以及思考题,方便学生扩展知识,增加了教材的实用性。

编写本书的初衷是为高等教育学校制药工程专业提供一本实用的教科书,实际上,对一些相关学科,如药学、制剂学、中药学专业,本书也是适用的。最近笔者听说,有些制药企业开始用此书作为职工培训教材,也收到很好的效果。

作为本科生教材,教学参考时数约为 36 学时,也可以结合本校的实际情况，对教学内容进行选择和侧重。比如第2章药厂(车间)设计，是本书的一大亮点，内容突破了管理的范畴，深入到工程设计的专业领域，但同时这部分内容也是教学的难点。一些学校因缺乏这方面的师资而不愿意使用本书，修订后的教材把药品生产环境调整至第2章前部。如果因条件缺乏不能讲授药厂设计的专业技术内容时，可暂时把药品生产环境作为第2章的主要教学内容，待条件具备时再全面讲授药厂（车间）设计的其他部分。

在《药品生产质量管理工程》再版之际，我要特别感谢第一版的各位编委。主编：朱世斌、刘明言、钱月红；编委：张珩、张秀兰、肖志坚、邓海根、钱应璞、王玉琪；责任编辑：何丽。正是他们卓越的奉献，创造性的努力，方能从无到有，诞生了这本教材。而且教材的内容十分丰富，观点极具预见性，乃至八年之后，大部分内容仍然适用。该教材曾于2010年荣获中国石油和化学工业优秀出版物奖（教材奖）一等奖，荣誉属于各位编委，真诚地感谢他们为本教材做出的创造性贡献！

《药品生产质量管理工程》第二版由朱世斌、曲红梅主编，殷殿书、刘红副担任主编。具体修订分工如下：第1章，朱世斌、曲红梅；第2章，张珩、张秀兰；第3章，殷殿书；第4章，潘红春；第5章，张朔生；第6章，刘红；第7章，刘敬涛、殷殿书。

本书编写过程中，化学工业出版社本书的责任编辑做了大量组织、沟通工作；石家庄四药有限公司的殷殿书、刘敬涛两位同志为修订编写会议提供了热情周到的服务；国家食品药品监管总局高级研修学院苗采烈老师为笔者提供了部分GMP培训资料，在此一并表示衷心的感谢。

我和编写人员竭尽全力对教材进行了修改，究竟效果如何，还要看实际应用，期待大家使用本教材，汲取书中知识的营养，分享书中科学技术的力量。如若发现有不足之处，欢迎各位同行和读者多提宝贵意见，敬请批评指正。

朱世斌

2017 年 3 月

目 录

第 2 章 药厂（车间）设计   36

第 3 章 生产管理   85

第 4 章　质量管理与控制　　136

第7章 疫苗生产质量安全管理 262

第 8 章　制药用水 　290

参考文献 ━━━━━━━━━━━━━━━━━━━━━━━━━━━ **325**

第1章 概 论

学习目的与要求

① 掌握药品全生命周期管理内涵；《药品管理法》和《疫苗管理法》立法宗旨，《药品管理法》的框架结构；药品生产质量管理工程的含义和特点。

② 熟悉药品上市许可持有人的概念；风险管理的重要性；新药创新的重点方向；GMP 的目的和结构；从事药品生产应具备的条件。

③了解药品的定义、分类和特性，药物非临床研究质量管理规范（GLP）、药物临床试验质量管理规范（GCP）、中国药典、药品注册、药品监管体制等相关知识。

1.1 药品及其生命周期管理

1.1.1 药品的定义

华夏的祖先认为："药是治病之草"。于是前有"神农尝百草"的传说，后有李时珍的《本草纲目》，它被称为是世界上最早的药典。随着现代医药科学的飞速发展，药品早已不是"草"的概念了，而是成千上万种"生物或化学合成的物质"。药品的用途也不局限于治病，还增加了更广泛的作用，其管理也更加严格。

2019 年修订的《中华人民共和国药品管理法》（以下简称《药品管理法》）对药品的定义为："用于预防、治疗、诊断人的疾病，有目的地调节人的生理机能并规定有适应症或者功能主治、用法和用量的物质，包括中药、化学药和生物制品等"。

与原药品法比较，在"包括"后面中删去了"中药材、中药饮片、中成药、化学原料药及其制剂、抗生素、生化药品、放射性药品、血清、疫苗、血液制品和诊断药品"。而概括为：中药、化学药和生物制品，表达严谨，语言更为精炼，更重要的是确定了药品注册的类型（详见《药品注册管理办法》）。

药品的定义明确了药品的使用范围仅限于人。农药、兽药不属于《药品管理法》管理范畴；确定了药品与非药品的区别。药品必须有明确的适应证或者功能主治、使用方法、剂量、不良反应、用药禁忌、药物的相互作用、规格、有效期等（药品说明书所载项目）。而某些滋补食品、保健品等不具备药品的本质特征，不属于药品。

1.1.2 药品的分类

科学地定义药品和分类是优化管理的基础。按照不同的分类方法，药品可分为以下几类。

（1）按照物质成分，药品可分为中药、化学药和生物制品三大类。

① 中药（traditional medicine），又称传统药。由于这类药物的认识和使用，是以中医理论为基础，有着独特的理论体系和应用形式，而且充分反映了我国历史文化、自然资源等方面的若干特点。所以把这些药物称为"中药"，同时也把它作为我国传统药物的总称。中药的原料以草药为主，也有部分来自动物或矿物。能够入药的原料（有些药材需要经过炮制）称为"中药材和中药饮片"，中药材可以做成各种药物制剂。中医中药有悠久的历史，对我国人民的生命健康，民族繁衍起到重要作用。在 2020 年新型冠状病毒肺炎暴发期间，中药因能明显改善患者症状，提高治愈率，受到国家高度重视。2021 年 2 月 9 日国务院办公厅印发《关于加快中医药特色发展的若干政策措施》的通知，提出 28 项举措，更好地发挥中医药特色和比较优势，传承创新中药的发展。

② 化学药（chemical drug），化学药是缓解、预防和诊断疾病，以及具有调节机体功能的化合物的统称。化学药可以分成化学原料药（drug substance，active Pharmaceutical ingredient，API）和药物制剂（preparation）两大类。原料药可以通过化学合成、半合成、生物工程、动植物提取等多种途径来实现。药物制剂由原料药加工而成，可以直接供临床使用。通常所说的药品，一般是指药物的制剂。比如片剂、胶囊剂、注射剂等。

③ 生物制品（biological product），生物制品是指以微生物、细胞、动物或人源组织和液体等为起始原材料，用生物技术制成，用于预防、治疗和诊断人类疾病的制剂。如疫苗、血液制品、生物技术药物、微生态制剂、免疫调节剂、诊断制品等。

（2）按照历史传承，药品可分为传统药和现代药。

① 传统药（traditional medicine），传统药是指各国历史上流传下来的药物，主要是动、植物药和矿物药。我国的传统药主要是中药，其治病的理论、药物加工的原则和选药的依据都是受中医辨证理论的指导。传统药还包括各民族药，如藏药、苗药等。

② 现代药（modern medicine），现代药是指 19 世纪以来发展起来的化学药品、抗生素、生化药品等，是用合成、分离、提取、化学修饰、生物工程等现代科学方法得到的物质，并且是用现代医学理论和方法筛选确定其药效的。我国一般把它称为西药。

（3）从药品使用的角度，可将药品分为处方药和非处方药。

① 处方药（prescription drug，ethical drug，Rx），凭执业医师或执业助理医师处方才可调配、购买和使用的药品。

② 非处方药（nonprescription drug，over the counterdrug，OTC）。国务院药品监管部门公布的，不需要凭执业医师和执业助理医师处方，消费者可自行判断、购买和使用的药品。OTC 又分两种，红底白字为甲类，绿底白字为乙类。甲乙类 OTC 都可以在药店购买，乙类安全性更高。

（4）按照药品注册管理办法，可分为创新药、改良型新药、仿制药等。

① 创新药（innovative drug）。是指境内外均未上市，含有新的、结构明确的、具有药理作用的化合物，并且具有临床价值的药品。

② 改良型新药（improved new drug）。是指境内外均未上市，在已知活性成分的基础上，对其结构、剂型、处方工艺、给药途径、适应证等进行优化，且具有明显临床优势的药品。

③ 仿制药（generic drug）。具有与参比制剂相同的活性成分、剂型、规格、适应证或者功能主治、给药途径和用法用量，质量和疗效一致的临床可替代的化学药品。可分为仿制境外上市但境内未上市原研药品的药品，以及仿制已在境内上市原研药品的药品。

此外，从安全性考虑，还有一类"特殊管理药品"，系指国家制定法律制度，实行比一般药品更加严格管制的药品。包括疫苗、血液制品、麻醉药品、精神药品、医疗用毒性药品、放射性药品、药品类易制毒化学品。

"横看成岭侧成峰，远近高低各不同"。不同的视角，产生了不同的分类方法。分析各类药品的性质、特点，寻找其中的规律，才能制定切合实际、行之有效的科学管理办法。

1.1.3 药品的特殊性

药品是一类特殊商品，其特殊性主要体现在以下几方面：

① 药品种类的复杂性。目前，世界上有药物制剂 2 万余种。《中国药典》（2020 版）共收载 5576 种药品，包括中药 2711 种，化学药 2712 种，生物制品 153 种，此外还有许多未被药典收载的药品。若想在种类如此繁多的药品中选择出适合病人需要的药品，其复杂程度可想而知。稍有不慎，选错、用错药品将会造成严重的后果。

② 药品使用的专属性。药品作为防病治病、康复保健的有力武器，大部分需要在有执业资格的医师和药师的严格指导下使用，这一点与其他商品有着明显的区别。中国实施药品分类管理制度，处方药品的使用需凭执业医师或助理执业医师开具的处方才能购买，并且要在执业药师指导下，合理使用药品。

③ 药品本身的两重性。"是药三分毒"，药品进入人体之后，不仅具有治疗疾病的作用，同时也存在着一定的毒副作用。若使用不当，亦会给人体造成损害，甚至造成严重的药物灾难。有些药品的毒副作用在临床试验过程中没有出现，但是在长期、大面积人群使用后才被发现。比如，长期服用四环素类抗生素导致的"四环素牙"、氯霉素引起血液病、吗丁啉引起心脏病等。

④ 药品质量的隐蔽性。药品质量特征包括安全性、有效性、稳定性、均一性和经济性等方面。通常所说的药品质量主要是指国家药品质量标准所规定的指标。检查药品的质量需要由药品检验机构的专业技术人员采用特殊的仪器、设备和方法，依照法定的标准、按照规范的方法进行测试，方可辨别药品质量的好坏、真假，而普通人难以用肉眼去识别药品质量的优劣。

⑤ 药品检验的局限性。药品出厂都要有检验合格证，但由于目前所采取的药品检验通常是成品检验，即抽样检查，为破坏性检查，因此不能实施每品必检，只能按生产批次随机抽取少量样品进行检验，以此结果代表整批药品的质量，方法本身就存在很大的局限性。

药品的这些特殊性表明，对药品质量的管理不能以"检验合格"作为唯一标准。只有全生命周期、全过程严格监管，方可确保药品质量，规避用药风险。

1.1.4 药品全生命周期管理

产品生命周期（product life cycle，PLC）理论是美国哈佛大学教授雷蒙德·弗农（Raymond Vernon）1966 年在其《产品周期中的国际投资与国际贸易》一文中首次提出的，亦称"商品生命周期"，是指产品从准备进入市场开始到被淘汰退出市场为止的全部运动过程。由需求与技术的生产周期所决定，是产品在市场运动中的经济寿命，也即在市场流通过程中由盛转衰的周期。主要是由消费者的消费方式、消费水平、消费结构和消费心理的变化所决定的。一般分为导入（进入）期、成长期、成熟期（饱和期）、衰退（衰落）期四个阶段。

药品的生命周期管理不只是商业意义上的概念，更主要的是指为确保药品的安全有效、质量可控、药品可及，从最初源头开始，经过非临床研究（动物实验）、人体临床试验、上市许可、生产、经营、使用、再评价，一直到注销退市的整个过程管理，又称药品全生命周期管理。探索药品生命周期规律，对药品创新者而言，可以循规律而行，避免缺失某些过程，引发安全风险，少走弯路；对监管部门来说，可以按其生命周期各个阶段关键环节制定监管办法，避免药害事故发生。一旦发现药品安全风险，也可以循规律追根溯源，快速控制，避免药害事故的发生。

目前国际上对药品生命周期监管主要分为两种模式：一种是传统的按上市前、上市后区分的分段式监管模式，另一种是从药物非临床研究［药物非临床研究质量管理规范（Good Laboratory Practice，GLP）］、临床研究［药物临床试验质量管理规范（Good Clinical Practice，GCP）］、药品注册、生产许可、商业化生产［药品生产质量管理规范（Good Manufacturing Practice，GMP）］、营销［药品经营质量管理规范（Good Supply Practice，GSP）］、使用、监督管理直至淘汰退市的全链条监管模式，也就是全生命周期管理模式。图 1-1 描述了药品通用的全生命周期管理过程和各个阶段的主要活动。

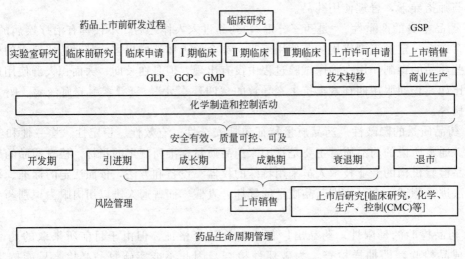

图 1-1 药品全生命周期管理图

药品全生命周期管理的目的是确保药品安全有效、质量可控、药品可及。这是一个复杂的系统工程，大系统里面有小系统，每个小系统各有特点，又相互联系，环环相扣，缺一不可。比如，药品注册管理环节就需要近 50 项配套文件支撑，其复杂程度可想而知。

由于药品存在特殊性，质量问题造成的危害性相当巨大，因此，在药品生命周期的每个环节，都应进行药品质量风险管理，确保药品安全有效。

ICH（The International Council for Harmonisation of Technical Requirements for Pharmaceuticals for Human Use）即"国际人用药品注册技术协调会"，制定了有关药品质量、安全性、有效性、多学科综合等一系列的指导原则，被国际社会广泛认可。

我国于 2017 年加入 ICH，2018 年成为 ICH 管理委员会成员，意味着我国药品管理将参照 ICH 制定的各项指导原则，与国际接轨。在新修订的《药品管理法》《药品注册管理办法》《药品生产监督管理办法》中都借鉴了 ICH 通用规则和国际技术要求。自 2021 年起，

65 个 ICH 指导原则在我国转化实施，加快制药业国际化进程。其中包括的 ICH Q12 为药品生命周期管理（life cycle management）。

确保药品全生命周期质量安全的重要方法是质量风险管理，包括风险信息收集、风险识别、风险评估、风险控制、风险验证、风险沟通、风险回顾、风险审核和常用的质量风险分析工具。综合来看，防范质量风险的主要措施是：

① 健全药品安全监管的法律法规（参见 1.2 节）；
② 完善药品安全监管的组织体系建设（参见 1.2 节）；
③ 落实药品全生命周期管理的主体责任（参见 1.4 节）；
④ 加强药品研制（涉及 GLP、GCP）、生产（涉及 GMP）、经营（涉及 GSP）和使用环节的管理（参见 1.3 节、1.4 节、1.5 节）
⑤ 建立质量管理体系（参见 1.5 节、1.6 节）。

对于使用风险大于获益的药品要实行退市制度。药品退市是指某种药品在临床长期使用过程中，发现存在严重不良反应或毒性，国家药监部门决定停止生产、经营和使用，并撤销药品注册证书的行为。比如，一种治疗便秘的"酚酞片和酚酞含片"，又称"果导片"，于 2021 年 1 月 14 日被宣告退市。国家药监局发布的《注销酚酞片和酚酞含片药品注册证书的公告》指出：根据《药品管理法》第八十三条规定，国家药监局组织对酚酞片和酚酞含片进行了上市后评价，认为该药存在严重不良反应，在我国使用风险大于获益，决定停止该药在我国的生产、销售和使用，注销药品注册证书。已上市销售的酚酞片和酚酞含片由生产企业负责召回，召回产品由企业所在地药监部门监督销毁。酚酞制剂在我国有 81 个批准文号，60 余家药企持有。

发达国家对药品退市标准更为严格，比如常用的解热镇痛药"安乃近"，1911 年由德国合成，1952 年中国仿制上市。该药使用不当可能引起粒细胞缺乏症，并且起病迅速，严重者会有生命危险。1977 年美国正式禁用了安乃近，之后日本、澳大利亚等三十多个国家相继淘汰了安乃近，2021 年我国也禁用了安乃近。

【案例 1-1】　反应停，20 世纪最大的药物灾难

背景资料：20 世纪 50 年代后期，原联邦德国格郁能化学公司生产了一种镇静药 Thalidomide（又称反应停、沙利度胺、酞咪哌啶酮），并声称对治疗妊娠反应有效，当时的广告说该药是"孕妇的理想选择"。该药出售后的 6 年间，先后在原联邦德国、澳大利亚、加拿大、日本等 28 个国家发现畸形胎儿 12000 余例。患儿出现无肢或短肢、肢间有蹼、心脏畸形等先天性异常，呈海豹肢畸形（即"海豹儿"），死亡率约 50%，给社会造成极大的负担。畸胎事件引起公愤，患儿们父母联合向法院提出控告，格郁能化学公司声名狼藉，最终倒闭。

原因分析：造成这场药物灾难的原因，一是由于反应停上市前未经过严格的药理、毒理实验，未做致畸试验，在药品上市前就存在重大遗漏和隐患；二是生产该药的格郁能化学公司虽已收到有关反应停毒性反应的 100 多例报告，但都隐瞒下来，没有向政府监管部门报告；三是药品监管缺少法律体系，不能及时发现药品安全风险警示信息，致使该药出售长达 6 年，范围涉及世界各大洲。

启示：痛定思痛，人类从"20世纪最大的药物灾难"中汲取了很多教训，也得到了许多重要启示。一是药品管理必须立法，用法律手段严格管理。正是由于美国FDA严格审查，反应停在美国没有被批准上市，使其免受巨大灾难，仅有少数孕妇因服用国外反应停而生出"海豹儿"。二是药品要实行全生命周期管理，每一个环节都不能缺失，反应停上市前没有进行深入的安全性研究；上市后没有监管已经发现的畸胎问题，缺失药物警戒、风险评估制度。三是对产生药物灾难，给公众造成人身伤害者应予以最严厉处罚，绝不姑息。四是药品安全需要社会共治，在反应停事件中，除了美国FDA的坚守，还有媒体敢于作为，报道真相，引起社会广泛关注，并最终导致了美国国会对《美国联邦食品、药品和化妆品法案》作出重大修改。

1.2 药品管理法律体系

1.2.1 药品管理的概念

药品管理（drug administration）：国家综合运用法律、行政和技术手段或措施，对涉及药品研究、注册、上市、生产、经营、使用、风险管控、召回、退市及其相关环节进行监督管理的行为。

药品是国家公共卫生体系的一个重要组成部分。平时，药品是人民群众防病、治病、维护身体健康不可或缺的商品；在疫情、灾情和战争期间，则是国家战略性物质。对药品进行管理的目的，首先，是为了促进药品的创新研发，保障药品生产供应，满足医疗需要，让病患者有好药用也能用得起药；其次，因为药品的特殊性，管理不当容易产生药害事件。通过药品全生命周期管理，建立药物警戒制度、风险管理制度，预防和杜绝药害事件的发生和扩展，确保药品安全有效、质量可控。

本着人民至上、生命至上的原则，2015年以来，我国按照"最严谨的标准、最严格的监管、最严厉的处罚、最严肃的问责"的"四个最严"要求，汲取以往经验教训，堵塞漏洞，加强风险管控，逐步完善了我国药品管理法律法规体系。该体系由法律、法规、规章及配套规范文件组成（见表1-1）。

表 1-1 药品管理法律法规体系

层次	名称	发布机构
法律	《药品管理法》(2019)；《疫苗管理法》(2019)；《中华人民共和国中医药法》	全国人民代表大会常务委员会
行政法规	《药品管理法实施条例》(待修订)；《关于改革药品医疗器械审评审批制度的意见》(2015)；《关于全面加强药品监管能力建设的实施意见》(2021)	国务院
规章（局令）	《药品注册管理办法》(2020)；《药品生产监督管理办法》(2020)；《中国药典》(2020)；《生物制品批签发管理办法》(2020)；GCP(2020)、GLP(2017)、GMP(2010)	国家市场监督管理总局、国家卫生健康委员会、国家药品监督管理局

层次	名称	发布机构
规范文件	《药品上市后变更管理办法(试行)》(2021); 《药物警戒质量管理规范》(2021); ……	国家药品监督管理局

国家药品监督管理局（National Medical Products Administration，NMPA）是国务院药品监督管理部门，2018 年国家行政机构改革后，隶属于国家市场监督管理总局。负责监管方针、政策、规章的制定；并承担药品、医疗器械、化妆品注册事项管理。省级药监部门隶属同级人民政府管理，对本辖区药品生产经营、使用的监督管理负责，业务上接受国家药品监督管理局监督和指导。NMPA 面对新形势，按照"四个最严"要求，把保障药品安全看作是严肃的政治问题、重大的经济问题、基本的民生问题、严谨的技术问题。努力构建较为完善的药品管理法规体系；加快建立专职检查员队伍，提高监管能力；依法行使法律赋予的药品、医疗器械、化妆品监督管理职权，努力开启新的智慧监管时代。

"十四五"时期药品监管工作的主要目标是：构建更加科学、高效、权威、现代的监管体系；药品监管能力整体接近国际先进水平；药品安全保障水平持续提升；形成更加有利于医药产业高质量发展的监管生态和环境；人民群众对药品质量和安全更加放心、更加满意。

1.2.2 药品管理法

为了加强药品管理，保证药品质量，保障公众用药安全和合法权益，保护和促进公众健康，我国于 1984 年制定了第一部《药品管理法》，之后多次修改，2019 年 12 月 1 日起施行的《药品管理法》是其第五次修改。

《药品管理法》(2019 版)的特点是：

① 注重药品全生命周期管理，从药品源头开始，规定了严格的科学审评审批制度，鼓励药品创新创造，规范临床试验，防止药品先天不足；

② 实行药品上市许可持有人制度，要求对上市后的药品进行持续检测和评价；

③ 明确了相关主体的法律责任，加大了违法行为的处罚力度；

④ 建立监管部门与持有人之间沟通、交流机制；

⑤ 建立药品更新和退出机制；

⑥ 对药品行业协会、新闻媒体的行为规范作出明确规定，实现药品管理的社会共治。

《药品管理法》是我国药品管理的基本法律，也是制定其他有关药品监督管理法规的主要依据。《药品管理法》(2019 版)共十二章 155 个条款，详见表 1-2。

表 1-2 《药品管理法》(2019 版)的主要内容

章	条款	主要内容
第一章　总则	1～15	(1)立法宗旨；(2)适用范围；(3)药品管理方针和体制；(4)药品追溯制度和药物警戒制度；(5)实行社会共治
第二章　药品研制和注册	16～29	(1)鼓励药物创新；(2)实行 GLP、GCP；(3)药品注册管理；(4)国家药品标准
第三章　药品上市许可持有人	30～40	(1)定义；(2)质量责任；(3)生产方式；(4)建立药品上市放行规程；(5)药品追溯制度；(6)建立年度报告制度；(7)上市许可持有人变动和转让规定

章	条款	主要内容
第四章　药品生产	41～50	(1)药品生产许可证的规定；(2)实施生产全过程符合 GMP 要求；(3)药品包装规定；(4)建立药品出厂放行规程；(5)对标签和说明书的规定；(6)直接接触药品人员健康检查的规定
第五章　药品经营	51～68	(1)药品经营许可证的规定；(2)实施 GSP；(3)实行处方药与非处方药分类管理制度；(4)购进药品购销规定；(5)药品保管制度；(6)网络销售药品规定；(7)药品进、出口规定；(8)销售前或者进口时必须检验的规定
第六章　医疗机构药事管理	69～76	(1)医疗机构使用药品的规定；(2)医疗机构制剂许可证规定
第七章　药品上市后管理	77～83	(1)药品上市后风险管理规定；(2)药品不良反应报告制度；(3)药品召回管理规定；(4)药品上市后评价规定
第八章　药品价格和广告	84～91	(1)维护药品价格秩序的规定；(2)禁止商业贿赂的规定；(3)药品广告管理规定
第九章　药品储备和供应	92～97	(1)建立中央和地方两级药品储备；(2)需要储备药品种类；(3)保障药品供应的规定
第十章　监督管理	98～113	(1)假药、劣药；(2)药监部门的责权；(3)建立专职药品检查员队伍；(4)药品安全信息统一公布制度；(5)制定药品安全事件应急预案；(6)对国家相关部门、地方政府、药监部门的管理规定
第十一章　法律责任	114～151	(1)无许可证的处罚；(2)假药、劣药处罚；(3)证件、资料违法处罚；(4)其他各类违规处罚
第十二章　附则	152～155	(1)相关规定；(2)本法实施日期

1.2.3　药品管理的若干制度

① 国家对药品管理实行药品上市许可持有人（简称"持有人"）制度。持有人依法对药品研制、生产、经营、使用全过程中药品的安全性、有效性和质量可控性负责；持有人应当建立年度报告制度，每年将药品生产销售、上市后研究、风险管理等情况按照规定向省级药监部门报告。

② 国家建立健全药品追溯制度。制定统一的药品追溯标准和规范，推进药品追溯信息互通互享，实现药品可追溯。

③ 国家建立药物警戒制度。对药品不良反应及其他与用药有关的有害反应进行监测、识别、评估和控制。

④ 国家对药品实行处方药与非处方药分类管理制度。

⑤ 国家完善药品采购管理制度，对药品价格进行监测，开展成本价格调查，加强药品价格监督检查，依法查处价格垄断、哄抬价格等药品价格违法行为，维护药品价格秩序。

⑥ 国家实行药品储备制度，建立中央和地方两级药品储备。发生重大灾情、疫情或者其他突发事件时，依照《中华人民共和国突发事件应对法》的规定，可以紧急调用药品。

⑦ 国家实行基本药物制度，遴选适当数量的基本药物品种，加强组织生产和储备，提高基本药物的供给能力，满足疾病防治基本用药需求。

⑧ 国家实行短缺药品清单管理制度。

1.2.4　药品监督管理

1.2.4.1　全面加强药品监管能力建设

药品安全事关人民群众身体健康和生命安全。国务院办公厅于2021年4月27日印发了《关于全面加强药品监管能力建设的实施意见》，总体要求是：坚持人民至上、生命至上，落实"四个最严"要求，深化审评审批制度改革，持续推进监管创新，加强监管队伍建设，加快建立健全科学、高效、权威的药品监管体系，坚决守住药品安全底线，进一步提升药品监管工作科学化、法治化、国际化、现代化水平，推动我国从制药大国向制药强国跨越，更好满足人民群众对药品安全的需求。

① 完善法规和标准体系建设。加快制订或修订配套法规规章，及时清理完善规范性文件，有序推进技术指南制订或修订。加快完善政府主导、企业主体、社会参与的标准工作机制。加强标准信息化建设，提高公共标准服务水平。

② 提高审评能力，优化审评机制。优化中药和生物制品（疫苗）等审评检查机构设置，优化应急和创新药品医疗器械研审联动工作机制，鼓励新技术应用和新产品研发。优化中药审评机制，遵循中药研制规律，建立中医药理论、人用经验、临床试验相结合的中药特色审评证据体系，促进中药传承创新发展。

③ 完善检查执法体系和办案机制，强化部门协同。加快构建有效满足各级药品监管工作需求的检查员队伍体系，建立检查力量统一调派机制。鼓励市县从事药品检验检测等人员取得药品检查员资格。完善省（区）级市场监管与药品监管工作机制，推动落实市县药品监管能力标准化建设要求。各级药品监管部门与公安机关建立健全行刑衔接机制。强化国家、省、市、县四级负责药品监管的部门在药品全生命周期监管上的协同，形成药品监管工作全国一盘棋格局。

④ 提高检验检测能力，完善应急管理体系。完善科学权威的药品、医疗器械和化妆品检验检测体系，推进省级药品检验检测机构的批签发能力建设，加强不良反应（事件）监测体系建设和各级不良反应监测机构能力建设。要完善各级人民政府药品安全事件应急预案，健全应急管理机制。强化应对突发重特大公共卫生事件中检验检测、体系核查、审评审批、监测评价等工作的统一指挥与协调。加强国家药监局安全应急演练中心建设。强化应急关键技术研发。

⑤ 完善信息化追溯体系，提升"互联网＋药品监管"应用服务水平。构建全国药品追溯协同平台，实现药品全生命周期追溯，逐步实施医疗器械唯一标识。加强药品、医疗器械和化妆品监管大数据应用，推进监管和产业数字化升级。推动工业互联网在疫苗、血液制品、特殊药品等监管领域的融合应用，推进审评审批和证照管理数字化、网络化，推进网络监测系统建设。

⑥ 实施中国药品监管科学行动计划，提升监管队伍素质和监管国际化水平。建立药品监管科学研究基地，加快推进监管新工具、新标准、新方法研究和应用。强化专业监管要求，加强对监管人员培训和实训。深入参与国际监管协调机制，推动实现监管互认，推动京津冀、粤港澳大湾区、长三角等区域监管能力率先达到国际先进水平。

1.2.4.2　假劣药的认定

《药品管理法》第98条规定：禁止生产（包括配制）、销售、使用假药、劣药。

① 有下列情况之一的即为假药：药品所含成分与国家药品标准规定的成分不符；以非

药品冒充药品或者以他种药品冒充此种药品；变质的药品；药品所标明的适应证或者功能主治超出规定范围。

② 有下列情况之一的即为劣药：药品成分的含量不符合国家药品标准；被污染的药品；未标明或者更改有效期的药品；未注明或者更改产品批号的药品；超过有效期的药品；擅自添加防腐剂、辅料的药品；其他不符合药品标准的药品。

③ 禁止未取得药品批准证明文件生产、进口药品。

④ 禁止使用未按照规定审评、审批的原料药、包装材料和容器生产药品。

1.2.4.3 假劣药的法律责任

《药品管理法》（2019 版）第十一章"法律责任"，全面加大对违法行为的行政处罚力度。除了没收药品和违法所得外，还要给予最严厉的处罚，直接处罚到人，包括法定代表人、主要负责人、直接负责的主管人员和其他责任人员。

2020 年 12 月 26 日，第十三届全国人大常委会第二十四次会议通过《中华人民共和国刑法》修正案，加大了对涉及药品生产、经营、使用及监管环节的违法行为的处罚。

其中，在刑法第一百四十二条后增加一条，作为第一百四十二条之一。该条规定：违反药品管理法规，有下列情形之一，足以严重危害人体健康的，处三年以下有期徒刑或者拘役，并处或者单处罚金；对人体健康造成严重危害或者有其他严重情节的，处三年以上七年以下有期徒刑，并处罚金；致人死亡或者有其他特别严重情节的，处十年以上有期徒刑、无期徒刑或者死刑，并处罚金或者没收财产。

① 生产、销售国务院药品监督管理部门禁止使用的药品的；

② 未取得药品相关批准证明文件生产、进口药品或者明知是上述药品而销售的；

③ 药品申请注册中提供虚假的证明、数据、资料、样品或者采取其他欺骗手段的；

④ 编造生产、检验记录的。

1.2.5 疫苗管理法

疫苗是生物制品中一类特殊药品，在许多重大流行性传染病的预防方面，具有其他药品不可替代的作用。我国是疫苗生产和使用大国，但是由于管理分散，事故多发。特别是 2018 年发生的长春长生生物技术有限公司疫苗事件（以下简称"长春长生疫苗事件"），性质恶劣，震惊全国，导致了世界第一部《疫苗管理法》的诞生，该法 2019 年 12 月 1 日正式实施。立法目的是加强疫苗管理，保证疫苗质量和供应，规范预防接种，促进疫苗行业发展，保障公众健康，维护公共卫生安全。《疫苗管理法》共十一章 100 个条款，明确规定国家对疫苗实行最严格的管理制度，坚持安全第一、风险管理、全程监控、科学监督、社会共治。具体章节内容见表 1-3。

表 1-3 《疫苗管理法》主要内容

章	条款	主要内容
第一章　总则	1～13	(1)立法宗旨；(2)适用范围；(3)疫苗管理国家政策；(4)各部委职责分工；(5)电子追溯和生物安全制度；(6)社会共治规定
第二章　疫苗研制和注册	14～21	(1)国家组织疫苗研制；(2)疫苗临床试验若干规定；(3)疫苗注册的特殊规定，包括优先批准、附条件批准、紧急使用
第三章　疫苗生产和批签发	22～31	(1)更严格的准入制度；(2)更严格的人员要求；(3)实施 GMP；(4)疫苗批签发规定

章	条款	主要内容
第四章　疫苗流通	32～40	(1)疫苗采购的规定,包括招标、采购、价格、供应;(2)疫苗配送应具备的条件;(3)购进疫苗的规定;(4)建立疫苗定期检查制度
第五章　预防接种	41～51	(1)明确国家免疫规划的主管部门;(2)接种单位应当具备的条件;(3)对实施接种的医疗卫生人员的规定;(4)对儿童预防接种的规定;(5)国家免疫规划疫苗不收取费用
第六章　异常反应监测和处理	52～56	(1)预防接种异常反应的定义;(2)预防接种异常反应的管理规定;(3)预防接种异常反应补偿制度
第七章　疫苗上市后管理	57～62	(1)疫苗上市许可持有人质量管理责任规定;(2)国务院药品监督管理部门责任规定
第八章　保障措施	63～69	(1)疫苗接种经费保障规定;(2)保障疫苗供应规定;(3)疫苗储备规定;(4)实行疫苗责任强制保险制度;(5)应急管理规定
第九章　监督管理	70～78	(1)药监部门和卫生部门的职责分工;(2)建立专职药品检查员队伍;(3)对出现质量问题疫苗的规定;(4)疫苗信息管理规定;(5)发生疫苗安全事件管理规定
第十章　法律责任	79～96	(1)对假药、劣药处罚;(2)故意违反相关规定的处罚;(3)违反GLP、GCP、GMP、GSP规定的处罚;(4)疫苗上市许可持有人违反相关规定的处罚;(5)批签发机构违反规定的处罚;(6)违反疫苗储存、冷链运输规定的处罚;(7)违反疫苗使用管理规定的处罚;(8)违反社会共治规定的处罚;(9)对行政执法人违法的处罚;(10)有关赔偿责任的规定
第十一章　附则	97～100	(1)术语;(2)疫苗出口规定;(3)实施日期

为贯彻实施《疫苗管理法》,国家市场监督管理总局修订并发布了《生物制品批签发管理办法》(总局令第33号,2020年12月11日),自2021年3月1日起施行。

【案例1-2】　长春长生疫苗事件

背景资料: 2017年10月～2018年7月,长春长生生物科技有限责任公司先后受到吉林省药监局调查和国家药监局的生产现场飞行检查,发现该公司生产的"双氰胺疫苗""人用冻干狂犬病疫苗""百白破疫苗",均存在质量问题,并且严重违反GMP,违法行为性质恶劣,具体表现在八个方面:

① 将不同批次的原液进行勾兑配制,再对勾兑合批后的原液重新编造生产批号;
② 更改部分批次涉案产品的生产批号或实际生产日期;
③ 使用过期原液生产部分涉案产品;
④ 未按照规定方法对成品制剂进行效价测定;
⑤ 生产药品使用的离心机变更,未按规定备案;
⑥ 销毁生产原始记录,编造虚假的批生产记录;
⑦ 通过提交虚假资料骗取生物制品批签发合格证;
⑧ 为掩盖违法事实而销毁硬盘等证据。

依法从严顶格处罚：没收其违法生产的产品，没收违法所得 18.9 亿多元，并处违法生产销售货值金额三倍的罚款共计 72.1 亿元，两项合计 91 亿元；吊销其《药品生产许可证》，撤销其狂犬病疫苗药品批准证明文件；对涉案的高某某等 14 名直接负责的主管人员和其他直接责任人员，作出依法不得从事药品生产经营活动的处罚；构成刑事犯罪的 15 人被移交司法机关处理。

此外，中纪委和吉林省委还对监管不力，负有领导责任的相关人员追责并给予行政处分。该案也是《疫苗管理法》出台的重要背景之一。

1.3　药品注册管理

1.3.1　鼓励药物创新

当前，我国医药行业已进入"仿创"结合、高质量发展的新阶段。但在新药创新和研发方面与发达国家还有一定差距。据统计：2008～2016 年美国上市 275 个新药，其中只有 40 个进入中国，占 14.5%。新药上市中国平均比欧美晚 5～7 年。

创新是推动药品高质量发展的力量源泉。创新药研究过程复杂，不确定性因素多，往往需要巨额资金和十几年时间，是一个国家医药科技水平和经济实力的体现，同时也是药品安全性的源头。新药研发一般要经历四个阶段：药物发现阶段、临床前研究阶段、临床试验阶段、审批注册阶段。为了鼓励药物创新，国家药品监督管理局（NMPA）建立了药品加快上市注册制度，支持以临床价值为导向的药物创新。对符合条件的药品注册申请，申请人可以申请适用突破性治疗药物、附条件批准、优先审评审批及特别审批程序。在药品研制和注册过程中，药品监督管理部门及其专业技术机构给予必要的技术指导、沟通交流、优先配置资源、缩短审评时限等政策和技术支持。同时，近年来在医药领域涌现了一批 CRO（Contact Research Organization，合同研究组织）、CMO（Contract Manufacturing Organization，医药合同生产组织）、CDMO（Contract Development Manufacture Organization，药物生产服务供应商）等公司，专门从事药物研发环节、生产环节、研发和生产全链条的外包业务，尤其是 CDMO 从临床前研究、临床试验到商业化生产阶段与企业的研发、采购、生产等各供应链体系深度对接，为企业提供创新性工艺研发及规模化生产服务，这将大大促进创新药物的快速发展。新药研发流程如图 1-2 所示。

完成Ⅲ期临床试验后申请人就可以向国家药品监督管理局药品审评中心提交上市申请。所谓申请人，是指提出药品注册申请并能依法承担相应法律责任的企业或者药品研制机构等。境外申请人应当指定中国境内的企业法人办理相关药品注册事项。申请人在申请药品上市注册前，应当完成药学、药理毒理学和药物临床试验等相关研究工作。药物非临床安全性评价研究应当在经过 GLP 认证的机构开展，并遵守 GLP。药物临床试验应当经批准，其中生物等效性试验应当备案；药物临床试验应当在符合相关规定的药物临床试验机构开展，并遵守 GCP。

2015 年，我国开展持有人制度试点，引导制药业向创新研发转型。2020 年实施的《药品注册管理办法》充实了鼓励药物研制和创新的内容，以提高药品可及性。

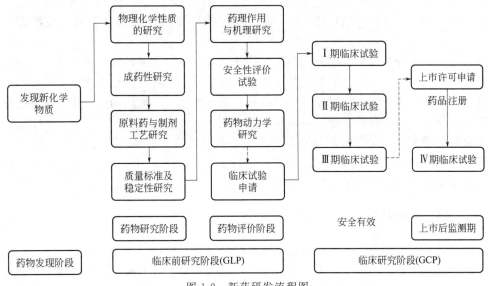

图 1-2 新药研发流程图

结合我国医药产业发展和临床治疗需求的实际，参考国际经验，在注册办法中增设了
"加快上市注册制度"。包括《药品管理法》和《疫苗管理法》及国务院列出的临床急需的短
缺药、儿童用药、罕见病用药、重大传染病用药、疾病防控急需疫苗和创新疫苗。

药物创新的重点领域包括：

① 支持以临床价值为导向、对人的疾病具有明确或者特殊疗效的药物创新。包括被称
为"沉默杀手"的乙肝、丙肝治疗药品，争取为我国早日摘掉"肝炎大国"的帽子；

② 鼓励具有新的治疗机理、治疗严重危及生命的疾病或者罕见病的药物开发。包括艾
滋病、新冠病毒肺炎治疗药物等；

③ 对人体具有多靶向系统性调节干预功能的新药；

④ 鼓励运用现代科学技术和传统中药研究方法开展中药科学技术研究和药物开发，建
立和完善符合中药特点的注册管理制度和技术评价体系，促进中药传承创新；

⑤ 鼓励儿童用药品的研制和创新，支持开发符合儿童生理特征的儿童用药新品种、剂
型和规格，对儿童用药品予以优先审评审批。

1.3.2 国家药品标准

国家药品标准是国家为保证药品质量所制定的质量指标、检验方法以及生产工艺等的技
术要求。国家药品标准包括《中国药典》和经国家药监局核准的药品注册标准。药品注册标
准应当符合《中国药典》通用技术要求，不得低于《中国药典》的规定。申报注册品种的检
测项目或者指标不适用《中国药典》的，申请人应当提供充分的支持性数据。

药典是一个国家记载药品规格标准的法典。国际上常用的药典有《美国药典》（USP）、
《英国药典》（BP）、《德国药典》（DAP）、《日本药局方》（JP）、《中国药典》（Ch. P. ）、《欧
洲药典》（EP）、《国际药典》（Ph. Int）等。

《中国药典》是国家药品标准体系的核心，其基本架构是：以凡例为基本要求、通则为
总体规定、指导原则为技术引导、品种正文为具体要求。2020 版《中国药典》是新中国成
立以来的第 11 版药典，分为四部出版：一部中药，收载 2711 种，其中新增 117 种、修订

452 种。二部化学药，收载 2712 种，其中新增 117 种、修订 2387 种。三部生物制品，收载 153 种，其中新增 20 种、修订 126 种。四部通用技术要求，收载 361 项，药用辅料收载 335 种。

新版药典在品种收载、贯彻药品全生命周期管理理念、完善药品标准体系、加强药品安全性有效性控制、扩大成熟分析检测技术的应用、加强与国际药品标准协调等方面均取得了新的进展。新版药典的实施将对整体提升我国药品标准水平、提高药品质量、保证公众用药安全有效、促进医药产业高质量发展发挥重要作用。

药典通用技术要求是保证国家药品标准正确执行的重要基础，新版药典借鉴了 ICH 和各国药典内容，吸收了近年来发展的新方法、新技术、新设备和新理念，为保障我国药品安全、有效和质量可控，提供了更多技术和方法上的支撑。

1.3.3　审评审批制度

审评审批制度是药品注册的最重要环节。《药品注册管理办法》（2020 年 1 月 22 日，国家市场监管总局令第 27 号），共十章 126 条。该办法明确了我国药品注册管理工作的基本要求，规定了药品注册的基本制度、基本原则、基本程序和各方主要责任义务。

药品注册管理体系以审评为主导，检验、核查、监测与评价为支撑。

① 稳妥有序推进仿制药质量和疗效一致性评价，依法依规严格审评审批新申请仿制药。

② 建立药品加快上市注册制度，支持以临床价值为导向的药物创新。对符合条件的药品注册申请，申请人可以申请适用突破性治疗药物、附条件批准、优先审评审批及特别审批程序。并明确每个通道的纳入范围、程序、支持政策等要求。在药品研制和注册过程中，药品监督管理部门及其专业技术机构给予必要的技术指导、沟通交流、优先配置资源、缩短审评时限等政策和技术支持。

③ 建立化学原料药、辅料及直接接触药品的包装材料和容器（简称原辅包）关联审评审批制度。在审批药品制剂时，对化学原料药一并审评审批，对相关辅料、直接接触药品的包装材料和容器一并审评。药品审评中心建立化学原料药、辅料及直接接触药品的包装材料和容器信息登记平台，对相关登记信息进行公示，供相关申请人或者持有人选择，并在相关药品制剂注册申请审评时关联审评。

④ 处方药和非处方药实行分类注册和转换管理。药品审评中心根据非处方药的特点，制定非处方药上市注册相关技术指导原则和程序，并向社会公布。药品评价中心制定处方药和非处方药上市后转换相关技术要求和程序，并向社会公布。

⑤ 申请人在药物临床试验申请前、药物临床试验过程中以及药品上市许可申请前等关键阶段，可以就重大问题与药品审评中心等专业技术机构进行沟通交流。药品注册过程中，药品审评中心等专业技术机构可以根据工作需要组织与申请人进行沟通交流。

⑥ 使用境外研究资料和数据支持药品注册的，其来源、研究机构或者实验室条件、质量体系要求及其他管理条件等应当符合 ICH 通行原则，并符合我国药品注册管理的相关要求。

审评审批制度的改革使新药创新速度明显加快，2016 年以来，我国创新药的临床试验申请（investigational new drug，IND）和新药申请（new drug application，NDA）数量逐年稳步增加。2020 年注册受理和批准总量双增长，审评审批更加规范。药品审结任务整体按时限完成率为 94.5%，全年共批准药品上市注册申请 939 件，同比增长 59.7%，其中创新药 20 个，临床急需境外新药 12 个。在新型冠状病毒肺炎暴发后一年的时间里，截至

2021年3月底，我国已有5个疫苗通过了"附条件上市"，成为全球抗击疫情的疫苗资源。其中，灭活疫苗3个，腺病毒载体疫苗（Ad5-nCoV）1个，重组亚单位疫苗（ZF2001）1个。

1.3.4 药品注册

1.3.4.1 药品注册的分类

药品注册：是指药品注册申请人依照法定程序和相关要求提出药物临床试验、药品上市许可、再注册等申请以及补充申请，药品监督管理部门基于法律法规和现有科学认知进行安全性、有效性和质量可控性等审查，决定是否同意其申请的活动。

无论是新药还是仿制药，只有取得了药品注册证书，持有人和制药企业才能够组织该药品的生产并投放市场。药品注册的目的是落实药品全生命周期管理的理念，通过注册审评和审批，把一切疗效不确切、质量不可靠，并有安全隐患等的药品拒之门外；同时建立"药品加快上市注册制度"，鼓励药物创新，促进新药上市，提高药品可及性，满足病患者需求。

我国实行药品分类注册制度，如表1-4所示。

表1-4 药品分类注册管理表

药品注册分类				
中药	创新药	改良型新药	古代经典名方复方制剂	同名同方药
化学药	创新药	改良型新药	仿制药	
生物制品	创新药	改良型新药	已上市生物制品（含生物类似药）	

上市申请前，申请人应当对其申请进行充分评估，创新药应当具有明确的临床价值；改良型新药应当比原品种具有明显的临床优势；仿制药应当与原研药品质量和疗效一致；生物类似药应当与原研药质量和疗效类似；来源于古代经典名方的中药复方制剂生产工艺、给药途径、功能主治与传统应用应具有一致性，并具有非临床安全性。

1.3.4.2 药品上市许可申请路径

① 完整申请路径：系指完成支持药品上市注册的药学、药理毒理学和药物临床试验等研究，确定质量标准，完成商业规模生产工艺验证后完整的申请路径。其中，审评的重点之一是GLP和GCP是否持续符合法定要求。

GLP是药物进行临床前研究必须遵循的基本准则。其内容包括药物非临床研究（动物实验）中对药物安全性评价的实验设计、操作、记录、报告、监督等一系列行为和实验室的规范要求，是从源头上提高新药研究质量、确保药物安全的根本性措施。

GCP是指为确定试验药物的安全性与有效性，申请人开展的在人体（患者或者健康志愿者）进行药物的系统性研究，以证实或者揭示试验药物的作用、不良反应以及试验药物的吸收、分布、代谢和排泄情况。

② 豁免临床试验的申请路径：系指经申请人评估无需或不能开展药物临床试验，符合豁免药物临床试验条件的，申请人可以直接提出药品上市许可申请的路径。其中，药品临床试验分期分类如表1-5所示。

表1-5 药品临床试验分期分类表

Ⅰ期临床试验	初步的临床药理学及人体安全性评价试验。观察人体对于新药的耐受程度和药代动力学，为制定给药方案提供依据

Ⅱ期临床试验	治疗作用初步评价阶段。其目的是初步评价药物对目标适应证患者的治疗作用和安全性，也包括为Ⅲ期临床试验研究设计和给药剂量方案的确定提供依据。此阶段的研究设计可以根据具体的研究目的，采用多种形式，包括随机盲法对照临床试验
Ⅲ期临床试验	治疗作用确证阶段。其目的是进一步验证药物对目标适应证患者的治疗作用和安全性，评价利益与风险关系，最终为药物注册申请的审查提供充分的依据。试验一般应为具有足够样本量的随机盲法对照试验。完成Ⅲ期临床试验即可申请药品注册
Ⅳ期临床试验	新药上市后应用研究阶段。其目的是考察在广泛使用条件下药物的疗效和不良反应，评价在普通或者特殊人群中使用的利益与风险关系以及改进给药剂量等
生物等效性试验	是指用生物利用度研究的方法，以药代动力学参数为指标，比较同一种药物相同或者不同剂型的制剂，在相同的试验条件下，其活性成分吸收程度和速度有无统计学差异的人体试验

③ 直接申请上市路径：非处方药（OTC）可以直接提出上市许可申请。

1.3.4.3 变更申请

变更申请包括三类：

① 药物临床试验期间变更。对于临床试验期间变更的管理，尊重药物研制规律，增加了对药物临床试验期间变更要求和程序，根据对受试者安全的影响程度采取申报变更或报告的方式进行管理。

② 上市审评期间的变更。上市许可审评期间，发生可能影响药品安全性、有效性和质量可控性的重大变更的，申请人应当撤回原注册申请，补充研究后重新申报；不涉及技术内容的变更，应当及时告知药品审评中心并提交相关证明性材料。

③ 上市后的变更（详见 1.3.5 节）。

1.3.4.4 药品注册证书

综合审评结论通过的，批准药品上市，发给药品注册证书。

① 药品注册证书载明：药品批准文号、持有人、生产企业等信息。非处方药的药品注册证书还应当注明非处方药类别（甲类、乙类）。

② 药品注册证书附件：经核准的药品生产工艺、质量标准、说明书和标签，必要时还应当附药品上市后研究要求。上述信息纳入药品品种档案，并根据上市后变更情况及时更新。

③ 药品注册证书有效期为五年，有效期内持有人应当持续保证上市药品的安全性、有效性和质量可控，并在有效期届满前六个月申请药品再注册。

1.3.5 药品上市后管理

持有人应当制定药品上市后风险管理计划，主动开展药品上市后研究，对药品的安全性、有效性和质量可控性进行进一步确证，加强对已上市药品的持续管理。

药品上市后管理的内容很多，涉及Ⅳ期临床研究、附条件上市药品的研究、药品注册和生产许可的变更管理、生产经营管理、使用管理、药物警戒（包括不良反应报告）、药品召回、药品退市等。篇幅所限，仅简要介绍变更管理、药物警戒（含不良反应报告）和药品召回。

1.3.5.1 上市后变更管理

随着科技的进步，新技术、新设备、新科技成果越来越多地应用在药品研究生产领域，对药品研发和已上市药品的质量提升起到了重要作用，由此带来的药品生产过程中的变更是常态，也是客观必然。变更包括注册管理事项变更和生产监管事项变更。而现实中常常是两种变更同时存在，或者相互交叉，为了统一管理，简化程序，2021年1月，国家药监局制定了《药品上市后变更管理办法》（试行）。

基于风险评估的原则，将变更分为审批类变更、备案类变更和报告类变更。其中需要报批的变更包括：

① 对药品质量有影响的变更。比如涉及药品制剂的处方、生产工艺、质量标准、原辅包等变更，持有人应当进行充分研究、评估和必要的验证，并按规定经批准、备案后实施或报告；涉及原料药的生产设备、原辅料及包材来源和种类、生产环节技术参数、质量标准等生产过程变更的，持有人应当充分评估该变更可能对药品安全性、有效性和质量可控性影响的风险程度，确定变更管理类别，按照有关技术指导原则和GMP进行充分研究、评估和必要的验证，经批准、备案后实施或报告；境外上市药品转境内生产药品的变更需要经批准。

② 持有人变更。受让方应具有相应生产范围的《药品生产许可证》，由NMPA药品审评中心批准，不需要进行技术审评，只提供补充申请，该程序使上市许可在不同持有人之间便捷地流转，实现上市许可的效能最大化，有助于优化不同持有人的产品结构，推动产业发展。但是受让方需通过GMP符合性检查，药品方可上市，以确保转让后的药品质量符合要求。

③ 生产场地变更。持有人需提交变更《药品生产许可证》申请，由省级药监局实施一次现场检查，确认符合GMP要求。

1.3.5.2 药物警戒和ADR报告

《药品管理法》提出建立药物警戒制度，国家药监局2021年第65号公告发布了《药物警戒质量管理规范》，要求持有人承担实施药物警戒的主体责任。实际上药物警戒制度起源于药品不良反应（adverse drug reaction，ADR）报告制度。ADR是指合格药品在正常用法用量下出现的与用药目的无关的或意外的有害反应。

2002年WHO明确"药物警戒"的定义，即发现、评估、理解和预防不良反应或者其他与药物相关问题的科学与活动。从药物警戒的理论和实践可以看出，药物警戒是对ADR监测的拓展和深化，内容包括ADR，又包括药物误用、滥用、错用、相互作用、疗效缺乏等与药品安全有关问题。ICH的E2系列指导原则对ADR、风险评估和管理提出了具体要求，这些指导原则适用于我国药物警戒制度。与ADR报告不同之处是，药物警戒在ADR报告基础上增加了安全风险评估和相应的分析管控，并且扩展至药品上市前的临床试验阶段。根本任务是预防可能的ADR及其他与用药有关的有害事件发生，促进安全合理用药，传递有关安全性信息，从而达到保护和促进患者和公众健康的最终目的。

持有人、药品生产企业、药品经营企业和医疗机构应当经常考察本单位所生产、经营、使用的药品质量、疗效和不良反应。发现疑似不良反应的，应当及时向药品监督管理部门和卫生健康主管部门报告。

对已确认发生严重不良反应的药品，由国家药监部门或者省级药监部门根据实际情况采取停止生产、销售、使用等紧急控制措施，并应当在五日内组织鉴定，自鉴定结论作出之日起十五日内依法作出行政处理决定。

从管理的角度可以将ADR分为两类。第一类为"新的ADR"，是指药品说明书中未载明的不良反应；而说明书中已有描述，但不良反应发生的性质、程度、后果或者频率与说明书描述不一致或者更严重的，也按照新的 ADR 处理。第二类为"严重 ADR"，是指因使用药品引起以下损害情形之一的反应：一是能引起死亡的；二是能致癌、致畸、致出生缺陷的；三是对生命有危险并能够导致人体永久的或显著的伤残的；四是对器官功能产生永久损伤的；五是导致住院或住院时间延长的；六是导致其他重要医学事件，如不进行治疗可能出现上述所列情况的。

药物群体不良事件：是指同一药品在使用过程中，在相对集中的时间、区域内，对一定数量人群的身体健康或者生命安全造成损害或者威胁，需要予以紧急处置的事件。

1.3.5.3 药品召回制度

药品召回制度在 20 世纪 70 年代初期就被引入药品监管中，是国际上非常成熟的一种针对缺陷药品管理的有效模式。目前，美国、加拿大、澳大利亚、日本、韩国及欧盟等国家和地区都建立了相关的问题药品召回制度。

药品存在质量问题或者其他安全隐患的，持有人应当立即停止销售，告知相关药品经营企业和医疗机构停止销售和使用，召回已销售的药品，及时公开召回信息，必要时应当立即停止生产，并将药品召回和处理情况向省级药监部门和卫生健康主管部门报告。药品生产企业、药品经营企业和医疗机构应当配合。持有人依法应当召回药品而未召回的，省级药监部门应当责其召回。

按照 2007 年 12 月 10 日发布的《药品召回管理办法》，药品召回分两类、三级。两类即：主动召回和责令召回。主动召回是指药品生产企业主动实施的药品召回行为；责令召回是指药品监管部门经过调查评估，认为存在安全隐患，药品生产企业应当召回药品而未主动召回的，药品监管部门责令药品生产企业召回药品的行为。每一类召回又分为三个级别：即一级召回、二级召回和三级召回。召回级别划分的依据是药品安全隐患的严重程度。一级召回是针对使用该药品可能引起严重健康危害的；二级召回是针对使用该药品可能引起暂时的或者可逆的健康危害的；三级召回是针对使用该药品一般不会引起健康危害，但由于其他原因需要收回的。

【案例 1-3】 "欣弗"事件

背景资料：2006 年 7 月 27 日开始，国家食品药品监督管理总局陆续接到青海、广西壮族自治区、浙江、黑龙江等省（区）级食药监局报告，部分患者使用标示安徽华源生物药业有限公司生产的克林霉素磷酸酯葡萄糖注射液（商品名为"欣弗"）后，出现了胸闷、心悸、寒战、腹痛、腹泻、恶心、呕吐、过敏性休克、肝肾功能损害等临床症状。造成不良事件相关病例 100 余例，数人死亡。

案情分析：克林霉素本身具有较大的肝肾毒副作用，原本是一种肌肉注射的小针剂，出厂价仅为 2.7 元，同时该药对热不稳定。安徽华源生物药业公司为了提高利润，将其改为大输液，由肌肉注射变成静脉注射，药物直接进入血液系统，造成肝肾毒性大增。生产中，企业违反 GMP，擅自增加柜载量、降低灭菌温度和时间，热原检查不合格。欣弗事件起因是在药品开发过程中，对药物的理化性质没有深入研究，处方和生产工艺设计不合理，在生产中违反灭菌操作规程，导致药品污染。此案教训惨痛，从反面验证了 ICH "质量源于设计"理念的重要性。

1.4　药品上市许可持有人

1.4.1　持有人的概念

《药品管理法》（2019 修订）在结构框架和思路上作了较大调整，从以"生产企业为核心的管理理念"，转变为"以上市许可持有人（marketing authorization holder，MAH）制度，围绕产品监管的管理思路"，明确规定："国家对药品管理实行药品上市许可持有人制度。药品上市许可持有人依法对药品研制、生产、经营、使用全过程中药品的安全性、有效性和质量可控性负责"，并在《药品管理法》专设"药品上市许可持有人"一章，对持有人的权利、职责作出了详细规定。

药品上市许可持有人制度，是拥有药品技术的药品研发机构和生产企业，获得药品注册证书，以自己的名义将产品投放市场，对药品全生命周期承担责任的一项制度。

持有人制度在我国药品管理史上是一个巨大的进步。首先，这是对药品知识产权的保护，是对发明者或研发者的肯定和激励；其次，有利于新药科研成果的转化，加快从"样品"到"产品"的进程；再次，落实了药品全生命周期管理的主体责任；另外也有利于引进国外新药在国内上市，满足患者在治疗中使用新药的需求。境外企业若要成为持有人，应当由其指定的在中国境内的企业法人履行持有人义务，并承担连带责任。

不论持有人是哪类社会主体，必须取得我国药品注册证书，这是成为持有人的前提。

持有人对药品上市负责，生产企业对产品放行负责。这是一种将"上市许可"与"生产许可"分离的管理模式。在这种机制下，上市许可和生产许可相互独立。上市许可持有人可以将产品委托给不同的生产商生产，药品的安全性、有效性和质量可控性均由上市许可持有人对公众负责。通俗来讲，持有人制度的核心就是鼓励新药研发，让精于研发者专注于研发、精于生产者做好生产。

1.4.2　持有人的权利

① 生产经营权。持有人享有自行生产药品、经营药品的权利。但应当申请药品生产许可证；持有人从事药品零售活动的，应当申请药品经营许可证。

② 委托权。持有人可以委托给符合条件的企业生产、经营该药品；但是特殊药品（血液制品、麻醉药品、精神药品、医疗用毒性药品、药品类易制毒化学品）不得委托生产。

③ 放行权。持有人负责对药品上市放行；生产企业负责对药品出厂放行。

④ 转让权。持有人可以转让药品上市许可，但需经国家药监部门批准，且受让方应当具备保障药品安全性、有效性和质量可控性的质量管理、风险防控和责任赔偿等能力，并履行持有人义务。

⑤ 疫苗定价权。对于疫苗上市许可持有人，疫苗的价格由疫苗上市许可持有人依法自主合理制定。疫苗的价格水平、差价率、利润率应当保持在合理幅度。

1.4.3 持有人的责任

① 对药品全生命周期质量负责：持有人要建立药品质量保证体系，配备专门人员独立负责药品质量管理。其法定代表人、主要负责人对药品质量全面负责。

② 对协同单位和个人承担相应责任：包括与该药品相关的其他从事药品研制、生产、经营、储存、运输、使用等活动的单位和个人依法承担相应责任。

③ 对受托方的审核监督责任：包括对受托药品生产企业、药品经营企业的质量管理体系进行定期审核，监督其持续具备质量保证和控制能力。委托储存、运输药品的，应当对受托方的质量保证能力和风险管理能力进行评估，与其签订委托协议，约定药品质量责任、操作规程等内容，并对受托方进行监督。

④ 建立并实施药品追溯制度：按照规定提供追溯信息，保证药品可追溯。药品追溯制度是指利用信息化手段保障药品生产经营质量的安全，防止假药、劣药进入合法渠道，并且能够实现药品风险控制，精准召回的一种管理制度。

⑤ 建立年度报告制度：每年将药品生产销售、上市后研究、风险管理等情况按照规定向省级药品监督管理部门报告。

疫苗持有人与药品上市许可持有人一样，应当建立质量管理体系，加强疫苗的全生命周期质量管理，对疫苗的安全性、有效性和质量可控性负责。而且由于疫苗的特殊性，实施"批签发"制度，所以疫苗持有人还需要承担更多的主体责任，详见本书第7章。

【案例1-4】 日本制药企业小林化工长期造假丑闻

背景资料： 2021年2月据媒体报道，日本小林化工公司生产的治疗足癣病的口服药"伊曲康唑片"中，混入超过最高限量2.5倍的安眠药成分，部分患者服用后失去意识，造成22起交通事故。另有2人服用后死亡，造成不小风波。

调查发现，该药厂为了节省人力，制药过程中疑似人手不足，工作人员取原料药时误取了安眠药，后续也无人发现。此外，小林化工生产的500多种药品中，竟有80%的药品出现造假记录，而且该公司大约从40年前开始，就有部分药品根本不经过品质检验就直接过关，员工直接捏造检验结果。甚至就算药物在品质检验时发现异常，仍让异常药物直接出货，曾发生未经行政程序直接擅自变动生产工艺行为。调查后，县政府勒令该药厂停业116天，是该县所能勒令停业最高天数，也是日本药企因违反本土《药品与医疗器械法》受到停业时间最长的处分。

案件分析： 药品上市许可持有人是药品安全、有效、质量可控的责任主体，诚信是企业发展的根本保障。小林化工造假丑闻绝非偶然发生的事故，肯定有深层次的原因。

据日本福井县政府调查后表示，这些造假行为皆在包括社长小林广幸在内的公司高层主管长期默许下发生。小林广幸本人也承认，他在没接任社长之前，大约在2005年至2007年负责生产线的时候，就发现企业内部有A、B台账现象，一本不能对外公开的台账，以及一本为现场检查而记录虚假的对外台账。他和高管数次在媒体前鞠躬道歉，承认"我把生产效率放在了法律和道德的前面"，并表示辞职。这起药物事件再次证明，利欲熏心，数据造假，丧失底线，终将害人害己。

1.5 药品生产和 GMP

1.5.1 从事药品生产必备条件

(1) 从事药品生产所需条件

药品生产是指持有人或药品生产企业将一定的资源转化成合格药品的过程。这一概念包含了药品生产的五个基本要素：一是取得药品注册证书；二是具有将资源转化成药品的能力；三是获得药品生产许可证；四是生产的药品符合国家标准，并对药品的安全性、有效性及质量可控负责；五是有健全的药品生产质量管理体系，保证药品生产全过程持续符合法定要求。

从事药品生产，应当符合以下条件：

① 有依法经过资格认定的药学技术人员、工程技术人员及相应的技术工人。其法定代表人、企业负责人、生产负责人、质量负责人、质量受权人及其他相关人员应符合《药品管理法》或《疫苗管理法》规定的条件。

② 有与药品生产相适应的厂房、设施、设备和卫生环境。

③ 有能对所生产药品进行质量管理和质量检验的机构、人员和必要的仪器设备。

④ 有保证药品质量的规章制度，并符合 GMP 要求。

(2) 从事疫苗生产活动的，还应当具备下列条件：

① 具备适度规模和足够的产能储备；

② 具有保证生物安全的制度和设施、设备；

③ 符合疾病预防、控制需要。

(3) 药品委托生产条件

药品委托生产是指持有药品注册证书的委托方委托其他药品生产企业进行药品生产的行为。药品的委托生产有利于生产资源的合理利用，在国际上已经被普遍采用。

委托人的条件：具备《药品生产监督管理办法》第六条第一款第一项（各类人员要求）、第三项（质量管理和质量检验机构及人员要求）、第五项（保证质量的制度，符合 GMP 要求）规定的条件。

被委托人的条件：符合《药品生产监督管理办法》规定的从事药品生产四项条件。

双方需要签订委托协议和质量协议，将相关协议和实际生产场地申请资料合并提交至省级药监部门，申请办理药品生产许可证。药品委托生产无论是本省委托，还是跨省委托，均属于药品生产许可变更，可按国家药监局 2021 年发布的《药品上市后变更管理办法（试行）》进行办理。

1.5.2 药品生产许可证

《药品生产许可证》由所在地省级药品监管部门批准发放。持有人作为从事药品生产的主体，无论自行生产药品还是通过委托生产药品，都属于生产行为，必须申请取得《药品生产许可证》，这是从事药品生产的起点，也是必要条件。

药品生产许可证有效期为五年，分为正本和副本。药品生产许可证电子证书与纸质证书具有同等法律效力。药品生产许可证应当载明许可证编号、分类码、企业名称、统一社会信用代码、住所（经营场所）、法定代表人、企业负责人、生产负责人、质量负责人、质量受权人、生产地址和生产范围、发证机关、发证日期、有效期限等项目。

药品生产许可证载明事项分为许可事项和登记事项。许可事项是指生产地址和生产范围等。登记事项是指企业名称、住所（经营场所）、法定代表人、企业负责人、生产负责人、质量负责人、质量受权人等。

分类码是对许可证内生产范围进行统计归类的英文字母串。详见表1-6。

表 1-6　信息码分类表

大写字母（持有人归类）	小写字母（制剂分类）
A 代表自行生产的药品上市许可持有人	h 代表化学药
B 代表委托生产的药品上市许可持有人	z 代表中成药
C 代表接受委托的药品生产企业	s 代表生物制品
D 代表原料药生产企业	d 代表按药品管理的体外诊断试剂
	y 代表中药饮片
	q 代表医用气体
	t 代表特殊药品
	x 代表其他

1.5.3　GMP

1.5.3.1　GMP 概况

GMP 是质量管理体系的一部分，是药品生产管理和质量控制的基本遵循和要求，旨在最大限度地降低药品生产过程中污染、交叉污染以及混淆、差错等风险，确保持续稳定地生产出符合预定用途和注册要求的药品。

世界上第一部 GMP 诞生于美国。最初由美国坦普尔大学 6 名教授于 1962 年执笔制定，经过美国 FDA（食品药品监督管理局）官员多次讨论修改，按照美国立法程序完成，并于1963 年颁布。美国 GMP 经过数次修订，至今是比较完善的，被称为 current GMP（cGMP），成为美国药事法规体系的一个重要组成部分。

经历五十多年的实践和不断修改完善，GMP 已成为国际公认的药品生产过程控制和质量管理的规范化模式。目前 GMP 的版本大致分两种，一是以 WHO 颁布的 GMP 为代表，属于 GMP 最基本的要求，主要面向发展中国家；二是 ICH 颁布的原料药 GMP 和欧盟GMP，代表发达国家水平。

我国 GMP 是伴随着中国制药工业的成长和改革开放而产生和发展的。从 20 世纪 80 年代开始，大约经历了五个发展阶段。第一阶段是 1985 版 GMP，由行业组织制定，起到宣传教育的作用；第二阶段是 1988 版 GMP，由原国家医药管理局制定，企业自愿申请 GMP 认证，属于试水阶段；第三阶段是 1992 版 GMP，由原国家卫生部制定，要求无菌制剂（粉针剂、大输液）限期强制认证；第四阶段是 1998 版 GMP，由原国家食品药品监督管理总局制定，对所有药品生产企业实施强制 GMP 认证，但是洁净度标准要求偏低；第五阶段是 2010版 GMP，由原国家卫生部制定，吸纳了国际 GMP 的先进标准，其基本要求采用欧盟文本，原料药采用 ICH Q7 版本，洁净区的划分采用 WHO 标准，逐步实现与国际标准接轨。

2010 版 GMP 引入了许多新的质量管理理念与措施，主要包括质量受权人、质量风险管理、产品质量回顾分析、持续稳定性考察计划、供应商的审计和批准、变更控制、偏差处理、纠正和预防措施等，以期强化制药企业对于相关环节的控制和管理。该版 GMP 明确了各部门职责划分，细化了软件要求，注重药品生产、注册、上市监管的协调统一，对实际生产更具有指导性、可操作性和可检查性。可以有效提高药品生产质量管理标准，促进企业优胜劣汰，提高行业集中度，促进中国制药企业走向国际主流市场。

1.5.3.2 GMP 的结构和附录

GMP 正文共 14 章 312 个条款，对药品生产过程的每一个环节都提出了明确要求和规定。由于药品种类多，不同类型的药品在生产环境、设施设备、生产质量管理等方面也存在很大差异，为此又陆续制定了一些附录。附录是对特定类别药品 GMP 的细化和补充，而不是修改和替代。目前我国已发布了 13 个 GMP 附录。见表 1-7。

表 1-7　GMP 结构及 GMP 附录

GMP 正文（条款）		GMP 附录	
第 1 章	总则（1～4）	附录 1	无菌药品
第 2 章	质量管理（5～15）	附录 2	原料药
第 3 章	机构与人员（16～37）	附录 3	生物制品
第 4 章	厂房与设施（38～70）	附录 4	血液制品
第 5 章	设备（71～101）	附录 5	中药制剂
第 6 章	物料与产品（102～137）	附录 6	放射性药品
第 7 章	确认与验证（138～149）	附录 7	中药饮片
第 8 章	文件管理（150～183）	附录 8	医用氧
第 9 章	生产管理（184～216）	附录 9	取样
第 10 章	质量控制与质量保证（217～277）	附录 10	计算机化系统
第 11 章	委托生产与委托检验（278～292）	附录 11	确认与验证
第 12 章	产品发运与召回（293～305）	附录 12	生化药品
第 13 章	自检（306～309）	附录 13	麻醉药品精神药品和药品类易制毒化学品
第 14 章	附则（310～312）		

1.5.3.3 GMP 和药品质量管理体系

《药品生产监督管理办法》第 26 条规定：从事药品生产活动，应当遵守 GMP，建立健全药品生产质量管理体系，涵盖影响药品质量的所有因素，保证药品生产全过程持续符合法定要求。

GMP 只是质量保障的一部分，所以有关药品法律法规要求企业必须建立质量管理体系。那么什么是药品质量管理体系呢？ICH 为此专门制定了药品质量体系文件指南（ICH Q10），该文件附录 2 给出了药品质量体系模型。

从图 1-3 中可以解读到药品质量体系（PQS）的以下要点：

① 药品质量体系（PQS）包含药品研发、技术转移、商业生产、产品终止等全生命周期质量管理；

② GMP 是质量体系的核心部分，它不仅适用于生产过程，也适用于研究用产品；

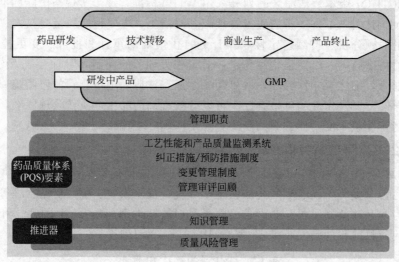

图 1-3　ICH Q10 药品质量体系模型

③ 管理职责贯穿于整个药品生命周期之中，起到决定性作用；

④ 影响 PQS 的主要因素是：工艺性能和产品质量监测系统、纠正措施/预防措施（CA/PA）制度、变更管理制度、管理审评制度；

⑤ 促进 PQS 发展的两个推进器是知识管理和质量风险管理。

以上这五个方面的有机结合构成了药品质量管理体系，它们互相联系，互相影响，缺一不可。同时从中也可以理解为什么药品法律法规要求企业应当遵守 GMP，还必须建立质量管理体系的道理。

ICH Q10 药品质量体系的指导思想是融合国际标准化组织（ISO）质量管理制度的概念，补充现有 GMP 的不足，在现有 GMP 和 ISO 概念基础上建立一个完整的适用于药品整个生命周期的质量管理制度，促进企业从原来较为单一的 GMP 生产管理阶段向一个综合的药品质量管理范畴转变，以确保来自企业、监管当局以及病人等各方的质量需求能得到充分的体现和满足。

1.5.3.4 GMP 要素分析

笼统地说，GMP 包含人员管理、硬件管理和软件管理三大部分内容。

美国 FDA 对 GMP 的要求是建立 6 大系统：质量系统、设施与设备系统、物料系统、生产系统、包装与标签系统、实验室控制系统。

GMP 之所以成为药品生产质量管理的基本遵循，是因为它抓住了药品生产过程中影响质量的六大要素，针对性地制定了相应的标准和要求，避免任何污染、交叉污染、混淆和差错。这六个要素简称 5M1E，业界俗称"人、机、料、法、测、环"管理方法。

① 人员（man）：各级人员的质量风险意识、明确质量责任、任职资格、技能要求等；

② 机器（machine）：设施设备满足生产需要，且不能污染产品、测量仪器的精度和维护保养状况等；

③ 材料（material）：各种物料的性能、采购、运输、储存均符合生产需求等；

④ 方法（method）：生产工艺、过程控制、设备选择、操作规程等确保产品质量符合规定；

⑤ 测量（measurement）：仪器校准、计量精度、参数测定、采取的测量方法准确并符合标准；

⑥ 环境（environment）：生产环境、工作现场的空气洁净度能满足产品要求，不产生污染、交叉污染、混杂和差错等。

1.5.4　GMP 监管模式

1.5.4.1　GMP 认证制度模式

长期以来，我国实行 GMP 认证制度，企业取得"生产许可证"之后，再申请 GMP 认证，认证合格后发给"GMP 证书"，有效期 5 年。自 1998 年起 GMP 认证制度实施二十多年以来，我国制药行业发生了很大的变化，尤其是硬件设施得到了明显的改善，整洁的厂区，漂亮的厂房，崭新的设备，生产能力和技术水平也得到相应提升，使我国制药业整体水平迈上了一个新台阶，三十多年来，我国医药工业产值年均增速达到 15% 以上，这与实施 GMP 认证有很大关系。

值得注意的是，在实施 GMP 认证后也暴露出一些不可忽视的问题，部分企业重硬件改造，轻软件管理；有的制药企业拿到 GMP 证书之后，万事大吉，管理松懈，过程失控，标准操作规程（SOP）形同虚设；更有甚者涂改记录，数据造假，将 GMP 证书当作"遮羞布"，药品事故时有发生。特别是在制药企业全部通过 GMP 认证之后的几年里，连续发生了几起震惊全国的药物事件，见表 1-8。

表 1-8　典型药物事件统计表

时间	药物事件	事件原因
2006 年 4 月	"齐二药"事件	辅料渠道非法、检验环节失控
2006 年 7 月	"欣弗"事件	违法操作、质量部门失职
2007 年 6 月	"甲氨蝶呤"事件	违反 GMP 规定，有组织地隐瞒违规生产事实、干扰调查
2008 年 10 月	"刺五加"事件	在药品流通环节发生严重药害事件
2012 年 4 月	"铬超标胶囊"事件	工业明胶、空心胶囊和制剂生产企业均违反相关规定
2016 年 3 月	"山东非法经营疫苗"事件	未按冷链运输、储存疫苗，使用过期疫苗
2018 年 7 月	"长春长生疫苗"事件	违反国家药品标准和 GMP、编造虚假生产检验记录、地方政府和监管部门失职失察、个别工作人员渎职

这些药物事件，特别是 2018 年 7 月 "长春长生疫苗" 事件，不仅暴露了制药企业存在的问题，也暴露了药品监管体制上的漏洞和缺陷，GMP 是药品生产中每天都要做的事情，靠一次认证解决不了生产质量管理的复杂问题。2019 年版《药品管理法》改变了对 GMP 的监管模式，取消了 GMP 证书，改为动态监管，突出质量风险管理意识，将 GMP 持续合规性作为药品注册、药品生产许可的基本条件，重在加强日常的符合性检查，开启动态 GMP 监管的新时代，基本与欧美发达国家 GMP 理念接轨。

1.5.4.2　GMP 符合性检查

GMP 符合性检查是药监部门一种新的监管模式，也称作 GMP 动态监管，是指药监部门按照 GMP 规定，持续对药品生产企业质量管理体系和生产现场进行合规性检查的行为。检查的类型分为许可检测、常规检查和有因检查等监督检查。《药品生产监督管理办法》第 31 条规定，药品上市许可持有人、药品生产企业在药品生产中，应当开展风险评估、控制、验证、沟通、审核等质量管理活动，对已识别的风险及时采取有效的风险控制措施，以保证产品质量。

GMP 符合性检查不同于认证检查，带有随机性，应结合风险点开展完整的风险管理程序，包括风险评估、风险控制、风险沟通与审核等进行检查，查找药品生产环节的风险点。

GMP 符合性检查的风险点：

① 关注软件。符合性检查重点关注软件的执行，检查企业内部的 SOP 及制度是否得到遵守，如果出现违反情况，必须得到纠正。书面记录是否完善，企业内部是否出现无程序可依的情况等。在药品生产的过程中任何操作都需要符合书面的 SOP，而不是"领导指示"，或者"师傅经验"。

② 关注证据。质量管理文件体系比较完善后，能不能确保这些文件有效运行，是检查重点。产品放行不只是看检验报告，而是依据生产活动的所有记录，包括批生产记录、批检验记录、验证和校准记录、培训记录等，把记录作为证据。GMP 符合性检查建立在审核证据的基础之上。若发现记录简单、缺失和随意涂改，或者记录保存疏忽、混乱，记录不真实等现象，必须提出处理意见。

③ 关注注册批件。检查批记录不能只对照工艺规程，还要查看注册批件对工艺参数设定的范围和限度。如果不相符合，可能给药品质量带来风险。比如，NMPA 对瑞士某企业生产现场检查时，发现该品种的发酵工艺变更、发酵条件变更、裂解步骤混合工艺变更未按规定申报。

④ 关注防污染措施。GMP 第 198 条提出了应当定期检查防止污染和交叉污染的措施并评估其适用性和有效性，促使企业不断自我完善。应增强所有员工防止污染和交叉污染的意识，严格按 SOP 进行各项操作，对制水系统和空调净化系统要制定严格的防微生物污染措施。

⑤ 关注生产过程。药品质量是生产出来的，不是检验出来的，GMP 符合性检查不能只看检验结果，更重要的是检查生产过程中的人、机、料、法、测、环（5M1E）每个要素是否能有效控制，组成有机统一的体系，并有序运行。

GMP 符合性检查实行属地化管理，《药品生产监督管理办法》第 3 条规定：从事药品生产活动，应当经所在地省级药品监督管理部门批准，依法取得药品生产许可证，严格遵守 GMP，确保生产过程持续符合法定要求。原料药生产企业应当按照核准的生产工艺组织生产，严格遵守 GMP，确保生产过程持续符合法定要求。

1.5.4.3 GMP 动态监管的特征

(1) 特征一：药品注册与生产许可无缝对接

《药品注册管理办法》第 47 条规定：对于创新药、改良型新药以及生物制品等，应当进行药品注册生产现场核查和上市前药品生产质量管理规范检查。对于仿制药等，基于风险进行药品注册生产现场核查和上市前 GMP 检查。《药品生产监督管理办法》具体规定了上市前 GMP 符合性检查的条件：

① 未通过与生产该药品的生产条件相适应的 GMP 符合性检查的品种。

② 拟生产药品不需要进行药品注册现场核查的。

③ 已通过与生产该药品的生产条件相适应的 GMP 符合性检查的品种，根据风险管理原则决定是否开展上市前的 GMP 符合性检查的。

这些规定实现了 GMP 在药品注册与生产许可之间的无缝对接。

(2) 特征二：落实企业主体责任

《药品注册管理办法》规定：持有人应当按照 GMP 的要求对生产工艺变更进行管理和

控制，并根据核准的生产工艺制定工艺规程。生产工艺变更应当开展研究，并依法取得批准、备案或者进行报告，接受药品监督管理部门的监督检查。

药品生产企业的法定代表人、主要负责人应当对本企业的药品生产活动全面负责，履行下列职责：

① 配备专门质量负责人独立负责药品质量管理，监督质量管理规范执行，确保适当的生产过程控制和质量控制，保证药品符合国家药品标准和药品注册标准。

② 配备专门质量受权人履行药品出厂放行责任。

③ 监督质量管理体系正常运行，保证药品生产过程控制、质量控制以及记录和数据的真实性。

④ 发生与药品质量有关的重大安全事件，应当及时报告并按企业制定的风险管理计划开展风险处置，确保风险得到及时控制。

⑤ 其他法律法规规定的责任。

(3) 特征三：增加检查频次

GMP 符合性检查是药品监管的主要内容之一。省级药品监督管理部门应当根据药品品种、剂型、管制类别等特点，结合国家药品安全总体情况、药品安全风险警示信息、重大药品安全事件及其调查处理信息等，以及既往检查、检验、不良反应监测、投诉举报等情况确定检查频次：

① 对麻醉药品、第一类精神药品、药品类易制毒化学品生产企业每季度检查不少于一次。

② 对疫苗、血液制品、放射性药品、医疗用毒性药品、无菌药品等高风险药品生产企业，每年不少于一次。

③ 对上述产品之外的药品生产企业，每年抽取一定比例开展监督检查，但应当在三年内对本行政区域内企业全部进行检查。

④ 对原料、辅料、直接接触药品的包装材料和容器等供应商、生产企业每年抽取一定比例开展监督检查，五年内对本行政区域内企业全部进行检查。

⑤ 对有不良信用记录的药品上市许可持有人、药品生产企业，应当增加监督检查频次，并可以按照国家规定实施联合惩戒。

(4) 特征四：最严厉的处罚

药品上市许可持有人和药品生产企业未按照 GMP 的要求生产，有下列情形之一，属于《药品管理法》第 126 条规定的情节严重情形的，依法予以处罚：

① 未配备专门质量负责人独立负责药品质量管理、监督质量管理规范执行。

② 药品上市许可持有人未配备专门质量受权人履行药品上市放行责任。

③ 药品生产企业未配备专门质量受权人履行药品出厂放行责任。

④ 质量管理体系不能正常运行，药品生产过程控制、质量控制的记录和数据不真实。

⑤ 对已识别的风险未及时采取有效的风险控制措施，无法保证产品质量。

⑥ 其他严重违反 GMP 的情形。

1.5.5 GMP 发展趋势

GMP 发展的基本趋势主要有五个方面特征：即国际化、标准化、动态管理、参数放行和质量风险管理。

① 国际化。所谓国际化是指目前已有一百多个国家及地区实施 GMP 制度，虽然各国的

GMP 标准有所不同，但是实行 GMP 制度则是全世界的共识，而且基本原则也是一致的，都是为了避免药品生产过程中的污染、混杂和差错。所以，GMP 的实施具有广泛的国际性。

国际化的另一个表现是各国的 GMP 正逐步靠拢，呈现趋同化。越来越多的国家或地区的 GMP 开始向国际性规范的标准靠拢，甚至等同或直接采用国际先进标准。

② 标准化。标准化的一个表现是 GMP 与国际标准化组织（International Standardization Organization，ISO）标准正在发生互补与融合。ISO 是国际标准化领域中一个十分重要的非政府组织，其主要活动是制定和修订国际标准。ISO 成员由来自世界上 100 多个国家的国家标准化团体组成，代表中国参加 ISO 的国家机构是国家技术监督局（CSBTS）。欧盟 GMP 引言中指出，药品生产多年来遵循着 GMP 指南，而没有执行欧洲/国际标准化组织（CEN/ISO）的标准。制药行业可以自行决定采用欧洲标准化组织 CEN/ISO 标准，作为实施制药领域质量体系的一种手段。

标准化的另一个表现是，美国、欧盟和日本已经就原料药 GMP 指南标准（ICH Q7）达成了一致，并被 WHO 认可采纳。该标准由 ICH 制定，三方互认，并共同按这一标准上报材料，按此标准对其他国家进行检查。

③ 动态管理。动态（in operation）管理是 GMP 朝着"全面质量管理"的方向进一步深化的结果。GMP 把控制的重心从以成品检验为手段的质量把关转向工艺过程控制，强化动态管理。只有动态测试的结果才能显示各种因素与产品质量的相关性，才能证明并确保过程受控，这些已成为国际社会对药品质量保证要求的共识。

④ 参数放行（parametric release）。成品的放行，历来是以成品的最后质量检验为依据的。然而随着科学技术的进步和管理水平的提高，在某些药品的生产中，一种新的放行方式开始用于制药行业。其具体表现是在最终灭菌药品（大输液、小针剂）生产中实行参数放行以代替无菌检验。参数放行之所以首先被运用于"使用最终灭菌工艺生产的无菌制剂"，有三方面的原因。一是由于无菌制剂的无菌质量保证是人们关注的重点。无菌制剂通常直接进入人体血液循环，一旦存在微生物污染会导致严重后果。二是因为基于抽样检验的无菌检验存在明显的局限性，无法保证产品质量与性能的安全。另外，无菌检验过程复杂，检查库存量大，需要大量的人力与物力，这种方法依赖于检测人员的数量和经验，成本消耗较高。三是由于现代制药技术和质量控制方法可以保证产品质量而无需再进行无菌检验。目前微生物杀灭理论研究和技术手段已非常成熟，人们通过这些技术可以科学地证明在满足预定的质量关键控制点的前提下，通过一定的灭菌工艺，可使产品达到药典规定的无菌保证水平。

在 GMP 的发展史上，有两个重要的里程碑——验证和参数放行。美国 FDA 于 1976 年首次将验证列入 GMP；1987 年，美国 FDA 又颁布了第一部《参数放行政策指南》。此后欧盟、加拿大、澳大利亚等也陆续开始实施参数放行。我国从 2005 年 3 月开始在个别基础条件好的企业试点实施参数放行；在 2007 年，将试点时间延长至 2010 年。参数放行对管理水平、技术水平的高要求让很多企业望而生畏，目前我国的参数放行还未能在全国范围内得到推广。

参数放行是指根据有效的控制、监测以及灭菌工艺验证的数据资料，对产品的无菌水平进行评价，以替代对成品进行无菌检测的放行程序。它是 GMP 发展与技术进步的必然结果，更加体现出药品质量的控制以生产过程控制为重心的基本思想。

⑤ 质量风险管理（quality risk management，QRM）。质量风险管理是一个系统化的过程，ICH Q9 质量风险管理文件，要求在整个生命周期过程中，对质量风险进行识别、衡量、控制、评价以及防范。从药品的研制到药品的生产、流通、使用、广告宣传和标签粘

贴、包装全过程都存在着影响药品质量的安全隐患。如果药品上市前的动物实验与临床试验设计不严谨，那么药品就存在研发风险，这是导致药品存在缺陷的根源。在药品的生产过程中，设备、物料、生产工艺、生产环境的可靠性及管理制度的执行力等，都会影响到药品的生产质量，如控制不得当，会造成生产过程风险。而药品的供应风险，是指在药品供应过程中产生的药品质量风险，与药品的进货途径、储存环境和出库管理有关。储存期间药品变质、超过有效期，常常是供应环节中关注的风险因素。

总之，GMP 已成为国际上通用的药品生产和质量管理的基本标准。随着人类社会的发展，科技的进步，各国在执行 GMP 的过程中将不断对其进行修改和完善，同时也将制定出各种详细规则和指导原则。

【案例1-5】 "齐二药"事件

背景资料： 2006 年 4 月，广州某医院使用齐齐哈尔第二制药有限公司（以下简称齐二药）生产的"亮菌甲素注射液"，治疗各种类型的肝胆道疾病。用药几天后，多名重症肝炎患者出现急性肾功能衰竭症状。虽经医院全力抢救，但仍有 11 人死亡。这起严重药害事故震惊了全社会，按照国务院的指示，由监察部牵头，公安部、卫生部、国家食药监局参加的调查组，会同黑龙江省政府对该案进行深入调查。经查，江苏泰兴不法商人王某以泰兴化工总厂的名义，伪造药品生产许可证件，将工业原料二甘醇假冒药用辅料丙二醇出售给齐二药。齐二药采购员纽某认为价格便宜，违规购入假冒丙二醇，化验室主任陈某等人严重违反操作规程，未将检测图谱与"药用标准丙二醇图谱"进行对比鉴别，并在发现检验样品"相对密度值"与标准严重不符的情况下，将其改为正常值，签发合格证。致使假冒辅料投入生产，制造出假药"亮菌甲素注射液"并投放市场。

案情分析： 伪造《药品生产许可证》触犯了刑法第 141 条；采购员违反 GMP 第 104 条规定："物料供应商的确定及变更应当进行质量评估，并经质量管理部门批准后方可采购。"；质量检验部门在发现检验样品"相对密度值"与标准严重不符的情况下，将其改为正常值，签发合格证。违反了 GMP 第 11 条"确保物料或产品在放行前完成必要的检验，确认其质量符合要求"的规定；生产的药品成分与国家标准不符，确定为假药。按《药品管理法》法律责任处罚。致 11 人死亡，相关人员承担刑事责任。对这起假药案，国务院召开常务会议，给予 21 名相关人员严肃处理，其中 10 人移交司法机关处理，11 人给予党纪政纪处分，并吊销齐二药《药品生产许可证》。

1.6 系统工程和药品生产质量管理工程

1.6.1 工程的概念

谈到工程，人们自然会联想到正在建设的高楼大厦，制药公司的厂房、车间等建筑工地，其实这些只是工程的一种表现形式，是工程的载体。理论上，工程的定义是：服务于某个特定目的的各项技术工作的总和。它是以一系列的科学知识为依托，应用这些科学知识，并结合经验的判断，经济地利用自然资源为人类服务的一种专门技术。

按照工程的属性，工程可以分成专业技术类工程和管理技术类工程两大类。土木工程、材料工程、化学工程、制药工程等以专业学科技术为依托的工程属于前者，系统工程、工业工程、可靠性工程、价值工程、质量管理工程等属于后者。显而易见，本书应列入管理技术类工程范畴之中，但也涉及一些专业技术工程的内容，比如药厂设计、无菌药品生产、疫苗生产、制药用水等，整体而言是系统工程与质量管理工程在药品生产管理中的具体应用。下面重点介绍系统工程、质量管理工程及药品生产质量管理工程的一些基本概念。

1.6.2 系统工程

系统是由两个以上相互联系的要素所构成，且具有特定功能、结构、环境的整体。系统学主要研究系统的普遍属性和运动规律，研究系统演化、转化、协同和控制的一般规律，研究系统间复杂关系的形成法则，结构和功能的关系，有序、无序状态的形成规律以及系统仿真的基本原理等，随着科学的发展，它的内容也在不断丰富。

系统是一个整体，是由许多子系统和组分构成的，各子系统和组分彼此关联，一个系统的结构就是所有组分间关联方式的总和。而系统中的子系统以及各个要素之间，是环环相扣、紧密联系的。与此同时，系统以及各个要素，是不断地运动、不断发展的，不能妥善处理各要素之间的关系、不能及时发现自身问题、解决矛盾的系统，是不能发展前进的，是迟早会消亡、被淘汰的。

如表 1-9 所示，系统工程中的系统具有以下主要特性：

表 1-9　系统主要特性及解释

系统特性	解　　释
目的性	目的性是系统的首要特性。一个制药企业作为一个系统,其主要目的就是生产出合格的药品,满足市场需要,进而获取最大的利润
集合整体性	系统是作为一个整体对外部表现其特性的。比如一个制药企业,对社会而言,它是以企业为整体表现自己的特征,比如总产出、利润率、生产率、产品质量等
层级性或阶层性	组成系统的各要素又相互组合形成若干子系统;在制药企业这一系统中,系统的各要素可以形成若干子系统,比如营销子系统、生产子系统、质量子系统、研发子系统、动力子系统、信息子系统等
联系性	系统内各要素之间的联系相对于它们与外部系统的联系具有特殊性,进而形成了这个具体的特殊系统。以制药企业系统为例,各子系统之间的联系突出了"质量"的要求,这就是制药企业的特殊性;药品质量与各子系统均有直接的关联
适应性	环境的适应性是每一个系统的重要特性。环境不断变化,系统与环境的联系就要发生变化,从而内部各要素之间的联系也发生变化。例如,一个新药的研制成功,可以使企业获得巨大的利润,而一个假辅料的误购投产,则会导致企业倒闭消亡

系统工程是一门高度综合性的管理技术工程，涉及自然科学和社会科学的多门学科。构成系统工程的基本要素是：人、物、财、目标、机器设备、信息等六大因素。各因素之间是互相联系、互相制约的关系。系统工程是以大型复杂系统为研究对象，按一定目的进行设计、开发、管理和控制，以期达到总体效果最优的理论与方法。系统工程的基本方法是：系统分析、系统设计和系统的综合评价（性能、费用和时间等）。具体地说，就是用数学模型和逻辑模型来描述系统，通过模拟反映系统的运行，求得系统的最优组合方案和最优的运行

方案。

系统工程把自然科学和社会科学的某些思想、理论、方法、策略和手段等根据总体协调的需要，有机地联系起来，把人们的生产、科研、经济和社会活动有效地组织起来，应用定量和定性分析相结合的方法和计算机等技术工具，对系统的构成要素、组织结构、信息交换和反馈控制等功能进行分析、设计、制造和服务，从而达到最优设计、最优控制和最优管理的目的，以便充分发挥人力、物力和信息的潜力，通过各种组织管理技术，使局部和整体之间的关系协调配合，以实现系统的综合最优化。

1.6.3 药品生产企业系统管理

系统管理是指运用系统工程的原则和方法对制药企业的生产经营活动进行管理。系统管理的基本原则有四项：

① 整体优化原则。优化就是管理者在人力、物力和资金的约束下，通过有效的计划、组织、指挥、控制和决策等，使管理取得最理想的经济效益。制药企业在选择药物生产的品种、剂型、规格、产量和包装等方面都有优化问题。规模过小，企业没有效益；规模太大又会造成生产能力过剩，设备闲置，从而加大了成本，效益也会下降甚至亏损。

② 环境适应原则。传统的管理把企业看作一个孤立的封闭系统，形成生产型结构，忽视了企业与外部环境的相互关系。现代系统管理则把企业看成是一个开放系统，它受环境影响，同时也影响环境，在与环境相互影响过程中达到管理活动的动态平衡。药品的"集采"、原材料的涨价、知识产权保护、环保要求的提高及医疗体制的改革等政策的出台，对制药企业经济效益有直接的巨大影响，而制药企业本身对这些环境是无法控制的，只能通过创新和改革，提高质量，加强成本控制，以适应环境的变化。

③ 控制原则。在系统的管理活动中，要有进行监督和控制的管理机构。在制药企业中，传统的企业管理只有质量控制（QC），职能是对药品质量进行检验。而现代制药企业需要建立质量管理体系，并设立质量保证（QA）部门，其职能相当广泛，权利遍及各生产车间和各管理部门，既有产品的放行权，又有质量监督、控制、管理和协调职能。

④ 协调原则。系统管理强调整体性。制药企业内各分系统，比如生产系统、营销系统、质量系统、工程系统、财务系统、后勤系统、信息系统、管理系统、人事系统及研发系统等常由于本部门利益，产生对立矛盾，因此在系统管理中应建立协调机制，强调内部协调性。协调机制的基本原则是确保产品质量万无一失。

制药企业系统管理的具体活动内容是围绕计划、组织、执行和控制开展的，每项活动都必须与质量方针协调一致。主要如下：

① 确定合理的管理组织和结构，明确每一个部门的质量职能。

② 确定最低成本与费用，产品的合理价格，搞好企业的经济分析，取得最佳经济效果。

③ 确定质量方针、质量目标、质量计划，实施 GMP，确保质量万无一失。

④ 确定药品的剂型、品种与生产线的最优组合。

⑤ 确定生产过程中各种生产工艺及方法的最优组合。

⑥ 确定原材料及各种物质的经济采购量和经济库存量。

⑦ 确定机器设备的合理维修和更新，满足药品质量的需要和生产能力的需要。

⑧ 确定人-机系统的最优调配。

⑨ 建立管理信息系统，包括药品质量、风险管理、药物警戒（包括 ADR）、市场、经济等信息。

⑩ 分析和研究管理系统中的问题，收集资料，提出改进途径和实施方案。

1.6.4 药品生产质量管理工程

1.6.4.1 适用性质量的特性

现代国际社会基本上摒弃了传统的以"合格"为标准的"符合性质量"观念，普遍采用"适用性质量"的新概念，即生产者必须对产品质量承担"严格主体责任"。"适用性质量"是以市场需求为导向，更多地关注消费者的健康和利益；而"符合性质量"是以产品为核心，其立足点是符合标准。

按照"适用性质量"的要求，药品的质量特性应包括安全性、有效性、稳定性、均一性、先进性和经济性等方面。这取决于药品生产工艺管理、过程控制、质量管控、生产环境和检测仪器设备的精确化程度等各种因素。

① 安全性。安全性是药品最基本的特征。在选择用药时要本着有效性大于毒副反应，或者可缓解毒副作用的情况下才使用的原则。安全性的另一个要求就是药品不能被污染、混杂和变更任何成分。

② 有效性。药品的有效性是个相对的概念。只有在一定的前提条件下，符合药品的适应证，并且用法、用量正确，药品才能发挥其有效性。有效性也是药品的基本特征，如果对防治疾病没有效果，就根本称不上是药品了。

③ 稳定性。稳定性指药品在规定条件下保持有效性和安全性的能力，这里所说的"规定条件下"一般是指在保质期内，而且是在生产、贮存、运输和使用各环节都严格按照规定执行的情况下。

④ 均一性。均一性是指药品质量的一致性，主要表现为物理分布方面的特性，是体现药品质量标准的质量特性。有效成分在单位产品中的含量很少，如果不均一，就会造成患者在正常用药过程中，有极大的风险不能摄入足量的有效物质，或者超量摄入，这两种情况往往都十分危险。所以均一性是药品质量的一个很重要的特征。

⑤ 经济性。经济性主要指药品作为商品的一种价值特征，体现在流通、交换和使用中。经济性首先指"可及性"，只有先进的生产工艺、规模化生产，才能有足够的商业化产品供应市场；其次是病患者对价格可负担性，高昂的价格是不能持久的，国家医保的集采药品平均降价幅度在50%以上，有的达到90%，对于具有同等疗效的不同品种的药品，价格便宜便具有竞争优势。

1.6.4.2 药品生产质量系统的构成

国际上，ICH制定了一系列的指导原则文件，分成 Quality Guidelines 系列（质量指导要求）、Safety Guidelines 系列（安全指导要求）、Efficacy Guidelines 系列（有效性指导要求）、Multidisciplinary Guidelines 系列（多学科综合指导原则）。我国在新修订的药品法律、法规、药典中提出的一些新理念，大都来自 ICH。其中 ICH Q1~Q12 系列文件基本完成国内转化实施，如表 1-10 所示。

表 1-10 ICH Q1~Q12 质量指导原则文件表

ICH Q1	stability(稳定性)
ICH Q2	analytical validation(分析方法验证)
ICH Q3	impurities(杂质)

ICH Q4	pharmacopoeias(药典)
ICHQ5	quality of biotechnological products(生物技术产品的质量)
ICH Q6	specifications(规格或参数)
ICH Q7	good manufacturing practice(生产质量管理规范)
ICHQ8	pharmaceutical development(药品研发)
ICH Q9	quality risk management(质量风险管理)
ICH Q10	pharmaceutical quality system(药品质量体系)
ICH Q11	development and manufacture of drug substances(原料药的研发和生产)
ICH Q12	life cycle management(生命周期管理)

该表说明：①GMP只是质量管理体系的一部分，而不是全部。②在药品质量管理体系中，稳定性、分析方法、杂质、药典、质量标准、GMP、药品研发、质量风险管理、药品质量体系、生命周期管理等10项都是非常重要的内容。原料药的研发和生产、生物技术产品质量还有各自特殊的要求。③各国药品监管部门应当将其转化为本国药品管理的规范，制药行业组织、药品上市许可持有人、药品生产企业也应积极实施这些指导原则，特别是持有人要履行主体责任，主动实施各项质量指导原则要求。

纵观药品质量管理的发展历程，可以看到六个明显的转变：一是药品质量的内涵由"符合性"向"适用性"转变；二是药品质量管理模式由单纯"生产质量管理"向"药品质量管理体系"转变；三是对生产工艺和设备的控制由"经验"管理向"验证"管理转变；四是药品放行标准由成品检验向"参数放行"转变；五是质量管理由事后改正向质量风险管理转变；六是静态质量管理向动态、持续改进的质量管理方向转变。这些变化反映了人类用系统工程的理论和方法来研究和规范药品质量管理的过程，进而形成了药品生产质量管理工程的概念。

1.6.4.3 药品生产质量管理工程

药品生产质量管理工程（PQE）是指为了确保药品质量万无一失，综合运用药学、系统学、工程学、管理学及相关的科学理论和技术手段，以GMP为核心内容，对生产过程中影响药品质量的各种因素进行有效控制的管理方法和实用技术的总和。

《药品管理法》在总则中明确规定："药品管理应当以人民健康为中心，坚持风险管理、全程管控、社会共治的原则，建立科学、严格的监督管理制度，全面提升药品质量，保障药品的安全、有效、可及。"人民至上、生命至上的健康理念，要求药品在全生命周期管理中，避免出现影响患者生存质量的不良因素，如严重的药物不良反应、杂质、交叉污染和各种可能的差错等。这对药品生产质量管理提出了更加严格的要求，也是现代制药人的责任与担当。

在药品全生命周期管理中，基础研究决定了药品的安全性和有效性，属于药物创新或研发阶段。而工艺研究和规模化生产的目的是确保药品的质量可控，能持续稳定满足该药品质量所有特性要求，并以经济合理、百姓可负担的价格向市场提供商品，为公共卫生和人类健康服务。这其中有技术，也有管理，缺一不可。传统观念重技术，轻管理，认为技术决定一切，管理可有可无。这种观念被以"反应停"为代表的无数药害事件彻底否定，实际上，人类早已认识到管理也是科学，于是诞生了全面质量管理（TQM）、系统工程学。GMP是这些理论在药品生产和医疗器械生产中的具体应用，并被国际一致认可，成为药品生产准则和基本遵循，进而演变成药品国际贸易的准入条件。但是 GMP 只是原则要求，制药过程如何实施 GMP 并没有统一的规定和方法。如何把 GMP 的"原则"变成具体行动、把"规定"变为现实操作，是一项复杂的系统工程，需要把设计要求、管理标准、组织机构、资源管理、过程管理、检查评估和优化改进融为一体，综合施策，协调管理。

图 1-4 中显示了 PQE 的部分内容。首先，PQE 是一个系统工程。系统由各个子系统和不同的要素组成，彼此密切关联，相互影响，并形成一个整体。其次，PQE 涉及企业所有部门和所有领域，从设计一直到产品上市销售，充分体现了 TQM 的理念。最后，系统必须不断优化、不断改进，才能取得最好效益。图中的 PDCA 循环，又称戴明（W. E. Deming，美国质量管理学专家）循环，是 TQM 的一种质量改进方法。P—计划（plan）；D—执行（do）；C—检查（check）；A—处理（action）。即：制定有效的计划，以此为基准执行，通过检查，发现问题，及时处理，同时修订计划，使之不断完善，并构成良性循环。

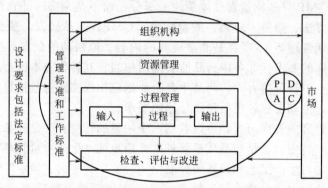

图 1-4　药品生产质量管理工程（PQE）导图

药品生产质量管理工程（PQE）与药品生产质量管理规范（GMP）只有两个字之差，一个叫"工程"，另一个叫"规范"，这反映了两者既有相同之处，又有所不同。相同之处是两者均是围绕"药品生产质量管理"这个核心内容。不同之处在于："工程"代表的是科学技术；"规范"代表的是法规，GMP 只提出目的和要求，并不规定实施的方法。所以，通俗地说，药品生产质量管理工程是以 GMP 为核心内容和基本原则，用系统工程和质量管理工程的方法，研究 GMP 的具体化与实施途径的一门实用管理方法和应用技术。从根本上预防生产过程中的污染、交叉污染、混杂和差错发生。

按照系统工程的理论，如果说质量管理（包括经济产业、科学技术、服务行业等）是社会发展中一个系统工程的话，药品质量管理只是其中的一个子系统，它与其他系统（机械制造、建筑材料、公共卫生等）相关联，又有其自身特性。而药品的"生产管理"则是"药品质量管理系统"中的一个子系统。它服务于药品质量管理的总体目标，且受药品的研发、经营、运输和使用等其他子系统的影响，但也有一些独有的特点。PQE 涉及的管理方法和实用技术很多，比如：资源管理、设备管理、过程管理、文件管理、仓储管理、营销管理、工艺设计、洁净技术、无菌技术、制水技术等。

《药品生产质量管理工程》是一本有特色的教科书。一是将"药事管理学"与制药工程技术相结合。概论，是一个浓缩版的药事管理学，涵盖了最新的国家药品管理的法律法规、药品监管体制和"十四五"药监目标；介绍了药品注册、持有人制度、生产许可、GMP 动态监管的要求。其后的各章中，用系统工程理论的视角，以 GMP 为骨架，融合现代制药技术发展，对药品生产过程的关键要素进行分析探讨，提出一些实用性较强的管理方法和技术。二是借鉴国际组织的先进理念，与国际接轨。引入了ICH的药品全生命周期管理、质量风险管理和药品质量体系的新理念。介绍了全面质量管理、ISO质量标准方面的知识。三是GMP硬件和软件相结合，硬件方面，主要体现在药厂或车间设计、制药用水等工程技术要求；软件方面，主要涉及药品生产管理和过程控制、药品质量管理和控制、验证管理等。四是理论与实践相结合。实践方面，以无菌制剂和疫苗两类药品为实例，具体阐述这两类药品生产质量管理的方法，加以详细介绍。全书内容既蕴含生产技术的内涵，又有科学管理的理念和切合实际的方法，是制药工程必须学习的专业知识。

思考题

1. 简述药品定义、特殊性和药品分类的内容；简述药品全生命周期管理的概念。

2. 简述《药品管理法》的立法宗旨，《疫苗管理法》的立法宗旨，假药、劣药的关系和区别。

3.《中国药典》（2020版）由几部分构成？各部分有何区别？药品标准的重要性是什么？

4. 药物创新的重点是哪几类？四种加快审评审批通道是什么？

5. 药品注册的意义是什么？如何分类？注册证书包含什么事项？

6. 药品上市后变更管理是什么概念？有何重要意义？

7. 药物警戒与ADR报告是什么关系？ADR分几类？什么情况下需要药品召回？

8. 简述持有人的概念、权利、责任、必备条件。

9. 从事药品生产应具备哪些条件？持有人是否需要取得《药品生产许可证》？

10. 实施GMP的目的，药品生产需要建立哪些管理体系？5M1E是什么？GMP有哪些发展趋势？

11. 取消GMP认证后如何进行GMP监管？由哪级药监部门负责日常监管？

12. 简述系统工程、质量管理工程、药品生产质量管理工程的含义。

13. 风险管理、动态监控、参数放行分别指什么？你对这些理念与规范的实施有何看法？

14. PQE与GMP有哪些异同？PDCA循环指什么？

15. 除了本书中列举的药害事件，你还知道哪些？它们发生的原因是什么？

第2章 药厂（车间）设计

扫码获取数字资源

2.1 药品生产环境

2.1.1 GMP 对药厂洁净室的环境控制要求

2.1.1.1 洁净室、GMP 对空气洁净级别的要求

（1）洁净区

我国 2010 版 GMP 中将洁净区定义为："需要对环境中尘粒及微生物数量进行控制的房间（区域），其建筑结构、装备及其使用应当能够减少该区域内污染源的引入、产生和滞留。"

药品生产均需在洁净区进行，而无菌药品生产则需要在高级别的洁净室（区）内进行生产，以确保达到无菌的效果。

（2）洁净区级别

根据洁净区中尘粒和微生物含量的多少，可以将洁净区分成不同的洁净级别。表 2-1 为不同 GMP 版本对洁净区级别的分类。

表 2-1 洁净区级别的分类

中国 GMP （2010 年版）	WHO GMP （2009 年版）	欧盟 GMP （2008 年版）	美国 FDA[①] （2004 年版）	ISO 名称[②] （2015 年版）
A	A	A	100	ISO 5
B	B	B		
			1000	ISO 6
C	C	C	10000	ISO 7
D	D	D	100000	ISO 8

① 为美国 FDA 无菌工艺药品指南（2004 年版）空气级别分类。

② ISO 14644-1 就不同工业领域的洁净间采用统一的微粒浓度标准值。ISO 5 相当于 100 级并与欧盟 GMP 的 A 级大体相当。

我国 GMP 无菌药品附录对洁净区的 4 个级别进行了明确规定（表 2-2）。

表 2-2　洁净区级别的定义

洁净区级别	定　义
A 级	高风险操作区,如灌装区、放置胶塞桶和与无菌制剂直接接触的敞口包装容器的区域及无菌装配或连接操作的区域,应当用单向流操作台(罩)维持该区的环境状态
B 级	指无菌配制和灌装等高风险操作 A 级洁净区所处的背景区域
C 级和 D 级	指无菌药品生产过程中重要程度较低的操作步骤的洁净区

(3) 洁净区级别的技术要求

我国 GMP 无菌药品附录规定,洁净区的设计必须符合洁净度要求,包括达到"静态 (at rest)"和"动态 (in operation)"的标准。静态是指所有生产设备均已安装就绪,但没有生产活动且无操作人员在场的状态。动态是指生产设备按预定的工艺模式运行,并有规定数量的操作人员在现场操作的状态。

我国 GMP 无菌药品生产所设定的洁净区级别和相应技术要求与欧盟 GMP 和 WHO GMP 完全一致 (表 2-3 和表 2-4),而与美国 FDA 无菌工艺药品指南强调的动态要求存在一定差距 (表 2-5)。

表 2-3　中国 GMP 附录 1 (2010 年版)、欧盟 GMP 附录 1 (2008 年版)、WHO GMP (2009 年版)
洁净区级别空气悬浮粒子的标准

洁净度级别	悬浮粒子最大允许数/(个/m³)			
	静态		动态	
	$\geq 0.5\mu m$	$\geq 5.0\mu m$	$\geq 0.5\mu m$	$\geq 5.0\mu m$
A 级	3520	20	3520	20
B 级	3520	29	352000	2900
C 级	352000	2900	3520000	29000
D 级	3520000	29000	不做规定	不做规定

表 2-4　中国 GMP 附录 1 (2010 年版)、欧盟 GMP 附录 1 (2008 年版)、WHO GMP (2009 年版)
洁净区级别微生物检测的动态参考标准

洁净度级别	浮游菌 /(cfu/m³)	沉降菌 ($\phi 90mm$)/(cfu/4h)	表面微生物	
			接触碟 ($\phi 55mm$)/(cfu/碟)	5 指手套 /(cfu/手套)
A 级	<1	<1	<1	<1
B 级	10	5	5	5
C 级	100	50	25	—
D 级	200	100	50	—

表 2-5　美国 FDA 无菌工艺药品指南 (2004 年版) 空气级别分类标准

洁净区级别 (0.5μm 微粒计)/(个/ft³)	ISO 名称	>0.5μm 微粒/(个/m³)	浮游菌纠偏限度 /(cfu/m³)	沉降菌纠偏限度 ($\phi 90mm$)/(cfu/4h)
100	5	3520	1	1
1000	6	35200	7	3
10000	7	352000	10	5
100000	8	3520000	100	50

注:1ft³ = 0.028m³。

2.1.1.2　洁净室、GMP 对厂房的要求

为满足洁净度的要求,并降低成本,厂房内的分区和设备也有相应的要求:

① 按生产工艺流程和要求合理设置洁净级别、洁净空调参数及洁净面积和空间。洁净级别高的区域宜布置在人员最少到达的地方，并尽量靠近空调机房。洁净级别相同的区域宜相对集中布局，空调负荷大的区域应靠近空调机房。

② 洁净生产区靠外墙部分尽量设置环行走道（尤其是在北方或南方），以降低能耗和减少风沙对洁净区的影响。

③ 洁净生产区吊顶高度在满足工艺要求的前提下尽量降低，对于较高设备或设备检修所需空间可采用局部提高吊顶的方法来解决。

④ 按工艺流程顺序合理布局，减少净化面积，按工艺流程合理设置岗位，减少物料往返运输。

⑤ 在同一生产线多层布局时可利用专用洁净物料输送设备，如料斗式垂直输送机、洁净链式输送机等。

⑥ 对于容易产生粉尘的设备，其布局应靠近回风口或除尘装置；对于易产生湿热气体的设备，其布局应靠近回风口或为其配置局部排气装置。

2.1.1.3 洁净室、GMP对人员和物料净化的要求

操作人员须经准备、淋浴、更衣、风淋后进入洁净区。物料应通过缓冲室经清洁、灭菌后进入洁净区。严禁不同洁净级别的洁净室（区）之间的人员和物料出入，防止交叉污染。我国2010年版GMP对洁净区更衣有严格的规定，对无菌药品不同洁净区的人员着装和物料处理均有明确规定和要求。

个人外衣不得带入通向B级或C级洁净区的更衣室。每位员工每次进入A/B级洁净区，应当更换无菌工作服；或每班至少更换一次，但应当用监测结果证明这种方法的可行性。操作期间应当经常消毒手套，并在必要时更换口罩和手套。

工作服及其质量应当与生产操作的要求及操作区的洁净度级别相适应，其式样和穿着方式应当能够满足保护产品和人员的要求。各洁净区的着装要求规定如下。

D级洁净区：应当将头发、胡须等相关部位遮盖。应当穿合适的工作服和鞋子或鞋套。应当采取适当措施，以避免带入洁净区外的污染物。

C级洁净区：应当将头发、胡须等相关部位遮盖，应当戴口罩。应当穿手腕处可收紧的连体服或衣裤分开的工作服，并穿适当的鞋子或鞋套。工作服应当不脱落纤维或微粒。

A/B级洁净区：应当用头罩将所有头发以及胡须等相关部位全部遮盖，头罩应当塞进衣领内，应当戴口罩以防散发飞沫，必要时戴防护目镜。应当戴经灭菌且无颗粒物（如滑石粉）散发的橡胶或塑料手套，穿经灭菌或消毒的脚套，裤腿应当塞进脚套内，袖口应当塞进手套内。工作服应为灭菌的连体工作服，不脱落纤维或微粒，并能滞留身体散发的微粒。

无菌药品生产的设备和物料应通过气锁间进入洁净区，采用机械连续传输物料的，应当用正压气流保护并监测压差。物料准备、产品配置和灌装或分装等操作必须在洁净区内分区域（室）进行。

2.1.1.4 洁净室、GMP对设备的要求

我国2010年版GMP对于无菌药品的设备也有明确的要求：除传送带本身能连续灭菌（如隧道式灭菌设备）外，传送带不得在A/B级洁净区与低级别洁净区之间穿越。生产设备及辅助装置的设计和安装，应当尽可能便于在洁净区外进行操作、保养和维修。需灭菌的设备应当尽可能在完全装配后进行灭菌。

2.1.1.5 洁净室、GMP 对压差控制的要求

我国 2010 年版 GMP 规定："洁净区与非洁净区之间、不同等级洁净区之间的压差应不低于 10 帕斯卡。必要时，相同洁净度级别的不同功能区域（操作间）之间应保持适当的压差梯度。"

值得注意的是，生产强致敏性药物或产生粉尘、有害物质的洁净室要阻止外部污染的流入和内部空气的流出。室内既要保持正压，与相邻房间或区域之间又要保持相对负压。

2.1.1.6 洁净室、GMP 对温度和湿度的要求

洁净室（区）的温度和相对湿度应与药品生产工艺相适应，并满足人体舒适的要求。目前，我国对一般生产区取 26～27℃；C 级、D 级洁净室取 18～28℃，相对湿度 50％～65％；B 级、A 级洁净室属无菌室，为考虑到抑制细菌生长及穿无菌衣等情况，应取较低温度，室内设计温度可取 20～24℃（夏季），相对湿度 35％～65％。

2.1.1.7 洁净室、GMP 对水池和地漏的要求

地漏、水池下有液封装置，且耐腐蚀。无菌操作的 A 级洁净室（区）内不得设置地漏，无菌操作的 B 级区应避免设置水池和地漏。

2.1.1.8 洁净室、 GMP 对风量的要求

室内应保持一定的新鲜空气量，其数值取下列风量中的最大值：①非单向流洁净室总送风量的 10％～30％，单向流洁净室总风量的 2％～4％；②补偿室内排风和保持正压所需的新鲜空气量；③保证室内的新鲜空气量大于 40m³/（人·h）。

2.1.1.9 洁净室、GMP 对建筑与装饰的要求

① 墙壁和顶棚表面应光洁、平整、不起灰、易清洗。常用的内墙面材料有石磁墙面、特殊涂料、水磨石或彩钢板等。无洁净度要求的房间可用石灰刷白，有洁净度要求的房间可用特殊涂料或彩色钢板等特殊墙面材料。技术夹层的墙面、顶棚应抹面。墙与墙、地面、顶棚相接处应有一定的弧度。

② GMP 要求洁净车间地坪应选用整体性好、平整、不开裂、耐磨、耐撞击，不易积聚静电，易除尘清洗的材料。目前洁净车间地坪以弱析尘的"环氧自流平涂料"为主。

③ 门窗选型要简单、不易积尘、清扫方便。门窗要密封，与墙连接要平整，防止污染物渗入。门常用钢材，窗常用钢和铝合金制作。门应由洁净级别高向级别低的方向开启。凡空调区与非空调区之间隔墙上的窗要设双层窗，其中至少一层为固定窗。空调区外墙上的窗也需设双层，其中一层为固定窗。对老车间改造无法做双层窗时，则用单框中空玻璃窗。传递窗采用平开钢窗或玻璃拉窗两种型式。无菌操作区不得设可开启式窗户。

2.1.1.10 洁净室、GMP 对厂房的一些特殊要求

避孕药品的生产厂房应与其他药品生产厂房分开，并装有独立的专用的空气净化系统。生产高致敏性、激素类、抗肿瘤类化学药品应避免与其他药品使用同一设备和空气净化系统；不可避免时，应采用有效的防护措施和必要的验证。放射性药品的生产、包装和储存应使用专用的、安全的设备，生产区排出的空气不应循环使用，排气中应避免含有放射性微粒，符合国家关于辐射防护的要求与规定。

2.1.2 空调净化系统

2.1.2.1 空调净化系统的组成

空调净化系统主要由以下几部分组成：引风机、前置过滤网、主过滤层（静电除尘层）、

臭氧杀菌层、活性炭吸附层、负离子发生层。如图 2-1 所示。此外，为了保证空气的湿度和温度，在中央空调系统中还需要增加加热或冷却和恒湿的装置配件。

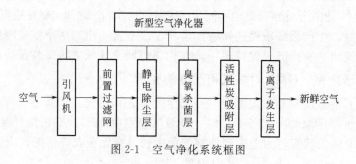

图 2-1　空气净化系统框图

2.1.2.2　空调净化系统的特征

洁净室用空调净化系统与一般空调系统相比有如下特征：

① 净化空调系统所控制的参数除一般空调系统的室内温、湿度之外，还要控制房间的洁净度和压力等参数，并且温度、湿度的控制精度较高，有的洁净室要求温度控制在 ±0.1℃范围内等。

② 净化空调系统的空气处理过程除热、湿处理外，必须对空气进行预过滤、中间过滤、末端过滤等，有的高级别的洁净室为了有效、节能地对送入洁净室的空气进行处理，采用集中新风处理，仅新风处理系统便设有多级过滤，当有严格要求需去除分子污染物时，还应设置各类化学过滤器。

③ 洁净室的气流分布、气流组织方面，要尽量限制和减少尘粒的扩散，减少二次气流和涡流，使洁净的气流不受污染，以最短的距离直接送到工作区。

④ 为确保洁净室不受室外污染或邻室的污染，洁净室与室外或邻室必须维持一定的压差（正压或负压），最小压差在 10Pa 以上，这就要求一定的正压风量或一定的排风。

⑤ 净化空调系统的风量较大（换气次数一般 10 次至数百次），相应的能耗就大，系统造价也就高。

⑥ 净化空调系统的空气处理设备、风管材质和密封材料根据空气洁净度等级的不同都有一定的要求；风管制作和安装后都必须严格按规定进行清洗、擦拭和密封处理等。

⑦ 净化空调系统安装后应按规定进行调试和综合性能检测，达到所要求的空气洁净度等级；对系统中的高效过滤器及其安装质量均应按规定进行检漏等。

2.1.2.3　空调净化系统的分类

空调净化系统一般可分为集中式和分散式两种类型。集中式空调净化系统是净化空调设备（如加热器、冷却器、加湿器、粗中效过滤器、风机等）集中设置在空调机房内，用风管将洁净空气送给各个洁净室。分散式空调净化系统是在一般的空调环境或低级别净化环境中，设置净化设备或净化空调设备，如净化单元、空气自净器、单向流罩、洁净工作台等。

2.1.2.4　空调净化系统设计的总原则和一般程序

根据 GMP 的要求，药厂洁净车间的空调净化系统设计的总原则是：严格区分独立与联合；严格区分直流与循环；严格区分正压与负压；防止污染，有利整洁。

空调净化系统设计的程序可按下述步骤进行：①洁净室的计算：a.冷负荷计算，包括计算围护结构、设备、人体、照明及新风负荷等；b.送风量确定；c.新风量确定。②气流组织设计。③系统控制，如温湿度控制、正压控制、噪声控制等。

2.1.3 空调净化系统的空气处理

2.1.3.1 大气尘粒的特性和分布与除尘排风系统

(1) 大气尘粒的特性和分布

尘粒也称悬浮粒子或大气尘，是既包含固态微粒也包含液态微粒的多分散气溶胶，粒径小于 $10\mu m$。大陆空气中（指远离城市影响）悬浮颗粒平均数量的估计值为：每立方米空气中含有粒径为 $10 \sim 1\mu m$ 的约 10 万颗（即约 100 粒/L）；粒径为 $1 \sim 0.1\mu m$ 的约 2000 万颗（即约 2 万粒/L）；粒径为 $0.1 \sim 0.01\mu m$ 的约 3 亿颗（即约 30 万粒/L）。

(2) 除尘排风系统

① 常规循环风系统　一般无特殊要求的生产工艺可采取常规循环风系统，如图 2-2 所示，该系统可大大减少有关部件如加热器、表冷器等的堵塞，而堵塞曾造成室内新风量锐减、人员昏厥。

② 全新风系统　有毒有害有味生产工艺的设计全部采用室外空气的系统，其能量消耗最大，见图 2-3。

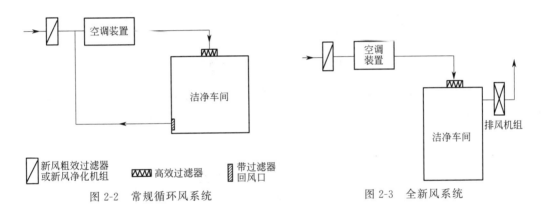

图 2-2　常规循环风系统　　　　　　　图 2-3　全新风系统

③ 局部排风系统　车间内有局部污染的连续生产（例如片剂车间的工艺粉尘），设计应规定在生产期间都要局部抽排。依据操作需要，可分为连续式（见图 2-4）和间歇式（见图 2-5）。

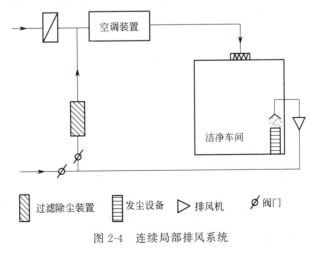

图 2-4　连续局部排风系统

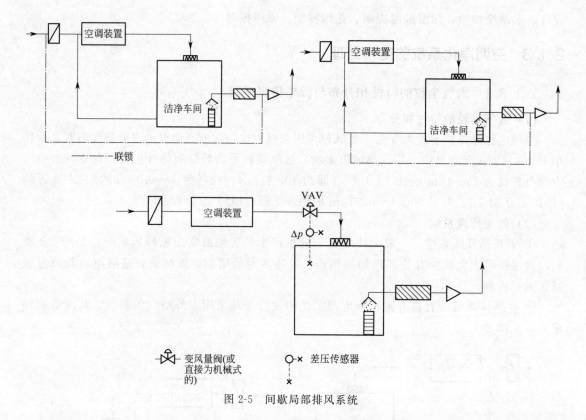

图 2-5　间歇局部排风系统

同时，GMP 实施指南建议粉碎、称量、配料、混合、制粒、压片、包衣、灌装等工序的空气净化系统，如经处理仍不能避免产生交叉污染时，则不能利用回风。工艺除尘系统示例见图 2-6。

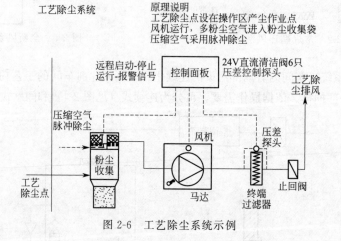

图 2-6　工艺除尘系统示例

多品种、多粉尘作业区宜采用直排风并设粉尘捕集装置。送、回、排风示意图可参考图 2-7。

2.1.3.2　空气过滤器

空气净化过滤器是空气净化的重要环节，其性能指标有风量、过滤效率、空气阻力和容尘量。按其效率可分初效、中效、亚高效、高效过滤器。

① 初效过滤器（或称粗效过滤器）　初阻力≤3mmH$_2$O（1mmH$_2$O＝9.80665Pa），计

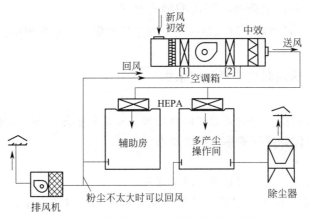

图 2-7 原料药送、回、排风设置示意图

数效率（对 $0.3\mu m$ 的尘埃）≤20%。初效过滤器主要用作对新风及大颗粒尘埃的控制，靠尘粒的惯性沉积，滤速可达 $0.4\sim1.2m/s$，主要对象是 $>10\mu m$ 的尘埃。其滤材一般采用易于清洗更换的粗中孔泡沫塑料或 WY-CP-200 涤纶无纺布等化纤材料，形状有平板式、抽屉式、自动卷绕人字式、袋式。初效过滤器由箱体、滤料和固定滤料部分、传动部分、控制部分组成。当滤材积尘到一定程度，由过滤器的自控系统自动更新，用过的滤材可以水洗再生，重复使用。

②中效过滤器 初阻力≤ $10mmH_2O$，计数效率（对 $0.3\mu m$ 的尘埃）达到 20%～90%，滤速可取 $0.2\sim0.4m/s$。中效及高中效过滤器主要用作对末级过滤器的预过滤和保护，延长其使用寿命，主要对象是 $1\sim10\mu m$ 的尘粒。滤材一般采用中细孔泡沫塑料、WZ-CP-Z 涤纶无纺布、玻璃纤维等，形状常做成袋式及平板式、抽屉式。图 2-8 为抽屉式及袋式中效过滤器。

③亚高效过滤器 初阻力≤ $15mmH_2O$，计数效率（对 $0.3\mu m$ 的尘埃）在 90%～99.9%。亚高效过滤器用作终端过滤器或作为高效过滤器的预过滤，主要对象是 $5\mu m$ 以下的尘粒，滤材一般为玻璃纤维滤纸、棉短绒纤维滤纸等制品。

④高效过滤器（HEPA） 初阻力≤ $25mmH_2O$，计数效率（对 $0.3\mu m$ 的尘埃）≥99.97%。高效过滤器作为送风及排风处理的终端过滤，主要过滤小于 $1\mu m$ 的尘粒。滤材用超细玻璃纤维纸，其特点是效率高，阻力大，不能再生。它对细菌（ $1\mu m$ ）的穿透率为0.0001%，对病毒（ $0.03\mu m$ ）的穿透率为 0.0036%，即是说通过高效过滤器的空气可视为无菌。图 2-9 为高效过滤器。

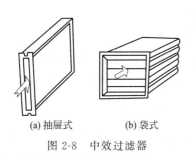

(a) 抽屉式   (b) 袋式

图 2-8 中效过滤器

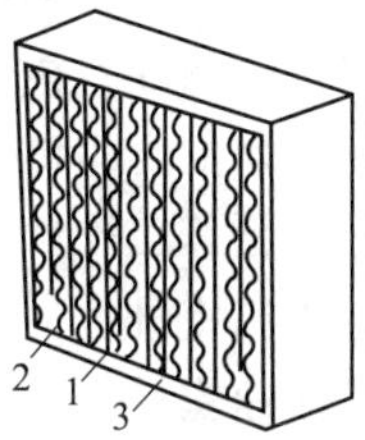

图 2-9 高效过滤器

1—分隔片；2—滤纸；3—木外框

2.1.3.3 空气中含尘浓度、细菌的测定方法

空气中含尘浓度、浮游菌、沉降菌的测定方法见中华人民共和国国家标准 GB/T 16292～16294—2010。

2.1.3.4 空气的热湿与消毒处理系统

(1) 空气的热湿

空气的热湿调节专指借助空调器或风机盘管等末端装置向空调房间输送具有与室内不同温度、湿度的空气来保证房间的温、湿度要求。

(2) 空气消毒系统

较普遍的消毒灭菌方法归纳起来有以下几种。

① 紫外线灯杀菌 在洁净层流罩、传递窗、风淋室、洁净工作台或者整个洁净室内安装紫外线灯。

② 消毒液气体熏蒸 常用消毒液有甲醛、戊二醛等。其他消毒液有二氧化氯、过氧乙酸、环氧乙烷。可直接在洁净室内蒸发消毒液，也可将消毒液气体直接送入空调净化系统再送入洁净室内，消毒液蒸发时辅助以约 30min 的空调净化系统的闭式循环运行。然后对洁净室进行密闭熏蒸约 8h，车间生产前对洁净室进行空吹（空气置换）。

③ 臭氧消毒 该方法最常见，例如：根据某厂实际情况，采用总送风管道内安装臭氧发生器灭菌。消毒时关闭 90% 的新风进口和回风对外排放阀门，使供热、通风和空气调节系统与洁净区形成内循环状态。每日空气灭菌开机 1～1.5h，替代化学药剂熏蒸大消毒，对物体表面、墙壁、地面和设备表面灭菌开机 2～2.5h，停机 30min 后就可进入洁净区。用该方法灭菌臭氧能迅速扩散到每个洁净室，而且臭氧浓度分布均匀，达到洁净室的灭菌目的；同时对供热、通风和空气调节系统杀灭霉菌和杂菌。臭氧还能对高效过滤器起到溶菌疏导作用，延长使用寿命。

在空气的消毒处理中，特别提请药厂设计人员注意的是空调系统的清洗问题。GMP 对每一个细节都有严格的宏观监控，尤其是每一个工艺运作结束与下一步开始之间或者全天候运作，必须有一个定期清洗、消毒程序。在以往的运行中，风管清洗是盲点。由于空调系统是 24h 运行，所以对该系统的清洗、消毒只有定期进行，但是现在企业在运行中只有消毒，没有清洗。长距离的送风管及引风风管如何清洗？为了落实 GMP 的条款精神，必须采取如下措施：在引风管上部开个活络小窗，在引风管进入空调箱的底部（在进空调箱前）也开个小孔，制订标准作业程序时，可采用打开小窗用水清洗的方法，污水在底部小孔流出，空调箱体内也是如此操作，在经过清洗后再用气体消毒，这就完全保证了整个空调系统的洁净度。至于长距离的送风管，只有靠平时停产维修时的逐段清洗。

2.1.3.5 洁净区气流组织

为了特定目的而在室内造成一定的空气流动状态与分布，通常叫做气流组织。为了使工作区获得低而均匀的含尘浓度，组织气流的原则是：要最大限度地减少涡流；使射入气流经过最短流程尽快覆盖工作区，希望气流方向能与尘埃的重力沉降方向一致；使回流气流有效地将室内灰尘排出室外。

(1) 层流洁净室

按气流方向又可分为垂直层流、水平层流和局部层流。

① 垂直层流多用于灌封点的局部保护和层流工作台。垂直层流室高效过滤器布置在天棚上，由侧墙下部或整个格栅地板回风，空气经过工作区时带走污染物。由于气流系垂直平行

流，必须有足够的气速，以克服空气对流，垂直断面风速需在 0.36m/s 以上，换气次数 400 次/h 左右，气流速度的作用是控制多方位污染、同向污染、逆向污染，满足适当的自净时间。所以因操作时产生的污染物就不会落到工作台上，以实现工作区无菌无尘，达到 A 级洁净度，用于分装灌封点的局部保护。但造价和运转费用很高。典型的垂直层流洁净室见图 2-10。

② 水平层流多用于洁净室的全面洁净控制。水平层流室高效过滤器满布在一面墙上，作为送风墙，对面墙上满布回风格栅，作为回风墙。洁净空气沿水平方向均匀地从送风墙流向回风墙。离高效过滤器越近，空气越洁净，可达 A 级洁净度，依次便可能是 B 级。室内不同地方得到不同等级的洁净度。水平层流多用于洁净室的全面洁净控制。但造价比垂直层流低。典型的水平层流洁净室见图 2-11。

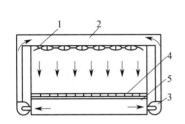

图 2-10　典型的垂直层流洁净室

1—顶棚满布高效过滤器；2—送风静压箱；3—循环风机；
4—格栅池板及中效过滤器；5—回风静压箱

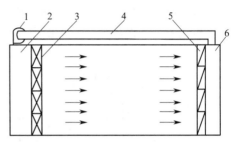

图 2-11　典型的水平层流洁净室

1—循环风机；2—送风静压箱；3—高效过滤器；
4—循环风道；5—中效过滤器；6—回风静压箱

③ 局部层流装置在局部区域内提供层流空气，如洁净工作台、层流罩及带有层流装置的设备，如针剂联合灌封机等。局部层流可放在 A 级、B 级环境内使用，使之达到稳定的洁净效果，并能延长高效过滤器的使用寿命。

（2）乱流洁净室

按气流组织又可分为顶送与侧送。

乱流洁净室的气流组织方式和一般空调没有多大区别，即在部分天棚或侧墙上装高效过滤器，作为送风气流方向是变动的，存在涡流区，故较层流洁净度低，它可以达到 B 级。室内换气次数愈多，所得的洁净度也愈高。乱流洁净室气流组织形式主要有全孔板顶送，局部孔板顶送，流线型散流器顶送，带扩散板或不带扩散板顶送，侧送等形式。工业上采用的洁净室绝大多数是乱流式的，因为它具有构造简单、高效过滤器的安装和堵漏方便、初投资和运行费用低、改建扩建容易等优点，所以乱流式洁净室在医药生产上普遍应用。

洁净室气流组织形式按表 2-6 选用。在气流组织中，送风口应靠近洁净度高的工序；回风口应布置在洁净室下部，易产生污染的设备附近应有回风口；余压阀应设在系统的下风侧；非单向流洁净室内设置的洁净工作台应远离回风口；洁净室内局部排风装置应设在工作区气流的下风侧。

表 2-6　洁净室气流组织形式

空气洁净度		A 级、B 级	C 级	D 级	一般区
气流组织	气流流型	垂直单向流	水平单向流	非单向流	非单向流
	主要送风方式	顶送：高效过滤器占顶棚面积≥60%　侧布高效过滤器顶棚阻尼层送风	侧送：送风墙满布高效过滤器　侧送：高效过滤器占送风墙面积≥40%	顶送　上侧墙送风	顶送　上侧墙送风

空气洁净度		A级、B级	C级	D级	一般区
风量	主要回风方式	格栅地面回风;相对两侧墙下部均布回风口	回风墙满布回风口;回风墙局部布置回风口	双侧墙下部布置回风口;单侧墙下部布置回风口	双侧墙回风;单侧墙回风
	室内断面风速	≥0.36m/s	—	—	—
	换气次数	—	25次/h	18次/h	

(3) 局部净化

① 局部净化的概念 局部净化仅指使室内工作区域特定的局部空间的空气含尘浓度达到所要求的洁净度级别的净化方式。局部净化比较经济,如局部 A 级平行流装置可布置在 C 级环境内使用。图 2-12 表示将送风口布置在局部工作区的顶部或侧部,以形成垂直或水平层流,可达到局部区域的高洁净度。

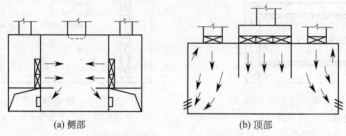

(a) 侧部　　　　　　　　　　　(b) 顶部

图 2-12　局部净化

② 洁净隧道 以两条层流工艺区和中间的乱流操作区组成的隧道形式洁净环境的净化处理方式叫洁净隧道。洁净隧道形式按照组成洁净隧道的设备不同,可分为台式洁净隧道(见图 2-13)、棚式洁净隧道、罩式洁净隧道(见图 2-14)和集中送风式洁净隧道。

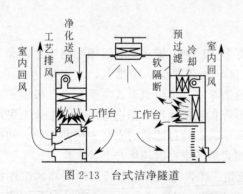

图 2-13　台式洁净隧道

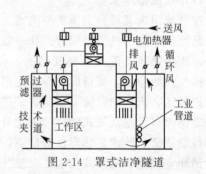

图 2-14　罩式洁净隧道

2.1.4　空气净化系统中的局部净化设备

所谓局部净化设备是指在需要净化的区域安装的能滤除粉尘或有毒有害气体等的净化装置。在其运转时可造成一定空间的净化环境,以保证药品生产的洁净级别。局部净化设备包括洁净工作台、层流罩、棚式垂直层流单元等。这里主要介绍隔离器。

隔离器的原理与特点如下。相对于传统洁净室的洁净环境,隔离器提供的是"无菌"环境。隔离器的高度密闭性可降低周边环境的洁净度要求,隔离器外部洁净室环境为 C 级,最低可至 D 级。工艺操作人员通过手套进行介入操作,与产品完全隔离。隔离器的使用需要高度自动化的操作，同时要配备自动化的辅助系统，如能与可蒸汽灭菌的传递袋、带有点对点实时传输（RTP）系统的传递间等对接，实现物品的无菌传递。隔离器的污染风险很低，可能的风险包括手套破口，上料/下料系统连接或已受到污染的产品可能对系统的污染。为排除这些风险，在设备确认时需进行泄漏测试、手套完整性测试、气流模型测试、照度测试、高效过滤器完整性检测、人机工程学测试、噪声测试等一系列结构测试。还有压力、风速、粒子计数和微生物等环境测试，以及生物指示剂、化学指示剂测试，汽化双氧水灭菌循环等清洗灭菌测试。隔离器在机器停止（非生产状态）时才能打开，打开后必须经过重新验证才能使用。灌装隔离器如图 2-15 所示。

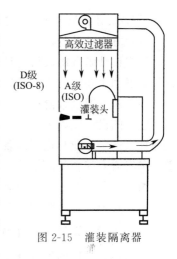

图 2-15　灌装隔离器

2.2　药厂（车间）设计的基本程序

医药工程项目从设想到交付生产一般要经过如图 2-16 所示的三个阶段，这三个阶段是互相联系的，而不同的阶段所要进行的工作不一样，是步步深入的。

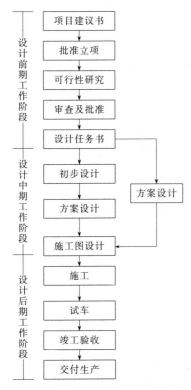

图 2-16　制药工程项目设计基本程序

2.2.1　药厂（车间）设计的工作阶段

2.2.1.1　设计前期工作阶段

该阶段的主要内容有项目建议书、可行性研究报告、厂址的选择、总图布置。

2.2.1.2　设计中期工作阶段

按工程复杂性可分为三阶段设计（初步设计、初步设计中审和施工图设计）、两阶段设计（方案设计和施工图设计）和一阶段设计（施工图设计）三种。

（1）初步设计阶段

初步设计说明书的内容如下：设计依据和设计范围；设计指导思想和设计原则；建设规模和产品方案；生产方法和工艺流程；车间组成和生产制度；原料及中间产品的技术规格；物料衡算；能量衡算；主要工艺设备选型与计算；工艺主要原材料、动力消耗定额及公用系统消耗；车间布置设计；生产分析控制；仪表及自动控制；土建；采暖通风及空调；公用工程；原、辅材料及产品储运；车间维修；职业安全卫生；环境保护；消防；节能；车间定员；概算；工程技术经济；存在的问题及建议。初步设计的成果是初步设计说明书和图纸（带控制点工艺流程图、车间布置图及重要设备的装配图）。

(2) 方案设计阶段

方案设计阶段解决可行性研究设计中存在和尚未解决的技术问题，方案设计的成果是设计说明书和主要工艺平面布置图及各专业主要设备清单。

(3) 施工图设计阶段

施工图设计完善批准的（扩大）初步设计，施工图设计包括：①复核生产工艺设计的有关计算，选定专业与通用设备及管径、管材、管接；②和协同设计的配套专业讨论商定有关生产车间需要配合的问题；③精心绘制生产工艺系统图和车间设备及管路布置图、管段安装图，编制设备明细表；④绘制需补充的非标设备的制造图纸，编制材料汇总表；⑤编写设计说明书，其他各专业按国家现行标准、规范设计，满足施工要求。

2.2.1.3 设计后期工作阶段

通过招、投标的形式确定施工单位。施工单位编制施工预算和施工组织计划。项目建设、监理、施工和设计四单位对施工图进行会审。施工完后进行设备的调试和试车生产。试车正常后，建设单位组织施工和设计等单位先组织验收，然后向主管部门提出竣工验收报告，并绘制各专业竣工图等，验收合格后，作为技术档案交给生产单位保存，建设单位编写工程竣工决算书以报上级主管部门审查。

2.2.2 药厂选址与总图布置

2.2.2.1 药厂选址与质量

具体选择厂址时，应考虑以下因素。

① 环境 总体说来，药厂最好选在大气条件良好、空气污染少、无水土污染的地区。

② 供水 药物生产从开始应用原水，到进一步采用软化水→纯水→注射用水，这些水的净化质量逐级提高。而原水质量决定制水效率高低。因此，厂址应靠近水量充沛和水质良好的水源。

当然，厂址应选择在公用工程（电力、蒸汽、燃气、给水、排水、交通、通信）和生活设施等方面具有良好协作条件的地区。另外，应综合考虑药厂所在地的自然条件（地质等）。

2.2.2.2 总图布置与质量

制药厂的总图布置要满足生产、安全、发展规划等三个方面的要求。

(1) 生产要求

① 有合理的功能分区和避免污染的总体布局 一般药厂包含下列组成：主要生产车间；辅助生产车间（机修、仪表等）；仓库；动力（锅炉房、压缩空气站、配电房等）；公用工程（制冷、循环水系统、给水及消防水设施等）；环保设施；全厂性管理设施和生活设施（质检中心、动物房、食堂、办公等）；运输、道路设施。

总图设计时，应将上述组成划分为生产区、辅助区、仓储区和行政生活区进行布置。具体应考虑以下原则。

a. 一般在厂区中心布置主要生产区，而将辅助车间布置在它的附近。

b. 生产性质相类似或工艺流程相联系的车间要靠近或集中布置。

c. 生产厂房应考虑工艺特点和生产时的交叉感染。例如，兼有原料药和制剂生产的药厂，原料药生产区布置在制剂生产区的下风侧。

d.办公、质检、食堂等行政、生活辅助区布置在厂前区，并处于全年主导风向的上风侧或全年最小频率风向的下风侧。

e.车库、仓库、堆场等布置在邻近生产区的货运出入口及主干道附近，应避免人、物流交叉，并使厂区内外运输短捷顺直。

f.锅炉房、冷冻站、机修车间、水站、配电站等严重的空气噪声及电污染源布置在厂区主导风向的下风侧。

g.动物房的设置应符合国家《实验动物管理条例》（2017年）等有关规定，布置在僻静处，并有专用的排污和空调设施。

h.危险品库、麻醉药品、剧毒药品、易制毒药品应设专用仓库，并符合国家行业现行规范。

i.考虑工厂建筑的空间处理及绿化环境布置，考虑企业发展需要，留有余地。

② 有适当的建筑物及构筑物布置　应考虑以下几个方面。

a.提高建筑系数、土地利用系数及容积率。例如，建一个中、西药（其中有头孢类抗生素）制剂厂房，当产品剂型有口服液、外洗剂、固体制剂和粉针剂时，可以按多层建筑进行厂房设计，按剂型合理布置。

b.确定药厂各部分建筑的分配比例。依据生产规模及企业潜在的发展需求，结合当地规划条件合理分配。

③ 有协调的人流、物流途径　人流与货流的方向最好进行相反布置，并将货运出入口与工厂主要出入口分开，以消除彼此的交叉。货运量较大的仓库、堆场应布置在靠近货运大门。车间货物出入口与门厅分开，以免与人流交叉。在防止污染的前提下，应使人流和物流的交通路线尽可能径直、通畅，避免交叉。生产负荷中心靠近水、电、汽、冷供应源。

④ 有周密的工程管线综合布置　一般要求管线之间、管线与建筑物、构筑物之间尽量相互协调，方便施工，安全生产，便于检修。

⑤ 有较好的绿化布置　绿化以种植草坪为主，辅以常绿灌木和乔木。不能绿化的道路应铺成不起尘的水泥地面。

（2）安全要求

厂区布置应充分考虑安全布局，严格遵守《建筑设计防火规范》（GB 50016—2014）的规定。

（3）发展规划要求

厂区布置要能较好地适应工厂的近、远期规划，留有一定的发展余地。

下面以某大型综合中成药厂为例介绍总图布置的具体思路。设计内容为：固体制剂（片剂、胶囊、颗粒剂）、口服液、软胶囊车间；辅助设施；公用设施等。总体布置见图2-17，本总图布置有如下特点。

a.总图采用联合厂房形式，将各相关单体进行连体布置，如将联合制剂车间与办公质检中心车间及中间体成品仓库连为一体；提取车间与原料仓库、前处理车间连为一体，这样既使厂区整洁、紧凑，又减少了物料的二次运输。

b.联合制剂车间是药厂的核心部分，把它布置在厂区的较中心的位置并处于上风向，远离城市道路（＞50m）以及锅炉房（处于下风向）等污染区，使之处于厂区最佳环境之中。

c.工厂管理区（办公质检中心）置于厂前区；生产区（联合制剂车间、提取车间）置于厂区中部；辅助区（锅炉房、净水站等）置于厂区后部。厂区分区明确，在厂前区以及各区

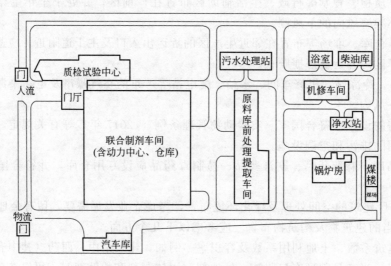

图 2-17　某大型综合中成药厂厂区总平面布置图

之间分别设置绿化带，能起到隔离各区的作用。

　　d. 厂前分别设置了人流入口、物流入口，厂区内部也分别设置了主要物流通道和人流通道。同时，厂区设置了循环道路以满足消防要求。

　　e. 厂区内设置了大型室外管沟，所有室外管线均敷设其中，从而美化厂区环境。

　　一般而言，单层厂房布置能使工艺流程更合理，最大限度地避免车间内的人流物流交叉，因此，将该大型综合中成药厂联合制剂车间设计成单层厂房。车间右前部与办公质检中心相连，连接处设置为车间的人流入口，车间前部为一般人净区和空调机房，车间右部为动力区；车间后部为成品中间体仓库及物流入口。车间中部设三条制剂生产线，如图 2-18 所示从左至右分别为固体制剂生产线、软胶囊生产线、口服液生产线。联合制剂车间布置有如下特点。

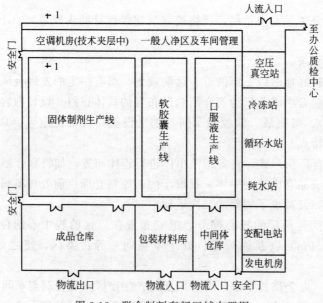

图 2-18　联合制剂车间区域布置图

a. 三条生产线周边分别为动力区、仓库及一般人净区，车间净化区布置在建筑物的中央，尽量不受环境影响。

b. 人流在车间前部，物流在车间后部，各行其道。

c. 动力区（冷冻站、纯水站、空压站、循环水站、供电站）与主要服务的区域（三条生产线）紧邻布置，简化了公用管线。

2.2.3 药厂（车间）设计的常用规范与标准

标准主要用于企业的产品，规范侧重于设计所要遵守的规程。以下为制药设计中常用的有关规范和标准：《药品生产质量管理规范》（2010 年修订）；《医药工业总图运输设计规范》（GB 51047—2014）；《医药工业仓储工程设计规范》（GB 51073—2014）；《医药工艺用水系统设计规范》（GB 50913—2013）；《医药工程建设项目设计文件编制标准》（GB/T 50931—2013）；《中药药品生产工程技术规范》（GB 51069—2014）；《医药工业洁净厂房设计规范》（GB 50457—2008）；《建筑设计防火规范》（GB 50016—2014）；《消防给水及消火栓系统技术规范》（GB 50974—2014）；《供配电系统设计规范》（GB 50052—2009）；《爆炸危险环境电力装置设计规范》（GB 50058—2014）；《建筑照明设计标准》（GB 50034—2013）；《火灾自动报警系统设计规范》（GB 50116—2013）；《化工企业安全卫生设计规范》（HG 20571—2014）等。

2.3 药厂（车间）工艺流程设计

2.3.1 药厂（车间）工艺流程设计的重要性与任务

生产工艺流程设计就是如何把原料通过制药过程和设备，经过化学或物理的变化逐步变成需要的产品，即得药品。工艺流程设计的任务主要包括：确定流程的组成，确定载能介质的技术规格和流向，确定生产控制方法，确定"三废"的治理方法，制订安全技术措施，绘制工艺流程图，编写工艺操作方法。

2.3.2 药厂（车间）工艺流程设计的基本程序

制药工艺流程设计进行的基本程序如下。

① 工程分析及处理　对选定的生产方法进行工程分析，在确定产品、产品方案、设计规模及生产方法的条件下，将产品的生产工艺过程分解成若干个单元反应、操作或若干个工序，并确定基本操作参数和载能介质的技术规格。

② 绘制工艺流程框图（process flow diagram，PFD）　工艺流程框图（如图 2-19 所示）是以方框和圆框、文字和带箭头线条的形式定性地表示由原料变成产品的生产过程。

③ 方案的比较与选择　在保持原始信息不变的情况下，从质量、成本、收率、能耗、环保、安全及关键设备使用等方面出发比较这些方案，确定最优方案。

④ 绘制初步设计阶段的带控制点的工艺流程图　带控制点的工艺流程图（见图 2-20）可以明显反映出各种设备的使用状况、相互关系，以及该工艺在使用设备（包括各种计量、

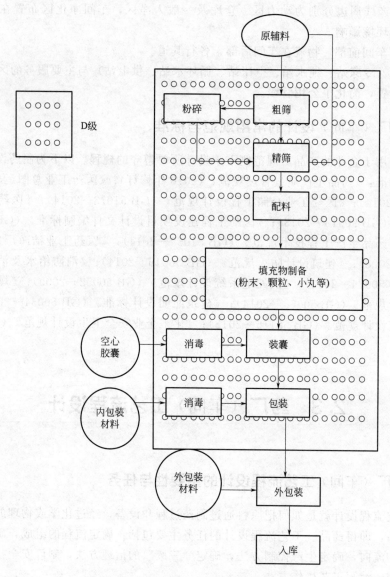

图 2-19　硬胶囊剂生产工艺流程框图

控制仪表在内）和技术方面的先进程度、操作水平和安全程度。它是工艺流程框图和设备工艺流程图的最终设计。

2.3.3　工艺流程设计的技术处理

在考虑工艺流程设计的技术问题时，应以工业化实施的可靠性和先进性为基点，使流程满足生产、经济和安全等要求，实现优质高产低耗等综合目标。具体包括以下内容。

（1）确定生产路线。

（2）确定操作方式（连续或间歇或联合的操作方式）。

（3）保持主要设备的能力平衡，提高设备利用率。

（4）以单元操作为中心，完善生产过程。

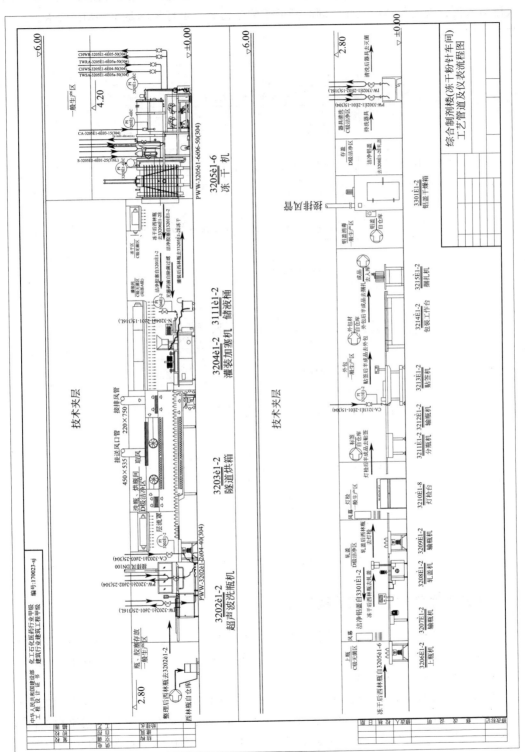

图 2-20 某冻干粉车间带控制点的工艺流程图

以固体制剂车间为例来说明工艺流程、新设备对优化生产过程的重要性。由于采用沸腾干燥或沸腾制粒、三维混合等新设备，比传统的烘箱干燥、普通混合方法更加合理，不仅减少了人流与人流、人流与物流交叉，同时降低了粉尘污染，更好地满足了 GMP 要求。工艺路线如图 2-21 所示。

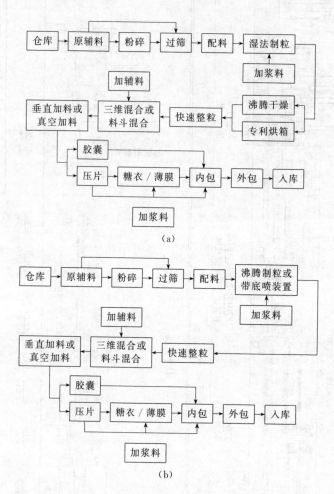

图 2-21　固体制剂车间两种新的工艺路线

2.3.4　常见药品剂型的工艺流程框图

固体制剂以片剂和胶囊常见。胶囊剂的生产工艺流程方框图及环境区域划分在工艺流程框图的绘制中已经介绍过，见图 2-19。片剂将在车间平面布置中详细阐述，其生产工艺流程方框图及环境区域划分见图 2-49。

下面是常见注射剂的工艺流程框图。最终灭菌小容量注射剂（塑料安瓿）生产工艺流程框图及环境区域划分见图 2-22，最终灭菌小容量注射剂（玻璃安瓿）生产工艺流程框图及环境区域划分见图 2-23，最终灭菌大容量注射剂（玻璃瓶、塑料瓶和软袋）生产工艺流程框图及环境区域划分见图 2-24～图 2-26，非最终灭菌冻干制剂、粉针制剂和无菌原料药的生产工艺流程框图及环境区域划分见图 2-27～图 2-29。

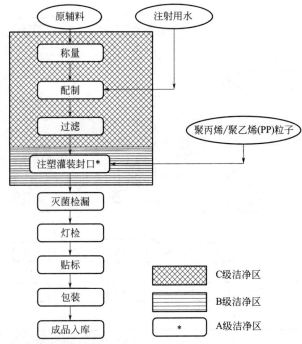

图 2-22　最终灭菌小容量注射剂（塑料安瓿）生产工艺流程方框图及环境区域划分

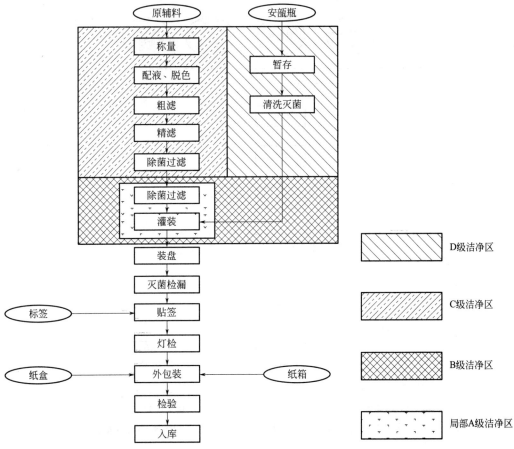

图 2-23　最终灭菌小容量注射剂（玻璃安瓿）工艺流程方框图及环境区域划分

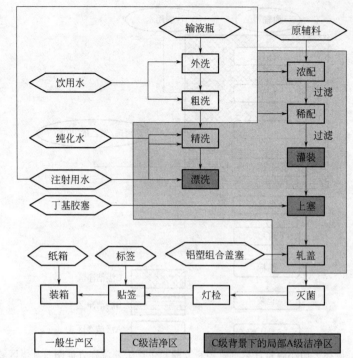

图 2-24 最终灭菌大容量注射剂（玻璃瓶）生产工艺流程方框图及环境区域划分

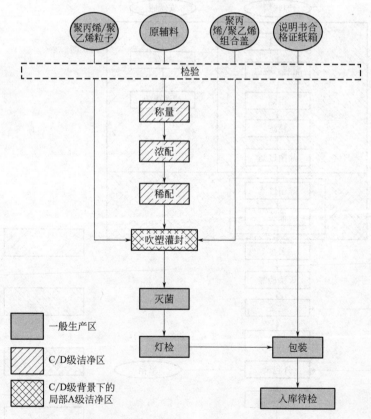

图 2-25 最终灭菌大容量注射剂（塑料瓶）生产工艺流程方框图及环境区域划分

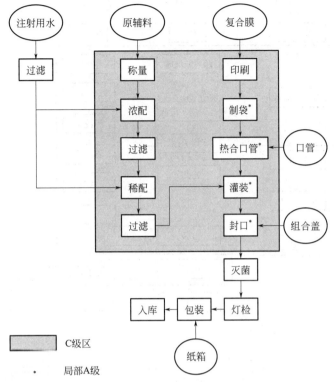

图 2-26　最终灭菌大容量注射剂（软袋）生产工艺流程方框图及环境区域划分

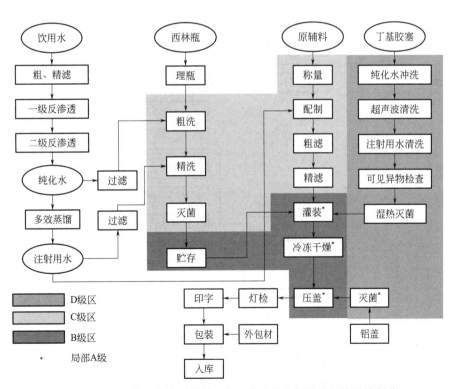

图 2-27　非最终灭菌冻干制剂生产工艺流程方框图及环境区域划分

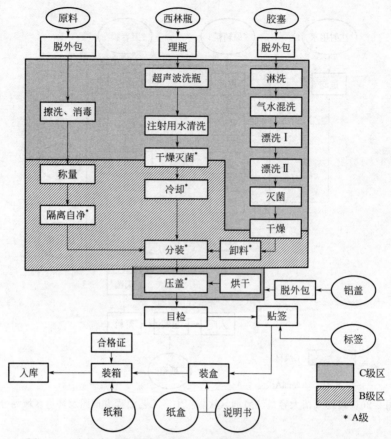

图 2-28 非最终灭菌粉针制剂生产工艺流程方框图及环境区域划分

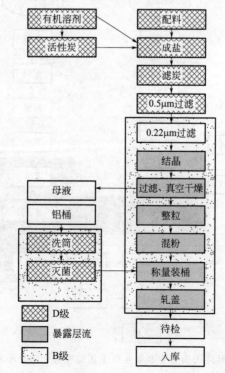

图 2-29 非最终灭菌无菌原料药工艺流程方框图及环境区域划分

2.4 药厂（车间）布置设计

2.4.1 概述

2.4.1.1 药厂（车间）布置的重要性和目的

车间布置设计的目的是对厂房的配置和设备的排列做出合理安排。质量源于设计，有效的车间布置会使车间内的人、设备和物料在空间上实现最合理的组合，增加可用空间，有效地避免各种质量隐患。

2.4.1.2 药厂（车间）布置设计的特点

原料药车间布置设计与化工车间具有共同点，但制药产品是一种防治人类疾病的特殊商品，必须保证药品的质量。所以，原料药生产的成品工序（精、烘、包工序）和制剂生产的工序必须符合GMP等法规和标准，这是药品生产的特殊性。

2.4.1.3 车间布置设计的内容和步骤

车间一般由生产部分（一般生产区及洁净区）、辅助生产部分和行政-生活部分组成。

车间布置设计是在工艺流程设计、物料衡算、热量衡算和工艺设备设计之后进行的。车间布置设计按两段设计进行讨论。

(1) 初步设计阶段

①设计内容。a.确定车间的火灾危险性类别、耐火等级。b.确定车间各工序的洁净等级。c.确定生产、辅助生产、生活和行政部分的布局；决定车间场地与建筑（构筑）物的平面尺寸和高度；确定工艺设备的平、立面布置；决定人流和管理通道，物流和设备运输通道；安排管道电力照明线路，自控电缆廊道等。②设计成果。最终成果是车间布置图和布置说明。

(2) 施工图设计阶段

初步设计阶段的车间布置经审查通过后，需进行修改和深化，即施工图设计。它与初步设计的不同之处是：①表示出设备的管口以及操作台和支架。②施工设计的车间布置图只作为条件图纸提供给设备安装及其他设计工种，不编入设计正式文件。由设备安装工种完成的安装设计才编入正式设计文件。设备安装设计包括：设备安装平、立面图；局部安装详图；设备支架和操作台施工详图；设备一览表；地脚螺钉表；设备保温及刷漆说明；综合材料表；施工说明书。

2.4.2 车间布置设计的基本要求

(1) 满足 GMP 的要求

①设备的设计、选型、安装应符合生产要求，易于清洗、消毒或灭菌，便于生产操作和维修、保养，并能防止差错或减少污染。②与设备连接的主要固定管道应标明管内物料名称、流向。③用于生产和检验的仪器、仪表、量具、衡器等，其适用范围和精密度应符合生

产和检验要求，有明显的合格标志，并定期校验。

（2）满足工艺要求

①车间内部的设备布置尽量与工艺流程一致，并尽可能利用工艺过程使物料自动流送，避免中间体和产品有交叉往返的现象。②在操作中相互有联系的设备应布置得彼此靠近，并保持必要的间距。在设备周围留出暂存一定量原料等的空地。应考虑经常更换设备的搬运通道，应考虑车间扩建。③合理安排设备间的相对高度，尽量采用物料自流。

（3）满足建筑要求

①将可以露天化的设备布置在厂房外。②不影响工艺流程时，较高的设备集中布置。③笨重或生产中震动大的设备，如压缩机等尽可能布置在厂房的地面。必须布置在二、三楼时，应将设备安置在梁的上侧。④设备穿孔必须避开主梁。⑤操作台统一考虑，以节约厂房类构筑物所占用的面积。⑥一般厂房大门宽度要比所通过的设备宽度大 0.2m 左右，要比满载的运输设备宽度大 0.6～1.0m。

（4）满足安装和检修要求

①必须考虑设备的安装、检修和拆卸的可能性及其方式方法。②设备通过楼层或安装在二层楼以上时，可在楼板上设置安装孔。对需穿越楼板安装的设备，可直接通过楼板上预留的安装孔来吊装。对体积庞大而又不需经常更换的设备，可在外墙预留安装洞，待设备进入后，再行封砌。③设备的起吊运输高度，应大于在运输线上的最高设备高度。

（5）满足安全和卫生要求

①要创造良好的采光条件。②必须根据生产过程中有毒物质、易燃、易爆气体的逸出量及其在空气中的允许浓度和爆炸极限，确定厂房每小时通风次数，采取加强自然对流及机械通风的措施。③有有毒气体逸出的设备，即使设有排风装置，亦应将设备布置在下风；特别是有毒的岗位应设置隔离小间（单独排风）。处理大量可燃性物料的岗位，特别是在二楼、三楼，应设置消防设备及紧急疏散等安全设施。④对于接触腐蚀性介质的设备及附近的墙、柱等建筑物必须采取防护措施。

2.4.3 车间的总体布置

车间布置设计既要考虑车间内部的生产、辅助生产、管理和生活的协调，又要考虑车间与厂区供水、供电、供热和管理部分的呼应，使之成为一个有机整体。

2.4.3.1 厂房形式

厂房组成形式有集中式和单体式。"集中式"是指组成车间的生产、辅助生产和生活-行政部分安排在一栋厂房中；"单体式"是指组成车间的一部分或几部分分散布置在几栋厂房中。生产规模较小，车间中各工段联系紧密，生产特点（主要是指防火、防爆等级和生产毒害程度等）无显著差异，厂区面积小，地势平坦，在符合《建筑设计防火规范》和《工业企业设计卫生标准》的前提下，可采取集中式。

工业厂房有单层、多层或单层和多层结合的形式。厂房的高度，主要取决于工艺设备布置、安装和检修要求，同时也要考虑通风、采光和安全要求。一般框架或混合结构的多层厂房，层高多采用 5.1m、6m，最低不得低于 4.5m；每层高度尽量相同。

车间的体型通常采用长方形、L 形、T 形、M 形和门形，尤以长方形为多。这些形状，从工艺上看，利于设备布置，能缩短管线，便于安装，方便采光和通风；从土建上看，占地省，有利于建筑构件的定型化和机械化施工。

厂房的宽度、长度和柱距，除非特殊要求，单层厂房应尽可能符合建筑模数制的要求。工业建筑模数制的基本内容是：①基本模数为100mm；②门、窗和墙板的尺寸均为300mm的倍数；③一般多层厂房采用6-6的柱网（或6m柱距），若柱网的跨度因生产及设备要求必须加大时，一般不应超过12m；④较常用的厂房跨度有6m、9m、12m、15m、18m、24m、30m等数种。柱网常按6-6、6-2.4-6、6-3-6、6-6-6布置。多层厂房柱网布置如图2-30所示。多层厂房的总宽度，由于受到自然采光和通风的限制，一般应不超过24m。单层厂房的总宽度，一般不超过30m。

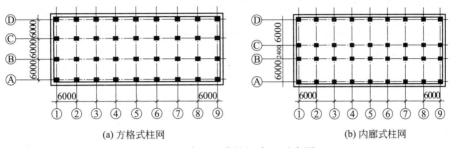

图 2-30　多层厂房柱网布置示意图

2.4.3.2　厂房平面布置

生产厂房内部平面布置首先根据生产车间的生产性质、生产工艺流程顺序、各功能间洁净、防爆等因素进行区域划分，再根据各个区域功能间大小、数量、工艺流程、人物流路线确定各主要功能间组合方式，然后根据各区域工艺逻辑关系、人物流关系、管理要求等组合各区，再考虑建筑造型和厂区总平面布置要求后确定厂房内部平面布局。

下面以原料药及其精烘包车间为例介绍厂房平面布置的一些技术问题。

典型的原料药及其精烘包车间的平面布置有如下三种形式："一"字形布置，"L"形布置和"U"形布置，详见图2-31～图2-33。

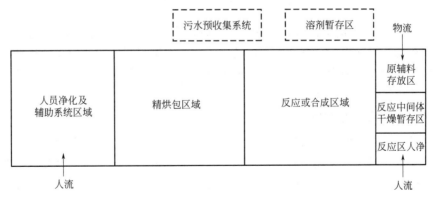

图 2-31　"一"字形布置的原料药及其精烘包车间

"一"字形的平面布置，车间外观比较齐整，但车间外有突出的溶剂暂存区域及污水预收集系统，对厂区的总体规划有一定的影响，而且合成反应区域的宽度通常不宜太宽，太宽不利于区域的防爆泄爆的处理及人员的安全疏散，为满足生产需要，所以车间设计必然会变成细长形，对厂区的要求较高。"L"形布置和"U"形布置可解决上述不利影响，但车间的外观有一定的局限，而且"L"形和"U"形在平面设计中车间的公用系统及辅助部分会设

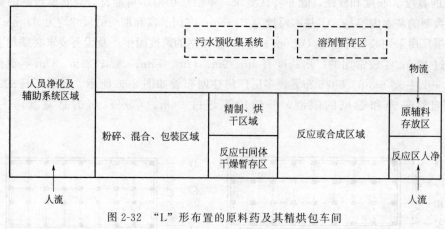

图 2-32 "L"形布置的原料药及其精烘包车间

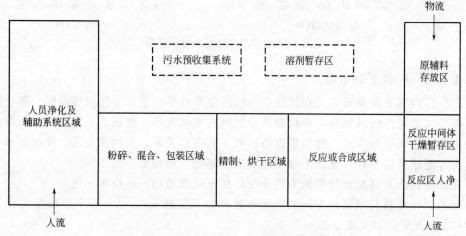

图 2-33 "U"形布置的原料药及其精烘包车间

置在"L"形及"U"形的突出端，距离使用点较远，增加了系统的管路长度。

因此，在具体设计中应综合考虑不同的影响因素选用不同的布置形式，甚至可将不同的形式加以融合，但无论采用何种布局都应该考虑原料药车间的设计要点，以满足生产及规范的要求，达到优化设计的目标。

2.4.3.3 厂房立面布置

在有高温及有毒害性气体的厂房中，要适当加高建筑物的层高或设置避风式通风天窗的气楼，以利于自然通风、散热。有爆炸危险的车间宜采用单层，厂房内设置多层操作台以满足工艺设备位差的要求，避免车间内有死角，防止爆炸性气体及粉尘的积累。若必须设在多层厂房内，则应布置在厂房顶层。如整个厂房均有爆炸危险，则在每层楼板上设置一定面积的泄爆孔。这类厂房还应设置必要的轻质屋面和外墙及门窗的泄压面积。泄压面积与厂房体积的比值一般采用 $0.03 \sim 0.25 \mathrm{m}^2/\mathrm{m}^3$。泄压面积应布置合理，并应靠近爆炸部位，不应面对人员集中的地方和主要交通道路。车间内防爆区与非防爆区（生活、辅助及控制室等）间应设防爆墙分隔。如两个区域需要互通时，中间应设双门斗，即设二道弹簧门隔开。上下层防爆墙应尽可能设在同一轴线处，如布置困难时，防爆区上层不布置非防爆区。有爆炸危险的车间的楼梯间宜采用封闭式楼梯间。

下面以中药提取车间为例介绍厂房立面布置的思路。

一种典型中药提取车间（以下简称提取车间）的布局模式：采用四层的布局，提取罐挂在三层楼面上，四层为投料层，二层为轨道小车出渣层，一层设置大的药渣储槽，储槽下方可容纳接渣汽车将药渣直接运出车间。

四层除投料功能的设置外，还可设置净药材库，或根据工艺需求设置中药的前处理工序；三层和二层是一个连通的区域，三层仅用来挂置提取罐，四周一般留出参观面，中间部分为中空的设置，主要的出渣、浓缩、精制区域都设置在二层楼面上，空间一般在 12m 上下，开敞通畅，一般不设置隔断，以利于通风散热和采光。一般收膏区设置在浓缩设备的正下方的一层洁净生产区域内，如有干燥等工序也设置在该洁净区域内，一层还有门厅、总更系统及公用辅助系统，用简单的立面分区图可表示如图 2-34 所示，厂房设备立面布置可见图 2-35。

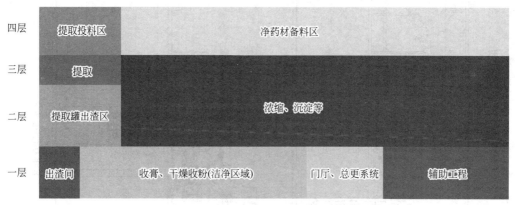

图 2-34　中药提取车间立面分区图

2.4.4　药厂洁净车间设计及技术要求

这里仅就制剂车间的设计展开讨论，原料药"精烘包"洁净车间的布置不展开讨论。

2.4.4.1　制剂车间的厂房形式

制剂车间以建造单层大框架大面积的厂房最为合算；同时可设计成以大块玻璃为固定窗的无开启窗的厂房。

多层厂房则是制剂车间的另外一种厂房形式，以条型厂房为主。这种多层厂房占地少，自然通风和采光容易，生产线布置较容易，对剂型较多的车间可减少相互干扰，物料利用位差输送，车间运行费用低等。老厂改造、扩建时可能只能采用此种体型。

制剂车间跨距、柱距大多是 6m 柱距，也有 7.5m 跨距，有些厂房宽度达 50m 以上。由于大跨度、大柱距造价高，梁底以上的空间难以利用，又需增加技术隔层的高度，所以限制其推广，但如果能在梁上预埋不同管径、不同高度的套管，使除风管之外的多数硬管利用其空间来安装则可大大提高空间的利用率，也可降低技术隔层的高度。

无窗厂房能耗少，受污染少，但与外界完全隔绝，工作人员感觉不良。有窗洁净厂房有两种形式：一种是装双层窗，这种形式节约面积，但空调能耗高；另一种是在厂房外设一环形封闭起环境缓冲作用的走廊，不仅为洁净区的温湿度有一缓冲地带，而且对防止外界污染也是非常有利的，同时也相对节能，但增加了建筑面积，提高了造价。

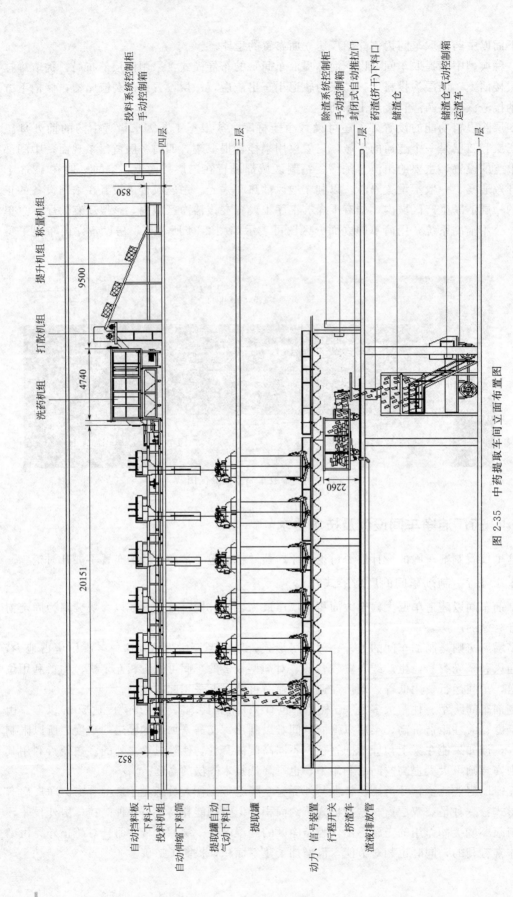

投料系统控制柜

手动控制箱

四层

称量机组

提升机组

打散机组

洗药机组

除渣系统控制柜

手动控制箱

封闭式自动推拉门

药渣(挤干)下料口

三层

储渣仓

储渣仓气动控制箱

运渣车

一层

三层

自动挡料板

下料斗

投料机组

自动伸缩下料筒

提取罐自动

气动下料口

提取罐

动力、信号装置

行程开关

挤渣车

渣液排放管

图 2-35　中药提取车间立面布置图

2.4.4.2 制剂车间的组成

制剂车间从功能上分可由下述部分组成：①仓储区；②称量、前处理区和备料室；③辅助区；④生产区；⑤中储区；⑥质检区；⑦包装区；⑧公用工程及空调区；⑨人物流净化通道。

2.4.4.3 制剂车间洁净分区

口服液体和固体制剂、腔道用药（含直肠用药）、表皮外用药品等非无菌制剂生产的暴露工序区域及其直接接触药品的包装材料最终处理的暴露工序区域，应按 D 级洁净区的要求设置，根据产品的标准和特性对各洁净区域采取适当的微生物监控措施。

无菌药品的生产操作环境可参照表 2-7 和表 2-8 进行选择。

表 2-7　最终灭菌产品生产操作环境

洁净度级别	最终灭菌产品生产操作示例
C 级背景下的局部 A 级	高污染风险[①]的产品灌装（或灌封）
C 级	①产品灌装（或灌封） ②高污染风险[②]产品的配制和过滤 ③眼用制剂、无菌软膏剂、无菌混悬剂等的配制、灌装（或灌封） ④直接接触药品的包装材料和器具最终清洗后的处理
D 级	①轧盖 ②灌装前物料的准备 ③产品配制(指浓配或采用密闭系统的配制)和过滤直接接触药品的包装材料和器具的最终清洗

① 此处的高污染风险是指产品容易长菌、灌装速度慢、灌装用容器为广口瓶、容器须暴露数秒后方可密封等状况。

② 此处的高污染风险是指产品容易长菌、配制后等待较长时间方可灭菌或不在密闭系统中配制等状况。

表 2-8　非最终灭菌产品生产操作环境

洁净度级别	非最终灭菌产品的无菌生产操作示例
B 级背景下的 A 级	①处于未完全密封[①]状态下产品的操作和转运,如产品灌装（或灌封）、分装、压塞、轧盖[②]等 ②灌装前无法除菌过滤的药液或产品的配制 ③直接接触药品的包装材料、器具灭菌后的装配以及处于未完全密封状态下的转运和存放 ④无菌原料药的粉碎、过筛、混合、分装
B 级	①处于未完全密封[①]状态下的产品置于完全密封容器内的转运 ②直接接触药品的包装材料、器具灭菌后处于密闭容器内的转运和存放
C 级	①灌装前可除菌过滤的药液或产品的配制 ②产品的过滤
D 级	直接接触药品的包装材料、器具的最终清洗、装配或包装、灭菌

① 轧盖前产品视为处于未完全密封状态。

② 根据已压塞产品的密封性、轧盖设备的设计、铝盖的特性等因素,轧盖操作可选择在 C 级或 D 级背景下的 A 级送风环境中进行。A 级送风环境应当至少符合 A 级区的静态要求。

要根据 GMP 要求切实制订标准，因为提高标准将增加能耗。

根据具体生产品种的不同，确定了各个岗位的洁净级别后，就能为绘制如图 2-36 所示的药厂洁净区级别概念设计提供依据。

2.4.4.4 制剂车间布置设计的步骤

（1）布局设计

在布局设计过程中，首先应了解产品生产过程与要求，制订出设备设施明细表。设施明

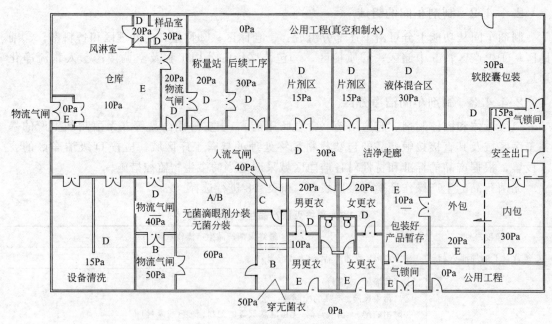

图 2-36　药厂洁净区级别概念设计

细表应对所有影响生产操作的区域进行评估，确定相互之间的关系，建立符合 GMP 生产要求的最佳流程。图 2-37 是一个典型的设施明细，这是设计的基础。在设计时应从整体上进行设计，对人流、物流和产品的转移有充分的理解，并考虑到 HVAC 和其他设施的设计。

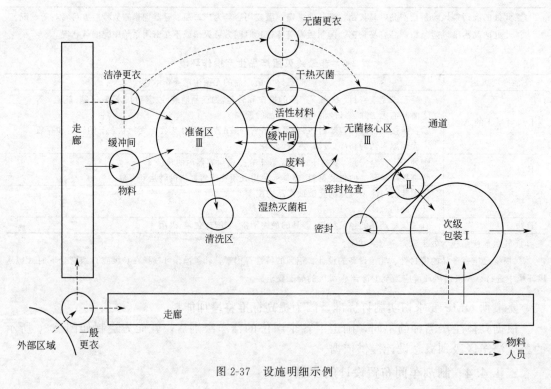

图 2-37　设施明细示例

生产流程图和设施明细决定了设备之间的关系，以及各结构单元组合的方案。将所需的结构单元有效排列结合起来并达到设施明细的要求,便形成了布局设计。应将设备的需求和人流、物流要求结合起来形成一个有效的概念性布局。图 2-38 为一个概念性布局的示例。设备布局设计时,应考虑到房间尺寸、建筑框架和进入路线,并满足消防要求。图 2-39 是一个设备布局的例子。

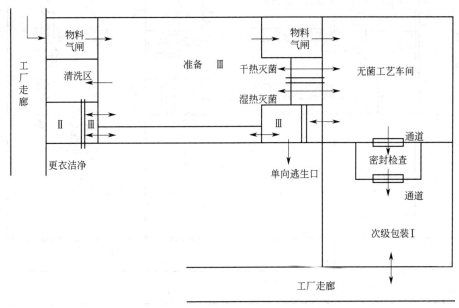

图 2-38　概念性布局的示例

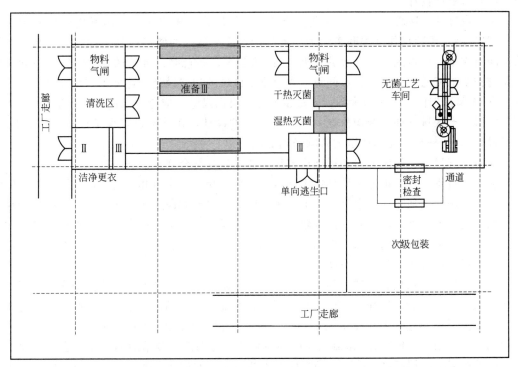

图 2-39　设备布局的示例

人流设计时，应确定从车间大门、办公室或操作区域到更衣区的一个合理路线。对于产品、原料、设备和人员流动，应在设备布局图纸中明确阐述，如图 2-40 所示。

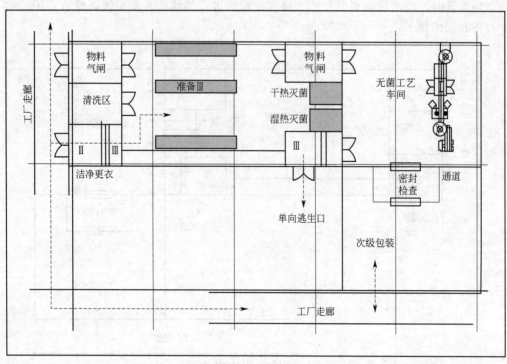

图 2-40　人流图

（2）功能区设计

工艺设计的厂区功能可分为五类：产品、部件的无菌操作区；无菌操作区相邻接的物料/人员气闸；无菌操作区关联密切的准备区；无菌准备区的邻接区域，如物料气闸、人员的洁净更衣室、外包区等；一般的辅助/支援功能区，如仓储、事务区、生活区、一般区外的无防护要求流通区、厂区更衣间等。现对重要区域的功能设计分述如下。

① 无菌操作区　为了最大限度地减少产品污染的风险，应考虑采用以下措施。

关键生产区域（如无菌操作区）采取嵌入式的设计，在外部设置保护区域（图 2-41 嵌入式设计），使外界对无菌环境的影响降到最低。

通过空气过滤、气流方向和适当压差等方法，建立符合规定的洁净环境。

在生产过程中，不可避免地会向无菌区域内传递相应的物料和设备，以及产生相应的活动，并且在需要的地方，还会有人员的出现。因此，对于无菌生产工艺，为了维持生产环境和无菌工艺的安全性，必须对人流和物流进行合理设计。关键区域内，严格控制人员和物料的进出。所有洁净区的内表面，应通过设计确保其易于清洗、消毒，并且在需要时可进行灭菌。生产区有保证生产的足够空间。

现在隔离技术在核心区域中的广泛应用，原因是：a.非最终灭菌的无菌操作工艺存在很大的变数；b.每个无菌操作过程中产生的错误都可能导致产品的污染；c.一些手动或机械操作在整个无菌操作过程中存在很大的污染风险；d.保护产品和操作人员也是为了满足法律法规的需要。因此，RABS（限制通道的屏障系统）与隔离器技术应运而生，它的三项特点是：a.单向流；b.屏障区；c.可干预，即在生产时只能通过在灌装机关键部位设的手套箱进行人为干预。该定义有 7 项标准：a.硬性隔壁，以在生产和操作人员之间形成物理的隔离。

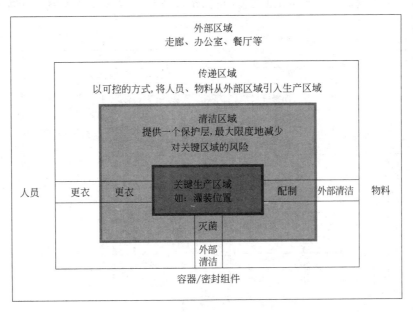

图 2-41　无菌关键区域嵌入式设计

b. 单向流通，ISO 5 级标准。c. 采用手套和自动装置，以避免灌装时人员进入。d. 设备的传输系统应能避免使产品暴露在不洁净的环境当中。e. 表面高度消毒处理。f. 环境达到 ISO 7 级要求。g. 干预极少，且需要在干预后进行清除污染的处理；门要上锁，并带有开锁登记系统；带有正压；环境符合 ISO 5 级要求。

常见的隔离系统有：a. RABS，其分为主动式和被动式。ORABS（开放式限制通道的屏障系统）使用在核心生产区域为 A 级，整体为 B＋A，正压层流系统保护产品。操作者在 B 级通过手套来进行 A 级区域的操作，手动灭菌。直接由房间排风。b. CRABS（密闭式限制通道的屏障系统），使用在核心生产区域为 A 级，整体为 B＋A，控制压力层流保护产品和操作者。操作人员通过无菌传递接口传送物品，自动 VHP（过氧化氢）灭菌。通过自循环进行排风。c. 隔离器系统（Isolator），使用时外部洁净室的环境为 C 级或 D 级，严格控制压力保护产品和操作者。与工艺操作人员完全隔离，自动 VHP 灭菌。自循环取排风。

② 无菌准备区和辅助区　如图 2-42 所示，连接无菌区的准备区和辅助区与核心区的无菌操作是相互依存的。为确保关键区域的 GMP 符合性，辅助区域应与洁净室紧邻，以尽量减少相关的操作，但必须与非洁净区保持完全独立。如果有必要，它们可以相邻，通过视窗和传递窗连接。

连接两侧的高压灭菌柜、隧道烘箱、清洗机，可作为进入洁净区的机械辅助室。进入通道应设置在两个区域中的低级别区域，在关键区域一侧应严格密封。这些服务区域应对相邻区域保持正压。

洁净室吊顶的最佳维修方案是设计便于行走的维修通道。如高压灭菌器，可以通过维修通道进行维修（最好从生产区外部进入作业）。

更衣室的设计须与更衣规程相符，且更衣效果需由现场操作人员确认。进入无菌操作区的更衣间应尽可能设置专用的入口/出口以防止无菌衣着交叉污染。洁净区和无菌操作区的更衣室可设置在同一区域，但应对区域内的人员行为进行控制，或分别设置洁净区和无菌操作区更衣室。更衣用器具应适用于 C 级或更高洁净级别，以确保更衣室的标准和装饰与进入区域相适应。

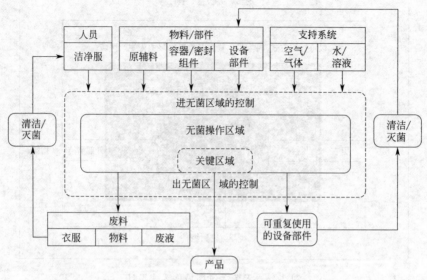

图 2-42　无菌准备区和辅助区设计示意图

③ 仓储区　仓库内的原料储存区一般应远离核心洁净区。但要求在准备区和无菌操作区内可存放一定量的半成品、产品、部件。核心洁净区内的储存区需有专用区域并且使用专用的 HVAC。

④ 空调净化系统（HVAC）　无菌产品生产污染风险最大的步骤应在中央核心区，并依次向外布置污染风险小的操作。房间之间的压差和气流方向也从核心向周边递减和流动。HVAC 的设计应保证实现压差布置和气流方向（见图 2-43）。

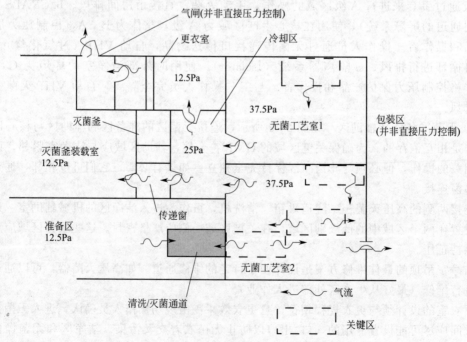

图 2-43　压差布置和气流方向示意图（示例）

2.4.4.5 制剂车间布置中的若干技术细节

(1) 工艺布置的基本要求

对极易造成污染的物料和废弃物，必要时要设置专用出入口，洁净厂房内的物料传递路线要尽量短捷。相邻房间的物料传递尽量利用室内传递门窗，减少在走廊内输送。人员和物料进入洁净厂房要有各自的净化用室和设施。净化用室的设置要求与生产区的洁净级别相适应。生产区的布置要顺应工艺流程，减少生产流程的迂回、往返。操作区内只允许放置与操作有关的物料。人员和物料使用的电梯宜分开。电梯不宜设在洁净区，必须设置时，电梯前应设置气闸室。货梯与洁净货梯也应分开设置。全车间人流、物流入口理想状态是各设一个，这样容易控制车间的洁净度。

工艺对洁净室的洁净度级别应提出适当的要求，高级别洁净度（如 A 级）的面积要严格加以控制。对于水平层流洁净室则应布置在第一工作区，对于产生污染多的工艺应布置在下风侧或靠近排风口。洁净室仅布置必要的工艺设备，以求紧凑，减少面积的同时，要有一定的间隙，以利于空气流通、减少涡流。易产生粉尘和烟气的设备应尽量布置在洁净室的外部，如必须设在室内时，应设排气装置，并尽量减少排风量。

(2) 洁净度的基本要求

在满足工艺条件的前提下，为提高净化效果，有空气洁净度要求的房间宜按下列要求布置。

① 空气洁净度的房间或区域　空气洁净度高的房间或区域宜布置在人最少到达的地方，并靠近空调机房，布置在上风侧。空气洁净度相同的房间或区域宜相对集中，以利于通风布置合理化。不同洁净级别的房间或区域宜按空气洁净度的高低由里及外布置。同时，相互联系之间要有防止污染的措施，如气闸室、空气吹淋室、缓冲间、传递窗等。在有窗厂房内，一般应将洁净级别较高的房间布置在内侧或中心部位；在窗户密闭性较差的情况下布置又需将无菌洁净室安排在外侧时，可设一封闭式外走廊，作为缓冲区。

② 原材料、半成品和成品存放区　洁净区内应设置与生产规模相适应的原材料、半成品、成品存放区，并应分别设置待验区、合格品区和不合格品区。仓库的安排、洁净厂房使用的原辅料、包装材料及成品待检仓库与洁净厂房的布置应在一起，根据工艺流程，在仓库和车间之间设一输送原辅料的入口和设一送出成品的出口，并使运输距离最短。多层厂房一般将仓库设在底层，或紧贴多层建筑物的单层裙房内。

③ 合理安排生产辅助用室　生产辅助用室应按下列要求布置：称量室宜靠近原料库，其洁净级别同配料室。对设备及容器具清洗室，C 级、D 级区的清洗室可放在本区域内，A 级和 B 级区的设备及容器具清洗室宜设在本区域外，其洁净级别可低于生产区一个级别。清洁工具洗涤、存放室，宜放在洁净区外。洁净工作服的洗涤、干燥室，其洁净级别可低于生产区一个级别，无菌服的整理、灭菌室，洁净级别宜与生产区相同。维护保养室不宜设在洁净生产区内。

④ 卫生通道　卫生通道可与洁净室分层设置。通常将换鞋、存外衣、淋浴、更内衣置于底层，通过洁净楼梯至有关各层，再经二次更衣（即穿无菌衣、鞋和手消毒室），最后通过风淋进洁净区。卫生通道也可与洁净室设在同一楼层布置，它适用于洁净区面积小或严格要求分隔的洁净室。无论洁净室与卫生通道是否设在同一层，其进入洁净区的入口位置均很重要，理想的入口应尽量接近洁净区中心。

⑤ 物流路线　由车间外来的原辅料等的外包装不宜进入洁净区，只有将拆除外包装后

的物料容器经过处理后，方能进入。进入 C 级区域的容器及工具需对外表面进行擦洗。进入 B 级需在缓冲间内用消毒水擦洗，然后通过传递窗或气闸，并用紫外线照射杀菌。灌装用的瓶子，经过洗涤后，通过双门烘箱或隧道烘箱经消毒后进入洁净区。

⑥ 空调间的安排　空调间的安排应紧靠洁净区，使通风管路线最短。对于多层厂房的空调机房宜采用每层设一个空调机房，最多两层设一个。这样可避免或减少上下穿行大面积通风管道占用的面积，也简化了通风管道的布置。空调机房位置的选定要根据工艺布置及洁净区的划分安排最短捷、交叉最少的送回风管道，这时多层厂房的技术夹层更显重要，因技术夹层不可能很高，而各专业管道较多，作为体积最大、线路最长的风道若不安排好，将直接影响其他管道的布置。

(3) 人员净化用室、生活用室布置的基本要求

① 非无菌洁净区　非无菌洁净区更衣流程图示例见图 2-44。

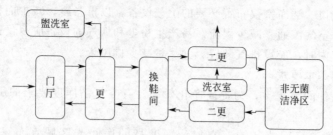

一更：脱去外衣，挂入更衣柜→脱掉鞋子换上拖鞋→穿上内工衣→在一更洗手台洗手→进入一更、二更之间的换鞋间
换鞋间：更换洁净工鞋→在洗手台洗手→进入二更
二更：穿上洁净服→手消毒→进入非无菌洁净区

图 2-44　非无菌洁净区更衣流程图示例

② 无菌洁净区　无菌洁净区更衣流程图示例见图 2-45。

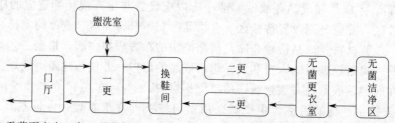

无菌更衣室：穿上无菌工衣，戴上口罩→手消毒→缓冲间→进入无菌洁净区

图 2-45　无菌洁净区更衣流程图示例

人员净化用室应根据产品生产工艺和空气洁净等级要求设置，不同空气洁净等级的医药洁净室（区）的人员净化用室宜分别设置，空气洁净等级相同的无菌洁净室（区）和非无菌洁净室（区），其人员净化用室应分别设置。

人员净化用室要求应从外到内逐步提高洁净度，洁净级别可低于生产区。对于要求严格分隔的洁净区，人员净化用室和生活用室布置在同一层。人员净化用室的入口应有净鞋设施。存外衣和洁净工作服室应分别设置，按最大班人数每人各设一外衣存衣柜和洁净工作服柜。

盥洗室不得与生产区及仓储区直接相连，其设置应考虑人员使用容易和便利。盥洗室应设置洗手和消毒设施，建议采用手不直接接触的感应式水龙头，宜装烘干器，水龙头按最大班人数每 10 人设一个。盥洗室不能直接和生产区或储藏区相连，要保持干净、通风。洁净工服洗衣室应设置在洁净区内。

为保持洁净区域的空气洁净和正压，洁净区域的入口处应设气闸室或空气吹淋室。气闸室的出入门应予联锁，使用时不得同时打开。设置单人空气吹淋室时，宜按最大班人数每 30 人一台，洁净区域工作人员超过 5 人时，空气吹淋室一侧应设旁通门。

洁净厂房内人员净化用室和生活用室的面积，应根据不同空气洁净度等级和工作人员数量确定。一般可按洁净区设计人数平均每人 $4\sim6m^2$ 计算。青霉素等高致敏性药品、某些甾体药品、高活性药品及有毒害药品的人员净化用室，应采取防止有毒有害物质被人体带出人员净化用室的措施。

图 2-46 是国外医药工程项目常用的洁净区更衣室布置方案。黑色区域脱去一般区工衣，黑色区域和灰色区域由一个换鞋凳隔断。灰色区域可以进行手消毒，然后换上洁净区工衣。白色区域可以穿上洁净区专用鞋套，根据工艺无菌性需要，可以穿上无菌手套。

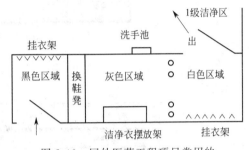

图 2-46　国外医药工程项目常用的洁净区更衣室布置方案

厕所、淋浴室、休息室等生活用室可根据需要设置，但不得对医药洁净室（区）产生不良影响。厕所和淋浴室不得设置在医药洁净区域内，宜设置在人员净化室外，需设置在人员净化室内的厕所应有前室；淋浴室可以不作为人员净化的必要措施，特殊需要设置时，可靠近盥洗室。在制剂厂房中厕所宜设置在总更换鞋之前。如多层厂房操作人员较多时，也可设在总更换鞋之后的车间控制区内，但需要设置前室以便于更衣和换鞋。改进的方法是开发 A 级垂直层流洁净厕所，这种厕所除有坐式便桶、洗手池、烘手器以外，还加有紫外线杀菌，便桶水箱内加有消毒液自动滴加器等。人员进入厕所，风机立即自动启动，照明灯具点亮，人员离开厕所，紫外线杀菌灯点亮至规定时间，便桶水箱内消毒液自动滴液器把消毒液滴入水箱中的水内。这种厕所既无臭，又能消毒杀菌，这就可使人员不再离开洁净区至非洁净区上厕所，从而消除了因上厕所从外界带入污染的可能。

在制剂厂房中淋浴室设置主要用于保护操作人员免受或减轻活性物料、有毒物料及高致敏性物料等的危害。在洁净区设置淋浴间时宜设前室，因为淋浴室湿度很高，距洁净区较近，又影响洁净区的湿度。淋浴是人员净化的一种手段，淋浴可清除人体表面的污垢、微生物和汗液。但国外资料表明：淋浴后不但不能降低人体的发尘量，相反，淋浴后使皮肤干燥，从而使皮肤屑脱落，加强了发尘量。对于有毒、活性物质、高致敏性物料生产岗位，其员工操作后宜进行淋浴。设计中要特别注意解决好淋浴室的排风问题，并使其与人员净化用房维持一定的负压差。

一般淋浴室设在洁净区之外的车间存外衣室附近较理想，这样，淋浴室的湿气不致影响洁净区的湿度，既能减少污染又能解决洗澡问题。

（4）物料净化用室的基本要求

物料净化用室应包括物料外包装清洁处理室、气闸室或传递窗（柜）。气闸室或传递窗的出入门应有防止同时打开的措施。

原辅料外包装清洁室，设在洁净区外，经处理后由气闸室或传递窗（柜）送入储藏室、称量室。包装材料清洁室，设在洁净室外，处理后送入储藏室。凡进入无菌区的物料及内包装材料除设清洁室外，还应设置灭菌室。灭菌室设于 D 级区域内，并通过气闸室或传递窗（柜）送入 C/B 级区域。生产过程中产生的废弃物出口不宜与物料进口合用一个气闸室或传递窗（柜），宜单独设置专用传递设施。实践表明：采用双开门气闸向无菌区内传递物料，会增加微生物污染的概率（见图 2-47）。而产品的运出不宜采用双开门气闸方式（图 2-48）。

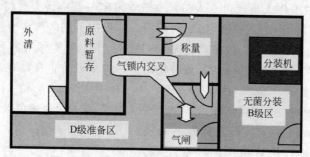

图 2-47　双开门气闸向无菌区内传递物料

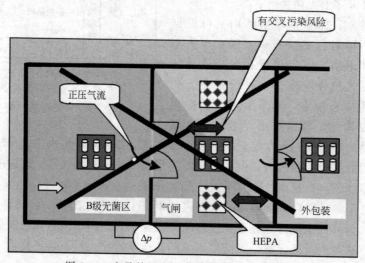

图 2-48　产品的运出不宜采用双开门气闸方式

几个值得注意的地方：外包材等暂存间、在位清洗间、检验室、物净间、废料间（如废弃的活性炭、废胶塞、废铝盖、原辅料内包材、碎玻璃等）均应做到洁净等级达标。

（5）制剂车间布置举例

这里仅以片剂车间为例进行介绍。片剂属于固体制剂。固体制剂车间的最基本的设计理念是尽可能从配料到压片或填充再到最后的包装都尽可能采用全封闭系统。

固体制剂车间在房间设置上要求有：原材料和活性成分在领用前需要设置储存间，还要设置包材和标签存储间、生产过程中材料的临时堆放处、包装好的产品的储存间，物料发放间、压片或灌装间、混合用 IBC 料桶间、无菌制备间、清洗间、包装间、预留包装间、办公室、更衣间、动力工程间、QA 实验室。

① 片剂的生产工序及区域划分　片剂是最常见的固体制剂，片剂属非无菌制剂。片剂工艺流程示意图及环境区域划分如图 2-49 所示。片剂生产及配套区域的设置要求见表 2-9。

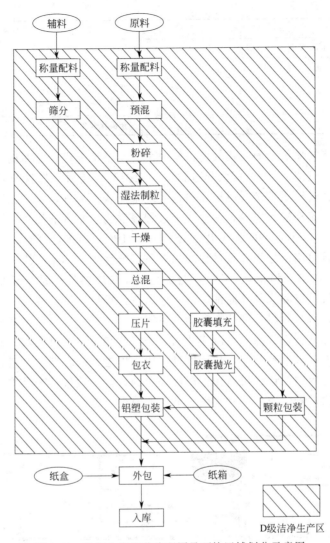

图 2-49　片剂生产工艺流程图及环境区域划分示意图

表 2-9　片剂生产及配套区域设置要求

区域	要求	配套区域
仓储区	按待验、合格、不合格品划区温度、湿度、照度要求控制	原材料、包装材料、成品库,取样室,特殊要求物品区
称量区	宜靠近生产区、仓储区,环境要求同生产区	粉碎区,过筛区,称量工具清洗、存放区
制粒区	温度、湿度、洁净度、压差控制,干燥器的空气要净化,流化床要防爆	制粒室、溶液配制室、干燥室、总混室、制粒工具清洗区
压片区	温度、湿度、洁净度、压差控制,压片机局部除尘,就地清洗设施	压片室、冲模室、压片室前室
包衣区	温度、湿度、洁净度、压差控制,噪声要控制,包衣机局部除尘,就地清洗设施,如用有机溶剂需防爆	包衣室、溶液配制室、干燥室
包装区	如用玻璃瓶需设洗瓶、干燥区,内包装环境要求同生产区,同品种包装线间距 1.5m,不同品种间要设屏障	内包装、中包装、外包装室,各包装材料存放区

区域	要求	配套区域
中间站	环境要求同生产区	各生产区之间的储存、待验室
废片处理区		废片室
辅助区	位于洁净区之外	设备、工器具清洗室，清洁工具洗涤存放室，工作服洗涤、干燥室，维修保养室
质量控制区		分析化验室

Merck 公司建造的片剂车间原料的传输使用全封闭系统来进行，通过一台计算机来控制并监测所有的操作（见图 2-50）。仅装料过程由人工控制。此后，物料的输送完全在计算器控制之下通过重力、气动式、带式或铲斗输送系统来完成。另外，安装在所有料斗中的动力传感器系统对物料的流动进行监控，通过这个过程提供物料平衡的信息。该设计中采用一种称为中间体散装容器（intermediate bulk container，IBC）的传输容器，目的是将 IBC 作为一个存储容器，然后使用机械手段从过程的一个阶段转移到另一个阶段。例如：自动引导车系统（automated guided vehicle，AGV）。自动化仓储与原料处理系统相联系，提供全面解决方案。例如：原料供应和成品存储都能被工厂的主计算机系统监控。从配料工段原料的称量开始到成品包装，所有原料都保持在密闭的系统中。原料处理系统及其相关设备是整个工艺过程的主要组成部分。它提供了物流连续输送的媒介和每一个过程操作的后处理手段。原料被一个操作员手工装入进料漏斗，然后通过空压作用进入混合器。原料在计算机控制之下制粒，在这个操作过程中，计算机监控生产过程中的重要参数包括产品重量、制粒溶液的添加、机械臂和螺旋输送器的速率、真空度、夹套的温度和产品温度。

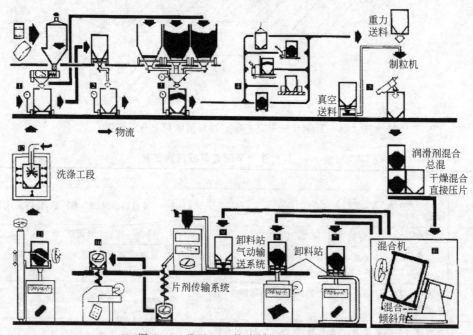

图 2-50　基于 IBC 的片剂生产工艺流程

② 片剂的粉尘控制措施　片剂车间的空调系统除要满足厂房的净化要求和温湿度要求外，重要的一条就是要对生产区的粉尘进行有效控制，防止粉尘通过空气系统发生混药或交叉污染。

为实现上述目标，除在车间的工艺布局、工艺设备选型、厂房、操作和管理上采取一系列措施外，对空气净化系统要做到：在产尘点和产尘区设隔离罩和除尘设备；控制室内压力，产生粉尘的房间应保持相对负压；合理的气流组织；对多品种换批次生产的片剂车间，各生产区均需分室，产生粉尘的房间不采用循环风，外包装可同室但需设屏障（不到顶）。控制粉尘装置可用沉流式除尘器、环境控制室、逆层流称量工作台等。

片剂生产需有防尘、排尘设施，凡通入洁净区的空气应经初、中二效过滤器除尘，局部除尘量大的生产区域，还应安排吸尘设施，使生产过程中产生的微粒减少到最低程度。洁净区一般要求保持室温 18～28℃，相对湿度 50%～65%，生产泡腾片产品的车间，则应维持更低的相对湿度。图 2-51 是粉体处理间的空调系统设置，隔间进风需要经过微小尘粒过滤器，再经过高效过滤器，还配置有 PVC 条状帘。

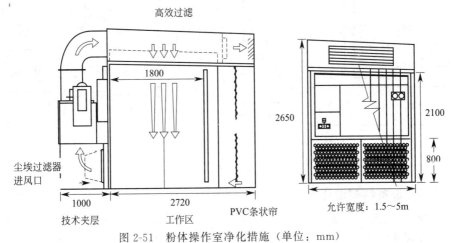

图 2-51　粉体操作室净化措施（单位：mm）

③ 片剂车间的布置形式　片剂车间常用的布置形式有水平布置和垂直布置。

水平布置是将各工序布置在同一平面上，一般为单层大面积厂房。水平布置有两种方式：a. 工艺过程水平布置，而将空调机、除尘器等布置于其上的技术夹层内，也可布置在厂房一角。b. 将空调机等布置在底层，而将工艺过程布置在二层。

垂直布置是将各工序分散布置于各楼层，利用重力解决加料，有两种布置方式：a. 二层布置。将原辅料处理、称量、压片、糖衣、包装及生活间设于底层，将制粒、干燥、混合、空调机等设于二层。b. 三层布置。将制粒、干燥、混合设于三层，将压片、糖衣、包装设于二层，将原辅料处理、称量、生活间及公用工程设于底层。

④ 片剂车间布置方案示例　图 2-52(a) 所示的方案在相对较小的厂房面积下基本消除了人物流混杂；（b）所示的方案中物料由车间一端进入，成品由另一端送出，物料流向呈直线，不存在任何相互交叉，这样就避免了发生混药或污染的可能，其缺点是这样布局所需的车间面积较大。

2.4.5　设备设计、选型与布置

无论是原料药车间还是制剂车间，确定了车间内的区域划分后，就需要将相应的设备布置在相应的区域内，设备的型式、安装方式和安装位置很大程度上影响了车间布置设计。下面就设备在车间内的布置展开介绍。

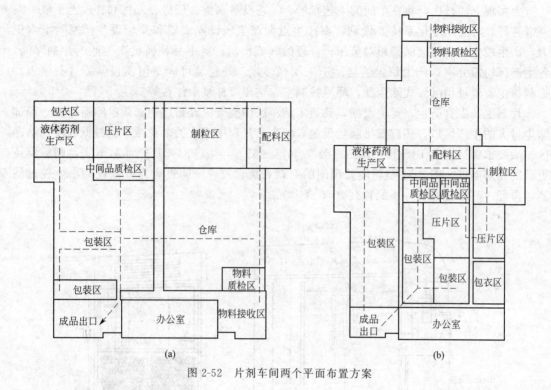

图 2-52 片剂车间两个平面布置方案

2.4.5.1 设备结构设计要求

实际上 GMP 在进行设备清洗灭菌验证时，最常见的取样部位就是接触物料最多的部位及最不易清洁的部位（如高速混合制粒机：内侧壁、顶盖内壁、搅拌桨、制粒刀等）。因此，设备设计应注意以下几个方面。

① 在药物制备中，设备结构应有利于物料的流动及清洗等。设备内的凹凸、槽、棱角等部位应尽可能采用大的圆角等，以免挂带和阻滞物料。这对固定的、回转的容器及药机上的盛料、输料结构具有良好的自卸性和 CIP、SIP 具有重要意义。此外，设备内表面及设备内工作的零件表面上尽可能不涉及有台、沟，避免采用螺栓连接的结构。

② 要着重注意药机的非主要部分结构的设计。如某种安瓿的隧道干燥箱，为考虑排玻屑，矩形箱底的四角常积满玻璃屑，与循环气流形成污染，只能大修才能清除。

③ 与药物接触的构件都应有不附着物料的高光洁度。

④ 润滑剂、清洗剂等都不得与药物相接触，为避免掉入、渗入等，应采取如下措施：一是采用对药物的阻隔，二是对润滑部分的阻隔。

⑤ 制药设备在使用中有不同程度的散尘、散热、散废气、水、汽等，要消除这些，应主要从设备本身的设计上加以解决。散尘在粉体机械中常见，应配有捕尘机构；散热散湿的应有排气通风装置，散热的还要有保温结构。

2.4.5.2 设备材质、外观和安全要求

① 材质　GMP 规定制造设备的材料不得对药品性质、纯度、质量产生影响，其所用材料需要有安全性、可辨别性和使用强度。因而在材料选用中应考虑与药物等介质接触时，在腐蚀性等环境条件下不发生反应、不释放微粒、不易附着或吸湿。

② 外观　GMP 对外观提出要求就是为了达到易清洗、易灭菌的要求。对外观的要求集

中在：a.与药物生产操作无直接关系的机构，尽可能设计成内置式。即设备外部、台面设计仅安排操作的部分，传动等部分内置。b.尽量采用包覆式结构。将复杂的机体、管线等用板材包起来，包覆层还有其他功能，如防水密封。对经常开启的应设计成易拆快装的包层结构。

③ 安全保护功能 药物有热敏、吸湿、挥发、反应等不同的性质，不注意这些特性易造成药物品质的改变，这也是选设备时应注意的。因而产生了防尘、防水、防过热、防爆、防渗入、防静电、防过载等保护功能。并且还要考虑非正常情况下的保护，如高速运转设备的紧急制动；高压设备的安全阀；无瓶止灌、自动废弃、卡阻停机、异物剔除等。安全保护功能的设计应提倡应用仪表、电脑来实现设备操作中的预警、显示、处理等。

2.4.5.3 设备安装与检修的要求

为了方便设备的清洁、检修及可能的更换，制剂车间的设备安装固定应尽可能做成非永久性固定。有些制药厂将设备的安装固定采用可移动的砌块式基础安装方式，即设备与混凝土基座以地脚螺栓固定后，将混凝土基座与地坪间以弹性材质铺垫，这样既可移动设备又可减轻设备的震动影响。这种方法值得注意的是，不可使设备的操作高度影响到操作人员的正常工作。

2.4.5.4 对公用工程的要求

生产设备的运行需要电力、压缩空气、纯化水、蒸汽等动力，它们是通过与设备的接口来实现运行的。这种关系对设备本身乃至一个系统都有着连带影响。接口问题对设备的使用以及系统的影响程度是不应低估的，如设备气动系统的气动阀前无压缩气过滤装置，阀极易被不洁气体污物堵塞而产生设备控制故障。通常工程设计中设备选型在前，故设备的接口又决定着配套设施，这就要求设备接口及工艺连线设备要标准化，在工程设计中要处理好接口关系。

2.5 管道布置设计

2.5.1 概述

2.5.1.1 管道设计的作用和目的

管道在制药车间起着输送物料及辅助介质的重要作用。正确地设计和安装管道，对减少投资以及维持正常操作意义重大。

2.5.1.2 管道设计的条件

在进行管道设计时，应具有如下基础资料：①施工流程图；②设备平、立面布置图；③设备施工图；④物料衡算和热量衡算；⑤工厂地质情况；⑥地区气候条件；⑦其他（如水源、锅炉房蒸汽压力和压缩空气压力等）。

2.5.1.3 管道设计的内容

在初步设计阶段，设计带控制点工艺流程图时，首先要选择和确定管道、管件及阀件的规格和材料，并估算管道设计的投资；在施工图设计阶段，还需确定管沟的断面尺寸和位置，管道的支承间距和方式，管道的热补偿与保温，管道的平、立面位置及施工、安装、验收的基本要求。管道设计的具体内容、深度和方法如下。

① 管径的计算和选择　由物料衡算和热量衡算计算管径和管壁厚度。

② 地沟断面的决定　地沟断面的大小及坡度应按管子的数量、规格和排列方法来决定。

③ 管道的配置　根据施工流程图，结合设备布置图及设备施工图进行管道的配置，应注明如下内容：a.各种管子、管件、阀件的材料和规格，管道内介质的名称、介质流动方向用代号或符号表示；标高以地平面为基准面，或以楼板为基准面。b.同一水平面或同一垂直面上有数种管道，安装时应予注明。c.绘出地沟的轮廓线。

④ 提出资料　资料应包括：a.将各种断面的地沟长度提给土建；b.将车间上水、下水、冷冻盐水、压缩空气和蒸汽等管道管径及要求（如温度、压力等条件）提给公用系统；c.各种介质管道（包括管子、管件、阀件等）的材料、规格和数量；d.补偿器及管架等材料制作与安装费用；e.管道投资概算。

⑤ 编写施工说明书　包括施工中应注意的问题，各种介质的管子及附件的材料，各种管道的坡度，保温刷漆等要求及安装时采用的不同种类的管件管架的一般指示等问题。

管道设计的成果是管道平、立面布置图，管架图，楼板和墙的穿孔图，管架预埋件位置图，管道施工说明，管道综合材料表及管道设计概算。

2.5.2　管道、阀门和管件的选择

2.5.2.1　管道

① 装管工程的标准化　装管工程的标准化有利于零件的互换，标准化主要体现在公称压力和公称直径上。

② 管径、管壁厚度的计算和确定　管径越大，原始投资费用越高，但动力消耗费用可降低。管径的计算可采用化工工艺设计手册上的算图，求取最经济管径，由此求得的管径能使流体处于最经济的流速下运行。根据管径和各种公称压力范围，查阅化工工艺设计手册可得管壁厚度。

③ 管道的选材　GMP对管材的选择有严格限制，要求管道表面应光洁、平整、易清洗或消毒、耐腐蚀、不与药品发生化学反应或吸附药品。制药工业生产用的管子、阀门和管件的材料主要是依据输送介质的浓度、温度、压力、腐蚀情况、供应来源和价格等因素综合考虑决定的。

④ 常用管子　制药工业常用管子有金属管和非金属管。各种管子的常用规格、材料及适用温度见化工工艺设计手册。

2.5.2.2　阀门

阀门的主要功能包括：接通和截断介质，防止介质倒流，调节介质压力、流量，分离、混合或分配介质，防止介质压力超过规定数值，以保证设备和管道安全运行等。

各种阀门因结构形式与材质的不同，有不同的使用特性、适用场合和安装要求。阀门的选用一般原则见化工工艺手册。

具有卫生级、洁净级的新型阀门、管件逐步面世。如用于原料药精烘包和药物制剂生产过程的卫生级气动不锈钢直通隔膜阀（见图2-53），采用焊接、卡焊等连接，选用316L不锈钢材料，阀门规

图 2-53　卫生级气动不锈钢直通隔膜阀

格常见的有 DN25～DN50。此阀门的特点为控制方式采用常闭，阀体密封性极好，堰槽采用球体结构，真正做到了无死角。其可安装于任何位置，介质流向对阀门开闭没有影响，广泛应用于发酵罐、配制罐、灌装机、冷冻干燥设备、无菌过滤器、制水设备、纯化水（PW）、注射用水（WFI）输送与分配无菌超滤机、无菌流体输送及 CIP、SIP 等。

2.5.2.3　管件

管件的作用是连接管道与管道、管道与设备、改变流向等，图 2-54 为常用卫生级管件。

图 2-54　卫生级管件

2.5.2.4　管道的连接

管道连接的基本方法如图 2-55 所示。制剂洁净车间还常用到的有卡套连接和卡箍连接。

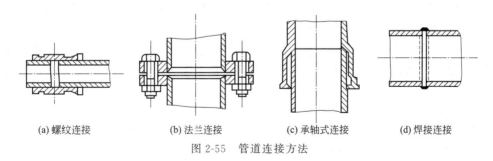

| (a) 螺纹连接 | (b) 法兰连接 | (c) 承轴式连接 | (d) 焊接连接 |

图 2-55　管道连接方法

2.5.3　管道设计的基本要求

（1）洁净厂房内的管道布置、支承和保温

洁净厂房内的管道布置、支承和保温主要满足以下几个方面的要求。

① 在洁净厂房内，系统的主管应布置在技术夹层、技术夹道或技术竖井中。夹层系统

中有空气净化系统管线，这种系统管线的特点是管径大，管道多且广，是洁净厂房技术夹层中起主导作用的管道，管道的走向直接受空调机房位置、送回风方式、系统的划分等三个因素的影响，而管道的布置是否理想又直接影响技术夹层。这个系统中，工艺管道主要包括净化水系统和物料系统。这个系统的水平管线大都是布置在技术夹层内的。一些需要经常清洗消毒的管道应采用可拆式活接头，并宜明敷。公用工程管线气体管道中除煤气管道明装外，一般上水、下水、动力、空气、照明、通信、自控、气体等管道均可将水平管道布置在技术夹层中。

② 引入洁净室（区）的明管材料应采用不锈钢。输送纯化水、注射用水、无菌介质和成品的管道材料、阀门、管件宜采用低碳优质不锈钢（如含碳量分别为 0.08%、0.03% 的 316 钢和 316L 钢），以减少材质对药品和工艺水质的污染。公用气体管道的管材需考虑管材的透气性要小、管材内表面吸附、解吸气体的作用要小、内表面光滑、耐磨损、抗腐蚀、性能稳定、焊接处理时管材组织不发生变化等要求。

③ 洁净室（区）内各种管道，在设计和安装时应考虑使用中避免出现不易清洗的部位。管道设计要减少支管、管件、阀门和盲管。为便于清洗、灭菌，需要清洗、灭菌的零部件要易于拆装，不便拆装的要设清洗口。无菌室设备、管道要适应灭菌需要。输送无菌介质的管道应采取灭菌措施或采用卫生薄壁可拆卸式管道。GMP 规定进入洁净室的管道与墙壁或天棚的连接部位均应密封。氮气、压缩空气等气体的水平管道敷设管径发生变化时，应采用顶平的偏心异径管，防止产生气袋。纯水、冷冻水等液体管道设计安装时应注意保持一定的坡度，管径变化时采用底平的偏心异径管，避免产生液袋造成清洁消毒和灭菌的困难。液体管道如纯水等的输送管道系统应采取循环方式，不应留有液体滞留的"死区"。液体公用工程管道可设置过滤器、入口总阀、压力表、温度计、计量仪等。气体公用工程管道的主管在洁净厂房的进口处，可设置过滤器、减压阀、入口总阀、压力表、真空表、计量仪、安全阀、放散管等。

引入洁净室（区）的支管宜暗敷，各种明设管道不得出现不易清洁的部位。明设管道为便于清洁和管道维修，管道里侧距墙壁应有一定的间距 S，一般 S 值可取 5cm≤S≤10cm。如果是多根管道并排平行布置，该间距应适当增大，同时，管道与管道之间的净空也不应小于 5cm。洁净室内的管道应排列整齐，尽量减少洁净室内的阀门、管件和管道支架。

穿越洁净室的墙、楼板、硬吊顶的管道应敷设在预埋的金属套管中，管道与套管间应有可靠的密封措施。

④ 阀门选用也应考虑不积液的原则，宜使用清洗消毒方便的旋塞、球阀、隔膜阀、卫生蝶阀、卫生截止阀等。洁净区的排水总管顶部设置排气罩，设备排水口应设水封，地漏均需带水封。

⑤ 洁净室管道应视其温度及环境条件确定绝热条件。冷保温管道的保温层外壁温度不得低于环境的露点温度。管道保温层表面必须平整、光洁，不散落颗粒，绝热性能好，材料要易施工，并宜用金属外壳保护。

⑥ 洁净室（区）内的配电设备的管线应暗敷，进入室内的管线口应严格密封，电源插座宜采用嵌入式。

⑦ 洁净室及其技术夹层、技术夹道内应设置灭火设施和消防给水系统。

（2）洁净管道的安装

洁净管道系统一般都要进行在线清洗或纯蒸汽消毒，因此，没有必要每段管道都采用快装卡箍连接。洁净管道系统可以惰性气体保护焊为主，只是在使用点需安装阀门的连接处采用快装卡箍连接。

(3) 管道布置设计示例

下面以提取车间管线设计为例介绍设计中如何体现 GMP 的落实。

① 放净、放空管线的设计　无论是用泵还是真空输送提取液，都将遇到料液排尽和放空（排空）问题，由于提取车间大部分工序是在普通环境下操作，放空管中易吸入尘埃粒子或其他杂物，为满足 GMP 的要求，避免药液受到污染，这就要求在放空管中接入空气过滤器，以保证空气的洁净。对放净管则只需设置于设备或管线最低处即可，但离地面距离需大于 150mm，以利于维修，见图 2-56。

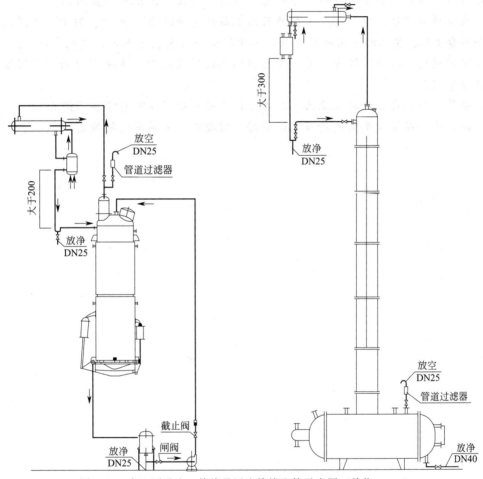

图 2-56　离心泵进出口管线及回流管线配管示意图（单位：mm）

② 工艺回流管线的设计　提取车间带回流管的设备主要是提取罐和乙醇回收塔。为避免回流时蒸汽反窜，常在提取罐等设备前加一段 "U" 形管液封。即使选用的管材是 SUS316L 优质低碳不锈钢，在死角和盲管处，由于药液的不流动，将造成药液中氯离子和氧分子的富集，从而在该处形成穿晶腐蚀，使得药液中亚铁离子的浓度增加，导致药液呈黄色而不合格。因此，为满足 GMP 的要求，防止液封处药液长时间停滞而变质或对管道材质产生腐蚀，在 "U" 形弯的最底端设置放净管，一旦提取罐停止操作，放净管就应及时打开，确保管道内不积液。

1.洁净车间管道的设计要注意哪些内容？

2.局部净化设备棚式垂直层流单元的工作原理是什么？

3.粉尘控制和清除的措施常用到物理隔离措施，物理隔离后空气净化的方案有哪几种，各自的具体实施如何进行？

4.洁净厂房的物料净化设施包括哪些？传递窗的设计应注意哪些问题？

5.某原料药"精、烘、包"工序涉及用乙醇进行重结晶、离心、烘干、包装，请设计一个符合 GMP 要求的车间布局，并用不同线形的箭头表示人流、物流走向。

6.中国现行的洁净等级分几类？在与国际接轨的过程中，主要学习的哪个国家或地区的洁净等级？

7.医药洁净厂房设计与工业洁净厂房设计有哪些相同点？有哪些不同点？

8.药厂设备在洁净车间进行布置设计时，需要遵循和满足哪些原则？

第3章 生产管理

扫码获取数字资源

① 掌握药品生产管理的基本要求和主要环节之间的逻辑流程。

② 熟悉生产过程中污染的来源和基本控制方法，以及防止混淆、差错、污染和交叉污染的措施，树立药品质量是设计生产出来的基本理念。

③ 了解生产计划制订的依据和实施程序；设备设施的设计、购买、安装确认和维修过程；物料管理流程；人员的技能培训；药品生产用洁净区的环境管理要求及人员卫生管理等内容。

④ 初步了解产品的质量是人、机、料、法、环等生产要素相互作用叠加的结果；以及过程分析技术、连续生产在药品生产中的应用进展。

3.1 生产和生产管理的概念和基本内容

本章将介绍生产和生产管理的基本概念和内容，并结合药品生产的实际，重点介绍生产计划、物料管理、设备管理、生产过程管理和人员管理等几个主要环节。

生产作为企业一项最基本的活动，是在法律法规要求的范围内，将各元素组合、集成在一起形成某种市场需求的具有特色商品的过程。药品作为一种特殊商品，直接关系到广大疾病患者的生命安全和身心健康。我们常说，药品质量是生产出来的，生产过程是药品制造全过程中决定药品质量最关键、最复杂的环节，因此，药品的生产管理就显得尤为重要。

广义的生产关系是指人们在再生产的过程中结成的相互关系，包括生产、分配、交换和消费（当然，消费系人类特有）等诸多关系在内的生产关系体系。狭义的生产关系是指人们在直接生产过程中结成的相互关系，包括生产资料所有制关系、生产中个体间的关系和产品分配关系。生产是以一定生产关系联系起来的人们利用劳动资料改造劳动对象，以适应人们需要的过程。这里的生产主要是指物质资料的生产，通过物质资料的生产，使一定的原材料转化为特定的有形产品，因此，生产也可以定义为一切社会组织系统将输入转化为输出的活动过程，输入转化为输出是通过人的劳动实现的，这个转化过程就是生产，如图3-1所示。

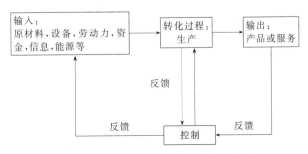

图 3-1 生产系统将输入转化为输出的过程

生产系统要提供产品的输出必须有原材料等的输入，而组成具体输入的各要素是由输出决定的。简单地说，生产什么样的产品，决定了需要什么样的原料、设备和其他投入。比如，药品的生产必须按照国家批准的处方、工艺技术条件，通过采购符合质量标准的原辅料进行生产。以片剂生产为例，药物的活性成分和多种辅料混合，在一系列的工艺设备中，经制粒、压片和包装等工艺过程，最后生产出符合质量标准的产品。在这个例子中，初始都为粉末状态的原辅料经过工艺加工，变成不同形状（圆形或异形）、具有不同治疗功能的药片，这就是一个转化的过程。通过这个转化过程，不仅实现了对各输入要素形态上的改变，而且实现了一个增值的过程，使输出的产品价值大于输入。

当经济的发展进入信息化社会后，随着服务业的兴起，生产的概念得到延伸和扩展。人们利用知识、智慧和创造力，以信息技术为依托，为客户提供增值服务同样被认为是生产的一种形式。例如在制药领域，现在出现了不少从事咨询、培训的机构，它们给制药企业在GMP、GLP甚至在新药国内外注册等多方面提供咨询服务，并拥有或聘请既具有较深的理论知识，又有丰富的实践经验的讲师，为企业提供各方面的培训服务。因此，现代的生产概念分为两大类：物质生产型（制造性生产）和劳动服务型（服务性生产）。

有生产活动就有生产管理，人类最早的管理活动就是生产管理。生产管理就是通过充分利用企业的生产资源、合理组织生产过程各环节的活动，准时、高质、高效地生产出符合客户要求的产品或服务的过程。与传统的生产管理相比，现代的生产管理已显现出新的特征，如，从大批量的生产方式到多品种小批量的生产方式的转化，计算机技术得到充分应用，由生产什么就供应什么的卖方市场转变为需要什么就生产什么的买方市场等。

作为药品生产企业，首先要根据市场需求和市场预测以及企业自身的发展战略来确定产品的开发方向和策略。生产管理的要点可以总结为"5W2H"，即在何时（when）、何处（where）、干什么（what）、谁负责（who）、为什么（why）要生产、生产量多少（how much）、如何（how）完成生产。试想你要开办一个制药企业，你需要做些什么？首先，你要进行产品决策，是生产片剂还是生产大输液；是生产心血管疾病领域的治疗药物，还是生产呼吸系统疾病领域的治疗药物。产品决策之后，通过研发申报批准后，确定生产工艺过程和技术参数，根据市场预测确定每年生产多少。然后要确定在何处建厂，确定工厂的平面布局以及生产车间、库房和办公室的布置，并配置相应的人员、设备和原材料。以上任务完成后，工厂要投入生产，正式运行，这时要编制生产计划，合理安排人力、物力和财力，控制进度，生产出符合标准的高质量产品。也可以在产品批准后成为药品上市许可持有人，进行委托生产。

生产管理包括对以上活动的管理，大体可以分为计划、组织与控制三个方面，这三个方面主要解决的问题及管理内容如表3-1所示。

表 3-1　生产管理活动分类及内容

管理活动分类	主要解决的问题	管理活动内容
计划	生产的产品、数量和生产完成时间	预测企业产品的需求，确定产品或服务的品种与数量、设置交货期、编制生产计划、安排人员班次、控制生产进度等
组织	生产要素的合理组织	劳动者（工人、技术人员、管理人员和服务人员）、劳动资料（设施、设备、工具、能源等）、劳动对象（原材料、零部件、中间产品等）和信息（技术资料、图纸、工作指令、市场信息）等
控制	如何按计划完成任务	接受订货、投料、生产进度、库存和成本等的控制

现在在管理类文献和书籍中经常会看到"生产运作管理"的概念。这是由于过去西方学者把和工厂相联系的有形物质产品的制造活动称为"production"，而把无形的服务活动称为"operations"。随着生产的概念扩大到非制造领域，人们逐渐把两者统称为"operations"，即运作。因此，生产管理（production management）现在往往被称作"生产运作管理"（production and operation management），或直接称作"运作管理"（operations management）。

3.2　药品生产管理的基本要求

药品生产是产品的实现过程，为贯彻药品设计的安全性、有效性和质量可控，《药品生产监督管理办法》中规定，应当遵守药品生产质量管理规范（GMP），按照国家药品标准、经药品监督管理部门核准的药品注册标准和生产工艺进行生产，按照规定提交并持续更新场地管理文件，对质量体系运行过程进行风险评估和持续改进，保证药品生产全过程持续符合法定要求，保证全过程信息的真实、准确、完整和可追溯。生产、检验等记录应当完整准确，不得编造和篡改。

GMP要求对药品生产全过程控制，能够实现药品制造过程的有效和适宜的确认、执行和控制。在药品执行和监控过程中应制定关键的控制参数和可接受的控制范围，实现生产条件受控和状态可重现。

GMP规定，所有药品的生产和包装均应当按照批准的工艺规程和操作规程进行操作并有相关记录，以确保药品达到规定的质量标准，并符合药品生产许可和注册批准的要求。

在药品的生产中，重要的是防止污染、混淆和人为差错，确保药品生产的安全，确保产品的质量。生产管理的重点包括：工艺管理、批号管理、包装管理、生产记录管理、不合格品管理、收率和物料平衡管理、清场管理等。

3.3　生产计划和控制

现代企业生产的社会化程度很高，企业内部分工也很细致，因此，需要统一的计划来协调管理企业的生产经营活动。制药企业的生产组织方式一般属于需求驱动的备货型方式，它根据市场需求预测制订不同层次的生产计划、物料需求计划和库存控制计划。

3.3.1　生产计划

生产计划系统是一个包括需求计划、中期生产计划、生产作业计划、材料计划、能力计划、设备计划、新产品开发计划等相关计划职能，并以生产控制信息的迅速反馈连接构成的复杂系统，目的就是要充分利用企业的生产能力和资源，保证按质、按量、按品种、按期限完成订货合同，满足市场需求。

3.3.1.1　生产计划的制订

企业的生产计划是分层次的，一般可以分成战略层计划、战术层计划与作业层计划三个层次。三个层次的计划周期及内容如表 3-2 所示，战略层计划实质上为战术层计划提供了自身生产能力的限制和需要向外拓展的需求，作业层计划是确定日常生产活动的安排。作业层计划支持战术层计划，战术层计划支持战略层计划，从而保证企业战略的实现。

表 3-2　生产计划层次及内容

名称	计划内容	周期
战略层计划（长期计划）	企业在市场竞争中地位的变化、产品和服务的发展方向、生产的发展规模、技术的发展水平、新生产服务设施等	1 年
战术层计划（中期计划）	在现有资源条件下所从事的生产经营活动应该达到的目标，如产量、品种、库存等	半年或季度
作业层计划（短期计划）	日常生产的任务分配、负荷平衡、作业次序、生产批量控制、进度控制等	月或周或日

3.3.1.2　生产计划的执行

生产计划的一个主要任务是使生产任务和生产能力协调。生产能力一般指企业在一定时间内能生产出的最大产品数量。要制订生产能力计划首先要进行需求预测，然后按照预测的产品出产数量计算需投入的设备和劳动力数量，最后合理配置可以获得的设备和劳动力。

生产能力必须与生产任务大致匹配，不足与过剩都会带来弊端。生产能力不足，会造成无法及时生产出市场所需的产品和数量，使企业利润流失或丧失发展的机会。生产能力过剩时，则造成企业人员和设备的闲置，造成资源浪费。

扩大生产能力最直接的方法是采用新建、扩建设施的办法，其他调整生产能力的方法有改变劳动力的数量，加班，利用库存调节，转包，外购等。

企业的成品库存的作用好比水库，可以蓄水和供水，既防旱又防涝，保证供给。当市场需求在某段时间内小于生产能力时，库存就会增加；当市场需求大于生产能力时，库存就会减少。这样，企业就可以在保持稳定的生产能力的情况下来适应市场的波动。当然，库存也会带来费用的增加。

转包就是把一部分生产任务转给其他企业去做，利用其他企业的生产能力加工本企业的产品，相当于扩大了本企业的能力。对于药品生产的转包，称为药品的委托生产，必须按照国家有关药品委托生产的规定执行。

将某些自制原材料或零部件变为外购，也是提高生产能力的手段之一。外购往往也能降低生产成本，目前欧美一些主要的制药业巨头越来越重视在亚洲市场上采购原材料和中间体，以降低成本、提高竞争能力。

3.3.1.3　制订生产计划的一般步骤和编制方法

制订计划的一般步骤为：确定目标、评估当前条件、预测未来的环境与条件、确定计划方案、实施计划并评价结果，如图 3-2 所示。根据上期计划执行的结果先确定目标，评估当前市场、原料、能源等外部环境以及设备、劳动力、技术、库存等内部条件，根据国内外各种因素预测未来的环境与条件，再按照一定的标准选择一个可实现目标的计划方案，最后实施计划并评价结果。

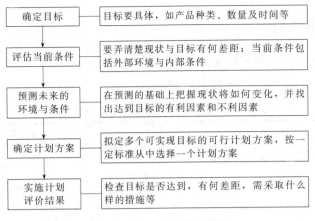

确定目标	目标要具体，如产品种类、数量及时间等
评估当前条件	要弄清楚现状与目标有何差距；当前条件包括外部环境与内部条件
预测未来的环境与条件	在预测的基础上把握现状将如何变化，并找出达到目标的有利因素和不利因素
确定计划方案	拟定多个可实现目标的可行计划方案，按一定标准从中选择一个计划方案
实施计划评价结果	检查目标是否达到，有何差距，需采取什么样的措施等

图 3-2　生产计划制订步骤

生产计划经常采用滚动式的编制方式，这种方法可以用于编制从战略层到作业层各种层次的计划。

按照编制滚动式计划的方法，整个计划期被分为几个时间段，其中第一个时间段的计划为执行计划，后几个时间段为预计计划。执行计划较具体，预计计划较粗略。每经过一个时间段，根据执行计划的实施情况以及企业内、外条件的变化，对原来的预计计划做出调整与修改，原预计计划中的第一个时间段的计划就变成了执行计划。比如 2020 年底编制的 2021 年计划，计划期为 2021 年全年，则第一季度的计划为执行计划，以月或周为计划单位，其余三个季度为预计计划。当第一季度的计划实施之后，又根据销售和生产的情况调整其他三个季度的计划，其中第二季度的计划为执行计划，第三、四季度的计划为预计计划，以此类推，随时调整预计计划，以保证全年计划的完成。表 3-3 为某公司年度生产计划制订流程以及 2020 年底制订的 2021 年滚动计划表。滚动式的计划方式既能考虑到近期企业的内外部情况，又使企业可以根据第一期计划的执行情况对预计计划做出调整，体现计划的应变性和连续性。

表 3-3　年度生产计划制订流程和滚动式计划示例

| 年度生产计划 | 月生产计划 | 周生产计划 | 日生产计划 |
| 预算各个产品数量
预算各品种总产值
预算各品种总收益
预估各物料计划
预估各产品单耗、总耗
…… | 各产品的库存量
各半成品的库存量
各相关原辅料库存量
本月生产产品量
…… | 按照各产品的实际库存和市场需求制订周生产计划 | 按周生产计划执行生产安排 |

2020 年底制订的 2021 年计划

执行计划　　　预计计划

产品	一季度			二季度	三季度	四季度	全年
	一月份	二月份	三月份				
产品 A/万瓶	10726	8810	10700	31100	31700	32202	125238
产品 B/万瓶	1026	800	1000	2900	3000	3300	12026
产品 C/万瓶	3900	3400	4100	11400	11900	11866	46566
产品 D/万瓶	2000	1600	1900	5700	5700	5736	22636
产品 E/万袋	3800	3010	3700	11100	11100	11300	44010

3.3.2　物料需求计划

在上一节中，根据市场预测确定的生产计划只是对最终产品的计划，而一个产品可能是由几种甚至几十种物料组成的，如表 3-4 所示。

表 3-4　降血压药和降血糖药的工艺配方表

产品处方 1：降血压药		产品处方 2：降血糖药	
降血压药活性成分	5kg	降血糖药活性成分	30kg
羟丙甲纤维素 K100LVCR	100kg	磷酸氢钙	65kg
乳糖	23kg	预胶化淀粉	15kg
三硅酸镁	50kg	羟丙甲纤维素 K100LVCR	45kg
羟丙基纤维素	15kg	硬脂酸镁	2kg
硬脂富马酸钠	2kg	羟丙纤维素 K4M	5kg
		羟丙甲纤维素 E5LV	0.8kg

上述药物的工艺配方通常也称为物料清单（bill of material，BOM），列出了一个产品生产所需的所有物料。要保证一个产品生产的顺利进行，必须及时地、足量地提供这些所需的原材料。

如果把企业所有产品所需的物料汇合起来，数量则很大。另外，一种物料可能会用在若干个产品上，如上述配方中的羟丙甲纤维素 K100LVCR。但不同产品对同一种物料的需求量又不相同，而且由于不同物料的采购周期不同，需用的日期也不同。如何使每种物料能在需用日期配齐，满足生产的要求，又要在不需要的日期不要过量占用库存，避免资金和储存空间的浪费，这就是物料需求计划要解决的问题。

制订物料需求计划主要有两种方式，一种为订货点法（order point，OP），另一种称作物料需求计划系统（material requirements planning，MRP），是计算机信息管理系统在生产管理上的应用。

订货点法的指导思想基于两点，一是为了保证生产所需要的各种物料供应，库存的物料均有一个实际库存量和安全库存量；二是根据过去的经验预测将来的物料需求。简单地说，订货点法是一种物料的实际库存量不得低于安全库存量的"库存补充方法"。在生产过程中，物料不断地被消耗，实际库存物料的数量也在不断地减少，当某时刻开始，实际库存量下降到安全库存量时所需的时间刚好等于订货采购所需要的时间，此时就要下达订货单来补充库存，这个时刻的库存量称为订货点。订货点法的原理如图 3-3 所示。

订货点法简便，易于掌握，适合物料需求量和需求时间相对连续、稳定的生产过程。订货点法的缺点是它只是根据生产历史或预测的统计数据来确定所需物料的采购数量和时间，未考虑各种物料之间是否存在相互关系，所以采用这种方法会产生一定的盲目性，从而造成库存积压。MRP 正是在如何解决订货点不足的基础上发展起来的。

MRP 系统的基本思想是围绕物料转化组织制造资源，实现按需要准时生产，是 20 世纪 60 年代发展起来的。

MRP 按反工艺顺序来确定原材料的需要数量和需要时间，但这并不是什么新的思想，一般的生产管理人员都可想到，那么，为什么 MRP 到了 20 世纪 60 年代才发展起来呢？

由于现代工业产品的结构非常复杂，一台机器甚至由成千上万种零件和部件组成。在计

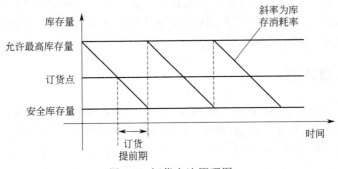

图 3-3　订货点法原理图

算机使用之前，用手工方法计算需要 6~13 周的时间，计划也不可能做得很细很准。而且企业处于不断变化的环境中，实际情况必然偏离计划的要求，这就会经常出现需要在较短时间内修改计划的需求。如果不使用计算机技术，单纯依靠手工计算的方法显然无法达到要求。MRP 的出现，是计算机技术应用于生产管理的结果。

图 3-4 阐述了 MRP 的逻辑流程。

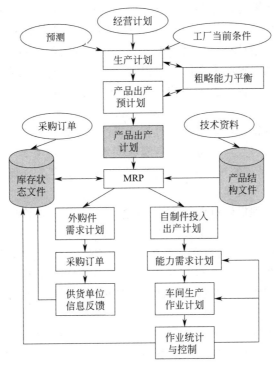

图 3-4　MRP 的逻辑流程

MRP 有三个主要的输入部分：产品出产计划、物料清单和库存信息。通过 MRP 软件既定的计算模式对这些输入信息的处理，就能计算并输出多种有用的信息。如每种原材料的数量和需要时间、计划何时发出何种订单、已发出订单的调整、交货期模拟报告等。

在 MRP 的基础上，20 世纪 70 年代发展出了闭环 MRP，增加了系统的信息反馈功能和生产能力计划。80 年代又发展出了制造资源计划（manufacturing resource planning Ⅱ，MRP Ⅱ）。它不仅包含了物料的需求计划，而且将企业经营规划、成本管理、销售管理等整合到系统中来，实现了集决策信息、计划管理信息、执行信息于一体的系统，全面规划和管理企业生产经营的全过程。由于制造资源计划是由物料需求计划发展而来且其英文缩写也为 MRP，因此人们以 MRP Ⅱ 来区别。

3.3.3 企业资源计划

企业资源计划（enterprise resource planning，ERP）是由美国著名的计算机技术和评估集团（Gartner Group Inc.）在 20 世纪 90 年代初总结 MRP Ⅱ 的发展趋势的基础上提出的一种供应链的管理思想，在 MRP Ⅱ 的基础上增加了设备管理、质量管理、供应商管理、人力资源管理等。ERP 产生于市场的需求和实践经验的总结，基本思想是将企业的制造流程视为一条连接供应商、制造商、分销商和顾客的供应链，强调对供应链的整体管理，从而跨出了企业内部制造资源的管理，使制造过程更有效。ERP 的实施为产品制造过程的质量信息化管理提供了基本条件。现代制药过程中提出的过程分析技术（process analytical technology，PAT）即是质量信息化管理的应用实例。

ERP 的对象是企业内外部资源，体现对企业供应链资源进行管理的思想。ERP 系统中的计划体系主要包括主生产计划、物料需求计划、能力计划、车间作业计划、采购计划、销售计划、财务管理和人力资源计划等，并且这些计划功能与价值控制能力完全集成到整个供应链系统中；另外，ERP 系统通过定义事务处理相关的会计核算科目与核算方式，在事务处理发生的同时自动生成会计核算分录，保证资金流与物流的同步记录和数据的一致性，从而实现根据财务现金状况，追溯资金的来龙去脉，并进一步追溯所发生的相关业务活动，便于在事中通知时做出决策，提高企业对内外部环境变化的响应速度。图 3-5 阐述了 ERP 的基本流程。

销售管理：从产品的销售计划开始，对其销售产品、销售地区、销售客户等各种信息进行管理和统计，并可对销售数量、金额、利润、绩效、客户服务做出全面的分析。

生产管理：是 ERP 系统的核心所在，它将企业的整个生产过程有机地结合在一起，使得企业能够有效地降低库存、提高效率。

产品研发：为生产管理提供重要的 MRP 数据。在产品研发管理中用物料清单来描述产品结构信息，描述为装配或生产一个最终产品所需要的零部件、配件或原材料的清单。

车间管理：处于 ERP 计划的最底层（执行层），是在企业生产目标的指导下，根据物料需求计划产生的零部件生产计划，确定是委托生产还是自己加工；从而将下达到车间的订单，按照交货期的前后和生产优先级选择合适的订单，并根据订单中的零部件查询其相应的工艺路线，按照工艺路线的工时定额制订。

采购管理：确定合理的订货量和优秀的供应商并保持最佳的安全储备；能够随时提供订购、验收的信息，跟踪和催促对外购买或委托加工的物料，保证货物及时到达；建立供应商的档案，用最新的成本信息来调节库存的成本。

仓库管理：控制存储物料的数量，以保证拥有稳定的物流来支持正常的生产，但又最小限度地占用资本。

财务管理：主要包括会计核算和总账管理功能。会计核算的功能是记录、核算、反映和分析资金在企业经济活动中的变动过程及其结果，总账管理的功能主要是对会计核算的数据加以分析，从而进行相应的预测、管理和控制活动。

人力资源管理：人力资源被视为企业的资源之本，人力资源管理作为一个独立的模块，被加入到了 ERP 的系统中来，和 ERP 中的财务、生产系统组成了一个高效的、具有高度集

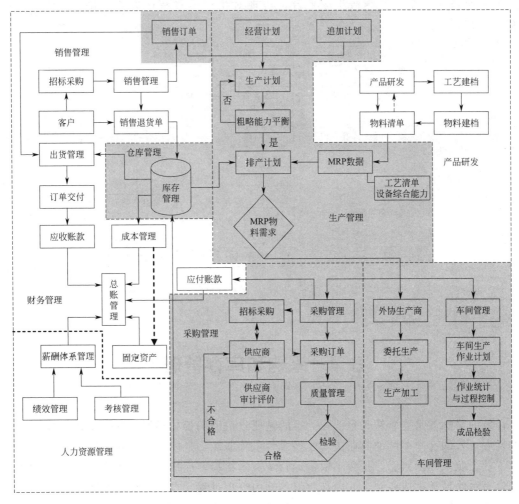

图 3-5　ERP 的基本流程

成性的企业资源系统。它与传统方式下的人事管理有着根本的不同。

　　药品生产企业可以将内部的产、供、销、财务、成本完全实现计算机化、集成化、自动化，为管理人员提供强有力的管理工具；在企业外部，关系紧密的供应商可以进入企业的ERP 系统，了解企业所给的订单情况，提高与供应商之间的沟通效率。通过全国的销售联网，销售信息实时、在线传到企业的 ERP 系统，使销售管理实现有效的监控，营销效率得到非常大的提高，同时，企业可以根据库存及生产能力合理安排生产计划、采购计划等，实现企业内外资源优化配置，消除生产经营中一切无效的劳动和资源，实现生产控制、物流管理和财务管理的集成，以计划与控制为主线，网络和信息技术为平台，降低生产成本，提高企业竞争力。

　　20 世纪 90 年代美国管理界提出了新的概念：制造执行系统（manufacturing execution system，MES），MESA（MES 国际联合会）对 MES 的定义是：MES 能通过信息传递对从订单下达到产品完成的整个生产过程进行优化管理。当车间发生实时事件时，MES 能对此及时做出反应、报告，并用当前的准确数据对它们进行指导和处理，MES 是对 ERP 计划的一种监控和反馈。MES 系统接收到订单后，进行生产管理，安排生产计划、排产、车间加工作业，检验合格后入成品库；通过与 ERP、DCS 系统的全面集成，为企业搭建一个生产制造集成平台，实现对生产全过程的管理，图 3-6 为 MES 系统基本流程。

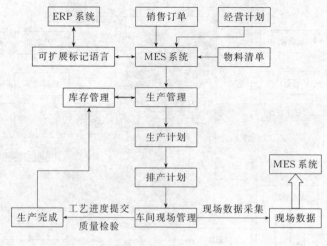

图 3-6　MES 基本流程

3.4　采购和库存管理

传统的采购就是指拿钱买东西，其目的是要以最低的价格买到最好的商品。随着全球经济的发展，采购已由单纯的商业买卖发展成为一种职能、一门专业和获取利润的重要资源。

工业企业采购的概念，是为了取得经营所需的物料，而按一定的代价与外部进行的业务活动，是对物料从供应商到企业内部物流移动的管理过程。在一个企业的经营活动中，物料采购成本占有很大的比重。通过采购管理降低成本是企业增加利润的一个极有潜力的途径。另外，采购管理与库存管理有着紧密的关系。采购超量，会造成大量多余的库存，占压资金，增加采购成本；采购量少，会发生缺货，影响生产进度。

3.4.1　采购的作用

采购的作用可以体现在多个方面，如企业成本控制、生产、产品质量和新产品开发等。

在全球范围内的工业企业产品或成本中，采购的原材料或零部件的成本占企业总成本的平均水平在 60% 左右。而直接用于生产产品的原材料每年都存在着 2%～20% 的潜在降价空间，采购中每降价一元，也就相当于增加了一元的利润。显然，采购是企业管理中非常重要的部分，是企业获取利润的重要来源。

随着全球经济一体化的进程的加速，激烈的竞争迫使企业趋向于按订单生产。为缩短生产周期和发货交货期，企业往往会采用"准时制"生产的模式，即要求企业进行"即时采购"，供应商做到"即时供应"，从而使采购成为供应链管理中上游控制的主要力量。

质量是产品的生命。产品质量不仅要在企业内部控制，也要体现在对供应商的质量管理过程中。供应商上游质量控制得好，不仅可为下游质量控制打好基础，同时还可以降低质量成本，减少企业来货检验费用等。可见，将采购质量管理延伸到供应商，可大大提高企业自身质量的保证程度。GMP规定，物料应从符合规定的供应商购进并相对固定，质量管理部门应会同有关部门对主要物料供应商的质量体系进行评估，供应商评估情况、供应商资质证明文件、质量管理体系情况、购买合同等资料应齐全，并归档。当变更供应商时，应履行审查批准变更程序，经质量管理部门评估确定批准后方可实施。

在新产品开发方面，通过采购，让产品的供应商尽早地参与到企业产品开发过程中来，不仅可以利用供应商的专业技术优势，缩短开发时间，降低产品开发费用和制造成本，而且还可以满足产品的特殊功效，提高产品的市场竞争力。

物料供应商的审计评估：产品从设计研发就开始纳入全面的质量管理过程，而产品原材料的质量直接影响着产品的生产、制造和质量水平。采购优质物料的前提是选择一家产品质量可靠的物料供应商，这就需要对供应商进行审计评估。

供应商因质量原因停货，如供应商的物料造成企业整批产品返工、报废，供应商的物料加工过程涉及质量的重大因素发生变更等，要立即停止供货；如供应商要求重新供货的，企业应严格执行新开发供应商质量评估程序。供应商因非质量原因停货后，重新供货的评估程序：停货6个月以内，重新进货不需要评估；停货6个月以上，重新进货须执行新开发供应商质量评估程序。当供应商被曝光有重大质量隐患时，立即取消供应商资格。

供应商的相关资质证明文件和审批文件等由质量管理部门留存于供应商质量档案中。

3.4.2　采购的基本任务和职能层次划分

采购的基本任务包括保证企业物料的正常供应，支持生产运行活动的顺利进行；持续改进采购过程和供应商管理过程；控制、减少所有与采购相关的成本；建立可靠、安全、最优的供应配套体系；利用供应商的专业优势，积极参与产品开发过程；建立供应商审核、批准和评估体系；共享采购资源，维护企业形象等。

企业的采购职能一般可划为三个层次。第一个层次是企业的最高管理层，负责制订采购方针、政策和采购运行程序，授予采购部门相应的职责和权利，评估采购绩效和决定主要投资决策。

第二个层次是中层采购层，负责审核和批准供应商，确定与供应商的合作协议，制订采购改进项目，实施合作开发项目等。

第三个层次是运作执行层，负责按合同、协议和计划开具订单，跟踪采购物料的使用情况，协调收验货及退换货，跟踪供应商表现并向供应商反馈有关考评结果，跟踪发票及款项事宜等。

3.4.3　库存管理

库存是指在转化过程中处于闲置状态的物料。制药工业的库存分为一般原料、在制品、成品三类库存。一般原料库存是指已经购买的，但还未投入生产的存货。在制品是指做过部分加工但未最终完工的半成品。成品是指已完成制造过程等待发货销售的产品。

库存既然是资源的闲置，就一定会造成浪费，增加企业的开支。那么，为什么还要维持一定量的库存呢？这是因为库存有其特定的作用。归纳起来，库存有以下几个方面的作用。

一是可缩短客户订货的提前期。当制造厂维持一定量的成品库存时，客户就可以很快采购到他们所需的物品，这样就缩短了客户的订货提前期，加快了社会生产的速度，也使供应厂商争取到客户。

二是可起到稳定生产和供货的作用。在当代激烈的竞争中，外部需求的波动是正常现象，生产的均衡性又是企业内部组织生产的客观要求。要及时满足需方的要求，就需要维持一定量的成品库存。同样道理，维持一定量的原材料或半成品库存能保证生产的稳定性。事实上，库存就像水库一样，对外界的波动起到缓冲和稳定的作用。

三是可分摊订货费用。需要一件采购一件，可以不需要库存，但不一定经济。订货需要一笔费用，这笔费用若摊在一件物品上将是不经济的。如果一次采购一批，分摊在每件物品上的订货费就少了，但这样做就会出现有一些物品一时用不上，造成库存，这里面就有一个经济订货量的问题。

尽管库存有如此重要的作用，但它也有不利的一面：库存占用大量的资金；物资库存还要占用仓储空间；并要维持一定的储存条件，保持物品的品质，这些都会增加额外的开支。因此，库存管理的目标不是增加库存，而是在保证一定服务水平的基础上不断降低库存。

在库存控制和管理中，所有库存系统都应做到：一是对每种库存物资进行适当的控制；二是确保库存记录准确可靠。常采用周期盘点和 ABC 分析法对库存进行管理。

周期盘点就是定期，如每月一次，对每种货物进行适当的清点，确保物账相符，是保持库存精度、降低差错的有效方法。

所谓 ABC 分析法是把物料按价值分成三类，其中，A 类是金额大的物资；B 类是中等金额的物资；C 类是金额较小的物资。金额大小是衡量物资重要程度的尺度，其目的是根据分类结果对每类物资采取适宜的控制手段。如对 A 类物资，应严格控制订货点和订货量，尽可能保持较低的库存和较高的库存周转率，有最高的订货优先权。对 B 类物资，可按一般程序控制，按经济订货量订货，只有在紧急情况下才有一定的订货优先权。对于 C 类物资，可放宽库存控制量，具有最低的订货优先权。

随着 ERP 软件的广泛使用，对库存管理的有效性和准确性大大提高，从而大量减少了资金占用，做到"精益库存"管理的要求。

3.5　设备管理

设备是指企业有形的固定资产，是企业可供长期（通常为 1 年以上）使用并在使用过程中基本保持原有实物形态，且价值在一定限额以上的劳动资料和其他物质资料的统称，如各种机器、装置和运输工具等。

现代企业的生产活动，从原辅料到成品的全过程都有具备不同性能的机器设备的参与，在生产中改变产品的形状、性质和位置，因此，它们状态的好坏，直接影响企业生产能力的大小、生产效率、产品性能、供应计划、交货期、生产成本控制、生产安全和环境保护等。例如：

若设备的设计、选型不适合生产的要求，会造成投资费用和运行费用的偏高，甚至导致产品质量的不稳定。

若设备运行可靠性差，会导致故障多、维修频繁，机器利用率低，影响生产的正常进行。

若设备性能不良、精度不高，会影响产品的质量，最终影响产品的市场及企业的根本利益。

若设备在设计、修理上有缺陷，小则操作不便，大则造成人身伤害事故或产生环境污染。

若设备及设施管理不善，会使 GMP 防止污染及混淆的措施无法落实并面临风险。

因此，设备管理作为企业管理中的重要环节，对企业的生存和竞争力的提升有着重大影响。

3.5.1 设备管理理论的历史演变

设备管理的发展是随着维修方式的演变而演变的。"维修方式"是指实现设备维修的形式，它经历了事后维修、预防性维修、生产维修、维护预防、设备综合管理和全面生产维修等阶段。具体维修方式及特点如表 3-5 所示。

表 3-5　设备维修方式及特点

维修方式	特点	形成时期
事后维修	设备发生故障后再进行修理，因修理是无计划的，常打乱生产计划，影响交货期；是比较原始的设备修理制度	20 世纪初期
预防性维修	在设备使用过程中做好维护保养工作，加强日常检查和定期检查，根据零件磨损规律和检查结果，在设备故障发生之前有计划地进行修理，延长了设备的有效寿命，提高了设备的有效利用率	第二次世界大战时期
生产维修	以提高企业生产经济效益为目的，根据设备重要性选用维修保养方法，即重点设备采用预防维修，对生产影响不大的一般设备采用事后维修；既做好了重要设备的维修，又节省了维修费用	1952 年
维护预防	在设备的设计、制造阶段就考虑维修问题，提高设备的可靠性和易修性，以便在使用中最大可能地减少设备故障	1960 年
设备综合管理	又称为设备综合工程学，是对设备管理方面的一次革命；以设备的整个生命周期作为管理和研究的对象，是对设备的设计、制造、使用、维修、改造以至更新等阶段进行全面综合的技术和经济管理	1970 年
全面生产维修	继承设备综合工程学主要思想的基础上提出了"三全"核心概念，即全效益、全系统、全员参加的生产维修	20 世纪 70 年代

从表 3-5 中得知，设备综合管理是在设备维护预防的基础上提出的。设备综合工程学把设备当作一个系统；在技术上，设备综合工程认为设备的设计阶段对其效率有决定性的作用，设备的生产率、精度、维修性、可靠性、环保性、节能性等要求，主要取决于设计阶段；在经济管理上，设备综合工程以追求最大限度降低设备在整个生命周期内发生的全部费用为目的，把费用划分成两个部分：第一部分为设置费，第二部分为维持费。在选购设备的时候，不仅要考虑设置费，同时要考虑维持费，售价低的设备，如其维持费高，就不一定是经济的设备。

全面生产维修制在继承设备综合工程学主要思想的基础上加以发展，提出"三全"的核心概念。"三全"是指："全效益"，要求设备在整个生命周期的费用最小、输出最大；"全系统"，要求从设备的设计、制造、使用、维修、改造到更新的设备一生进行管理；"全员参加"，凡是和设备的规划、设计、制造、使用、维修有关的部门和有关人员都参与到设备管理的行列中来。"全员参加"是全面生产维修特别强调的理念，从企业的最高领导到第一线的工人全体成员都要参与到设备的维修管理中来，并加强生产维修保养思想教育，开展班组自主活动推广生产维修。全面生产维修制的提出是现代设备管理渐趋成熟的一个标志。

3.5.2　GMP 对设备管理的要求

GMP 作为制药行业特有的管理标准，要求对药品生产过程中所有影响质量的环节加以控制，它包括了厂房设施和设备这一要素。如果对设施和设备没有好的管理，药品生产的 GMP 就失去了所依存的基础。我国的 GMP 对设备的管理从多方面提出了原则要求，在"第五章　设备"的第一节就提出了 GMP 对设备管理的基本要求：如"设备的设计、选型、安装、改造和维护必须符合药品生产的要求"；"应建立设备使用、清洁、维护和维修的操作规程，并保存相应的操作记录"；"应建立设备档案，保存设备采购、安装、确认和验证、维修和维护、使用的文件和记录"。既有对设备本身的要求，又有对设备使用维护的要求，其核心思想符合现代设备综合管理全过程控制的理念。

企业在实施 GMP、制订设备管理规程时，既要按照药品生产和质量管理的基本思路，必须符合 GMP 对设备管理的要求，又应该借鉴现代设备综合管理的方法，根据生产计划，确定设备维护管理目标，选定重点设备和重点部位。在设备使用及运行过程中进行必要的监控。根据确定的目标、设定的维修标准和运行监控的结果，制订维修作业计划并组织实施。正常运行时进行预防性维修，突发性故障则组织抢修。使用、维修、监控均应做好记录，重大故障及抢修均应有详细的技术报告，维修的优劣必须由设备运行的结果来验证。这样建立起来的设备维护管理系统应简明有效，做到运行、维修、管理三者构成一个有机整体，这样才能使设备管理和 GMP 管理有机地结合起来，确保 GMP 制度的真正落实。

3.5.3　设备管理的过程

现代企业设备管理包括研究与设计、选择与购买、安装与调试、使用与维护、更新与改造五个具有时间序列特点的内容，一般把前三个阶段称为设备的前期管理，后两个阶段称为设备的后期管理。不同行业、不同规模的企业使用的设备区别很大，管理的具体内容和环节有所不同，但这些环节是最基本和普遍的。

3.5.3.1　设备的选择和购买

企业的设备投资情况一般可以分为两种，即新建厂的设备投资和运行中工厂的新增设备投资。这两种投资的区别主要体现在设备规划过程中，新建厂的设备规划由企业的生产规模、生产方式、工艺过程和技术水平决定，带有全局性和综合性。而运行工厂的新增设备投资，一般涉及局部的技术含量提高，如工艺的修正、改善环保、节能、安全等方面的问题。无论哪种类型的设备投资，做好设备的前期管理工作有着十分重要的意义。

设备的选择是设备综合管理的首要环节，设备选择应满足生产实际需要，结合企业长远生产经营发展战略全面考虑。设备选择一方面应考虑企业本身生产经营活动的特点，另一方面考虑设备本身寿命的长短、效率的高低等。总的来说，应考虑生产效率、可靠性、安全性、节能性、耐用性、维修性、环保性、成套性、灵活性等诸多方面的因素。

对于一些大型的设备，如流化床、包装线、冻干机、纯化水系统、空调系统等，设备供货商往往有多种设备配置的选择，或者可以根据客户的需求进行定制，这种情况下，设备使用者应提供正式的"使用者要求说明"（user requirement specification，URS）文件，详细说明使用单位对设备各个方面的要求。例如制水系统 URS 的范围应包括：所供应的产品选择水标准、最终水标准参数的规范、系统的安全性和良好生产规范要求、主要组件列表、生产流速的初步估算、生产单元的数量、功能需求、材质需求、设备表面抛光、生物控制要求、高级控制（互锁、警报和报警）、所需的文件、根据相关机构的要求进行验证、性能确认监控参数、服务与维修等。设备供货商根据 URS 的要求，对设备进行客户化的设计和配置，并将具体内容形成"功能标准"（functional specification，FS）文件，并交设备购买方认可批准。FS 是很重要的文件，一旦被双方批准后，就成为日后交货和性能验证的依据。

当设备的选择有了初步方案后，应通过对比分析进行评价，选择最优方案。除了上述因素外，其他应考虑的因素还包括交货期限、配件的供应、售后服务、法律及环境保护以及对现行组织的影响。

对于直接参与药品生产的制药设备，除了必须符合生产工艺的要求外，还必须达到 GMP 所规定的对制药设备的一般要求，这些要求包括设备的外观、材质、表面光洁度、清洗或灭菌、防止交叉污染等方面。这些要求都必须在设备设计和选择阶段进行详尽的评估，否则一旦购买的设备不符合相关的要求，就可能带来不可弥补的损失。GMP 对设备的一些具体要求可见"第 2 章　药厂（车间）设计"中有关生产设备的设计要求。

3.5.3.2　设备的安装、调试和验证

设备的购置完成以后即进入安装与调试阶段。在组织设备安装时，应考虑的主要因素：一是设备的安装与生产工艺的要求相符合；二是方便工件的存放、运输和清理；三是满足空间的要求（如厂房跨度、门的高低宽窄、设备运动部件的极限位置等）；四是满足设备安装、维修及操作安全方面的要求；五是满足动力供应和劳动保护的要求等。

设备安装和调试一般包括开箱验收、安装前准备、基础施工、施工安装、运行调试和交付使用几个阶段。验证工作也随着设备的安装、调试同时进行。下面就设备安装各步骤的要求并结合制药企业关键设备的特点进行阐述。

（1）开箱验收

① 检查外观及包装。

② 按照装箱单清点零件、部件、附件、备品、专用工具、说明书及其他技术文件，并与 URS 文件进行初步的对照确认。

③ 开箱时必须有工程监理人员、设备管理人员、档案管理人员三方在场。大型贵重的设备应有供应商代表在场，填写相关单据，如"开箱验收单""备品备件明细表""技术资料明细表"等，并由指定人员保管。

④ 在开箱验收时，应着重检查设备的完好性和齐备性。有任何的损坏和锈蚀等异常情况，应立即通知购置部门，及时联系供应商，追查发货、托运或其他环节的原因以明确索赔责任。

（2）安装前准备

① 工艺、设备部门审核设备平面布置设计图和电气水等动力线路设计图，确认批准后通知工程管理人员。

② 工程管理部门制订施工进度表。确认基础浇筑、设备就位、调整水平、灌浆、管路连接、电仪安装、机械安装调试等步骤的实施步骤、相互衔接及实施时间。

③ 相关施工人员做好起重、焊接、清洗和调整工作所需的工具、量具、材料及人员配制的准备工作。

④ 工程部各专业监理人员对各自管理专业的施工安全措施做确认。

⑤ 以上步骤完成后即可进入实际施工阶段。

(3) 基础施工

① 根据设备重量、工作受力情况、设备精度，检查基础用地或楼面的载荷能力。

② 地基深度视设备重量而定。10t 以内采用深度 0.6m 以下，10～12t 采用深度 1m，12t 以上采用深度 1.5～2m。

③ 地基重量可采用 1.5～2 倍设备重量。有惯性（动载荷大）的设备可用 2～3 倍设备重量。

④ 中小型设备基础应做钢球撞痕试验。

⑤ 大型基础应做预压试验，压力重量为机器动静载荷综合的 1.25 倍。

⑥ 就位时混凝土强度应是设计强度的 60％。

⑦ 紧地脚螺钉时混凝土应是设计强度的 100％（保养期不少于 7 天）。

(4) 施工安装

设备安装和试运行的步骤就是 GMP 验证要求中的安装确认和运行确认的内容。安装确认的内容包括三个方面：一是技术资料检查、编号、归档；二是备品备件检查、登记入库；三是检查安装是否达到设计要求和 GMP 要求，包括设备供应商规定的安装条件及根据工艺要求提出的特别要求。

设备安装应按照制造厂规定的技术要求施行，洁净厂房的设备安装应符合 GB 50591—2010《洁净室施工及验收规范》。

工程所用的主材、设备、成品、半成品，均应符合设计规定，并有材质证明和出厂合格证明。

【案例 3-1】　水电系统施工安装实例

① 给排水和气体管道穿过洁净室的吊顶、墙壁和楼板应设套管，套管内管段不得有焊缝和丝扣，管子与套管之间必须用不起尘的密封材料封闭。

② 明装或暗装的电器线管应采用不燃材料，洁净室内线管的管口应用不起尘的密封材料封闭。

③ 纯水、注射用水管道采用不锈钢时，安装应符合下列要求：

a. 管道连接宜采用焊接、焊环活套法兰和凹凸法兰；

b. 焊接应采用钨极氩弧焊接技术；

c. 设计无特殊要求时，法兰垫片宜采用聚四氟乙烯材质；

d. 暗装的电气插座、开关宜防水，接线盒内必须无尘，盖板端正、严密、紧贴墙面；

e. 洁净室内的接线盒、拉线盒，其盒内不得有灰尘，盒盖必须连接严密；

f. 电线钢管进入接线盒或配电箱穿线后必须密封严密。

---

(5) 设备调试

设备的调试是通过设备的试运行来进行的，对于制药设备来说即是运行确认阶段。在运行确认过程中，需要达到三个目的：一是确认设计要求的功能都能顺利实现；二是由设备供应商对用户进行培训；三是形成验证文件（运行确认文件）。设备试运行应注意的事项如下。

① 运转设备应从低速到高速依次提速试车。每次转速试验不少于 2min，最高转速下运

行不少于 30min，直至轴承温度稳定。

② 耐压设备压力从低到高缓慢升压，一般设备做额定压力 1.25 倍的超压试验，特种设备按说明书要求进行。

③ 大型动力设备应做 72h 试运行，并每隔 1h 记录运行参数。

④ 高温设备应从低温到高温逐步升温，测量温度传递参数，有热平衡要求的应做热平衡试验。

⑤ 电器设备应按试验规范做各类保护动作试验、绝缘等级测试等试验。

⑥ 控制部分应做各控制元器件动作试验，也叫做输入输出试验，确认控制系统、各传感器信号的传输以及执行部件的性能情况。

⑦ 仪表应用高于设备使用仪表精度等级一级以上的仪器进行校准，确认仪表、显示仪等设施的精度。

⑧ 完成以上测试并确认合格后，由操作人员做试运行。试运行分空载运行、满负载运行和超 10％负荷运行（超负荷运行控制在 5～10min）。

⑨ 完成后各方人员填写运行确认的验证文件。

(6) 交付使用

设备的安装运行确认完成并经质量管理部门批准后，设备可以交给使用部门，对于有"索赔期"的设备要特别强调时间性，一般应在索赔期前半年内完成移交，以保证有足够的时间进行生产考验。

对于工艺设备，交付使用后还不能直接用于产品的生产，还需要进行设备的性能确认，一般设备的性能确认往往不是单独进行，而是与产品的工艺验证一起进行。

3.5.3.3 设备的使用

在设备的使用环节上，一般来说，关键就是如何合理使用设备的问题。合理使用设备可以减轻磨损、保持良好的性能和应有的精度，充分发挥设备正常的生产效率，尽量延长使用寿命。

(1) 合理使用设备应注意的内容

① 熟悉设备的特点，根据设备不同的特点和性能，针对性地安排任务。

② 操作人员应熟悉并掌握设备的结构、性能、工作范围和维护保养技术。

③ 根据设备的要求，安排其工作环境的温湿度和防尘防震等条件。

④ 正确制订设备使用的规程，并进行操作人员的培训，保证设备的合理使用。

除了上述一般要求外，GMP 还有其特殊的设备使用要求，如重视设备的清洁以防止污染和混淆，强调操作规程的制订、执行，以及书面的记录以保证设备的操作过程和结果有追溯性。

(2) 具体的规定

① 主要生产操作和检验设备都应有明确的操作规程。

② 应按详细规定的书面规程清洁生产设备。规定具体而完整的清洁方法、清洁用设备或工具、清洁剂的名称和配制方法、去除前一批次标识的方法、保护已清洁设备在使用前免受污染的方法、已清洁设备最长的保存时限、使用前检查设备清洁状况的方法，使操作者能以可重现的、有效的方式对各类设备进行清洁。如需拆装设备，还应规定设备拆装的顺序和方法；如需对设备消毒或灭菌，还应规定消毒、灭菌的具体方法，消毒剂的名称和配制方法；必要时，还应规定设备生产结束至清洁前的最长间隔时限。

③ 生产设备应在清洁、干燥的条件下存放。

④ 用于药品生产的主要或关键设备，应有按年月日次序记录的使用日志，记录内容包括使用、清洁和维修情况以及时间、所生产的药品名称、规格和批号等。专用设备的使用、清洁和维修情况可记录在批生产记录中。

⑤ 生产设备应有明显的状态标识，标明设备编号和内容物（如名称、规格、生产批号）；没有内容物的应标明清洁状态。

⑥ 应尽可能将闲置不用的设备搬出生产和质量控制区，有故障的设备应有醒目的状态标识。

⑦ 应按照书面规程和校准计划定期对生产和检验用衡器、量具、仪表、记录和控制设备以及仪器进行校准和检查，并保存相关记录。应特别注意校准的量程范围与实际生产和检验用的量程范围的一致性。超出校准合格标准的衡器、量具、仪表、记录和控制的设备以及仪器不得使用。衡器、量具、仪表、记录和控制的设备以及仪器应有明显的标识，标明其校准有效期。

⑧ 应使用标准计量器具进行校准，且所用标准计量器具有可以溯源到国际或国家标准器具的计量合格证明。校准记录应标明所用标准计量器具的名称、编号、校准有效期和计量合格证明编号，确保记录的可追溯性。

制药设备及工艺需要进行验证。验证过的状态，需要在使用中进行不断的监控，以及时发现可能出现的设备运行异常，从而避免或降低出现产品质量问题的风险。特别是对一些与产品批不直接相关的、连续运行的系统，如空调净化系统、制药用水系统、蒸汽系统、压缩空气系统、仓储系统等。以空调净化系统为例，可以按不同的区域、不同的洁净级别进行房间温湿度、压差和空气尘埃粒子等的连续监测，一旦发现异常可以及时采取措施，这对无菌灌装的产品尤其重要。另外，定时定点的人工检查也是一个有效的监测方法。

设备在使用过程中可以用设备综合效率（overall equipment effectiveness，OEE）来衡量使用效率，OEE指数是衡量企业生产效率的重要标准，也是全员生产维修实施的重要手法之一，反过来指导人们如何或者从哪里切入对设备进行维护保养。OEE值的本质其实很简单，就是实际合格数与负荷时间内理论产量的比值，或者说在理论车速下实际生产合格数所用的时间与负荷时间的比值。根据实际需要选取相应的计算公式，如OEE＝时间开动率×性能开动率×合格品率，在此公式里，时间开动率反映了设备的时间利用情况，性能开动率反映了设备的性能发挥情况，而合格品率则反映了设备的有效工作情况。利用计算公式，可以准确地找出制约设备的关键因素，通过改善或维护关键点提升整个生产的效率。

3.5.3.4 设备的维护

设备维护是设备后期管理的工作重心。开展设备管理首先必须掌握设备磨损和故障规律，才能准确地判断设备发生故障的原因，并且可以根据设备故障规律，合理安排生产和维修时间。

设备的磨损一般可分为三个阶段，如图3-7所示。

引起设备磨损的因素很多，如机械自然磨损，冲击和材料疲劳造成的损坏和变形，原辅料的附着和尘埃造成的污染，设备精度、效率、功能下降，电子设备老化，人为损坏等。设备的磨损是造成设备故障的主要原因之一。在设备使用初期，虽然设备磨损很小，但由于

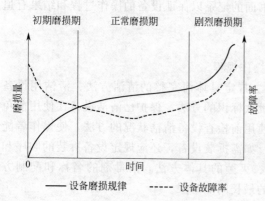

图 3-7 设备磨损规律和设备故障率曲线

设备各部件之间的磨合尚未到位，加上操作人员对机器性能尚不了解，使用不熟练，往往也会造成设备故障率的上升。

设备维护是减少设备磨损、降低故障率的重要手段，对于制药企业来讲，一般采用三种设备维护方式：定期维修、视情维修和事后维修，前两者都属于预防性的维修。

定期维修是以设备运行时间、产量为依据，对设备进行周期维修。它的优点是事先确定了修理类别、修理间隔时间和修理工作量，所需备件、材料可以预计，因此可作为较长时间的计划安排，对生产的连续性、安全性有很好的保证。它的不足是对检修周期的要求过于严格，周期太短造成维修过剩，太长则形成带病运行，甚至酿成事故。

视情维修是一种以设备的技术状态为基础的维修方式。它根据设备的日常重点检查、定期检查、状态监测和诊断提供的信息，经过统计分析、处理，来判断设备的劣化程度，并在故障发生前加以维修，不但能保持设备的完好状态，而且能充分利用零件的寿命。它的不足是不如定期维修有计划性，而且需要配备额外的监测仪器。

事后维修也称故障维修，出现故障后才进行修理，不需要人为计划。由于故障前不考虑维修措施，便存在故障停机的因素。

选用哪种维修方式，必须根据设备本身的特点进行选择。根据设备在工艺中的重要程度和风险大小，把设备分成 A、B、C 三类，并对应于三个不同的维修策略（见表3-6）。

表3-6 设备分类及维修策略

设备类别	重要性	范围	维修策略
A	关键设备	生产中的关键设备,没有备用机组的生产设备,对安全有重大影响的设备,对环境有重大影响的设备,事故后果严重的设备,以及国家指定年度强检的设备	定期维修
B	重要设备	对生产有一般影响的设备,且已掌握其故障规律,并对故障预兆有监测手段的设备(如非无菌生产的洁净厂房的空调设备)	视情维修
C	一般设备	指所有非生产设备及生产辅助设备中有备用机组的设备及事故后果轻微的设备,不具备监测设施和方法	事后维修

确定设备的维修策略后，就需要制订设备维修计划。设备维修计划主要可分为月度、季度和年度计划。计划的内容应包括维修的项目、维修计划时间、所需材料、人员及工种、设备精度性能要求等，维修完成后应有完整的维修记录，大修后需要验证的，需要及时通知相关部门。

对于大型系统的维护，如水、电、蒸汽、压缩空气系统等，维修时的停供不仅会影响生产，而且操作不当会引起事故。因此，对于此类介质的停供应至少提前两天书面通知用户，明确停供介质的名称及停供时间、范围等详细情况，用户接到通知后应评估对本区域的影响，制订相应措施，减少对生产的影响和确保安全。

3.5.3.5 设备的更新和改造

设备在使用过程中，会发生物质磨损（或称有形磨损）。当现有设备无法继续使用，或虽能使用，但设备故障造成的损失和本身的维修费用已大大超过其收益，这就需要根据设备的磨损程度逐步进行更新改造。另外，由于效能高的新设备的出现和推广，引起原有设备的贬值，发生无形磨损，这时也需要考虑设备的改造和更新。

设备的更新有原型更新和新型更新两种方式，前者是指购买与原有设备同一型号的设备，新型更新是指用结构、性能、效率更好的新型设备来替代原有设备。

当设备的磨损或性能的下降是局部性的，或受制于企业财务状况不具备进行设备更新的条件时，可以通过设备的改造，对原有设备的结构、零部件、装置进行变革，以提升原有设备的技术性能和生产效率。设备改造的方案应由设备、质量和工程部门批准，改造完成后应重新进行设备验证，使用部门也应重新修订操作规程，并进行相应的培训。

3.5.4 设备的资产管理、技术资料管理和备品备件管理

3.5.4.1 设备的资产管理

企业设备的种类和数量繁多，为了掌握整个企业设备的技术状况和变动情况，合理使用设备，最大限度发挥资金的利用效率，企业必须建立设备的资产管理制度。其内容主要包括两个方面：一是对设备进行登记、清查、核对，建立设备资产台账，做到账物相符，及时反映设备的调入、调出及报废状况；二是及时处理多余、闲置的生产设备，减少资金的占用。

(1) 建立台账

建立台账是设备管理的首要工作，因为它是掌握企业设备资产状态，反映设备变动的主要依据。企业必须对全厂的设备逐一进行登记，登记的内容应包括设备名称、型号、规格、用途、使用地点等基本信息。企业应建立自己的设备编号系统以便进行分类统计。编号可以根据设备类别、使用部门等进行编制，并体现国家规定的统一编号内容。不同设备的编号应是唯一的。

目前设备台账的建立也可通过相关的软件系统来实现。

(2) 闲置设备的封存及处理

产生闲置设备的原因有很多，如生产计划的调整、工艺流程的改进或设备性能不合格等。对于不合格的设备，根据 GMP 要求必须及时搬出生产区域，未搬出前应有明显的标识。

闲置三个月以上的设备应进行封存。封存的设备应切断电源，放净油液、冷却液及其他介质，做好防锈、防腐处理，各类配件工具也要清点封存。

闲置设备的启用应经设备、生产、质量、工程部门批准，做好检修、验证工作。

(3) 设备的报废

设备由于磨损或其他原因无法继续使用时，对设备进行报废。设备的报废要履行相关手续。设备使用部门提出报废申请，由设备、工艺、安全、环保、质量、财务等部门批准后才能实施报废。批准报废的设备应及时进行固定资产的注销。

3.5.4.2 技术资料的管理

设备的技术资料种类很多，尤其是一些大型设备，在规划、设计、安装、调试、使用、维修、改造等整个设备生命周期的各个阶段都会形成各种各样的资料，如图纸、说明书、证书、记录，甚至包括声像资料。这些资料既反映了设备整个生命周期的历程，也是使用和维护设备的重要参考资料。

设备的技术资料应由设备管理部门指定专人负责，设置档案室。新设备移交使用时，应及时向设备管理部门移交技术资料，并整理归档。

设备的技术资料应进行分类、编号，做到统一规范，一般实行一机一档的管理形式，保管时应分类存放，建立目录。查阅资料时应进行登记，资料一般不外借，确需外借的资料应规定归还时间并定期索要。

3.5.4.3　备品备件的管理

作为设备维修保养体系中的一个环节，设备备品备件管理的好坏直接关系到设备的正常运行和维修计划的顺利实施。备品备件的管理应建立一个主账目，内容包括名称、型号、供应商信息、库存数量、安全库存量、价格等信息，并定期进行更新。库存数量应根据历史使用量进行合理设定，数量不足会影响生产和维修，数量过多也会占用资金，造成浪费。备件管理人员应每月检查库存情况，根据采购周期的长短及时提出采购申请。使用人员如有临时应急的采购要求，应充分和备件管理人员与采购人员沟通。对于涉及较高专业技术要求的采购应由专业人员把关，以保证性能和质量。

3.6　生产过程管理

药品的生产是指药品制备过程中，从原料的接收、生产加工到包装直至成品入库的所有作业的过程。GMP中生产管理的概念，实际上是指对药品具体生产过程的管理。药品的生产过程管理是极其重要的，因为药品质量是在整个生产过程中形成的，这正体现了GMP的真正内涵所在。

药品生产过程管理的主要目标是确保生产加工按批准的规程、在符合GMP的生产环境下进行，杜绝偏差，防止混药、混批的发生，防止微生物、物理的污染和交叉污染。药品生产过程管理主要包括生产指令和批号、物料、生产工艺和文件、卫生、返工、混药/混批预防、偏差管理等。

3.6.1　生产指令和批号管理

生产指令一般是由计划部门或生产管理部门下达给生产部门，生产指令的下达以生产安排计划书的形式发放，同时下发经质量受权人签字的空白批生产记录或批包装记录，批生产记录或批包装记录上应明确所要生产产品的名称、规格、代号、批量、批号等信息。生产部门负责人在接到生产指令后，根据各个工段的生产情况合理安排生产。

药品的生产批号是药品用以追溯和审查该批药品生产历史的重要线索，贯穿药品生产和销售的整个环节，是药品生产管理的一项重要内容。为了体现每批药品的可追溯性，药品的批号应具备专有性和唯一性，因此，企业应根据GMP的规范制订批号的编制和划分原则。

我国GMP规定："在规定限度内具有同一性质和质量，并在同一连续生产周期中生产出来的一定数量的药品为一批，每批药品均应编制生产批号"。对于不同剂型的药品有关批的划分原则如下。

对于非无菌药品：固体、半固体制剂在成型或分装前使用同一台混合设备一次混合所生产的均质产品为一批；液体制剂以灌装（封）前经最后混合的药液所生产的均质产品为一批。

对于无菌药品：大（小）容量注射剂以同一配液罐最终一次配制的药液所生产的均质产品为一批；粉针剂以一批无菌原料药在同一连续生产周期内生产的均质产品为一批；冻干产品以同一批配制的药液使用同一台冻干设备在同一生产周期内生产的均质

产品为一批。

原料药：对于连续生产的，以在一定时间间隔内生产的在规定限度内的均质产品为一批；对于间隔生产的原料药，可由一定数量的产品经最后混合所得的在规定限度内的均质产品为一批。

对于生物制品，应按 2020 年版《中国药典》（三部）中的"生物制品分包装及贮运管理"执行。

药品批号是用于识别一个特定批的具有唯一性的数字和/或字母的组合。例如，由 8 位数字组成，××××××××，其中前四位表示生产年度、月份，第五、六位为生产线编号，后两位表示该生产线当月的流水号，如 16090101，表示该企业 2016 年 9 月一号生产线生产的流水号为 01 的产品。如果有划分亚批号的需要，可在此 8 位数后加横线再加数字或字母以示区别。

3.6.2 物料管理

药品生产的过程，也是物料流动变形的过程，贯穿生产的全过程，并涵盖原料、辅料、包装材料以及半成品和成品的所有形式，是药品生产管理的重要内容之一。物料管理的重心在预防污染，防止混淆，确保储存条件，最终达到保证质量的目的。

3.6.2.1 物料的标识

为了区分药品生产中所用到的各种物料，防止混淆和差错，每个物料都应当有适当的标识加以区分。名称、代号及批号是物料标识的三个最重要的组成部分。

物料的名称可采用国家药典规定的通用名称或化学名称作为物料的标准名称，进口物料也应该参照正式出版物翻译成中文名称，力求名称规范化。

制药企业所使用的同一名称的物料经常会有不同的规格，如同一名称的酒精，其含量可能有 95％ 和无水的酒精，也有专门用于消毒的非工业酒精。又如乳糖，虽然化学项目相同，但有时因不同产品工艺的需要，要用到颗粒大小或工艺不同的乳糖。根据用途的不同，其执行的标准也必然不同。物料的代号就是为了解决这个问题，做到一个特定的物料只有一个代号，并与一个特定的质量标准对应。

物料的代码可由企业自行制订，如可由一组数字或数字与字母的组合组成，一般物料代码由三部分组成：物料识别码、物料进厂日期和流水号，每种物料均有一个固定且唯一的识别码。如××-××××××××-×××，前两位数字表示物料类别、中间 8 位为年月日、后三位数字表示这类物料的序列号。代码数字的位数可根据企业物料种类的多少决定，代码的编制也要便于查询，既能从代号码查询物料名称，也可以从物料名称方便地查询代号码；代码要能控制物料先进先出。代码一旦有增加和删除，应及时变更物料代码表并通知有关部门和人员，删除的代码一般不再使用。代码一般以条形码或二维码形式粘贴在物料的内外包装上，以便于自动化设备设施的自动扫描识别。

与成品类似，原辅料、包材也要用专一性的代码来区分每个接收批，其编制规则可参照成品。

3.6.2.2 物料的接收

采购部门必须从经质量部门批准的供应商采购所有的生产性物料，不得擅自变更供应商。采用 ERP 系统的企业，可以利用系统的功能，设定合格供应商清单，采购人员无法向清单以外的供应商发出采购要求。合格供应商的清单由质量保证部人员维护，负责增加或取消供应商的资质。

采购人员负责向物料管理人员提供来料的有关信息，包括物料名称、代码、供应商、订货数量等。物料到库后，物料管理人员应按收货单对到货进行检查和核对，包括：订单号、物料名称和规格、数量、供应商、供应商批号、包装件数、质检报告，并用称重等手段核实单位的包装量。收货时另外一个重要的内容是检查货物是否有异常情况，如破损、渗漏、污染等。收货检查无异常的物料，应及时将其收入仓库储存，不同品种、规格、批号的物料应分托盘放置，并及时填写库卡。物料接收初验记录示例见表 3-7。

表 3-7　物料接收初验记录

物料名称		原厂物料名称	
物料批号		原厂物料批号	
物料生产日期		□物料效期至 □物料失效期	
进厂编号		批准文号	
生产厂家		供应商	
送货总量/kg		实收总量/kg	
送货件数		实收件数	
包装规格及计量单位		复验时间	

仓库保管员接收物料时的检查清单		
检查项目	是	否
1.厂商名称是否在供应商名册中	□	□
2.是否有厂家质检报告	□	□
3.物料标签是否完整，并且内容清晰可辨	□	□
4.物料标签品名、批号、规格与质检报告中的内容是否一致	□	□
5.外包装是否完好、清洁、无破损	□	□
6.物料外观有无霉变、腐败、虫蛀、变质、板结等现象	□	□
7.包装材料文字、图案印刷是否清晰、无套印误差	□	□
8.来货数量是否与送货单一致	□	□
9.运输方式和条件是否符合物料存储的要求	□	□

初验结果：合格□　　　　不合格□
　　　　　已清洁□　　　　未清洁□
接收人：　　　　复核人：　　　　　　　年　　月　　日
备注：

收货后物料管理人员应根据规程的要求，对每批物料给定企业内部的物料批号，并填写收货四联单中有关批号、包装形式、实收数量、收料日期、收料人员等信息，交采购、财务等记账用。另外，物料管理人员还应填写"物料请验单"交质量部门，通知质量部门进行取样检验。

收货四联单示例见表 3-8。

表 3-8　收货四联单

物料名称		代码		批号	
订购单号		订购数量	供应商	供应商批号	
收料日期		收料数量		包装形式	
包装件数		收料人			
备注：					

3.6.2.3 物料的储存和状态标识

通过来料验收并入库的物料尚处于待验状态，并不能马上用于生产。质量部门人员根据对物料的检验结果评判，结合供应商资质及所提供的本批物料的出厂检验报告进行综合评估，决定本批物料是否准予合格。

在制药企业，一般采用三色标志来区分生产性物料的状态。黄色标签表示物料的留检状态；绿色标签表示物料的合格状态，可以用于生产；红色标签则表示不合格的物料，禁止用于生产。

物料接收后，由物料管理人员在物料的每个包装上贴一张黄色留检标签（表3-9），标签上应有代码、品名、批号、数量等信息。质量部门的评价人员对这批物料做出合格的结论意见后，在物料的每个包装上贴上绿色的合格标签，合格标签必须盖住留检标签的黄色部分，但应保留其内容，以便核对名称、代号和批号。

表 3-9　物料状态标签示例

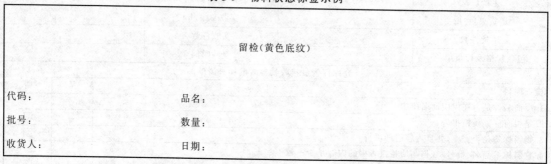

物料一旦被判定为不合格，在物料的每个包装上要贴上红色的不合格标签，并及时将不合格品从留检区移至不合格品库，以防误用。

原辅料、包装材料的储存，除了确保按规定的条件储存外，重点是要预防混淆、差错和污染，因此需符合下列原则要求。

① 原辅料、包装材料应分品种、规格、批号存放。

② 各货位之间应保持一定间距，每个货盘应标明品名、规格、批号、收货人、收货日期等，并标明留检或合格状态；固体物料与液体物料分开；挥发性物料单独储存。

③ 保证物料的储存符合规定的条件，并有温度和湿度的记录。

④ 标签、说明书应专库专人管理。

⑤ 仓库应有防鼠、防虫措施。

3.6.2.4 不合格物料的管理

不合格物料系指质量部门判定的不符合质量标准或GMP规范的原辅料、包装材料、半成品或成品。产生不合格品的原因很多，在生产的各个环节都可能发生。如在收料时，会发现包装破损、受潮等情况，生产过程中会发现异常的原辅料或包装材料，留检的部分或全部半成品、成品因检验不合格，退回的成品因各种原因判定不合格等。

企业应有异常物料处理流程和不合格品处理流程。收料或生产过程中发现异常物料时，应填写"异常物料报告单"（见表3-10示例）并通知质量部门人员至现场进行检查判断，确认不能用于生产的，质量部门人员应随即发放不合格标签，标签内容应包括代码、品名、批号、数量等。对于需要进行进一步检验判断的异常物料，应对物料进行有效隔离，并贴上留检标签，等待质量部门的判定意见。

表 3-10　异常物料报告单

物料名称			代码		批号	
订购单号		订购数量		供应商	供应商批号	
收料日期		收料数量			破损数量	
收料人						
物料异常情况说明： 经手人：　　　　　　　　　　　　　　　日期：						
质量部门调查结果： 结论： 负责人：　　　　　　　　　　　　　　　日期：						

仓库管理人员应及时将被判定为不合格的原辅料、包装材料、半成品或成品移至专门的不合格品库并填好库卡。不合格品应及时销毁，仓库管理员应根据物料的类别及特性选择适当的处理方法，如焚烧、切割、掩埋等。销毁时应有"不合格品销毁记录"，内容应包括名称、代码、批号、数量、销毁时间、销毁方式及销毁人等，质量部门人员应监督整个销毁过程，确认销毁完成后签字。

不合格物料处理的全过程应确保不合格物料不被误用于生产或流失。

3.6.2.5　自动化仓库的应用

随着计算机技术的发展，自动化高架仓库技术逐步成熟并首先应用于电子制造行业。近年来其在制药行业也越来越多地得到应用。

自动化仓库系统一般包括全自动无人高架仓库、堆垛机、电动液压升降平台、出入库输送系统。进入立体仓库的物品由叉车运送到入库传送带上，利用条形码阅读枪读取托盘号码以及物品条码，仓库系统自动显示此批物品需入库数量，保管员输入此托盘物品的数量，按确定后物品被入库，立体仓库系统自动寻找合适库位进行物品存放。自动化立体仓储系统见图 3-8。

原辅料的出库，当保管员接到生产订单后，根据生产计划对此生产订单所需的原材料进行批号和数量的分配，自动仓库系统对于要出库的物品根据先进先出、同批量最小量托盘先出的原则进行出库。成品的出库根据销售订单的要求，遵循同样的出库原则。

在自动仓库系统中，物料的状态被分为三个逻辑区域：待验、合格、不合格区。入库的原材料或成品被自动默认为待验状态，根据检验结果和其他规定的条件，只有质量部受权人员才有权限变更物料的状态至合格或不合格，仓库管理系统自动严格限制仓库管理人员使用待验和不合格的物料。

自动仓库系统的一些物料管理的具体措施与传统的人工库有很大不同。首先，虽然在系统中物料的状态被明确规定为待验、合格和不合格三种状态，但在储存位置上三种状态的物料并无物理上的分隔，也就是说不同状态的物料以托盘为单位混合存放在不同的库位上。其次，当改变物料状态后，储存在自动仓库内的物料不再贴上相关的状态标志标签。

图 3-8　自动化立体仓储系统

这些操作表面上看起来与现行的 GMP 要求不相符合，但只要深刻理解到 GMP 关于物料管理的原则即是防止混淆和差错，就会欣然接受这个新的物料管理技术。事实上，由于自动化仓库系统的严密的编码识别措施和无人化的库位管理，实践经验证明这个新技术的应用能杜绝人工库的一些差错的发生。

自动化仓库管理系统能和企业资源管理系统相连接，如 SAP 系统，实时提供所有物料的库存和使用情况，大大提高企业的运作效率。当然，此类计算机系统的应用，其系统的计算机验证是一个非常重要的前提基础。

3.6.3　生产过程的控制

根据药品的不同特性，其制造工艺也各不相同，生产过程中的控制点和控制手段也会有所差异。下面就生产过程中某些共性的步骤做一些介绍。

3.6.3.1　配料控制

配料过程是按照品种的配方和批量，按规定的重量、体积或数量配比所有生产涉及的物料。配料步骤往往是生产工序的第一个步骤。对于有药品成型工序的工艺，配料决定了药品各组成成分配比的正确性，一旦发生差错，后道工序很难及时发现。因此，配料阶段的重点是保证物料的正确性和数量的准确性。

配料应有专门的场所，禁止与其他与配料无关的活动共用房间与区域。其洁净级别、清洁程序和人员卫生要求也要与此区域的洁净要求相吻合。配料过程中每次称量只能处理用于同一产品、同一代码的相关物料，防止与其他物料的混淆。称量前配料人员必须根据配料单认真核对待配物料的名称、代码、批号和有效期，并在配料的标签上正确填写这些物料的信息以及生产产品的代码、名称和批号，配料所用的容器或配料袋都应贴有配料标签。

物料的称量应根据称量范围选择适当的衡器。衡器除了定期进行校对外，配料间的每一台衡器应根据称量范围现场配备标准砝码，每次称量前用标准砝码检查衡器的准确性。配料容器放在衡器上后，称量物料前要确保衡器回零，然后根据所需称取的重量称取物料。称量结束后记录或打印重量数据，并在配料标签上标明每个物料的重量、配料人员和日期。

一个产品的生产批所需的多种物料配料完成后，应将各个原料的容器一起放入一个较大的容器中并用封签封口。在大容器外也要贴上标签，注明内部的物料名称、代码、重量等。

配料过程除了有配料人员外，还应该配备独立的核料人员。在配料人员每次完成一种物料的称重后，核料人员应独立地对物料的代码、名称、重量进行核对，正确无误后方可签字确认。

目前一些企业已开始尝试用计算机系统来保证配料的正确性。在系统中预先设置好品种的配方和各个物料所需的配制数量，在每个物料配料前先识别物料上的条形码以确认物料的正确性，物料的重量通过与系统连接的天平自动传输到系统中并与设置的规定范围进行比较，只有符合规定后系统才予以通行并打印相关标签。此类系统的运用既保证了配料的准确性，又省略了人工核料的步骤，提高了生产效率，但对系统的计算机验证提出了较高的要求。

与原辅料的配料不同，包装材料的配料一般以数量为计数单位，配料过程同样需要有配料和核料的过程。对于小纸盒和说明书等用量较大的印刷包装材料，配料时一般以每包或每箱的数量计数，不可能逐个进行清点。因此，除了要求供货商尽可能做到数量准确外，企业可根据自身正常生产的历史情况，设定此类包装材料配料数量的允许误差范围。

对于标签，由于是在药品最小包装单位上注明产品名称、批号、有效期等关键信息，如发生缺失或混淆将直接影响到用药的安全性，因此，企业对标签应采取更严格的管理制度。标签收料后，应核对条形码并进行精确计数，并保存在专门的标签库中，标签库应有专人并上锁管理；标签配料后，应放置在带有封签的封口容器中发往车间；包装作业完成后，将剩余的标签计数并同样放置在封口容器中退回标签库，标签库管理人员在逐张计数核对后入库。

3.6.3.2 半成品的储存

半成品的形式很多，如对于片剂产品，有经最终混合后的颗粒，有压片后等待包装的裸片；对于大输液产品，有配液后待过滤的溶液，过滤后等待灌封的溶液以及灌封后在最终产品包装中等待灭菌的溶液等。半成品的储存，需从产品在不同工艺阶段的特性，从包装形式、温湿度要求、储存时间的限制和储存地区标识及管理等方面进行考虑。

半成品的外包装往往是较大的容器，其密闭性要逊于产品的最终包装，因此，在批生产记录上要规定其储存条件和储存时间。对于大输液产品，半成品的储存时间尤为关键。因为灭菌前溶液中可能存在微生物，并有可能随着储存时间的延长出现快速的繁殖，从而对最终产品的无菌性造成风险。大输液产品需要有时间限制的步骤有：从原料投入至一批产品配制结束的时间；从配制结束到灌封结束的时间；从灌封结束至灭菌开始的时间。

储存半成品应有专门指定的房间或区域。不同的半成品和不同批的产品应进行有效的隔离，并有明显的标识加以区分，避免发生混淆。储存房间或区域应有温湿度的监控和记录，并制订储存条件出现异常时的应急措施。

3.6.3.3 包装管理

包装作业比较其他工段而言更易发生混批和混药，因此，对包装作业的管理一直是生产管理的重要部分。包装管理的主要内容可概括为以下几点：包装作业中包装材料的管理；裸露产品污染的预防；预防操作人员接触裸露产品；有效的清场。

（1）基本要求

包装线必须有明显的标识，表明正在进行包装产品的批号、名称、规格及有效期。包装区内只允许有一个批号的产品及相应的包装材料。同一包装区内进行不同包装操作时，必须有物理隔断隔开。作业期间，未经允许的人员不得进入包装区域。吃饭、休息及下班等工作区内无人时，工作区应上锁。

包装作业的指令只能由受权人下达。待包装产品（如片剂、胶囊剂等）必须储存于相应的洁净级区内。如一个批号内分若干小批，则由受权人负责按小批分放在室内指定地点，并有明显的标记。通常，包装前一工序结束后应立即进行包装。若因客观原因不能立即进行包装，则必须将待包装产品放置于指定地点，并做好标记以防混淆。

每批包装作业开始前均应进行清场。

（2）清场

每批包装作业开始前，均应按书面规程进行清场，并在作业线上标出产品名称、规格、批号及有效期。可以把清场清单和记录作为批包装记录的一部分。清场应至少检查包装传送带、灯检工作台、废物桶、贴签机、条码识别器、地面、生产线下、标识牌。

（3）包装准备

按批包装记录核对有关产品名称、生产日期、批号、有效期等；按包装材料清单核对仓库送来的包装材料是否正确、数量是否相符，并检查封口签是否完整。核对无误的包装材料应放在指定位置，并做好标记。

把印刷包装材料的条形码代号输入条形码识别器进行核对。调整打印批号及有效期的设备，并打印一张，检查内容是否正确、位置是否符合要求。

由另一人对以上操作进行复核。

（4）包装操作

检查待包装产品的产品名称、数量、批号、生产日期等是否与生产指令一致；检查标签上所印批号、有效期是否正确、清晰，位置是否适中，随后按批生产记录完成每一步包装作业。

包装过程中应由班长或受权人定时抽查标签、打印、包装是否完好、准确。装箱人员应确保所有产品均贴有标签，标签上印有批号和有效期，且打印位置符合要求。对贴签不符合要求者，应撕下标签重新手工贴签。手工贴签产生失误的概率较高，故必须经第二人复查后方可放行。

对于报废的标签必须将其代码撕下贴在批生产记录上，对于无法撕下代码的标签，必须在批生产记录上加以说明，并经班长或受权人复核签字。标签数额平衡时，这些报废的标签应计算在内。

包装结束时应检查未装满的零箱的产品，确保外箱上所示瓶数与实际瓶数一致，并检查合格证、瓶标签及外纸箱的批号、有效期是否清晰正确。若中途停止包装，必须空出包装线，将未贴签的产品放入专门容器中，并在此容器上标明产品名称、规格、批号、生产日期及数量。

包装过程中包装线以外的材料必须作废品处理。拿离生产线的待包装产品，必须立即返回生产线，且需经第二人核查无误。若待包装产品拿至包装区外或离开生产线时间过长，则一般不得返回生产线。任何返回的产品必须在相应的批生产记录上加以记录。

每批产品均应进行标签的数额平衡。若发现标签数额不平衡，则必须找出原因，必要时需进行返工。

（5）包装材料的增补及退库

包装过程中由于损耗而引起包装材料不足时，应填写"增补领料单"，注明所需包装材料的名称、代码、数量，经受权人签字后到仓库领料。

包装结束后多余的包装材料若已打印了批号，则做报废处理；未打印批号的，则应分别放入专门的容器中，封口，并贴上标签，注明名称、代码、数量，连同填好的"回单"一同返回仓库。

3.6.3.4 返工管理

(1) 原料药和半成品的返工

这里的返工包括两方面的含义：一方面是指将某一生产工序生产的不符合质量标准的一批中间产品或待包装产品、产品的一部分或全部返回到之前的工序，采用相同的生产工艺进行再加工，以使其符合预定的质量标准（GMP 中定义为返工）；另一方面是指将某一生产工序生产的不符合质量标准的一批中间产品或待包装产品、产品的一部分或全部，采用不同的生产工艺进行再加工，以使其符合预定的质量标准（GMP 中定义为重新加工）。

原料药和半成品的质量达不到预期质量要求的原因很多，如试剂或溶剂中的微量杂质、加工过程中设备的故障、储存期间物料发生了降解、生产过程中的污染、操作人员的失误、粉末的流失等。某些情况下，通过返工是可以弥补这些质量缺陷的。

返工的要求如下。

必须有书面规程规定返工作业的条件和限制。一般来说，要规定允许返工的最多次数，不可以重复返工直到物料达到质量要求为止。

这里所指的原料药，系未加任何附加成分的原料药。若要从多种组分中分离出某种活性原料成分并进行处理使其符合预期质量标准，则此加工过程必须经过验证且需得到药监部门的许可。

经过返工处理的批均应加注，以与其他批相区别。所有返工操作均应有书面记录并符合法规要求。经返工的原料和半成品，只有完全符合质量标准才可在生产过程中与其他批合并。

化学返工，指对化学反应步骤进行返工。由于进行化学反应可能会产生副产物，因此，必须对返工后的原料药和半成品进行评价，确保返工后无负面影响。另外，应有书面规程规定哪些化学反应可以进行返工，并进行验证。应规定额外的检验项目对化学返工后的物料进行检测和评估，确保其达到与按正常加工过程生产出来的物料同样的质量水平。经中间控制检测表明某一工艺步骤尚未完成，仍可按正常工艺继续操作，不属于返工。

物理返工，指对物理操作过程进行返工。物理返工包括重结晶、溶解、过滤、研磨等过程的返工。在决定对原料或中间产品进行返工处理前，必须对原料或中间产品的质量缺陷进行分析调查，确定未达到质量标准的原因，以判断是否适宜返工。如某批因为颜色不符合要求，可通过再次重结晶加以纯化，但若此批物料本身是高纯品，已经过了多次重结晶，那么再进行重结晶的返工操作就意义不大了。与化学返工相似，应有书面规程规定哪些物理操作可以进行返工，且所有的返工工艺规程需已进行了验证。应规定额外的检验项目对返工后的物料进行检测，确保其达到与按正常加工过程生产出来的物料同样的质量水平。

若返工时所采用的步骤为原生产过程以外的，则必须制订相应的书面操作规程，并对该操作规程进行验证。对于经常重复发生且已批准的返工操作，应列入常规生产工艺中；对于偶发返工应制订相应的书面操作规程规定如何对此返工步骤进行验证。并应说明如何确定额外的检验项目，以确保物料达到与按正常加工过程生产出来的物料同样的质量水平。一般情况下，此种返工按变更管理程序进行管理。

（2）成品药的返工

制剂产品不得进行重新加工。不合格的制剂中间产品、待包装产品和成品一般不得进行返工。只有不影响产品质量、符合相应质量标准，且根据预定、经批准的操作规程以及对相关风险充分评估后，才允许返工处理。返工应当有相应的记录。重新包装或通过目检从成品中剔除缺陷品，不包括在返工范围内。成品的返工一般按偏差管理程序进行。

必须对导致返工的原因进行调查，以决定返工步骤并预防再次发生。所进行的返工步骤必须进行验证，同时，质量管理部门应当对返工或重新加工的成品进行额外相关项目的检验和稳定性考察（包括加速稳定性考察和长期稳定性考察）。

返工原因调查、返工记录、验证资料、稳定性考察数据等必须归档，以备查用。

大容量注射剂由于剂型的特殊性，一般不允许返工。口服制剂产品未经批准，原则上也不得返工。

经过返工的成品药只有经过质量保证部门（必要时经过药监部门）的批准方可发放上市。

3.6.3.5 混药/混批的防止

在整个制造系统中都贯穿着混药/混批的预防，在此主要讨论生产加工系统混药/混批的预防措施。

（1）人员

生产车间所有人员（包括维修人员）均定期接受培训。培训内容除应包括 GMP 观念的培训外，还应有标准操作规程（standard operating procedure，SOP）的培训。应力图使 GMP 行为成为员工的自觉行为，确保员工熟悉 SOP 并严格执行，使员工养成按要求正确着装、按规程办事、按规定如实填写记录、遇事及时汇报上级等习惯，从而最大程度地防止发生混药/混批的人为因素。

外来人员必须经过批准并在指定人员的陪同下方可进入车间。任何私人药品不得带入车间。

（2）设备

生产设备应易于清洗，密封完整，不存在对药品污染的风险。设备中应尽量避免出现凹槽等难清洗部位。使用结束后必须将产品及包装材料从设备上清理出去，并按规定程序进行清洁/洗、灭菌。清洗一般分拆洗和在线清洗两种方法。在线清洗（cleaning in place），指系统或设备在原安装位置不做任何移动条件下的清洗工作。在线灭菌（sterilization in place），指系统或设备在原安装位置不做任何移动条件下的蒸汽灭菌。

拆洗、在线清洗与在线灭菌的条件、方法、步骤及频率应根据生产实际情况制订，但所用清洁剂、消毒剂及清洗方法、清洁剂的残留等必须经过验证，以确保能达到预期效果。一般情况下，生产产品更换时必须进行拆洗、在线清洗以防止混药。当产品中发现微生物超标时，必须进行在线灭菌。

生产线的设计应与产品的工艺流向相一致，确保生产过程流畅，产品无需中途离开生产线。

每台设备均应有状态标志，如"待清洁""已清洁""已灭菌""5％葡萄糖配制中"等。各固定管道应标明内容物名称及流向。

（3）清场

清场是指在生产操作完成后对生产线及周围辅助设施进行全面检查，以确保该工位生产结束清场后，已把所有与生产品种有关的文件、物料、产品、包材及标签等材料全部清除出生产线。由清场人员负责填写清场记录，记录应当包括工位编号、产品名称、批号、生产工序、清场时间、检查项目及结果，清场负责人及复核人签字后，纳入批生产记录。清场结束后应挂上写有"已清场"字样的指示牌。待再进行生产时，应对生产现场进行清场复核，填写清场复核单，纳入本批产品批生产记录。生产前清场复核后应尽快开展生产操作，间隔时间不能太长，比如不可在下午进行清场复核而在第二天上午进行生产，除非清场复核后的生产区域能有效防止非受权人进入。

① 清场人员。有丰富生产经验且经专门培训并考核合格的人员方可被授权负责进行清场及清场检查。生产部门可授权工段长进行培训和考核，考试合格者发给清场资格证书；清场及清场检查不得由同一人进行；质量保证部有关人员应及时跟踪清场情况，以评估清场的有效性，实际执行中往往采用由中间质量控制人员定期与清场检查人员共同进行清场检查的形式。

② 清场的要求。在同一生产区域内不得同时进行不同品种和规格药品的操作，不同产品或同一产品不同批之间，均应进行清场；必须有清场指令详细规定如何进行清场，并规定检查点，必要时，应用图来说明检查点的位置，对于难以检查到的地方，如生产线下面、桌子或椅子下面等，应在清场指令中特别指出；在相应的清场指令后应附清场清单，清场清单应列出所有需检查的内容。

③ 清场内容。前一操作已结束且已完成清场和现场清洁，并已纳入批生产记录；生产线上无前次生产产品（包括成品、半成品、样品或废品）、相关技术文件、记录、包装材料、标签、说明书等；使用的工具、容器已清洁、无异物；设备内外无前次生产遗留的产品，没有油污；直接接触药品的机器、设备及管道、容器应每批清洗或清理；非专用设备、管道、容器、工具应按规定拆洗或灭菌；同一设备连续加工同一非无菌药品时，其清洗周期按有关规定进行。

④ 清场程序。由授权清场人员负责依据清场清单进行清场，由清场检查人员进行独立的复查；清场人员及清场检查人员均需在相应的清场清单上签名；若清场过程中发现了任何不应出现的产品或包装材料等，必须立即移走，同时书面报告生产经理和质量保证部。这些报告可为内部审计提供资料。

（4）生产过程

生产开始前，必须进行清场并且确保各设备已处于清洁/灭菌状态。各工段均应有标示牌标明正在生产的产品的名称、代码、规格、批号、数量。不同产品的生产不得在同一房间进行，除非有有效的物理隔断加以分离。

车间在接受原辅料及包装材料时，必须有专人根据生产核料单仔细核对来料名称、代码、数量、批号和供应商名称等。

生产过程必须严格按照岗位SOP规定进行，并及时准确地做相应记录，如有修改，原修改处内容应清晰可见，并由修改人签字、注明日期。如发现偏差，应立即汇报并记录在相应的批生产记录上，同时，填写偏差记录单；出现严重偏差，应及时汇报并停车检查，直至消除偏差。严重偏差应进行彻底调查，查出原因，纳入纠偏与预防措施文件中，防止偏差的再次发生。

未贴签产品拿离生产线，一般不得返回。若拿离生产线后立即送回，则经第二人核查无误后可返回生产线，但应在批生产记录上加以记录。

生产过程中所抽取的样品，应立即进行封装，贴上取样标签，并存放在单独的房间内。标签应紧接着上一道工序进行。若两道工序间不能有效连接，则必须有如何防止混淆的书面规程。

每批产品生产结束时，应对每批标签进行数额平衡。

（5）返工

返工包括重新加工、重新包装、重新贴签等。返工产品必须作为单独的一个批，与其他批严格分开。若对一批产品中的一部分进行返工，则此部分必须作为一个单独的小批或亚批号，与原批号进行区分。

3.6.4 生产管理文件

制药企业运用的生产管理文件可分为两类：一类是指令类管理文件，主要包括生产工艺规程、岗位操作法或标准操作规程；另一类是记录类文件，主要包括批生产记录（生产记录、包装记录等）、仪器设备使用维护记录、清洁记录等。

3.6.4.1 工艺规程

工艺规程是经批准的药品生产和质量控制中非常重要的文件，是生产特定数量的某种规格药品所需原辅料、包装材料的数量、工艺参数和条件，半成品和成品的质量标准以及批生产处方、作业方法、中间控制方法和注意事项的一个或一套文件。通常应包括的内容如下。

① 产品的批准文件（可为复印件，正本保存在注册部门）。

② 成品注册标准、内控质量标准和检验方法。

③ 成品有效期和稳定性考察。

④ 生产工艺流程和方法，包括剂型、规格、批量、关键设备、各步骤工艺参数（时间、温度等），见图 3-9 聚丙烯塑料包装输液工艺流程。

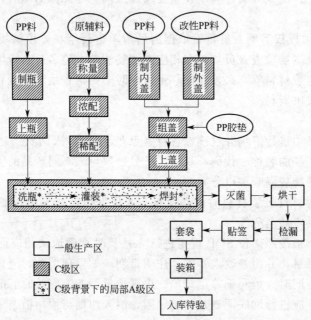

图 3-9　聚丙烯塑料包装输液工艺流程

⑤ 生产过程的中间控制标准和方法。

⑥ 物料清单及其质量标准（原辅料、包装材料质量标准）。

⑦ 批生产记录。

⑧ 变更记录。

⑨ 物料平衡。

作为技术标准，工艺规程是药品生产的蓝图，同时也是制订其他生产和质量管理文件的重要依据，它囊括了该产品的各项质量标准及工艺控制技术参数。

3.6.4.2 标准操作规程

标准操作规程（SOP），以前多称为岗位操作法，指规范所有管理行为和生产、检验等操作的规章制度和操作指南。它详细地指导人们如何完成一项特定的工作，达到什么目的。指令清晰明确，语言通俗易懂是制订标准操作过程的基本要求。规程应突出 GMP 管理的要素，其关键内容应当足够详细，确保过程受控及文件的可追溯性。

起草标准操作规程，应将草稿交给有一定经验的员工讨论，检查其可操作性，即能否准确地被理解，有无容易产生歧义或难以遵循之处。起草人员对讨论建议归纳总结，对草案做必要的修改。

修改稿交部门负责人审阅、修改，之后交质量负责人审批。质量负责人负责审查规程是否有不符合 GMP 要求的地方，并要求起草人员修改，符合要求后批准生效。

批准后的标准操作规程应在生效前印发给使用部门、工段或班组，由使用部门负责对相关员工进行培训。

一份好的标准操作规程，应当是通俗易懂、指令明确且易于执行的，要达到只要执行者经过适当的培训、严格按其操作，就能准确无误地达到预定结果的效果。

3.6.4.3 批生产记录

批记录是用于记录每批药品生产、包装、质量检验和放行审核的所有文件和记录，可追溯所有与成品质量有关的全过程历史信息。根据岗位也可分别称为批生产记录、批包装记录和批检验记录，这里的批生产记录仅指制剂成型的阶段，可包括制剂成型、包装和检验过程。

药品生产必须有批生产记录，主要从两方面进行考虑：一方面，批生产记录是根据工艺规程和标准操作规程制订的，规定了所有生产作业活动每个步骤的操作指令，确保整个生产过程处于受控状态；另一方面，批生产记录是对全部作业情况的如实反映，确保了药品生产过程的可追溯性，因此，是进行产品批评价和产品放行的重要依据，也可作为企业质量追溯调查及质量改进的工具，又是药监管理部门检查以及药品质量投诉调查的重要依据。

（1）批生产记录的编制原则

① 批生产记录应根据产品的工艺规程、操作要点和技术参数等内容设计，并针对每个规格的产品分别进行制订，且必须设置版本号。

② 批生产记录需经企业技术部门和质量部门审核批准。

③ 批生产记录应有可追溯性，可了解生产全过程中产品质量的情况。

（2）批生产记录的内容

按 GMP 的要求，对药品生产的所有环节，即从原辅材料基本信息、配料直至成品入库，都需记录该批生产中的工艺管理、设备运行、人员操作、偏差处理等情况。批记录的内容一般应包括以下几项。

① 产品的基本信息，如品名、代码、规格、剂型、批量、批号、生产日期、有效期等。

② 生产过程中的各项卫生管理及清场结果，如核对设备、工作地点、文件、前次生产遗留物品、与本批生产无关的物料的清场及清洁情况等。

③ 生产过程中的全部操作步骤，包括生产方法、作业顺序、生产结果等。如按处方投入的物料名称、数量、批号、供应商、使用的设备等。

④ 原料、中间品的检测结果、结论和签字。

⑤ 偏差情况及采取的措施。

⑥ 最后批量得率和物料平衡。

⑦ 加盖批号的标签。

⑧ 操作人员和复核人员的签字。

(3) 格式

批生产记录可由两部分组成：一部分是操作指令部分，阐述何时、何地、如何完成何种操作；另外一部分是操作记录部分，由操作人员如实记录实际操作的结果。这两部分应一一对应，避免操作指令和实际操作过程的脱节。当然，在操作指令部分，一些通则性的操作规范如设备的清洁、中间控制分析方法等，不必全文抄录，只需注明相应的文件编号备查，以免批生产记录篇幅过长。

(4) 填写

操作人员应按要求认真填写，做到字迹清楚、内容真实、数据完整，不得任意撕毁和涂改。需要更改错误时，应在原错误的地方画一横线，使原来的内容可以辨认，更改人应在更改处签名并标注更改日期。记录表格有未填写的部分时，应在该项中画一斜线以示空白处。

批生产记录示例见表 3-11。

表 3-11　批生产记录示例

品名规格：		代码		批次量		批号		批准人/日期		版本号	
生产工序 包装		制订人/日期				审核人/日期				页码	
日期	时间	操作步骤		代码	原料名称		预定数量		实际加入量	操作人	复核人
一		检查生产现场已清洁,并且无任何与本次生产无关的物品和材料									
		生产前请打印相应的生产线清场表									
		对照包装材料配料单,检查包装材料			铝箔						
					PVC/PVDC 复合硬片						
					小纸盒						
					外纸箱						
					说明书						
		待包装的药片			XXX						
		设备：			机器型号/ 系列号						
一	一	包装机开始工作时间									
		记录加热板(上板/下板)与密封板的实际温度与实际的机器速度									

日期	时间	操作步骤	代码	原料名称	预定数量	实际加入量	操作人	复核人
		包装材料上所印的批号、有效期限与批记录一致		批号:	有效期至:	生产日期:		
		封箱口后在外纸箱上加塑料打包带,箱子两侧印上正确的生产日期、批号、有效期限		批号:	有效期至:	生产日期:		
—	—	包装结束时间						
—	—	物料平衡计算						
—		偏差及说明: 负责人批准/日期:						

3.6.5 卫生管理

GMP 规定企业必须根据生产区域环境、个人、工作服的卫生要求,制订清洁卫生管理制度,建立清洁卫生规程,定期检查和记录。制药企业卫生管理的好坏,直接反映其管理水平的高低,也是药品生产防止污染的重要手段。

3.6.5.1 生产区域的清洁

生产区域应保持清洁,符合其划分的洁净级别的要求,所制订的清洁措施也要和相应的清洁区要求相匹配。表 3-12 为各洁净区域清洁程序的示例。

表 3-12 洁净区域清洁程序

区域	每日	每周	每月
一般生产区	①清除并清洗废物桶 ②擦拭地面、室内桌椅柜及设备表面 ③擦去门窗、浴室、厕所、水池及其他设施上的污迹 ④灭除蚊蝇、昆虫	①擦洗门窗、浴室、厕所及其他设施 ②刷洗地面、废物桶、地漏、排水道及墙裙等处	①对墙面、顶棚、照明及其他附属装置除尘 ②全面清洗工作场所及生活设施
D 级	①清除并清洗废物桶 ②擦门窗、墙面、地面、室内用具及设备外表面	①以消毒清洁剂擦拭门窗、墙面、室内用具及设备表面 ②以消毒清洁剂刷洗地面、废物桶、地漏、排水道等处	①全面擦拭工作场所、墙面、顶棚、排风及其他附属装置 ②室内消毒或根据室内菌检情况决定消毒周期
C 级及 A 级	①清除、清洗废物桶,并以消毒剂擦洗 ②以消毒清洁剂擦拭门窗、地面、室内用具及设备外表面 ③以消毒清洁剂擦拭墙面及其附属装置上的污迹	以消毒清洁剂擦拭室内一切表面,包括墙面及顶棚	进行室内熏蒸或根据室内菌检情况决定消毒周期

每个级区必须配有各自的清洁用具。清洁用具必须储藏在专用的通风房间内,房间应位于相应的级区内并有明显标记,不同级区的清洁用具不能混用。拖把、擦布等应选用不易脱落纤维与颗粒的材料。清洁用具应制订定期清洗消毒的程序,需进入无菌操作区的清洁工具均需灭菌,不能灭菌的材料在缓冲区域进行严格的消毒后才能带入

用以清洁。

清洁活动通常会使用清洁剂和消毒剂，表 3-13 列出了常用的消毒剂的配方和用途。

消毒剂浓度与实际消毒效果密切相关，故应按配方准确配制，另外，浓度过高有时也会对一些表面产生损伤或腐蚀，需要加以留意。消毒剂的储存应规定储存期限，A 级区应使用无菌级别的消毒剂或清洁剂。消毒剂一般应轮换使用，避免产生耐药菌株。

表 3-13　常用消毒剂的配制和用途

消毒剂	性质	配制方法	用途
乙醇	有机化合物，杀菌力不强	①70%～75%乙醇水溶液 ②0.5%洗必泰溶于 70%乙醇，再加入 2%甘油	常用于皮肤等消毒，供洗手用消毒，设备表面擦拭消毒
甲醛	有机化合物，杀菌力强	37%～40%甲醛溶液 8～9mL，再加入 4～5g 高锰酸钾	用于空间熏蒸，密闭 12～24h
戊二醛	有机化合物，杀菌力强	2%水溶液及复配增强剂；10%水溶液	用于空间杀菌，器械消毒
石炭酸	有机化合物，杀菌力强	3%～5%水溶液 2%水溶液	用于桌面、地面、玻璃器皿消毒，用于皮肤消毒
乳酸	有机化合物，杀菌力强	①0.33～1mol/L 喷雾 ②1～1.5mL 熏蒸 ③1～1.5mL 与等量石炭酸合用	有高度杀菌作用，用于空气消毒 用于空间熏蒸，熏蒸后，密闭 12h以上
环氧乙烷	有机化合物，气体灭菌剂	气体灭菌	器械的灭菌
过氧化氢	氧化剂，新生态氧杀菌	3%水溶液	空间杀菌，可控制厌氧菌
过氧乙酸	氧化剂，杀菌力强	①0.2%～0.5%水溶液 ②0.5%水溶液 ③1g	用于塑料、织物等消毒 用于皮肤消毒 用于空间熏蒸
次氯酸钠	卤素类，杀菌力强，刺激皮肤，腐蚀金属和织物	10%～20%水溶液	用于地面和厕所的消毒
新洁尔灭	表面活性剂，刺激小	0.1%新洁尔灭水溶液	用于皮肤、黏膜、创伤和器械、塑料、棉织物的消毒

3.6.5.2　人员卫生管理

在药品生产的洁净环境内，人员被认为是最大的污染源，因为由于人体的新陈代谢，无时无刻不产生和散发出各种形式的污染物，如呼出的气体、脱落的毛发和散发的皮屑等。因此，人员的卫生管理显得尤为重要。

(1) 健康要求

企业应建立药品生产人员的健康要求，在招聘时对应聘人员应进行健康体检，只有符合要求的人员方可被录用。

直接从事药品生产的人员应每年进行一次体检，任何患有传染病或传染病病原体携带者不能从事直接接触药品的生产工序。

在日常生产中，操作人员如有开放性伤口或患重感冒、细菌性腹泻等，应及时向主管报告，一方面避免从事处理暴露的原料、中间体或散装成品的工作，避免对药品产生污染；另一方面，这也是对操作人员健康的一种保护。

（2）着装要求

需要根据不同洁净级别及其生产活动的特点制订相应的着装要求。工作服及其质量应当与生产操作的要求及操作区的洁净度级别相适应，其式样和穿着方式应当能够满足保护产品和人员的要求。常见的各级区的着装要求如下。

D级：通常采用上下身分开的双件套工作服，宜用耐用、易清洁、不易脱落纤维和能防静电的面料，工作鞋应能防滑或使用鞋套，应戴头套和口罩将头发和胡须等相关部位遮盖。

C级：通常应戴口罩和头套，将头发、胡须等相关部位遮盖，穿手腕处可收紧的连体工作服或衣裤分开的工作服，并穿适当的鞋子或鞋套。工作服应当不脱落纤维或微粒。

A级：这个级别通常应用于无菌药品的生产，要求最高。生产人员必须穿连体服，采用致密、不散发微粒并能耐受高温灭菌的面料；应用头罩将所有头发遮盖，头套应塞进衣领内，并戴口罩，蓄须者不应从事无菌生产活动，眼部应戴大小合适的眼罩，尽可能遮蔽裸露的皮肤。裤脚应当塞进脚套内，袖口应塞进手套内。每次进入A级区应更换无菌服、口罩和手套。

各级洁净区的工作服清洗应分开进行。应用专门的洗衣设备清洗A级区的工作服，应有书面的规程规范A级区工作服的清洗、烘干、灭菌、整理的操作。对于无菌生产C级区的工作服，应有专门设备，同样在C级区内清洗处理，并在A级层流下进行整理和包装。

在易产生交叉污染的生产区内，操作人员应当穿戴该区域的专用防护服装，进出该区域应进行清洁和服装更换。

（3）洁净区内人员的基本卫生、行为要求

洁净区域内不得佩戴手表、饰品，不得涂抹化妆品，不允许吃东西、嚼口香糖等。私人物品如香烟、饮料、钱票和私人药物不得带入生产区。进入洁净区时应按规定穿戴好工作服和头套等，并严格执行洗手、消毒程序。操作人员应避免裸手接触药品及与药品直接接触的设备表面，以防污染。

洁净区微生物的检测包括生产环境微生物检测和表面微生物监测。生产环境微生物检测包括动态浮游菌检测、沉降菌监测；表面微生物监测是指监测洁净区内设施或设备表面的微生物状况，如墙面、地面、设备内表面等。对于平整的表面，可采用接触碟取样法。接触碟是一种特制的培养皿，浇制培养基时利用琼脂培养基表面张力的作用，使浇注的培养基的液面稍稍高出平皿边缘而不溢出，凝固后培养基便突出平皿边缘。取样时只要直接将突出的培养基表面稍用力按在需取样的位置即可，如图3-10所示。

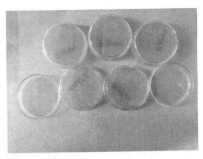

图3-10　表面接触碟

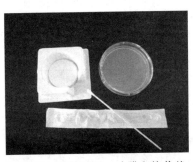

图3-11　擦拭拭子、滤膜和培养基

图3-12　C级洁净区
无菌服标准着装示意图

对于不规则的表面，如门把手、转角处、灌装针头等，可采用拭子擦拭法。将拭子（如棉签）在无菌缓冲液中润湿后擦拭测试的表面，并保存在溶液中带回实验室，充分混合后过滤，将过滤膜放置在培养基表面培养（培养基处于凹面）。也可直接取少量溶液加入培养基中培养，如图 3-11 所示。

由图 3-10、图 3-11 可知，空气监测和表面监测不同的方法有各自不同的特点，用于不同的监测目的，不能相互替代，表 3-14 列出了不同方法的特点和适用范围。

表 3-14　空气和表面微生物取样方法及比较

微生物测试方法	特点	适用范围
空气浮游菌测试法	定量、准确、取样量大，但易干扰气流	各洁净区的验证和动态监测
沉降菌测试法	取样时间长，不干扰气流，但非定量，检出率低	无菌灌装 A 级层流区需要长时间连续监测的区域
接触碟测试法	光滑表面，方便，但需特殊的培养碟	墙面、地面等平整表面
拭子擦拭法	不规则表面，操作稍复杂	门把手、不规则设备表面

除了空气和表面外，前面已经谈到人员对于洁净环境来说是最大的污染源，因此，有必要对人员进行监测，尤其是对无菌生产人员。对人员的微生物监测一般包括对无菌服的监测和对操作人员手的监测。对无菌服的监测部位一般可选在胸部、肘部、袖口等位置。人员的监测往往与生产的频率相一致，做到每班或每批都进行监测。图 3-12 为 C 级洁净区无菌服标准着装示意图。

企业在制订环境监控方案时，应明确监控的关键控制点，如给产品构成最大风险的产品暴露位置、直接接触表面等，科学建立控制标准和方案，并进行数据分析，力求及早发现不良趋势，做到及时预防。最终灭菌产品生产操作示例参见第 2 章 2.4.4.3 节表 2-7。

表 3-15～表 3-17 为注射剂无菌生产环境日常监测项目及频率示例。

表 3-15　注射剂无菌生产环境日常监测项目及频率示例（1）

监测项目	洁净度级别	标准	警戒限	纠偏限	测定位置	测定频率
风速风量	D 级	—	—	—	高效过滤器出口	1 次/季
	C 级					
	C 级背景下的 A 级	0.36～0.54m/s	—	—	FFU[1]	1 次/季
压差	D 级	洁净区与一般区间≥10Pa，不同级别洁净区≥10Pa，同级别洁净区≥5Pa	洁净区与一般区间＜14Pa，不同级别洁净区＜14Pa，同级别洁净区＜9Pa	洁净区与一般区间＜12Pa，不同级别洁净区＜12Pa，同级别洁净区＜7Pa	洁净区与一般生产区；不同级别之间，产尘洁净区与其他洁净区之间	生产周期内随时监测，记录 1 次/3h（或发生异常情况时）；不生产期间 1 次/d
	C 级					
	C 级背景下的 A 级					
温湿度	D 级	温度：18.0～26.0℃；湿度：45%～65%	温度：＜20.5℃或＞23.5℃；湿度：＜50%或＞60%	温度：＜20.0℃或＞24.0℃；湿度：＜48%或＞62%	安装温、湿度计的房间	生产周期内随时监测，记录 1 次/3h（或发生异常情况时）；不生产期间 1 次/d
	C 级					
	C 级背景下的 A 级					

① FFU 指风机过滤单元。

表 3-16　注射剂无菌生产环境日常监测项目及频率示例（2）微生物监测的动态标准及频率示例

监测项目	洁净度级别	标准	警戒限	纠偏限	测定位置	测定频率
沉降菌	D 级	$\phi90mm\leqslant$100CFU/4h	$\phi90mm\leqslant$40CFU/4h	$\phi90mm\leqslant$60CFU/4h	布点原则参照GB/T 16294—2010	1 次/月（关键房间）1 次/季（非关键）
沉降菌	C 级	$\phi90mm\leqslant$50CFU/4h	$\phi90mm\leqslant$20CFU/4h	$\phi90mm\leqslant$30CFU/4h	布点原则参照GB/T 16294—2010	1 次/周（关键房间）1 次/月（非关键）
沉降菌	C 级背景下的 A 级	$\phi90mm<$1CFU/4h	$\phi90mm<$1CFU/4h	$\phi90mm<$1CFU/4h	布点原则参照GB/T 16294—2010	1 次/周
浮游菌	D 级	$\leqslant200CFU/m^3$	$\leqslant100CFU/m^3$	$\leqslant120CFU/m^3$	布点原则参照GB/T 16293—2010	1 次/月（关键房间）
浮游菌	C 级	$\leqslant100CFU/m^3$	$\leqslant40CFU/m^3$	$\leqslant60CFU/m^3$	布点原则参照GB/T 16293—2010	1 次/周（关键房间）
浮游菌	C 级背景下的 A 级	$<1CFU/m^3$	$<1CFU/m^3$	$<1CFU/m^3$	布点原则参照GB/T 16293—2010	1 次/周
接触碟	D 级	$\phi55mm\leqslant$50CFU/碟	$\phi55mm\leqslant$20CFU/碟	$\phi55mm\leqslant$35CFU/碟	灌装室中的洗灌封机台面、墙面、地面	1 次/月（关键房间）
接触碟	C 级	$\phi55mm\leqslant$25CFU/碟	$\phi55mm\leqslant$10CFU/碟	$\phi55mm\leqslant$20CFU/碟	灌装室中的洗灌封机台面、墙面、地面	1 次/周（关键房间）
接触碟	C 级背景下的 A 级	$\phi55mm<$1CFU/碟	$\phi55mm<$1CFU/碟	$\phi55mm<$1CFU/碟	灌装室中的洗灌封机台面、墙面、地面	1 次/周
5 指手套	C 级	—	—	—	无菌服（肘部、领口、袖口、前额、胸口拉链、口罩、鞋子和裤子相连处、上衣和裤子相连处等）	1 次/周
5 指手套	C 级背景下的 A 级	$<1CFU/手套$	$<1CFU/手套$	$<1CFU/手套$	手套	1 次/周
微生物负载	D 级	$\leqslant100$ 个/容器	$\leqslant40$ 个/容器	$\leqslant60$ 个/容器	—	1 次/周
微生物负载	C 级	$\leqslant100$ 个/容器	$\leqslant40$ 个/容器	$\leqslant60$ 个/容器	—	1 次/周
微生物负载	C 级背景下的 A 级	$\leqslant100$ 个/容器	$\leqslant40$ 个/容器	$\leqslant60$ 个/容器	—	1 次/周

注：洁净区关键房间为有物料或原料暴露的位置。

表 3-17 注射剂无菌生产环境日常监测项目及频率示例 (3)

悬浮粒子的检测标准及频率示例

洁净度级别			D 级	C 级	C 级背景下的 A 级
悬浮粒子最大允许数/(个/m³)	静态标准	≥0.5μm	≤3520000	≤352000	≤3520
		≥5.0μm	≤29000	≤2900	≤20
	测定频次		1次/季	1次/月	1次/月
	动态标准	≥0.5μm	—	≤3520000	≤3520
		≥5.0μm	—	≤29000	≤20
	警戒限	≥0.5μm	—	≤2112000	≤2112
		≥5.0μm	—	≤17400	≤12
	纠偏限	≥0.5μm	—	≤2816000	≤2816
		≥5.0μm	—	≤23200	≤16
	测定频次		—	1次/半月（关键房间）1次/月（非关键）	生产周期内随时监测不生产时1次/周
	测定位置		布点原则参照 GB/T 16292—2010		

注：洁净区关键房间为有物料或原料暴露的位置。

3.6.5.3 物料出入与设备清洁

生产的过程就是物料不断转移的过程，如产品的原辅料必须不断地进入级区，半成品需要从一个工段转移到下一个工段，用过的容器要通过转移进行清洗等。在转移过程中即有污染生产环境的风险。

物料从一般区域转移进入级区时，或不同级区之间转移时，必须进行必要的清洁和消毒，一般可设置专门用于物料传递的传递窗或缓冲间。对于转移出级区的生产用容器，必须进行必要的外表面清洁，以免生产物料的扩散污染。

企业必须制订针对不同设备的清洗规程，应规定清洁的方式、清洁的步骤、清洁剂的使用、清洁的时间等，并严格执行。对关键设备的清洁还必须进行清洁验证。详细的阐述可见第5章"5.5清洁验证专题"。

3.6.6 医药工业4.0和连续生产及管理

3.6.6.1 医药工业4.0 (也可称为医药工业2025)

随着德国于2013年提出"工业4.0"的战略规划，2015年我国提出了"中国制造2025"，2016年我国又提出了医药产业发展规划。这些战略计划为未来包括医药产业在内的制造业发展描绘了宏伟蓝图。这些规划的提出旨在提升制造业的智能化水平，将生产制造业的全产业链信息化、数据化和智能化，以推动传统制造业向智能化转变。

随着近红外、自动投料系统（参见图3-13）、自动配制系统（参见图3-14）、激光检测等过程分析技术（PAT）在生产中的应用，目前药品生产过程中的间歇式产品检验方式将被实时连续式在线质量检测技术所替代，即一切检测工作均在生产过程中完成，从而实现药品生产和质量控制的连续化、自动化。生产运行过程中，过程运行的关键参数的运行范围、关键物料性质和中间产品及终产品的关键质量属性是否与设定要求一致等技术指标随时进行测量与反馈，使得生产过程始终处于受控状态。因此，最终产品不必进行最终质量检测即可根据过程控制结果评估直接上市销售，如大容量注射剂产品一直大力推行的参数放行即是其

图 3-13　注射剂无菌生产自动投料系统

图 3-14　注射剂无菌生产自动配制系统

中过程控制的典型示例，通过参数放行，可以实现批产品的质量均一、稳定，避免了中间检测和时间等待；降低了终产品无菌抽样污染概率漏检的风险；同时，及时放行减少了终产品的放行前的无菌检测时间，减少了仓库的占用周期。采用连续式生产不仅能够提高劳动效率和设备使用率，更重要的是实现了产品质量均一、稳定和可控。

　　而生产过程的智能化与网络信息化的结合可以及时准确地了解全球各地资源分布及供应；然后，通过网络技术将智能化的生产系统和过程控制输送到全球各地生产单位，通过人机互动及 3D 打印技术，及时准确地生产出设计好的通用产品和个性化样品，并推向市场。如 2015 年美国 FDA 批准了 Aprecia 公司生产的首款 3D 打印技术制备的药品——左乙拉西坦速溶片。这些先进智能技术的实施，将对制药行业产生颠覆性的影响，也对 GMP 管理理念提出了新的挑战。为保证 GMP 的动态管理与药品生产中的技术进步相适应，并保证产品质量可控，ICH Q8～Q12对药品研发、生产、商业化全产业链提出了基本的质量管理设想。Q8（制剂研发）从药物研发设计空间的提出为药品质量的持续改进、变更管理提出了新课题；Q9（风险管理）质量风险管理则提示了利用药物的基本知识和质量属性，进行质量管理预测，避免或减少质量风险的产生；Q10（药品质量管理体系）融合了GMP和ISO的质量管理概念，致力于建立全生命周期的质量管理体系；并首次提出了知识管理的理念，提示制药企业：没有对产品生产过程控制条件和基本产品质量属性的了解，药品质量风险的控制将无从谈起；Q11原料药起始物料的管理则从原料药质量把控，为制剂产品提供合适的物料以保证制剂的临床疗效一致；Q12提出了药品生命周期管理的技术与法规的概念；ICH Q8～Q11的着重点体现了对于生命周期的药物研发阶段的指导原则。而ICH Q12中，则着重于生命周期的商业生产阶段。ICH Q8～Q12指导原则一起以一种更易预测及更有效的方式来促进形成一种框架，来对批准后贯穿于药品生命周期的CMC（化学、生产、控制）的变更管理。这将有助于促进产品的创新和持续提高，强化产品的质量保证及稳固供应，包括供应链的预先调整计划。

首先，工业自动化和网络信息化是实现医药工业4.0的基础。支撑自动化、网络化的根本是数据和硬件，要实现药物制造的智能化，必须对药物全过程的关键工艺参数、关键物料特性、产品关键属性等产品和生产过程的基础知识进行充分认知和综合分析，形成自动控制的基本数据指标。其次，与数据软件对应的是生产设备的设计和制造精度、连续运行的稳定性和可靠性，对生产高质量的产品起着至关重要的作用。二者的结合将真正实现药品质量均一稳定可控的最终目标。

PAT基本简介：2004年FDA发布了过程分析技术（PAT）指导性文件，文中描述了PAT的定义："一个通过即时测量原料、过程中物料和过程本身的关键质量指标来实现设计、分析和生产控制的系统，目的是确保最终产品的质量"。PAT的执行是基于对工艺和产品知识的理解，通过对生产过程中原料或半成品的关键工艺参数（CPP）和关键物料属性（CMA）的设计、分析和控制，提供实时的工艺数据和批报告，从而保证能持续地生产出符合质量预期的产品。图3-15阐述了口服制剂的PAT。

产品设计和工艺开发是认知关键质量属性的根本因素。通过充分了解原辅料特性、产品质量属性和关键工艺参数以及产品设计空间的探索，可以预设工艺过程的基本调控状态和工艺检测及控制指标，形成产品目标质量数据库。在实际生产过程中，在线控制仪器将测量的关键工艺数据、物性数据实时进行反馈对比分析，自动控制系统实时进行调控，使关键参数始终处于合理的范围内，从而保证产品质量的稳定可控。通过不断对产品全生命周期内的数据采集和分析，可以持续性地发现和积累知识，从而为接下来工艺参数的调整和变更、仪器仪表的校准等持续性改善提供依据。

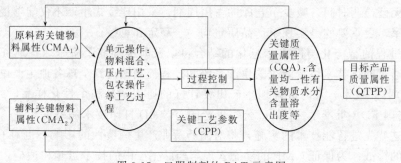

图3-15　口服制剂的PAT示意图

3.6.6.2 连续生产及管理

连续生产的概念已经不是一个新的提法，但由于制药行业对质量要求的安全、稳定等严苛条件的限制，使得连续制造在制药方面的进展一直缓慢，然而，制药行业对于连续生产的探索从未停止。20世纪90年代，为了规避工艺方法带来的各种问题，德国就已有连续制粒和连续干燥的专利，并且尝试投入了生产。进入21世纪，随着在线控制和监测方法在设备上的嵌入与整合技术的快速发展，QbD（质量源于设计）概念也让建模预测和实验设计等方法更好地与制药生产过程联系起来，未来的药品生产正在朝着连续生产的目标发展。近年来，美国FDA已经提出并与制药企业进行连续生产的探讨，2017年美国FDA提出了口服固体制剂连续生产的建议文稿 *Current Recommendations for Implementing and Developing Continuous Manufacturing of Solid Dosage Drug Products in Pharmaceutical Manufacturing*，2019年提出了连续生产质量指南草稿 *Quality Considerations for Continuous Manufacturing* 供各制药企业参考。ICH Q13《原料药和制剂的连续制造》于2022年11月16日通过并推荐使用，国家药监局药审中心于2023年5月发布实施建议并征求意见。

所谓连续生产，通常包含一个或多个工艺过程，使用信息自反馈控制的仪器设备，实现连续加入原辅料、中间体处理加工，不间断生产出品质良好的产品。实现连续生产具有诸多益处，可以实现过程控制，减少或去除终产品的质量检验，可以连续不断地生产出质量可控、质量均一的产品，同时还可以随时处理不同批量的产品，以满足市场的需求，减少库存成本。

批生产与连续生产各有其特点，存在差异。

批生产的特点：以片剂为例，物料或产品在每一步单元操作后统一收集，转至下一个单元操作，最终的制剂或产品是在所有操作完成后，在离线的实验室中进行分析检验的，如图3-16所示。

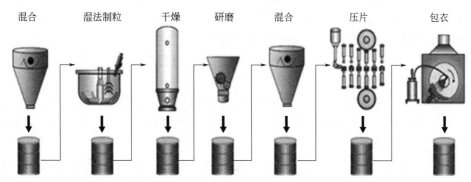

图3-16　传统片剂生产单元操作示意图

连续生产的特点：同样的混合、制粒、压片和包衣操作，通过设备和控制系统设计，使得每一单元操作制剂物料或产品不间断通过。实时监测和控制将每一步操作的特定工艺参数和条件、结果构成实时联动的反馈控制系统，并结合物料的物理和化学性质，生成模拟出用于放行的溶出度模型，并对制剂产品实时放行检验。实现了物料或产品在每一个单元操作之间的持续流动、生产过程的实时监测和整个工艺的微调基于在线监测结果和评估反馈。连续制造的概念如图3-17所示。

连续生产要求仪器设备性能能够保持稳定可靠，从而可以确保对关键工艺参数和产品质量指标进行在线监测的工艺控制策略更具有可行性。工艺和统计学模型可用于控制策略的设

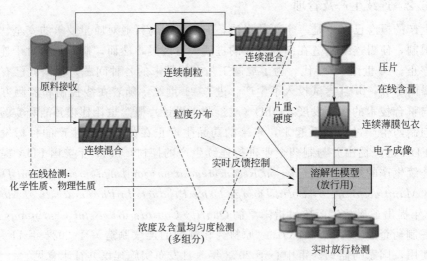

图 3-17　以片剂为例的连续制造概念

计，这与 QbD 的理念是相一致的，这些优点使工艺放大变得简单，许多情况下，制药通过延长小规模生产设备的运行时间，即可得到放大生产所要达到的批量，当一个个单元操作过程整合到连续生产工艺时，可大幅度节省各种原辅料和资源。

固体口服制剂生产过程中原辅料的粉碎、干法制粒、压片、胶囊灌装以及包装都是可以连续进行的，而其他工序如湿法制粒、干燥、混合以及包衣过程等，目前只能按批次间歇处理。近年来，随着新技术的开发和新装备的投入使用，上述间歇操作单元正在逐步变成半连续操作或连续生产，如连续式双螺杆挤出造粒机，连续式高频干燥技术以及包衣设备正在投入使用，预计在不久的将来口服固体制剂连续生产设备及技术工艺的整合将取得突破性进展。无菌液体制剂的参数放行是连续生产的一部分，随着旋转式灭菌器的开发和应用，再加上 PAT 技术的应用，注射剂等无菌制剂的连续化生产将会变成现实。

批次是指特定数量的药物或其他材料，在单一制造周期内按照单个制造订单所完成的具有统一合规特性和质量的生产行为。

批量是指在规定范围内具有统一特征和质量的批次或批次的特定标识部分；对于通过连续流工艺生产的药品而言，则是以时间或数量为单位所生产的特定标识量，并且确保其在规定下具有统一的特征和质量。

ICH 稳定性指导文件 Q1A~Q1E 适用于连续生产工艺。但是批量的大小可以根据连续生产过程的时间因素或产量因素来灵活确定，而不必像批生产那样来考虑批量大小的限制。因为基准质量标准不变，所以质量指南文件同样适用于连续制造，有关杂质的控制指南 ICH Q3B~Q3D 均适用于连续生产工艺，其中 Q3D 的风险评估方法可能需要考虑药物加工过程中元素杂质随时间增长的任何可能性。产品必须符合 ICH Q6A《新原料药和制剂的检测以及可接受标准：化学物质》中规定的要求。对于连续制造，可以允许周期性或临时性测试，参数放行和中控测试部分。应通过持续生产促进采用中控属性的监控来代替最终产品测试。ICH Q8 有关药品研发同样适用于连续生产工艺，该指导文件强调了基于科学和风险的整体方法来实现产品增强和工艺理解和控制策略。其推荐的先进的控制系统和建模以及设计空间的灵活性，可广泛用于连续制造的工艺监控和反馈系统，依靠对工艺参数的控制来实施控制策略。ICH Q9 指南文件中风险评估方法可直接用于连续制造，连续制造工艺和控制策略的复杂性越高，风险评估的规模越大。ICH Q10 药物质量体系也适用于连续制造，尽管它可能需要进行适当的调整以适应先进的控制策略和连续制造系统生成的大量数据。ICH Q11 关于原料药起始物料管理则对于原料药的连续制造过程中工艺参数、质量波动控制的稳定性同样适用；ICH Q12 全生命周期的管理理念也适用于连续制造过程管理。

尽管连续生产对于制药行业才刚刚开始，相应的配套制度和规范正在讨论和征求意见，然而随着连续生产技术和设备设施的不断完善，实时在线监控技术的不断进步，药品的连续生产将逐步变成现实，满足市场日益增长的需求。

3.7　人力资源管理与 GMP 培训

人力资源管理，是指在经济学与人本思想的指导下，通过招聘、甄选、培训、薪酬等管理形式对企业内外相关人力资源进行有效运用，满足企业当前及未来发展的需要；保证企业目标实现与员工发展最大化的一系列活动的总称。人力资源管理是预测企业人力资源需求并做出人力需求计划、招聘选择人员并进行考核绩效、支付薪酬奖励、结合企业与员工需要进行有效开发以便实现最优企业绩效的全过程。

根据现代企业人力资源管理的理论，企业的全体人员，包括企业的管理人员、技术人员、一般职工及其他人员，都是人力资源管理的对象。

GMP 规定人员的范围包括：企业高层管理人员、供应商、经销商、质量受权人以及企业从事行政、采购、生产、检验、仓储、销售、卫生、清洁、人力资源等工作的各级管理人员和一线操作工。

3.7.1　企业人员管理

3.7.1.1　企业组织结构

无论是新版 GMP，还是 FDA、WHO 等均对企业各级管理人员和操作人员提出了不同的任职要求，参与药品生产的每一个人均需对药品质量负责。且人是影响药品质量因素中最活跃、最积极的因素，要有足够数量、适当资质、实践经验的人员，所有人员必须经过培训并考核，并赋予适当的人员适当的权限和职责，构成组织机构。根据 GMP 规定，企业应当建立与药品生产相适应的管理机构，并有组织机构图，企业应当设立独立的质量管理部门，履行质量保证和质量控制的职责。质量管理部门可以分别设立质量保证部门和质量控制部门，如图 3-18 所示。

3.7.1.2　关键人员

在药品生产和质量管理过程中，部分人员对药品质量、药品质量管理起着举足轻重的作用，这部分人员就是企业的"关键人员"。这类人员必须为企业的全职人员，包括企业负责人、质量管理负责人、生产管理负责人和质量受权人。GMP 对这些关键人员的资质有明确的规定，且必须对这些关键人员进行严格的管理。

(1) 企业负责人

企业负责人作为企业最高管理者，是药品质量的主要责任人，全面负责企业日常管理。为确保企业实现质量目标并按照 GMP 要求生产药品，企业负责人应当负责提供必要的资

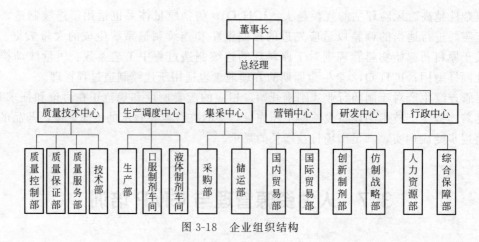

图 3-18　企业组织结构

源，合理计划、组织和协调，保证质量管理部门独立履行其职责。

血液制品生产企业负责人还应具有血液制品相关法规和一定专业知识。同时企业负责人均应接受质量管理方面的培训。

(2) 生产管理负责人

生产管理负责人应当至少具有药学或相关专业本科学历（或中级专业技术职称或职业药师资格），具有至少三年从事药品生产和质量管理的实践经验，其中至少有一年的药品生产管理经验，接受过与所生产产品相关的专业知识培训。

生物制品生产企业，生产管理负责人还应具有相应的专业知识（微生物学、生物学、免疫学、生物化学、生物制品等），并有丰富的实践经验，以确保其能够在生产管理中履行职责。

血液制品生产企业，生产管理负责人还应具有相应的专业知识（如微生物学、生物学、免疫学、生物化学等），至少具有三年从事血液制品生产管理的实践经验。

(3) 质量管理负责人

质量管理负责人应当至少具有药学或相关专业本科学历（或中级专业技术职称或执业药师资格），具有至少五年从事药品生产和质量管理的实践经验，其中至少一年的药品质量管理经验，接受过与所生产产品相关的专业知识培训。

生物制品生产企业的质量管理负责人还应具有相应的专业知识（微生物学、生物学、免疫学、生物化学、生物制品等），并有丰富的实践经验，以确保其能够在质量管理中履行职责。

血液制品生产企业，质量管理负责人还应具有相应的专业知识（如微生物学、生物学、免疫学、生物化学等），至少具有五年血液制品质量管理的实践经验，从事过血液制品质量保证、质量控制等相关工作。

生产管理负责人和质量管理负责人通常有下列共同职责：

审核和批准产品的工艺规程、操作规程等文件；监督厂区卫生状况；确保关键设备经过确认；确保完成生产工艺验证；确保企业所有相关人员都已经过必要的上岗前培训和继续培训，并根据实际需要调整培训内容；批准并监督委托生产；确定和监控物料和产品的贮存条件；保存记录；监督本规范执行状况；监控影响产品质量的因素。

(4) 质量受权人

质量受权人应当至少具有药学或相关专业本科学历（或中级专业技术职称或执业药师资

格），具有至少五年从事药品生产和质量管理的实践经验，从事过药品生产过程控制和质量检验工作。应当具有必要的专业理论知识，并经过与产品放行有关的培训，方能独立履行其职责。

生物制品生产企业，质量受权人还应具有相应的专业知识（微生物学、生物学、免疫学、生物化学、生物制品等），并有丰富的实践经验，以确保其能够在质量管理中履行职责。

血液制品生产企业，质量受权人还应具有相应的专业知识（如微生物学、生物学、免疫学、生物化学等），至少具有五年血液制品质量管理的实践经验，从事过血液制品质量保证、质量控制等相关工作。

质量受权人的职责就是要确保所生产的药品符合预定用途和注册要求，并负责产品的批次放行。每一批产品的生产制造符合生产许可的各项规定。

3.7.1.3 绩效考评

绩效考评是对员工在工作岗位上的行为表现和绩效进行测量、分析和评估的过程，以形成客观公正的人事决策。

（1）绩效考评的作用

从企业经营目标出发进行绩效考评，并使评价和评价之后的人事待遇管理有助于企业经营目标的实现；同时可以发现人才，调整人事安排和薪酬分配。具体作用包括：工作评价和改进；未来工作变动的依据；为职工目前的培训和将来的发展提供基础；作为奖励和信赖的依据；实现沟通目标；同时使员工了解自己的工作情况及职业发展方向等。

（2）绩效考评的程序

绩效考评是一项非常细致的工作，必须严格按照一定的程序来进行。绩效考评的一般程序包括以下几个环节。

① 制订绩效考评的标准是首先确定考评工作要点，抓住考评的关键环节；然后确定绩效标准，将评估要点逐一分解，形成客观化、定量化的判断基本标准。

② 绩效考评的实施要根据考评标准，对员工的工作绩效进行考核、测定和记录。

③ 考评结果的分析与评定：将工作实际情况与考核标准逐一对照，判断绩效的等级，得出考评结论。

④ 绩效评估结果要与员工沟通，使其了解自己的工作情况。对绩效评估中发现的问题，要与被评估者制订绩效改进计划，使绩效评估工作落到实处。

（3）绩效考评的要求

绩效考评是管理者的工作，但本身也在考评范围之内，所以绩效考评要做到以下几个要求。

① 每个单位的考评标准都应体现本单位的特性。

② 准确地测评出每个员工的工作业绩和行为特征。

③ 明确识别每一个员工的缺点和不足。

④ 能有效地激励员工发展，改进不足。

⑤ 及时给予员工测评结果的反馈，加强透明度。

⑥ 有一个连续性、跟踪性的记录，以便于员工的发展、晋升和调动。

3.7.2 人力资源管理的流程

人力资源管理是一个动态性、连续性很强的行为，但又是具有阶段性的活动，由若干个环节组成，如图 3-19 所示。可见人力资源管理的流程包括获取、维护和发展三个方面。

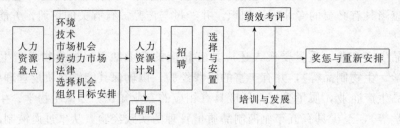

图 3-19　人力资源管理流程图

3.7.3　人员的培训和发展

人员培训是现代企业提高效率和经济效益、增强发展潜力的重要途径，具有提高自我意识水平，提高技术能力和知识水平，以及转变态度和动机的意义。可见，培训一方面是为企业服务，为提高生产率而进行的；另一方面，也能使职工提高技能，开发潜力，增加满意度，以更好地实现企业目标。

3.7.3.1　人员培训的流程

人员培训的流程如图 3-20 所示。

图 3-20　人员培训工作流程

3.7.3.2　人员培训的方式

谈到培训，大家往往联想到课堂教学的方式，但事实上，人员培训的方式是多种多样的，如表 3-18 所示。

表 3-18　人员培训的方式

方法	说　明
阅读材料	让受训人阅读一些相关资料
行为模式训练	利用录像放映正确的行为演示，进行讨论，明确正确的行为标准
业务工作模式训练	进行笔头练习模拟和计算机模拟，学习和提高，并进行实际的操作训练
案例讨论	以小组形式进行实地考察或假设案例分析讨论
研讨会或报告会	为了解决某个问题，或探讨发展方向、如何发展而采用的培训方式；目的明确，能深入研究某个专题，也能使大家充分交流经验和看法
讲座形式	请专家就某个主题进行讲授，可开阔视野，接受新的知识和信息，提高对各种问题的认识能力和解决能力
在职培训	由有经验的人指导，在工作中提高，方式有"师徒制"、岗位轮换等
自学	有目的地编写材料，让有关人员自学
任务培训	将一项具体的工作任务或项目交给受训人完成，并进行适当的指导
新员工训练	对新员工进行多方面的实际训练，目的在于强调学习安全知识和技能，此阶段生产数量不是考察的重点

培训工作只有根据企业和受训人的具体情况，选择适当的培训方式，才能起到事半功倍的效果。

3.7.3.3　培训效果的评价

组织的培训活动是否取得了预期的效果，需要对培训进行评价。首先，应建立起相关、可靠的测量尺度（如业绩对比，不断总结）；其次，在培训过程中听取意见，了解培训过程和内容（如发放问卷、各种测试、访谈等）；再次，在培训结束后一段时间内对受训人的工作表现、知识和技能、管理能力、行为改进、合作精神等进行跟踪，并进行综合的调查。

3.7.3.4　GMP 对人员培训的要求

我国 GMP 规定，"从事药品生产操作及质量检验的人员应经专业技术培训，具有基础理论知识和实际操作技能"；"对从事药品生产的各级人员应按本规范（GMP）的要求进行培训和考核"。

根据药品质量保证的要求，药品生产企业的人员应接受的基本培训包括 GMP 培训和岗位、操作技能培训。但实际上两者很难明确区分，岗位的工作要求应是 GMP 规范在该岗位的具体表现。因此，岗位培训可看成是岗位 GMP 培训的重要内容。

(1) 新员工培训

新员工培训也叫入职培训。一般在新员工到岗后的 1～3 个月内进行，内容包括以下方面。

① 本企业的概况及基本管理制度，包括劳动纪律、行为准则等。

② GMP 基本知识培训：培训因岗位、因人而异。对基层作业人员，应以 GMP 的基本要求为主，以实例讨论入手，解释 GMP 的规定。对有一定学历和知识背景但不直接从事药品生产及质量管理的人员，如设备维修人员、辅助系统的操作和管理人员，可简单介绍 GMP 的基本知识和与本岗位的联系。

③ 微生物学基础和个人卫生习惯的教育：有效控制及消除微生物污染是实施 GMP 的重要目的。了解微生物学的基础知识，如微生物的分类、危害性、基本结构、生长繁殖特点、杀灭方法等，对员工养成良好的个人卫生习惯、减少微生物的污染风险是非常必要的。

④ 岗位培训：分配到特定岗位的员工，必须接受岗位操作规程和岗位技能的培训。员工应当掌握标准操作规程及批生产记录等有关文件规定的具体内容和实际含义。实践证明，只有员工理解了的条款，才容易牢记并正确执行。应特别注意教育员工养成及时在操作过程中做好记录的习惯。

⑤ 岗位实习：经过入职培训后的员工尚不能立即独立进行操作，尤其是重要的操作，如清场、无菌灌装等。必须在有资格进行独立操作的员工指导下作业，其记录也必须经指导者检查复核并签字后方可有效。经过一定时间的实习并经过考核合格后，由经理或指定人员签发上岗证后方可独立操作。

⑥ 产品知识培训：生产人员至少应当了解自己生产的产品是什么类别和剂型，基本药理作用，作业过程中应如何防护，意外情况发生后有什么危害，如何进行应急处理等。

(2) 继续培训

培训并非一劳永逸，培训是周而复始、永无止境的。继续培训应避免简单重复，应结合实践，注意变换不同的形式，充实新的内容。各层次的员工都应参加定期的再培训，以更新知识，提高认识。尤其是当管理规程或操作规程修订后开始生效之前，必须对相关员工进行培训和考核，以保证所有执行人员都理解、掌握了新规程的内容和要求，使照章办事落到实处。

GMP 的实践告诉我们，GMP 是动态的、发展的。因此，对有关员工还应介绍我国及国际 GMP 规范中新的要求及进展，进一步加深对 GMP 的理解，确保其切实按照 GMP 的要求做好工作。

应当强调指出的是，药品生产过程中的质量偏差以及企业内部质量审计过程中发现的偏差都是活生生的培训教材。有关培训教员应对这部分材料加以提炼总结，编写成适用的教材对员工进行培训和考核，这种取自于 GMP 实践事例编写成的教材更具有适用性意义，使员工的印象更为深刻，更能够为员工所理解和接受。

综上所述，药品生产管理在实施 GMP 过程中占有举足轻重的地位。药品质量是设计生产出来的，企业药品生产管理部门不仅承担了重要的生产管理职能，而且也肩负着许多质量管理责任，概括起来有如下几条。

① 负责起草、制订产品生产工艺规程。

② 负责起草、审核、批准标准操作规程或岗位操作法。

③ 负责编制生产计划，下达批生产指令，按照批准的生产管理文件组织生产。

④ 确保生产设施、设备的清洁和维护。

⑤ 按要求实施产品工艺验证。

⑥ 审核批生产记录的完整性。

⑦ 及时报告生产偏差，并协助调查、分析。

⑧ 审核、积累生产技术指标和数据，解决生产中影响产品质量的各种问题，实施生产技术工艺改进。

⑨ 负责车间工艺卫生管理，以及必要的安全生产、劳动保护。

⑩ 负责相关安全生产、工艺卫生教育，以及操作人员的标准操作规程或岗位操作培训。

思考题

1. 名词解释：生产和生产管理。

2. 什么是生产系统的转化过程？其输入输出包括哪些要素？现代的生产概念包括哪两大类别？

3. 什么是物料需求计划？制订物料需求计划的方式有哪两种？

4. MRP 的三个主要输入部分有_____、_____和_____。

5. ERP 的概念是什么？实行 ERP 管理有何意义？

6. 为什么要进行供应商审计？审计内容有哪些？

7. 什么是库存管理的 ABC 分析法？

8. 设备为什么要分类管理和分类维修？

9. 现代企业设备管理包括_____、_____、_____、_____、_____等五项具有时间序列特点的内容。

10. 接收生产性物料时，物料管理人员应检查核对哪些内容？

11. 药品生产配料阶段应控制哪些环节？

12. 药品生产过程中防止混淆、差错、污染和交叉污染的措施有哪些？

13.什么是批生产记录？填写批生产记录的基本要求是什么？

14.为什么要清场？清场的基本标准是什么？

15.什么是返工？什么是重新加工？二者有何区别？对返工产品的基本要求是什么？

16.药品生产洁净区等级划分有哪些？其着装要求有何不同？

17.洁净区微生物监测方法有哪些？各等级洁净区微生物限度基本标准是什么？

18.过程分析技术的含义是什么？如何影响GMP？

19.企业关键人员的任职条件和主要职责是什么？

20.新员工上岗和员工转岗前必须进行哪些方面的培训和考核？

21.你怎样理解药品生产管理在药品质量保证体系中的作用？

第4章 质量管理与控制

扫码获取数字资源

学习目的与要求

① 掌握质量管理、质量管理体系以及质量管理体系审核、改进的基本概念。

② 熟悉 GMP 中质量管理要素：管理层的职责、质量管理机构及职责、人员要求与人员的培训、药品生产质量受权人制度、物料和产品放行、持续稳定性考察、变更与偏差管理、供应商的确认和管理、产品质量回顾、质量投诉的管理、药品召回的管理、质量控制实验室管理等的要求与流程。

③ 了解质量风险管理理念、参数放行及药品生产企业质量改进相关内容。

4.1 质量管理的发展历程

4.1.1 质量管理发展的三个阶段

质量管理起源于 20 世纪初，在整整一个世纪中，质量管理的发展经历了质量检验、统计质量控制和全面质量管理三个阶段。

① 质量检验时代（20 世纪初～20 世纪 40 年代）　20 世纪初，人们对质量管理的认识，仅仅局限于质量检验，依靠对全部产品进行非破坏性的检验来控制产品质量。

虽然这种质量检验对保证产品质量有一定的作用，但这是事后把关的检验，不能起到事先预防的作用；另外，这种百分之百的检验不适合大规模生产方式，也不适合需要进行破坏性检验的产品生产方式，比如武器弹药、药品的生产，经过检验的弹药和药品已被消耗，不复存在。

② 统计质量控制阶段（20 世纪 40～60 年代）　20 世纪 20 年代，美国人首先将数理统计方法运用到质量管理中来，提出用 6σ（6 个标准偏差，百万分之三点四的错误/缺陷率的变化尺度）描述在实现质量改进时的目标和过程，以控制加工过程的质量波动。到了 20 世纪 40 年代，由于第二次世界大战期间事后检验无法控制武器弹药的质量，美国国防部决定把数理统计法用于质量管理，先后制定了三个军用标准，即《质量管理指南》《数据分析用控制图法》和《生产过程质量控制图法》，使统计质量控制方法得到了广泛的运用，并取得了成效。

统计质量控制方法的缺陷在于过分强调质量控制中的数理统计方法，人们误以为质量管理主要是数理统计学家的事，且受限于当时落后的计算机技术和数理统计软件，大大限制了统计质量控制方法的应用与发展。

③ 全面质量管理阶段（20 世纪 60 年代至今）　20 世纪 50 年代以来，随着科学技术和工业生产的日益发展，人们对产品质量的要求也越来越高，更加注重产品的可靠性、安全性、耐用性、维修性和经济性等。在生产技术和企业管理中开始使用"系统"的观点来研究

质量问题，将产品质量关联所有影响因素，要求实施全员、全过程和全公司的管理。1961年美国通用电气公司的费根堡姆（A. V. Feigenbaum）博士首次提出全面质量管理的概念，指出"全面质量管理是为了能够在最经济的水平上，在考虑到充分满足用户需求的条件下进行市场研究、设计、生产和服务，把企业各部门的研制质量、维护质量和提高质量活动构成一体的有效体系"。

全面质量管理的内涵是以质量为中心，以全员参与为基础，目的在于通过让顾客满意和本组织所有者、员工、供方、合作伙伴和社会等相关方受益而使组织达到长期成功的一种管理途径。

日本在 20 世纪 50 年代引进了美国的质量管理方法，并且有所发展，如发明了质量功能展开（quality function deployment，QFD）以及质量工程技术（田口方法），为全面质量管理充实了新的内容。

全面质量管理的理论和方法迅速在全世界广泛传播，世界各国均结合自己的实践有所创新和发展。中国自 1978 年开始推行全面质量管理，取得一定成效。当今，世界闻名的 ISO 9000 质量管理标准、美国波多里奇奖、欧洲质量奖以及卓越经营模式、6σ 管理模式等，均是以全面质量管理理论和方法为基础的。

4.1.2 21 世纪的质量管理

"21 世纪是质量世纪"，质量已成为社会经济发展的关键因素之一。质量管理，不仅是国家振兴的动力，也是企业成功的根本，更是可持续发展的基础。了解新世纪质量管理的特点和发展趋势，可以使企业熟悉周围变化的环境，强迫自己不断学习，调整既定的战略，勇敢面对挑战。

① 质量文化——新世纪质量战略的基础要素　在知识经济时代，面对持续的社会和技术变革所带来的强大冲击，企业的经营管理尤其需要文化的支撑；在全球化的环境下，企业在参与国际分工、资源的整合与优化配置的过程中尤其需要文化层面的磨合；在为顾客创造更多的利益和价值的导向下，企业提供的产品和服务需要个性化文化的体现。所以，精心培养具有鲜明时代特征和企业特点的质量文化，并与企业在特定经营环境中所形成的竞争优势、运行机制、创新技能等有机融合，成为一种核心能力，成为企业持续发展的动力之一。

② 质量创新——新世纪质量战略的关键要素　企业进行质量管理，是为了更好地满足顾客的需要，为顾客提供更大的质量效益，从而为企业带来更多的利润。提高质量有两条途径：一是"减少差错"，消除产品缺陷和质量隐患；二是对产品进行根本变革，增强产品的技术含量。如果说 20 世纪强调前者，那么 21 世纪则应强调后一种途径，就需要创新。市场竞争中，产品质量好坏的评价呈现动态变化，没有创新就没有高质量。质量创新将是新世纪质量战略的关键要素。

③ 不断学习，方能赢得未来　当今时代是以技术为先的时代，技术的融合不断加深，并会延伸影响到经营过程的各个环节。技术将使质量的功能更加强大，而质量本身也正逐步演变为更加综合性的系统。未来，应让质量观念深入人心，将质量渗透到组织的整个经营系统，并在管理实践中得到处处体现。持续学习必将成为组织未来的价值观，组织有责任推动人才质量提高，为需要发展的人员提供学习资源与机会，人人自觉学习、相互学习，在日常工作生活中融入质量理念。

④ 科学的质量风险管理体系　未来社会发展节奏快速、复杂，新技术和新知识层出不

穷，甚至可能颠覆人类传统的认识。这意味着各种风险会接踵而至，成功与失败总会交织一起，错综复杂。环境的复杂性必须迫使组织建立合理、科学的质量风险管理体系，通过科学管理，寻求市场竞争中的胜利。

⑤ 通过财务指标反映质量绩效　通过财务指标反映组织质量绩效日益受到重视，6σ实施活动已得到充分体现。由于财务指标能更直观地表达质量好坏，学习和掌握财务知识终将成为质量管理人员的必修课。

⑥ 顾客满意是质量活动的终结目标　顾客满意是企业质量活动的终结目标，也是企业在激烈的竞争中能够生存的法宝。市场竞争的本质是争夺顾客需求，谁取得了顾客的满意和忠诚，谁就拥有了市场。企业21世纪的质量战略目标应该是"顾客满意"，产品质量、技术、服务的改进都要体现以顾客为中心。关注顾客、研究顾客、探讨顾客满意度已成为现代企业取得竞争优势不可缺失的思路。

4.2　质量管理体系

4.2.1　质量管理体系的基本概念

体系也称系统，是由一组有机联系、相互作用的要素所形成的具有特定结构和功能的整体。体系中各要素可以是单个事物，也可以是一组事物组成的子体系，若干子体系又可组成大体系。每一个体系都可成为一个更大体系的组成部分。

组织围绕管理活动而组建的体系称为管理体系，管理体系应包含建立管理方针和目标并实现这些目标的子体系。一个组织的管理体系可包括若干个不同的管理子体系，如质量管理体系、财务管理体系或环境管理会计体系等。

按照 ISO 9000，质量管理体系（quality management system，QMS）是组织管理体系中关于质量的部分，是指建立质量方针与质量目标，并为达到质量目标所进行的有组织、有计划的活动。换言之，质量管理体系是企业内部建立的、为保证产品质量或质量目标必备的、系统的质量活动。它根据企业特点选用若干体系要素加以组合，加强从设计研制、生产、检验、销售、使用全过程的质量管理活动，并予以制度化、标准化，成为企业内部质量工作的要求和活动程序。质量管理体系是在质量方面指挥和控制组织的管理体系，也是为保证产品、服务质量满足规定的或顾客的质量要求，将企业的组织机构、职责和权限、工作方法和程序、技术力量和业务活动、资金和资源、信息等予以协调、统一而形成的一个有机整体。企业的质量管理体系的组成要素有组织机构、职责、工作内容与程序、人力、技术、物料、装备、资金与资源等。

ICH 发布的 Q10（药品质量体系）强调，质量体系应包括四大要素：工艺性能和产品质量监测系统、纠正和预防措施系统、变更管理系统、工艺性能和产品质量的管理回顾。第1章的图 1-3 显示了药品质量体系模型的主要特征：管理职责对药品生命周期各阶段全覆盖；在药品生命周期的不同阶段，应恰当运用质量体系的四大要素；药品质量体系包含GMP，GMP 适用于研发中药品的生产；知识管理和质量风险管理是推动质量体系的持续改进的原动力。

4.2.2 质量风险管理是质量管理体系的重要内容

风险管理（risk management）的理念已经频繁出现在日常生活中的诸多领域或行业，如政府、金融、保险、运输等。风险（risk）是指不良事件、不良状况或危害发生的可能性。风险包含两个关键因素：危害发生的可能性与严重性。因此，风险是危害发生的可能性与严重性的组合。风险管理就是对危害发生的可能性与严重性实施有效控制，以消除风险或降低风险至可接受水平。

质量风险管理（quality risk management，QRM）是专注于产品质量的风险管理，产品质量风险可能来自于关联产品质量的所有因素。质量风险管理应覆盖产品整个生命周期，是对质量风险的识别、分析、控制以及评价的系统化过程。质量风险管理应在掌握足够的知识、事实、数据后，前瞻性地推断未来可能发生的事件，采取风险控制措施，避免危害发生。"产品质量是企业的生命"，组织的高级管理层应重视质量风险管理，组建风险管理团队，合理配置人员，明确其职责，制订管理程序、要求，方能保证风险管理有效运行。按照质量风险管理模式，质量风险管理应该包括以下基本步骤。

① 风险识别：基于对风险潜在苗头问题的调查、研究，确定质量风险事件并启动质量风险管理系统、程序。

② 风险分析：对所确定的危害源进行风险预估，如风险出现的可能性、危害程度、危害范围、风险类别、风险评估方法或工具、拟采取的措施等。

③ 风险评价：应用风险评估方法、工具进行风险的定量评估或定性描述，以确定风险的严重程度。定量表示为具体数字，如0~10或百分数；定性可表述为高、中、低。

④ 风险控制：采取措施将质量风险降低至可接受水平。

⑤ 风险沟通：风险管理执行过程中，相关信息（风险的识别情况、分析报告、控制手段与结果等）是否在组织内部或与相关合作单位得以充分交流或沟通，直接关系风险管理实施的质量与效果。组织应建立相关信息沟通机制，记录质量风险管理的所有过程与结果。

⑥ 风险回顾：由于风险管理启动的决策条件是变化的，所以质量风险管理是动态管理过程，风险控制结果应随着新知识、新环境、新要求而不断更新。组织应建立对风险事件进行定期回顾的机制，结合新知识与经验对质量风险管理过程与结果进行回顾，不断完善质量风险管理系统。

药品质量风险管理的概念首先由美国FDA于2002年在《21世纪GMP》中提出。2005年11月，ICH（International Conference on Harmonization of Technical Requirements for Registration of Pharmaceuticals for Human Use，人用药品注册技术要求国际协调会）发布了Q9（质量风险管理），为企业和管理部门提供了质量风险管理的原则和部分风险管理工具。2006年9月，FDA发布《符合药品cGMP法规要求的质量体系》指南文件，将质量风险管理理念引入药品生产过程的质量系统。欧盟也于2008年2月将质量风险管理引入到新修订的GMP指南中。2009年出台的ICH Q10（药品质量体系）也明确，质量风险管理作为构成有效药品质量体系不可或缺的部分，在药品全生命周期内，可以提供一种主动的方法来识别、科学评估和控制潜在的质量风险，促进工艺性能和产品质量的持续改进。

我国2010版GMP增加了质量风险管理的内容，在第4章（质量管理）中"质量风险管理"表述为：质量风险管理是在整个产品生命周期中采用前瞻或回顾的方式，对质量风险进行评估、控制、沟通、审核的系统过程。要求企业应当根据科学知识及经验对质量风险进行评估，以保证产品质量；并要求质量风险管理过程所采用的方法、措施、形式及形成的文件应当与存在风险的级别相适应。药品质量管理中的质量受权人制度、变更管理、偏差管理、供应商评估、确认与验证等要求均体现风险管理的理念。

质量风险管理已经成为质量管理体系的重要内容。

4.2.3　质量管理体系的建立

建立质量管理体系属于企业战略层面决策，其实施范围必须与企业的质量策略相一致。企业应充分考虑自己的目标、组织结构、产品特性、资源能力、管理状况以及不断变化的环境与顾客需求等因素，以确定企业质量管理体系的范围。

企业在建立质量管理体系时，必须考虑以下几个方面的问题。

① 企业高层管理者的支持　高层管理者是指拥有指挥和控制企业或组织的最高权利人或团队（如委员会、董事会）。企业高层管理者具有质量管理体系相关的人力、物力的决定权，在设计、建立、执行、完善质量管理体系的过程中起着关键性的作用，没有高层管理者的支持和积极参与，质量管理体系难以在企业有效实施。建立质量管理体系时，企业首先应明确高层管理者的管理职责。

② 协调好满足顾客需求与企业需要　满足顾客需求，让顾客满意是现代企业质量管理的核心，而企业的良好生存与发展也存在合理的需求。企业质量管理体系必须兼顾顾客需求与企业自身以及合作方的共赢发展需求，有计划地、有效地利用企业的技术、人力和物质资源，以最佳的成本达到保持预期的产品质量，将质量管理理念贯穿于企业文化建设之中，通过持续的内部质量管理活动和外部质量保证活动来不断提高企业质量管理水平，增强顾客满意度。

③ 关联质量风险与成本、利益　企业在建立质量管理体系时，必须充分考虑产品带给企业与顾客双方的风险，控制好质量、成本和利益。

分析产品风险，对顾客而言，消费有质量缺陷的产品可能影响日常生活，甚至危及人身健康和安全。对企业而言，质量缺陷的产品会造成产品积压、顾客索赔、市场份额减少、企业信誉下降，甚至被迫停产、企业倒闭等问题。

分析产品成本，产品质量缺陷会导致企业为解决生产故障、返工或产品报废的费用提高，也会导致售后服务费用的提高，如产品的维修、故障处理，甚至人身伤害的赔偿。

企业建立完善、行之有效的质量管理体系，充分评估和控制风险、成本与效益的关系，让企业、顾客双方利益最大化，企业产品成本降低，利润增加，市场占有率提升，而顾客也满意产品、满意服务。

④ 结合企业实际情况　策划和建立企业的质量管理体系必须结合企业的实际情况，如企业目标、产品特点、服务项目、技术状况、管理基础、企业文化等，因地适宜的质量管理体系才能更好地贯彻实施，并行之有效。

⑤ 关注技术、管理发展，持续改进质量管理体系　企业的差异化造就不同企业质量管理体系及要素的差异化。而同一企业，由于时代的发展，社会经济形势的变化和科学技术、管理理念的不断进步，人员素质的提高以及顾客对产品、服务的期望和要求不断变化，企业应该与时俱进，持续改进或完善质量管理体系，更加利于发挥企业的优势，把握机遇，在竞争中立于不败之地。

4.2.4 制药企业质量管理体系

4.2.4.1 制药企业质量管理体系的核心是实施 GMP

药品是用于预防、诊断、治疗人的疾病，有目的地调节人的生理机能的特殊商品，药品与人的生命高度关联。药品质量不仅关系顾客的生命，也关系到药品生产企业的生命。对药品生命周期各个阶段，如药品研发、技术转移、药品生产、药品经营、临床使用等，实施全方位的质量管理，是全面质量管理理念在制药工业的落实。在生产阶段，要保证药品质量，必须加强对药品生产全过程的管理，按照 GMP 要求组织生产。我国《药品管理法》（2019年 12 月 1 日起施行）明确规定：从事药品生产活动应当遵守"药品生产质量管理规范"（GMP）；建立健全药品生产质量管理体系，保证药品生产全过程持续符合法定要求。

1963 年美国首先以法令方式正式颁布了药品生产质量管理规范，要求本国药品生产企业按规定对药品的生产过程进行控制。从 1969 年开始，WHO 积极推进 GMP 理念在全球成员国中的应用和发展，GMP 对药品质量的保证作用也逐渐被世界各国政府认可，目前已有一百多个国家及地区推行了 GMP。因此，实施 GMP 已成为制药企业保证药品生产质量的管理核心，是药品生产和质量管理的基本准则。制药企业的质量管理体系一定要符合 GMP 要求，其质量管理体系的组成要素应该与 GMP 要求相适应。

4.2.4.2 制药企业质量管理体系的设计原则

随着科学技术的进步和全球经济的一体化，制药工业也逐步全球化。为规避国际贸易冲突，需要以系统的方式对不同国家、地区有关药品的研发、生产、质量、技术等的法律法规进行整合、统一要求，并为制药企业建立持续稳定运行的质量管理体系奠定基础。

根据质量管理体系的基本概念，制药企业质量管理体系可以理解为保证过程和服务质量、满足预期规定的要求，由组织机构、人员职责、规定、程序、设施和设备等构成的有机整体。

对制药企业而言，组织机构中完善的质量管理体系必须能长久持续地满足诸多不断变化的要求，如法规环境、业务环境、顾客对质量的期望和要求、技术和标准的发展、GMP 本身的发展等要求，这也是质量管理体系能够成功、有效实施的基础。因此，制药企业质量管理体系完善、有效的关键性特征在于：体系能及时、正确地理解 GMP 及相关法律法规的更新发展，并能及时调整其组成、内容、流程等。

ICH Q10（药品质量体系）重点描述了药品质量管理体系的组成要素：管理职责、工艺运行和产品质量的监控系统、纠正和预防措施系统、变更管理系统、工艺运行和产品质量管理评审系统等。各国药品管理部门均将其作为本国 GMP 以及药品企业建立和完善质量管理体系的重要依据。

2015 年 2 月美国 FDA 发布的 21CFR211（2014 年版 GMP 法规）主要包括六个核心系统：质量系统、厂房设施和设备系统、物料系统、生产系统、包装和贴签系统、实验室控制系统。其目的在于倡导建立科学的、以风险管理为基础的药品生产质量管理体系，提高效率，真正降低可能造成的风险。

我国 2010 年版 GMP 在第一章总则中明确要求，企业应当建立药品质量管理体系，该体系应当涵盖影响药品质量的所有因素，包括确保药品质量符合预定用途的有组织、有计划的全部活动。实现质量管理体系的最终目标"为患者提供高质量的药品"。

设计制药企业质量管理体系时应考虑以下原则。

① 综合考虑和整合世界主要国家和地区的 GMP 最新要求和发展趋势。

② 覆盖相关各部门和跨部门之间的各种活动和管理体系，包括物料采购、产品生产、质量控制、质量评价、产品贮存和发运、销售流通的整个过程，以实现对药品生产全过程的控制。

③ 建立书面的规程、程序文件来规范药品生产全过程的活动，并留存全过程的生产质量活动记录，实现过程追溯。

④ 有适当的员工培训和记录，确保员工正确理解自己岗位的工作职责和要求，具备相关产品知识及质量要求，正确理解法律法规，包括 GMP 的要求。

⑤ 必须建立对质量管理体系的定期自检制度，促使企业找出问题与差距，并明确持续改进的方向。

⑥ 建立纠偏和预防措施（CAPA），对审计和自检中发现的问题予以改进，并建立长期性预防措施，以保持与现行法规要求的一致性。

4.2.4.3　制药企业质量管理体系要素

制药企业质量管理体系的核心是实施 GMP，其质量管理体系的要素应与 GMP 相符。综合 ISO 质量体系、ICH Q10、美国与欧盟的 GMP，以及中国现行版 GMP，制药企业质量管理体系必须包括以下基本要素：

政策和流程、人员及培训、质量管理、质量控制实验室管理、稳定性考察、物料管理、包装材料管理、生产及包装操作、批号控制和批生产记录、变更控制、偏差调查和处理、设施和设备及系统管理、校验与维护、仓贮及运输、污染控制、验证、缺陷产品的处理、返工流程、产品放行、不良反应及投诉、产品召回、退货处理、年度产品回顾、自检/审计、质量风险管理、外包服务、技术转移等。

4.2.4.4　质量管理体系中的基本概念与相互关系

制药企业质量管理体系有效运行的最终目标是确保持续稳定地生产出符合预定用途和注册要求的药品，避免患者承担质量、安全、疗效的风险。参考 ICH Q10 要求，为实现这一目标，药品生产企业应当设定符合药品质量管理要求的质量目标，建立涵盖 GMP 以及质量控制（QC）在内的全面质量保证（QA）系统，将药品注册的有关安全、有效和质量可控的所有要求，系统地贯彻到药品生产、控制及产品放行、储存、发运、安全使用的全过程中。企业高层管理人员、不同层次的人员以及供应商、经销商均应当承担各自的责任。企业还应当配备足够的、符合要求的人员、厂房、设施和设备，为实现质量目标提供必要的条件。

质量管理体系中，质量保证、GMP 和质量控制三者紧密关联药品质量。按照 ISO 9000：2015，其概念表述如下。

质量（quality）是指产品为符合预定用途所具有的一系列固有特性的要求，通过满足顾客和相关方的需求和期望实现其价值。因此，为了满足患者对药品安全性和有效性的要求，药品质量是指药品的成分、含量、纯度等物理、化学或生物学特性及制剂形式等特征总和符合要求的程度。

质量管理体系（quality management system，QMS）是企业针对药品建立质量方针和质量目标，并为获得期望的结果而确定所要求的过程与资源。

质量保证（quality assurance，QA）是质量管理的一部分，强调为达到质量要求应该提供的质量保障。质量保证是一个宽泛的质量系统工程概念，它涵盖影响质量的所有因素。对药品而言，质量保证是指为确保药品符合预定用途和达到规定的质量要求所采取的所有措施的总和。质量保证应包含 GMP 以及 GMP 之外的其他因素。我国 GMP 要求药品生产质量保证系统应确保：

① 药品的设计与研发体现本规范的要求；

② 生产管理和质量控制活动符合 GMP 的要求；

③ 管理职责明确；

④ 采购和使用的原辅料和包装材料正确无误；

⑤ 中间产品得到有效控制；

⑥ 确认、验证的实施；

⑦ 严格按照规程进行生产、检查、检验和复核；

⑧ 每批产品经质量受权人批准后可放行；

⑨ 在储存、发运和随后的各种操作过程中有保证药品质量的适当措施；

⑩ 按照自检操作规程，定期检查评估质量保证系统的有效性和适用性。

质量控制（quality control，QC）也是质量管理的一部分，其强调的是质量要求。具体是指按照规定的方法和程序对原辅料、包装材料、中间产品、成品等进行取样、检验、复核，评判其成分、含量、纯度和其他性状是否符合已确定的质量标准要求。

质量控制是实现药品生产过程稳定可控的基础，通过监测中间产品、工艺参数等，反映生产实际状况，为生产调控、产品质量评价与改进、产品放行等提供依据，从而实现药品生产过程稳定、可控。质量控制标准与工艺控制参数源于药品研究开发，基于药物理化性质和临床需求，设计合理的剂型、处方、工艺与标准等，生产中必须严格执行药品注册审批核定的工艺与产品标准，避免差错与偏差。我国《药品管理法》（2019 年 12 月 1 日起施行）明确强调：药品生产企业应当具备对所生产药品进行质量管理和质量检验的机构、人员及必要的仪器设备。这是从事药品生产活动必备条件之一，企业具有符合要求的质量控制能力是药品质量保障的基本前提。我国 GMP 对质量控制的基本要求如下：

① 应当配备适当的设施、设备、仪器和经过培训的人员，有效、可靠地完成所有质量控制的相关活动。

② 应当有批准的操作规程，用于原辅料、包装材料、中间产品、待包装产品和成品的取样、检查、检验以及产品的稳定性考察，必要时进行环境监测，以确保符合 GMP 的要求。

③ 由经授权的人员按照规定的方法对原辅料、包装材料、中间产品、待包装产品和成品取样。

④ 检验方法应当经过验证或确认。

⑤ 取样、检查、检验应当有记录，偏差应当经过调查并记录。

⑥ 物料、中间产品、待包装产品和成品必须按照质量标准进行检查和检验，并有记录。

⑦ 物料和最终包装的成品应当有足够的留样，以备必要的检查或检验。

药品生产质量管理规范（GMP）作为质量管理体系的一部分，是药品生产管理和质量控制的基本要求，旨在最大限度地降低药品生产过程中的污染、交叉污染以及混淆、差错等风险，确保持续稳定地生产出符合预定用途和注册要求的药品。

从以上概念所涵盖的范围看：对制药企业，质量管理体系（QMS）、质量保证（QA）、GMP、质量控制（QC）存在包含和被包含的关系，如图 4-1 所示。

图 4-1　QMS、QA、GMP、QC 关系图

4.3　GMP 质量管理文件的管理

4.3.1　GMP 文件系统与文件类型

《药品生产质量管理规范》（GMP）是规范药品生产过程中影响药品质量的所有因素的法定技术条文。其明确规定，药品生产企业应有完整的生产管理和质量管理文件。科学的生产和质量管理，要求以发布的文件来规范工作行为，使企业各项质量活动有章可循、有法可依，保证"一切行为有标准，一切行为有记录，一切行为可追踪"。GMP 明确，文件是质量保证系统的基本要素，文件管理是制药企业质量保证体系中极其重要的组成部分。

从技术角度来看，文件是以文字或图示描述管理内容或业务内容，通过规定程序由有权人员签署发布，要求接收者据此规范工作行为的电子文档或纸质文档。对药品生产企业，GMP 文件涵盖一切涉及药品生产管理、质量管理、经营管理等的标准和实施过程的记录。由于文件贯穿药品生产、经营管理全过程，与药品质量管理的所有因素关联，与药品质量相关的全部职能部门关联，文件连贯有序，故称为文件系统。GMP 文件系统主要分为两大部分：标准与记录。其中，标准指对药品生产、经营管理中一切工作的书面要求，包括技术标准、管理标准、操作标准；记录指记载实际生产和经营作业中执行标准的过程和结果，如生产记录、报表、台账、凭证等。

4.3.1.1　技术标准文件

技术标准文件是由国家、行业、企业所颁布和制定的技术性规范、规定、办法、规程、准则、标准、程序等书面要求，包括产品工艺规程、质量标准（原料、辅料、包装材料、成品、半成品、中间体、工艺用水、工艺用气）等。《中国药典》收载了大量药品的质量标准，是有关药品质量规格及检验方法的技术规定，也是药品生产、供应、使用、检验和管理部门共同遵循的法定依据，为典型的技术标准文件集册。

4.3.1.2　管理标准文件

管理标准文件是为企业管理工作标准化、规范化而制订的管理制度、规定、标准、程序、办法等书面要求。建立管理标准可以减少企业管理中的随意性导致的失误。必须按照药品市场所属国家的 GMP 及相关指南要求来制订管理标准。

GMP 要求药品生产企业应该建立完善的相关职能部门通用的管理制度、规程或程序，并使之有效运行。管理标准文件涉及生产管理、质量管理、生产卫生管理、设备设施管理、材料供应管理、人员管理、各种紧急情况处理管理等所有活动项。药品生产企业习惯将管理标准文件表述为"管理规程"（standard management procedure，SMP）。例如：

文件管理规程，包括：文件的具体格式、文件的起草、审核、批准、发放、培训、修订、保管、归档、撤销与销毁等。

人员培训管理规程，包括：培训对象，培训内容，培训时间要求及培训考核等。

验证管理规程，必须明确验证活动的策略、验证领导小组及成员、验证范围、验证频率、验证程序、验证报告的要求等。

制药企业GMP管理标准一般应涵盖：质量管理，组织机构和人员，厂房设施和设备，数据、文件和信息管理，生产控制，材料采购和供应，变更管理，验证，质量事故管理，仓储和运输，审计和检查，产品召回，不良反应及产品投诉，合同、协议及技术转移，计算机系统等。

4.3.1.3　操作标准文件

操作标准文件是指经过批准用以指导生产工艺操作、设备操作、维护与清洁、环境控制、验证、取样、检验等药品生产和质量控制活动的通用性书面文件。一般针对工作岗位或使用设备，对工作内容及操作程序提出具体规范要求。GMP文件里的操作标准常表述为"操作规程"（standard operation procedure，SOP），如工艺操作规程、检验操作规程、设备使用操作规程、设备清洗操作规程、水处理系统清洁操作规程、空气净化系统清洁与维护保养操作规程等。操作规程应细化到每一作业单元操作和关联的每一设备、设施系统。只有按照经过验证的操作规程实施，产品质量才能得到保障。

4.3.1.4　记录

记录是用以记载实际生产和经营作业中执行标准的过程和结果，如实反映各生产作业的实际情况，也涵盖表示状态的各种单、证、卡、牌、票据等凭证。如生产操作记录、包装操作记录、设备清洁及维修或维护保养记录、各种报表、台账、凭证等。《药品管理法》（2019年12月1日起施行）规定：药品生产、检验记录应当完整准确，不得编造。真实的记录可以展示生产、管理实施过程，展示产品质量状态、设备运行状态，可以反映整体生产执行操作标准的情况，为分析、追溯生产和管理中执行标准出现的偏差提供依据。GMP要求记录关联药品生产质量的所有环节，从原料供应商的质量审计到药品的销售，都应该有相关记录和凭证以供查证。

反映操作过程的记录，记载内容应该完整。如我国2010版GMP要求药品批生产记录的内容应当包括：

① 产品名称、规格、批号；

② 生产以及中间工序开始、结束的日期和时间；

③ 每一生产工序的负责人签名；

④ 生产步骤操作人员的签名；必要时，还应当有操作（如称量）复核人员的签名；

⑤ 每一原辅料的批号以及实际称量的数量（包括投入的回收或返工处理产品的批号及数量）；

⑥ 相关生产操作或活动、工艺参数及控制范围，以及所用主要生产设备的编号；

⑦ 中间控制结果的记录以及操作人员的签名；

⑧ 不同生产工序所得产量及必要时的物料平衡计算；

⑨ 对特殊问题或异常事件的记录，包括对偏离工艺规程的偏差情况的详细说明或调查报告，并经签字批准。

GMP明确，每批产品必须有批记录（batch record，BR），用以记述每批药品生产、质量检验和放行审核的所有文件与记录，包括：批生产记录、批检验记录、批包装记录、药品放行审核记录以及其他与本批产品有关的记录文件，可以追溯与成品质量有关的所有信息。

标准与记录紧密相连，标准为记录提供依据，记录则是执行标准的结果。

4.3.2　GMP 文件管理原则

GMP 文件系统使企业生产质量管理有章可循、有法可依，能够完整、真实地反映企业产品是否符合预定的质量要求，为质量审计、质量改进、质量事故的调查提供依据。文件管理是 GMP 的核心内容之一。文件管理是指文件的起草、审核、批准、分发、培训、归档、修订和撤销等文件全生命周期所有过程的管理活动。

我国 2010 版 GMP 明确，药品生产企业的文件管理必须遵循以下原则。

① 文件是质量保证系统的基本要素。企业必须有内容正确的书面质量标准、生产处方和工艺规程、操作规程以及记录等文件。

② 企业应当建立文件管理的操作规程，系统地设计、制订、审核、批准和发放文件。与 GMP 有关的文件应当经质量管理部门的审核。

③ 文件的内容应当与药品生产许可、药品注册等相关要求一致。

④ 与 GMP 有关的每项活动均应有记录。

⑤ 每批药品应当有批记录，包括批生产记录、批包装记录、批检验记录和药品放行审核记录等与本批产品有关的记录。记录应当及时填写，内容真实，字迹清晰、易读，不易擦除。记录应当保持清洁，不得撕毁和任意涂改。

⑥ 应当尽可能采用生产和检验设备自动打印的记录、图谱和曲线图等，并标明产品或样品的名称、批号和记录设备的信息，操作人应当签注姓名和日期。

⑦ 如使用电子数据处理系统、照相技术或其他可靠方式记录数据资料，应当有所用系统的操作规程；记录的准确性应当经过核对。使用电子数据处理系统的，只有经授权的人员方可输入或更改数据，更改和删除情况应当有记录；应当使用密码或其他方式来控制系统的登录；关键数据输入后，应当由他人独立进行复核。

4.3.3　GMP 文件管理要求

GMP 文件管理主要涉及文件的起草、批准、发放、培训、修订、保管、归档、撤销与销毁。

由于 GMP 管理关联影响药品质量的所有因素，关系一切与生产、质量有关的部门，如生产车间、质量管理部门、采购仓储、工程技术部门、人力资源部门等，所以这些部门的负责人或相关工作人员均应参与组建 GMP 文件体系。为确保其系统性、完整性、有效性，首先应策划确定 GMP 文件体系的范围、文件构架、编写原则、编写依据和文件格式等。

我国现行版 GMP 规定：文件的起草、修订、审核、批准、替换或撤销、复制、保管和销毁等应当按照操作规程管理，并有相应的文件分发、撤销、复制、销毁记录。文件的起草、修订、审核、批准均应当由适当的人员签名并注明日期。文件应当定期审核、修订；文件修订后，应当按照规定管理，防止旧版文件的误用。分发、使用的文件应当为批准的现行文本，已撤销的或旧版文件除留档备查外，不得在工作现场出现。

文件的起草：药品生产企业各职能部门负责起草各自职责相关的管理标准、操作标准、记录等。文件应当标明题目、种类、目的以及文件编号和版本号。文件的内容应当与药品生产许可、药品注册等相关要求一致，文字应当确切、清晰、易懂，不能模棱两可。

文件的审核：与 GMP 有关的文件应当经企业质量管理部门审核。

文件的批准：文件的批准由相应职能部门完成，通常情况下需要有质量管理部门人员参与批准。

文件的打印/复印：文件批准后由文件专员负责打印或复印。原版文件复印时，不得产生任何差错；复印的文件应当清晰可辨，并做好记录。

文件的分发：文件专员按照规定的分发清单将复印件分发至相关部门。接收部门需要在文件分发清单上签名。在分发最新版本时，还应收回旧的版本，这是保证管理文件处于受控状态的重要措施之一。

文件的归档、保存：文件应当分类存放、条理分明，便于查阅。各类文件的保存期限依据其种类有所不同。一般而言，质量标准、工艺规程、操作规程、稳定性考察、确认、验证、变更等其他重要文件应当长期保存；批记录应当由质量管理部门负责管理，至少保存至药品有效期后一年；用电子方法保存的批记录，应当采用磁带、缩微胶卷、纸质副本或其他方法进行备份，以确保记录的安全。

文件的销毁：文件的销毁应遵循相应的规定，由指定部门或指定人员负责，并做好相应的记录。

4.4　药品生产企业实施 GMP 的要素

4.4.1　管理层的职责

ICH Q10 强调企业领导层在建立和保持公司的质量承诺以及药品质量体系的运行中必不可少，对于企业建立有效的药品质量体系来确保实现质量目标，高级管理层负有最终责任，并要求界定其职责和权力，在全公司内传达、执行。ICH Q10 明确企业管理层应该履行以下职责：

① 参与有效药品质量体系的设计、实施、监测和维护；

② 明确支持药品质量体系，确保其在组织内的实施；

③ 设置适当质量管理层，确保及时有效的沟通；

④ 明确药品质量体系相关的组织机构中个人和团队的职责、权力和相互关系；建立独立的质量管理机构，履行、落实药品质量体系责任；

⑤ 实施工艺性能和产品质量以及药品质量体系的管理回顾分析；

⑥ 提倡持续改进；

⑦ 提供适当的资源。

我国《药品管理法》规定：药品上市许可持有人的法定代表人、主要负责人对药品质量全面负责；药品上市许可持有人应当建立药品质量保证体系，配备专门人员独立负责药品质量管理；药品生产企业的法定代表人、主要负责人对本企业的药品生产活动全面负责。我国 GMP 中尽管没有专门的章节详细描述企业管理层的职责，仅强调"企业高层管理人员应当确保实现既定的质量目标"，但药品生产企业管理层必须认真落实法律法规要求，应该在企业执行 GMP 过程中起直接领导作用，运用管理层的领导力为企业有效运行 GMP 创造全员参与的良好环境。

总之，药品生产企业管理层应该积极参与质量管理活动，对保证实现质量目标而制定的人员安排、职责划分、任命授权及其在企业内部或外部的沟通与实施负有最终责任。

4.4.2　质量管理机构及职责

企业高层管理者或管理层应负责建立质量管理体系组织架构，赋予各职能部门发挥职能的领导权，明确各职能部门的职责，为生产合格药品提供质量管理的保障。

GMP 规定：企业应设有独立的质量管理部门，包括质量检验和质量保证部门，履行质量保证和质量控制的职责，参与所有与质量有关的活动，对所有药品生产活动中的质量问题行使决定权。

我国 GMP 要求与质量管理相关主要负责人履行相应的管理职责如下。

质量管理部门负责人职责：

① 确保原辅料、包装材料、中间产品、待包装产品和成品符合经注册批准的要求和质量标准；

② 确保在产品放行前完成对批记录的审核；

③ 确保完成所有必要的检验；

④ 批准质量标准、取样方法、检验方法和其他质量管理的操作规程；

⑤ 审核和批准所有与质量有关的变更；

⑥ 确保所有重大偏差和检验结果超标已经过调查并得到及时处理；

⑦ 批准并监督委托检验；

⑧ 监督厂房和设备的维护，以保持其良好的运行状态；

⑨ 确保完成各种必要的确认或验证工作，审核和批准确认或验证方案和报告；

⑩ 确保完成自检；

⑪ 评估和批准物料供应商；

⑫ 确保所有与产品质量有关的投诉已经过调查，并得到及时、正确的处理；

⑬ 确保完成产品的持续稳定性考察计划，提供稳定性考察的数据；

⑭ 确保完成产品质量回顾分析；

⑮ 确保质量控制和质量保证人员都已经过必要的上岗前培训和继续培训，并根据实际需要调整培训内容。

生产部门和质量管理部门负责人通常具有如下共同的质量责任：

① 审核和批准产品的工艺规程、操作规程等文件；

② 监督厂区卫生状况；

③ 确保关键设备经过确认；

④ 确保完成生产工艺验证；

⑤ 确保企业所有相关人员都已经过必要的上岗前培训和继续培训，并根据实际需要调整培训内容；

⑥ 批准并监督委托生产；

⑦ 确定和监控物料和产品的储存条件；

⑧ 保存记录；

⑨ 监督 GMP 执行状况；

⑩ 监控影响产品质量的因素。

质量受权人的主要职责：

① 参与企业质量体系建立、内部自检、外部质量审计、验证以及药品不良反应报告、产品召回等质量管理活动；

② 承担产品放行的职责，确保每批已放行产品的生产、检验均符合相关法规、药品注册要求和质量标准；

③ 在产品放行前，质量受权人必须按要求出具产品放行审核记录，并纳入批记录。

4.4.3 人员要求与人员的培训

人是质量管理的主体，为保证有效贯彻和实施质量管理体系，企业应当配备符合岗位要求、适当数量的分析员、操作工人、技术人员、各级管理人员和各职能部门负责人等人力资源。况且，制药属于技术密集性产业，法规、技术、管理更新快，要求企业员工能快速更新知识以适应新的变化环境。控制好关键人员以及对人员进行合适的培训，包括 GMP、岗位职责、特定工种及相应的质量要求等，是 GMP 重点关注的内容，有助于员工自觉养成良好的工作习惯，减少差错与污染。

我国 GMP 规定：

① 关键人员应当为企业的全职人员，至少应当包括企业负责人、生产管理负责人、质量管理负责人和质量受权人。质量管理负责人和生产管理负责人不得互相兼任。质量管理负责人和质量受权人可以兼任。应当制订操作规程确保质量受权人独立履行职责，不受企业负责人和其他人员的干扰。

② 关键人员的资历要求详见第 3 章第 3.7.1.2 节。

③ 企业应当指定部门或专人负责培训管理工作，应当有经生产管理负责人或质量管理负责人审核或批准的培训方案或计划，保存培训记录。与药品生产、质量有关的所有人员都应当经过培训，培训的内容应当与岗位的要求相适应，如 GMP 理论和实践、相关法规、相应岗位的职责、技能等，并定期评估培训的实际效果。高风险操作区（如：高活性、高毒性、传染性、高致敏性物料的生产区）的工作人员应当接受专门的培训。

2010 版 GMP 指南明确，实施 GMP 的人员培训应关注：培训管理、培训范围、培训内容、培训计划、培训结果、培训文件等，详见第 3 章第 3.7.3.4 节。

4.4.4 药品生产质量受权人制度

为促进药品生产企业完善质量管理体系，明确企业质量管理工作中的职权，切实保证药品 GMP 的有效实施，确保药品质量，保障人民用药安全，我国 2010 版 GMP 引用了WHO 以及发达国家的药品生产质量受权人制度，要求生产企业实施质量受权人（authorized person，AP）的产品放行职责，这也是我国 GMP 管理理念的重大提升。我国《药品管理法》规定：药品生产企业应当建立药品出厂放行规程，明确出厂放行的标准、条件。符合标准、条件的，经质量受权人签字后方可放行。这从法律层面强调了质量受权人的产品放行职责。

欧盟要求药品放行负责人履行质量受权人（qualified person，QP）职责。在欧盟生产的药品，药品放行负责人必须保证每批产品的生产及检验应符合欧盟法令及药品注册批准的要求。在欧盟以外生产的药品，药品放行负责人必须保证每批进口药品在进口国已按相应的要求进行检验。以上保证必须通过文件呈现。

药品放行负责人应是企业全职人员，必须达到欧盟 2001/82/EC 号法令第 49 条所规定的资质要求，应遵从药品注册批准文件持有人的安排。药品放行职责仅能委托给药品放行负责人。

资质方面，药品放行负责人应持有毕业文凭、完成大学至少四年理论和实践课程而授予的正式的资格证书，或由欧盟各成员国认定的同等学历证明。要求专业：药学，医学，兽医/药学，化学，药物化学和制药工艺学，生物学等。大学学时最短要求三年，但须具备毕业后一年的理论和实践培训经历（至少六个月公共药房的培训），并经大学水平考试合格。培训课程至少应包括以下学科的理论及实践知识：应用物理、普通和无机化学、有机化学、分析化学、药物化学（包括药物分析）、普通和应用生物化学（医学）、生理学、微生物学、药剂学、制药工艺、毒理学、生药学，从而使药品放行负责人拥有履行责任所需的基本知识背景与实习经历。没有大学经历者，可提供达到相应要求的证明材料。

实践方面，药品放行负责人应具有两年以上的药品生产企业的工作时间，从事过原料药定性分析、定量分析以及药品质量保证相关的检测和检查。如果大学学制五年，实践期可减少一年；如果大学学习持续时间超过六年，实践期可减少一年半。

管理上，一般由"药师协会"类似机构负责考核、认定药品放行负责人。通过制订"药品放行负责人执业行为规范"、"药品放行负责人失职惩罚程序"来规范药品放行负责人的职业行为。一个企业可以拥有多个药品放行负责人，质量管理部门负责人可以兼任药品放行负责人。

我国 2010 版 GMP 对质量受权人的主要职责和资质要求已在 4.4.3 节中陈述。质量受权人行使产品放行的具体职责概括如下。

① 保证产品符合注册要求以及产品相应的质量标准。

② 保证产品生产符合 GMP 要求。

③ 签署证书或证明文件。

④ 保证产品相关方偏差、变更和检验结果偏差（out of specification，OOS）都经过相应的调查和处理。

⑤ 保证需要经过药品监督管理部门批准的重大变更已经上报并得到批准。

⑥ 保证完成所有的必要检验。

⑦ 保证所有的必要生产和检验文件已经完成并被批准。

⑧ 判断和评价生产和检验文件的结果。

⑨ 考虑其他可能影响产品质量的因素

⑩ 决策产品放行和物料拒收。

4.4.5　物料和产品放行

物料和产品放行是质量保证的重要环节，目的在于保证物料、产品及其生产过程符合注册、GMP 法规和质量标准的要求。我国 2010 版 GMP 明确规定，药品生产企业应当建立物料和产品批准放行的操作规程，明确批准放行的标准、职责，并有相应的记录；应当由指定人员签名批准物料放行，由质量受权人签名批准每批药品放行。质量评价相关部门（质量部门、生产部门）应该将药品相关正确信息、评价、决议传递给放行决策者，以便其正确行使放行权。

物料和产品放行的主要流程包括质量评价和放行审核批准。

（1）质量评价

质量评价是指对物料和产品相关原始数据进行评估，评判物料、生产过程是否符合质量标准、注册标准和 GMP 要求。

物料的质量评价内容应当至少包括生产商的检验报告、物料包装完整性和密封性的检查情况和检验结果，并有明确的结论，如批准放行、不合格或其他决定（如拒收）。

产品放行的质量评价也称成品的批评价，是通过对该批产品的批档案进行回顾检查、审核以确定产品是否符合质量标准，是否准予放行。GMP规定应由质量管理部门专职人员负责成品的批评价。评价步骤一般为：审查批档案、评价偏差对质量的影响、出具合格报告、准予放行。

批档案通常包括：物料单，如配料单、核料单；批生产记录；批包装记录；清场记录；中间控制记录；印刷包装材料数额平衡清单；关键工艺设备运行图谱（如灭菌柜的灭菌曲线、冻干机的冻干曲线、烘房温度变化曲线等）；取样单；化验申请单；批检验记录；偏差报告；环境监测报告等。由质量管理部门负责成品批档案保管，至少保留至产品有效期后1年。

质量管理部门（QA）专职人员负责成品的批评价。一般由QA质量评价员对每批产品完整的批档案进行审核，检查重点在于：

① 所有与本批相关的记录是否齐全；
② 生产过程中工艺、设备运行是否正常；
③ 生产过程中工艺条件是否在规定的范围内；
④ 相应的清洁和清洗、清场操作是否正常；
⑤ 洁净区域的环境条件是否在规定条件；
⑥ 中间控制结果是否符合要求；
⑦ 成品检查结果是否符合标准；
⑧ 原始图谱、数据是否齐全；
⑨ 各工段主管的审核意见；
⑩ 如有偏差发生，偏差调查是否已完成，各项纠偏措施的完成情况及综合评估对最终成品质量的影响。

审核完成，审核人应在成品批质量评价报告书上签名，上报QA负责人审核，确定是否批准偏差报告和最终成品放行的决定。

由于药品生产中，关键工艺参数或检验数据与历史数据统计值的异常偏差可能是工艺控制发生波动的征兆。因此，QA质量评价员在进行成品质量评价时，应对关键工艺参数和主要检验数据进行趋势分析，绘制曲线图，以反映工艺受控状态，以便寻找产品异常波动可能的原因，采取必要的纠正措施，防止重大偏差的发生。应定期对所有批次的产品进行系统的回顾分析，其趋势分析总结应及时报质量管理部门、生产部门以及企业管理层相关人员。

（2）批准放行

批准放行是指放行责任人以书面形式或在电子系统中完成物料或产品的决策过程，可以通过签署检验报告书、合格证等形式体现。产品的批准放行由质量受权人执行。

QA质量评价员完成产品批评价报告书，上报QA负责人或质量受权人审核。当上述各项检查项目符合要求时，准予合格放行；对于一般的偏差，经调查有理由和证据表明不会影响成品质量时，可准予合格放行；对于严重偏差，明显会影响成品质量时，应判为不合格，不得上市销售；对于不能评判是否合格的产品，可根据具体情况进行必要的试验，如增加特殊的试验项目、进行加速或特殊条件下的稳定性考察、进行趋势分析等，运用专业知识及质量风险管理理念对最终成品的放行做出正确判断。若审核结论是合格放行，由质量负责人或质量受权人签字，准予成品放行。

4.4.6 持续稳定性考察

药品的稳定性是指药品稳定保持其物理、化学、生物学性质及其疗效和安全性的能力。对药品的稳定性要求属于药品管理法规规范重点，各国的药典和新药注册审批等都对药品的稳定性研究有详细的规定。目的在于确保上市产品在标注的储存条件下和有效期内，其安全性、有效性完全符合质量标准要求。

依据考察目的的不同，上市产品稳定性考察可分为常规稳定性考察、刚上市产品的稳定性考察和特殊稳定性考察。一般情况下，稳定性考察时应模拟市售包装形式。

常规稳定性考察：针对正常生产条件下的常规产品而进行的持续稳定性考察。

新上市产品的稳定性考察：新产品上市，对正式生产销售前三批产品进行持续稳定性考察。

特殊稳定性考察：特殊状况出现时，如生产过程中工艺条件的改变，或生产过程中出现偏差，可能对产品质量造成影响，通过稳定性考察，并分析评价考察结果，可以为产品在有效期内的质量符合要求提供依据。

4.4.6.1 稳定性考察的条件设计

(1) 考察条件

我国大部分地区位于亚热带，属于国际协调委员会 ICH 规定的 Ⅱ区，按其规定，上市产品常规稳定性考察条件为：温度 25℃±2℃，相对湿度 60%±5%。我国 2010 版 GMP 明确了选择稳定性考察条件，应当采用与药品标示储存条件相对应的《中国药典》规定的长期稳定性试验标准条件。《中国药典》2020 年版对药品长期稳定性考察规定的条件为：温度 25℃±2℃，相对湿度 60%±10% 或 30℃±2℃，相对湿度 65%±5%。对于有特殊储存要求的产品，应参照其特殊储存条件来设置考察条件。

(2) 考察项目

一般要求必须包括相应产品国家标准中规定的所有项目，根据企业需求，也可适当增加考察项。《中国药典》2020 年版第四部 9001（原料药物与制剂稳定性试验指导原则）中推荐了原料药物及制剂稳定性重点考察项目，如表 4-1 所示。

关于微生物指标，对非无菌制剂，可考虑在有效期止的时间点检测；对无菌制剂，应在稳定性考察的开始时间点和有效期止的时间点进行无菌检查。

表 4-1 原料药物及制剂稳定性重点考察项目参考表

剂型	稳定性重点考察项目	剂型	稳定性重点考察项目
原料药	性状、熔点、含量、有关物质、吸湿性以及根据品种性质选定的考察项目	眼用制剂	如为溶液，应考察性状、可见异物、含量、pH 值、有关物质；如为混悬液，还应考察粒度、再分散性；洗眼剂还应考察无菌；眼丸剂应考察粒度与无菌
片剂	性状、含量、有关物质、崩解时限或溶出度或释放度		
胶囊剂	性状、含量、有关物质、崩解时限或溶出度或释放度、水分，软胶囊要检查内容物有无沉淀	丸剂	性状、含量、有关物质、溶散时限
		糖浆剂	性状、含量、澄清度、相对密度、有关物质、pH 值
注射剂	性状、含量、pH 值、可见异物、不溶性微粒、有关物质，应考察无菌	口服溶液剂	性状、含量、澄清度、有关物质
栓剂	性状、含量、融变时限、有关物质	口服乳剂	性状、含量、分层现象、有关物质
软膏剂	性状、均匀性、含量、粒度、有关物质		
乳膏剂	性状、均匀性、含量、粒度、有关物质、分层现象	口服混悬剂	性状、含量、沉降体积比、有关物质、再分散性
糊剂	性状、均匀性、含量、粒度、有关物质	散剂	性状、含量、粒度、有关物质、外观均匀度
凝胶剂	性状、均匀性、含量、有关物质、粒度，乳胶剂应检查分层现象	气雾剂（非定量）	不同放置方位（正、倒、水平）有关物质、揿射速率、揿出总量、泄漏率

(3) 考察批次和取样时间点

常规稳定性考察：通常要求同一品种每个规格至少考察 1 批。对于稳定性较差（如容易降解）的产品，应根据该产品历史稳定性数据适当增加考察批数。通常在产品生产之日起的第 12、24、36 个月按企业规定的稳定性项目进行全项检查，直至产品的有效期止。产品的有效期小于或等于两年时，则应适当考虑增加考察频率，如在生产日期起的第 6、12、18、24 个月进行稳定性项目的全项检查。

特殊稳定性考察：应依据出现的变更或者偏差对质量可能产生的影响，决定稳定性考察频率和考察项目。

新产品稳定性考察：按照企业规定的稳定性考察项目，在生产之日起的第 3、6、9、12、18、24、36、48 个月进行全项检查，直至产品有效期后一年。

（4）稳定性考察时限要求

通常应在一个月内完成稳定性考察的样品检验，若不能按时完成，应充分说明理由并经 QA 评价、批准。

4.4.6.2　稳定性数据的评价

稳定性考察有助于发现产品稳定性变化趋势，确保产品在运输、储存和使用过程中的质量。质量管理部门应采用统计学或非统计学的方法，及时对稳定性考察的结果进行评估和趋势分析，一旦发现产品的稳定性存在不良趋势，在有效期内可能偏离质量标准时，应及时报告质量管理部门经理和企业生产质量负责人，以便采取必要的措施。

4.4.6.3　稳定性数据的趋势分析

趋势是通过一类典型的、随时间变化的数据来显示研究对象的发展动向。随时间变化的稳定性数据可以显示药品在说明书载明的储存条件下质量的变化动向。通过分析稳定性数据的变化趋势，可以支持已批准产品的有效期，也可为改变有效期提供依据。药品生产企业应按品种、规格，每年至少进行一次稳定性数据的趋势分析，结合回顾分析，确定产品稳定性变化是否为典型或非典型结果，以支持确保药品质量的行为决策。

4.4.7　变更管理

药品生产是依靠稳定、一致和持续可控的状态来确保产品的质量、安全性和有效性。一旦生产所涉及的规程、工艺、设备等发生变化，无疑可能会导致药品质量的变化。如果能够预先对相关变更可能带来的影响进行评估，实施有效的变更管理，尽量降低风险，可以保证药品质量可控。为鼓励持续改进，使变更达到预期的目的，国际上主要的 GMP 法规或指南均对变更管理给予高度关注。ICH 的 Q10 将变更管理列为质量管理体系中 4 个要素之一，对制药企业提出了更高的风险管理要求。我国 2010 版 GMP 已对 "变更控制"（第十章第四节）提出了具体的规定。

变更管理，又称变更控制。按照欧盟/澳大利亚 GMP 的定义，变更控制是由适当学科的合格代表对可能影响厂房、系统、设备、工艺等验证状态的变更提议或实际的变更进行审核的正式系统。其目的在于使系统维持在验证状态而确定需要采取的行动并对其进行记录。ICH Q10 强调药品企业应具备有效的变更管理系统，覆盖药品的全生命周期，基于知识与风险评估，对药品性能改进、工艺设备变化、纠偏和预防措施的执行等而导致的各种变更，进行正确评定、批准和处理。我国 2010 版 GMP 也明确，企业应当建立变更控制系统，对所有影响产品质量的变更进行评估和管理。需要经药品监督管理部门批准的变更应当在得到批准后方可实施。应当建立操作规程，规定原辅料、包装材料、质量标准、检验方法、操作规程、厂房、设施、设备、仪器、生产工艺和计算机软件变更的申请、评估、审核、批准和实施。质量管理部门应当指定专人负责变更控制。

由此可见，变更管理应该有效控制任何影响药品质量和重现性的变更，包括但不仅限于以下内容：

原辅料、标签和包装材料、处方、生产工艺、生产环境或场所、质量标准、检验方法、有效期、复检日期、储存条件和稳定性方案、验证的计算机系统、厂房、设备、共用系统、产品品种的增加或取消、清洁和消毒方法等。

我国药品监督管理局 2021 年 1 月发布了"药品上市后变更管理办法"（试行），严格规范药品变更行为和变更监管，以保障用药安全。

4.4.7.1　变更的分类

企业应当评估变更对产品质量的潜在影响，可以根据变更的性质、范围、对产品质量潜在影响的程度将变更分类。我国 2010 版 GMP 指南推荐的变更分类包括但不局限于以下所列。

主要变更：对产品关键质量特性有潜在的重大影响，并需要通过主要开发工作（稳定性试验、对比试验、再验证等）来确定其变更的合理性。

次要变更：对产品的关键质量特性不大可能产生影响，也不会使生产工艺发生飘移，无需主要开发工作确认即可批准执行的变更。

涉及注册的变更：超出目前注册文件的描述，需要报告或报送药品监督管理部门批准的变更。

不涉及注册的变更：目前注册文件无描述或在注册文件描述的范围之内，无需报送药品监督管理部门批准的变更。

永久变更：批准后将长期执行的变更。

临时变更：因某种原因而做出的临时性改变，随后将恢复到原来状态。

4.4.7.2　变更管理程序

企业可以依据其组织架构、生产工艺复杂性、变更涉及范围等因素设计合适的流程，建立一套简洁并且能集中管理的变更流程，以确保对企业所有变更实施有效的控制。企业内部变更管理程序一般应包括以下步骤。

① 提出变更申请　通常由变更申请人完成，说明申请变更的详细内容和理由。

② 变更评估　由各相关领域的专家和有经验的专业人员组成专家团队，评估变更可能对产品质量、现行法规、供应链、安全健康环境、公司业务带来的影响，并确定应采取的行动，如是否需要进行开发性的研究工作（稳定性研究、生物等效性研究、验证或确认、小试或批量生产等）以确保变更在技术上的合理性；明确源于变更的实施而需要更新的文件清单等。评估结果应由相关部门负责人和质量负责人批准。

③ 变更批准　一般由变更管理委员会进行审核批准。委员会通常可由质量管理部门负责人、生产部门负责人、法规部门负责人、工程部门负责人、安全健康环境负责人组成。旨在从生产运行的各个方面全面评估变更的可行性及其潜在的影响，最终决定是否批准该变更申请。变更批准应该依据系列信息：开发性工作所获得的支持性数据，需要的其他文件与信息，变更批准后所采取的行动（修改相关文件，培训等），行动计划和责任分工等。变更若涉及到关联企业，应通知并获得关联企业的支持与认可。

④ 变更执行　获得书面批准后，方可执行变更，并应建立追踪体系保证变更按计划落实。

⑤ 变更效果的评估　变更执行后应进行效果评估，以确认变更是否达到预期目的。

⑥ 变更关闭　变更执行完毕，相关文件已经更新，重要行动已经完成，后续评估已获得变更的有效性结论，可关闭本次变更。

需要通过注册批准的变更，除需要经过以上内部审评批准外，应按照注册申报要求，向药品监督管理部门提交所需资料，获得批准后方可执行变更。

可见，任何涉及药品质量和注册的变更，都必须通过正式的变更程序加以控制，变更控制程序应包括从变更申请、变更执行到变更效果评估的全过程。需要注册申报的所有变更还必须获得药监部门的批准。

4.4.8　偏差管理

ICH Q10 强调药品质量体系应包含纠正和预防措施系统，偏差管理是在药品生产环节落实此要求的具体措施之一。按照 ICH Q7 的定义，偏差（deviation）是指偏离已批准的程序或标准的任何情况。药品生产企业的标准是为实现产品质量而制订的各种技术标准。一般 GMP 没有确定偏离程度的大小，任何偏离程序与标准的情况都属于偏差管理范畴。我国 2010 版 GMP 所界定的偏差涉及生产工艺、物料平衡限度、质量标准、检验方法、操作规程等的任何偏离情况。

偏差需要纠正（correction）和预防（prevention）。纠正是指为消除已发现的不合格而采取的行动，采取纠正措施是为了改正现有偏离，防止不合格再次发生，如返工、降级。预防是指为消除潜在不合格和潜在导致不合格原因所采取的行动，采取预防措施是为了防止不合格发生。

偏差管理是指对产品生产、检验、仓储运输等过程中出现的一切偏离标准情况进行处理的要求与程序，一般包括偏差的报告、偏差的调查、偏差的处理等。偏差管理属于风险管理范畴，偏差管理有效实施的前提是企业已经建立并有效运行控制药品生产与确保药品质量的规定、程序、标准。没有预先的规定，不可能出现偏离。偏差管理的目的在于预防偏差的出现，确保药品质量。偏差管理系统应该覆盖 GMP 要求的全范围。

我国 2010 版 GMP 对偏差管理的基本规定：企业应当确保所有人员正确执行生产工艺、质量标准、检验方法和操作规程，防止偏差的产生。应当建立偏差处理的操作规程，规定偏差的报告、记录、调查、处理以及所采取的纠正措施，并有相应的记录。应当评估任何偏差对产品质量的潜在影响，如偏离生产工艺、物料平衡限度、质量标准、检验方法、操作规程等。

有效运行偏差管理，是制药企业发现问题、自我纠正、不断完善、保证产品质量的重要途径。

4.4.8.1　偏差管理职责

偏差管理规程应确定相关职责。

① 药品生产各部门负责人应该确保所有人员正确执行生产工艺、质量标准、检验方法和操作规程，防止偏差的产生。

② 操作人员在生产过程中发现任何偏差，均应如实记录，并立即向部门主管和/或部门负责人报告。

③ 部门主管和/或部门负责人接到偏差报告，应立即采取纠偏措施，或立即报告质量管理部门或更高级管理层，以便及时决策与处理。

④ 质量管理部门负责偏差的分类，批准纠正和预防措施（corrective and preventive action，CAPA）方案，审核批准偏差调查报告，跟踪纠正和预防措施的执行，并结束和启动纠正预防措施，负责保存偏差调查、处理的相关文件和记录，对偏差系统进行定期回顾并向企业管理层汇报。

⑤ 跨职能、跨学科团队（cross-functional team，CFT）负责调查偏差原因，评估偏差影响，提出纠正和预防措施，并执行已批准的纠正和预防措施。

4.4.8.2 偏差分类

GMP 要求对偏差的分类应该基于药品质量影响的分类。药品生产企业应该评估偏差对药品质量的潜在影响，并结合产品工艺特性、质量管理体系情况，建立适当的偏差分类标准。可根据偏差性质、范围大小、对产品质量的影响程度、是否影响用药者健康、与法规不符合的程度等，对偏差进行分类，如：

重大偏差、次要偏差；

关键偏差、中等偏差、微小偏差；

关键偏差、重要偏差、小偏差；

Ⅰ类偏差、Ⅱ类偏差、Ⅲ类偏差。

对于微小或小偏差，属细小标准偏离，不足以影响产品质量，无需深入调查，但必须立刻采取纠正措施，并记录。而对于关键、重要或重大偏差，可能对药品质量产生严重或潜在的影响，必须进行偏差调查，找到原因，采取纠正措施进行整改，并执行预防措施，有效防止类似偏差再次发生。

无论企业采用何种偏差分类，应严格实施被批准的分类标准，防止执行中人为降低偏差等级，带来药品质量隐患。

4.4.8.3 偏差的处理流程

（1）偏差的报告

一旦发生偏差，操作人员应立即向相关的班组长或生产主管报告，并采取行动防止事态恶化。生产主管应核实情况，判别偏差类别，对细小偏差，立即采取纠正措施，恢复作业至正常状态。记录偏差，生产主管签字确认。对于重大或严重偏差，应立即向质量管理部门报告，由质量管理部门主持调查与处理。

（2）偏差调查

由于产生偏差的原因众多，对偏差的调查可能牵扯多个职能部门，并需要跨领域的专业知识与技能技巧支撑，从而要求企业组织跨职能（跨学科）团队，召集所有必要专业领域的专业人员，超越单一职能部门的局限，深入调查偏差原因，保证各方面的问题都能得到讨论与解决。

一般跨职能（跨学科）团队人员包括生产相关负责人、质量控制相关负责人、质量保证相关负责人、药品注册相关人员等。必要时，还可能涵盖设备、工程部门人员、研究开发人员等。特殊情况下，还需要寻求企业以外的可用资源帮助。

对于重大和严重偏差，必须及时展开全面调查。按照质量管理部门批准的调查方案中确定的调查范围和时间进度，仔细排查，寻找导致偏差最根本的原因。正确、合理评估偏差对药品质量影响的程度和范围，如直接受影响的产品、其他产品的影响。并评估偏差对质量管理体系的影响，如验证状态、注册批准文件、顾客质量协议等。必要时，应结合实验研究、稳定性研究等结果来评估，如工艺引起的偏差，应考虑对该批产品进行稳定性研究。

偏差调查应有详细记录。

（3）纠正措施和预防措施的确定和执行

基于偏差根本原因调查和结论，跨职能（跨学科）团队应该提出纠正措施和预防措施，以消除偏差的影响，防止再次发生同样的偏差，明确措施执行责任人与执行时限要求，报质量管理部门批准后实施。常见纠偏措施有降级、返工、销毁、重新包装、重新贴标签等。常见预防措施有修改程序文件、重新培训、改进相关的系统等。

各职能部门应严格落实纠正措施和预防措施。质量管理部门负责跟踪措施执行情况，并核实所批准的纠正措施完成情况。

（4）偏差报告

批准的纠正措施执行完毕，跨职能（跨学科）团队应提交纠偏行动完成情况报告，报质量管理部门负责审核批准。

（5）偏差报告时限

偏差处理的及时性是评判偏差系统是否有效运行的重要指标。企业应该明确规定偏差管理系统中流程各阶段的时限要求，偏差报告及调查工作应在规定的时限内完成。

参考美国 FDA 在 2002 年对"及时"的解释，药品生产企业应该结合偏差导致事件本身的紧急程度和对用药人健康的影响程度来确定时限，拖延时间越久，"第一现场"消失的可能性越大，取证与调查越困难。建议企业在偏差管理程序中一般设定关闭偏差的时限不超过30 天，特殊情况除外。

通常情况下的时限设定如下。

微小偏差：一旦发现偏差，应立即记录并处理。

重要偏差：发现偏差，在 24h 内记录偏差，并在 30 个工作日内完成偏差调查报告。

重大偏差：发现偏差，在 48h 内记录偏差，完成纠偏行动，方可放行合格产品。

（6）偏差趋势分析

质量管理部门应负责建立和维护偏差管理系统，定期回顾偏差处理的状况、重复发生的偏差情况，并监控纠正措施和预防性措施的科学性、有效性。应汇总年度出现的所有偏差情况，对偏差进行统计分析，寻找偏差趋势，将其作为年度产品质量报告的一部分，上报相关部门及企业管理层，推动偏差管理系统的持续改进。

进行偏差趋势分析时，常通过提问方式来研究偏差趋势，如：

不同类型偏差比例如何？是否存在变化趋势？

不同部门偏差比例如何？是否存在变化趋势？

是否存在相同或相似偏差重复发生的趋势？

具体偏差的关闭时限是否存在变化趋势？

……

在推进企业偏差管理系统持续改进过程中，经常思考以下问题，解决了这些问题即可实现系统改进。如：

偏差的定义是否有漏洞、歧义、冲突？

偏差分类标准及实际使用中是否有漏洞、歧义、冲突？

偏差报告是否及时？

不同职能、专业的人员是否有效合作？

偏差调查是否全面、彻底？

物料/产品放行是否与偏差管理脱节？

······

(7) 偏差记录、报告存档

企业应明确规定偏差调查、处理、报告等文件和记录的保存职责与保存方式及期限。完成偏差报告，应将相关记录和报告归档保存。质量管理部门应负责偏差调查、处理相关文件与记录，其保存时间与相关产品批记录相当。

4.4.9 供应商的确认和管理

由于原辅材料、包装材料等的质量直接影响到药品质量，药品生产企业与供应商成为利益共同体，二者的命运紧密相连。实施供应商管理也是药品质量管理体系的重要组成要素。

世界卫生组织（WHO）的 GMP 以及欧盟的 GMP 都明确规定：制药企业的质量保证体系应采取适当的措施确保原辅料、包装材料的正确生产、供应和使用。我国 2010 版 GMP 也要求：质量管理部门应当对所有生产用物料的供应商进行质量评估，会同有关部门对主要物料供应商（尤其是生产商）的质量体系进行现场质量审计；企业应当建立物料供应商评估和批准的操作规程，明确供应商的资质、选择的原则、质量评估方式、评估标准、批准物料供应商的程序；如果质量评估需采用现场质量审计方式的，还应当明确审计内容、周期、审计人员的组成及资质。需采用样品小批量试生产的，还应当明确生产批量、生产工艺、产品质量标准、稳定性考察方案。

供应商确认主要可分为供应商筛选和审计，对供应商的管理强调动态监控，可建立计算机管理系统。新供应商的开发是药品生产采购环节的重要内容，其质量审计评估的具体要求和程序详见本书第 3 章第 3.4.1 节。

4.4.9.1 供应商筛选

筛选供应商应该考虑相关因素：所购物料的质量标准与国家标准或企业内控标准的符合性；全检供应商 3 批样品，考察其与企业需求的复合程度；收集供应商基本信息，如企业概况、发展历史、研发能力、质量管理体系、生产工艺、生产能力、供货价格、可持续发展能力等。立足长期合作、企业战略发展的高度，合理、科学筛选供应商，构建企业稳定发展的物料供应链。

4.4.9.2 供应商审计、评估

供应商审计的重点在于：资质的符合性、质量系统的符合性、物料质量的符合性。通常需要对供应商进行现场审计、核查，结合供应商资料、年度质量回顾报告等实施对供应商的评估。

资质的符合性：关注供应商的相关资质证明文件是否具备，包括：营业执照、组织机构代码、生产许可证、GMP 符合性、药品批准文号等生产批件。

质量系统的符合性：关注供应商的设备、设施硬件管理、质量保证体系（质量控制、质量标准、文件与记录等）、人员与培训、生产管理、仓储管理、供货能力、企业信誉、沟通协作态度等。

物料质量的符合性：关注供应商物料标准与企业验收标准的符合程度，通过小样检验或小试、工艺验证来考察实际物料质量与标准的符合程度。

因此，通过现场核实供应商资质证明文件和检验报告的真实性，核实其检验条件。检查其人员机构、厂房设施和设备、物料管理、生产工艺流程和生产管理、质量控制实验室的设

备、仪器、文件管理等，以全面评估其质量保证系统，形成现场质量审计报告。供应商的评估资料至少应包括：供应商的资质证明文件、质量标准、产品检验报告、企业对物料样品的检验数据与报告、现场质量审计报告、现场小试样品的质量检验报告和稳定性考察报告等。

4.4.9.3 供应商的动态管理

实施对供应商的动态管理，要求企业建立经确认的供应商目录，并及时更新；质量管理部门应当与主要物料供应商签订质量协议，在协议中明确双方所承担的质量责任；定期对物料供应商进行评估或现场质量审计，回顾分析物料质量检验结果、质量投诉和不合格处理记录；当物料出现质量问题或生产条件、工艺、质量标准和检验方法等可能影响质量的关键因素发生重大改变时，应当尽快进行相关的现场质量审计。

企业还应当对每家物料供应商建立质量档案，内容包括：供应商的资质证明文件、质量协议、质量标准、样品检验数据和报告、供应商的检验报告、现场质量审计报告、产品稳定性考察报告、定期的质量回顾分析报告等。

4.4.10 产品质量回顾

1979 年，美国 FDA 在其 cGMP 中开始执行产品的质量回顾，要求药品生产企业对自己生产的药品进行总结，促使企业对产品的各项质量标准进行回顾与评估。产品工艺与质量回顾管理也是 ICH Q10 明确的药品质量体系重要组成部分。现在许多国家的 GMP 指南都明确了产品质量回顾内容，强调企业对产品各种质量信息开展回顾，以确定产品生产过程的可靠性，发现不良趋势，应启动相关整改行动。我国 2010 版 GMP 也首次将产品质量回顾纳入其中，要求企业定期开展产品质量回顾。

产品质量回顾是指企业通过定期对产品生产和质量的相关数据的回顾分析，以评价产品生产工艺的稳定可靠性，以及物料、成品现行质量标准的适用性，便于识别其发展趋势，并对不良趋势进行控制，确保生产稳定可控，产品符合质量标准的要求，也为持续改进产品质量提供依据。

我国 2010 版 GMP 明确，企业应当对以下情形进行产品质量回顾分析：
① 产品所用原辅料的变更，尤其是来自新供应商的原辅料；
② 关键中间控制点及成品的检验结果；
③ 所有不符合质量标准的批次及其调查；
④ 所有重大偏差及相关的调查，所采取的整改措施和预防措施的有效性；
⑤ 生产工艺或检验方法等的所有变更；
⑥ 已批准或备案的药品注册的所有变更；
⑦ 稳定性考察的结果及任何不良趋势；
⑧ 所有因质量原因造成的退货、投诉、召回及调查；
⑨ 与产品工艺或设备相关的纠正措施的执行情况和效果；
⑩ 新获批准和有变更的药品，按照注册要求上市后应当完成的工作情况；
⑪ 相关设备和设施，如空调净化系统、水系统、压缩空气等的确认状态；
⑫ 委托生产或检验的技术合同履行情况。
质量回顾内容主要包括两部分。
① 各项数据的汇总：按照规程要求，对相应时间范围内所有的生产和检验等方面的数据进行收集。

② 总结报告：完成所有数据汇总之后，在各种数据基础上，对产品生产情况，包括偏差、趋势等进行总结，形成正式的质量回顾总结报告。

企业应当按照操作规程，每年对所有生产的药品按品种进行产品质量回顾分析，一般流程如下：

① 由质量管理部门制订年度回顾计划，并将任务分配给相关部门负责人，规定完成时间期限；

② 各相关部门负责人在规定时限内完成数据汇总，并反馈于质量管理部门；

③ 质量管理部门对年度数据进行趋势分析，必要时应召集相关部门负责人共同讨论；

④ 质量管理部门会同相关部门对回顾分析结果进行讨论，形成产品质量回顾总结报告；

⑤ 质量管理部门会同相关部门针对发现的问题或不良趋势制订相关改进和预防行动计划；

⑥ 各相关部门负责人对产品质量回顾总结报告进行审核、审批；

⑦ 质量管理部门将年度产品质量回顾总结报告复印、分发给各部门；

⑧ 质量管理部门和相关部门负责人共同对改进与预防措施执行的有效性进行跟踪。

产品质量回顾总结报告原件与相关记录由质量管理部门负责归档，永久保存。

4.4.11 质量投诉的管理

投诉是指用户或其他人员通过书面的、电子的或口头的方式，针对已放行产品，向药品生产企业报告产品有关安全性、有效性和质量（稳定性、产品性能、均一性等）、服务以及产品性能不满意的信息。

由于制药工业的发展受限于人类对科学的认识与技术进步水平，药品生产要受到诸多不确定因素的影响。面对顾客需求不断提高的趋势，制药企业无法避免来自顾客对产品质量缺陷或其他原因导致的投诉。制药企业质量管理体系发展的目标在于构建以顾客为中心的质量理念与技术、管理体系。因此，加强投诉管理，促进改善产品质量，既是法规要求，也是企业生存、发展的要求。企业投诉管理系统的有效运行，通过及时有效的收集、调查、处理投诉，调查造成质量缺陷的原因，采取措施防止再次发生类似缺陷，进行投诉趋势分析，可以推动企业产品及质量管理体系的持续改进。

ICH Q10 中工艺性能和产品质量监测系统涵盖质量投诉管理，它也是 GMP 的重要组成元素，各国 GMP 都对此内容有规范要求。我国 2010 版 GMP 也明确：企业应当建立管理规程，规定投诉登记、评价、调查和处理的程序，并规定因可能的产品缺陷发生投诉时所采取的措施；应当有专人及足够的辅助人员负责进行质量投诉的调查和处理，定期回顾分析投诉记录，便于企业整改；应当将调查发现的重大质量缺陷事件及时报告药品监督管理部门。

4.4.11.1 质量投诉的管理机构和职责

一般由质量管理部门全面负责投诉处理，其他各相关部门（研发、生产、仓储物流、销售、法规等）都可能参与，并指定由有丰富的医学、制药、产品知识和工作热情的专业人士承担质量投诉的具体工作。由于个体差异、药品使用不当出现的问题以及药品不良反应所引起的投诉，一般由企业医学部门的专业人员解答和处理。

企业的任何员工获得顾客口头或书面投诉时，应尽可能地收集更多的信息，并尽快转交给质量投诉的责任部门。企业各相关部门应积极配合投诉的调查和处理。

4.4.11.2 质量投诉的分类

尽管我国 2010 版 GMP 没有明确如何分类质量投诉，但企业一般根据自身实际情况以及产品、工艺类型，来定义、描述不同类别的投诉。

根据投诉事件的性质可将投诉简单分为医学投诉、质量投诉、疑似假药投诉。

医学投诉：使用药品后，发生不良医学事件的投诉。其不良医学事件不仅限于药品不良反应（ADR），也不一定与药品相关。

质量投诉：任何从第三方报告的（书面的、电子的、口头的）关于企业药品潜在的或假定的质量缺陷，如药品的安全性、有效性、均一性、稳定性、可靠性等。

疑似假药投诉：针对假药的投诉，如故意或欺诈性的针对药品来源错误标识的投诉。

另外，也可以根据投诉的严重程度进行分类，采用不同的分类标准。如按照投诉所隐含的质量风险和/或法规符合风险大小、投诉涉及金额大小、客户的重要程度等，综合考虑各项指标，建立复合分类标准。

表 4-2 罗列了某企业对药品质量投诉的五种分类类别。

表 4-2　某企业对药品质量投诉的分类类别说明

分类	投诉事件特征	投诉原因
Ⅰ类	可能危及患者生命或可能严重威胁健康的缺陷投诉	假药、规格标注错误、无菌制剂受到微生物污染等
Ⅱ类	可能引起疾病或误诊的缺陷投诉，但不属于Ⅰ类	疑似假药、标签信息缺失或不正确、含量或装量与规格不符、密封不可靠等
Ⅲ类	可能不会严重威胁患者健康的缺陷投诉	包装上批号或/和有效期缺失、密封缺陷、容器破裂、无标签等
Ⅳ类	对患者健康没有危害的缺陷投诉	铝塑包装欠片、外包装损害或污染、不严重的印刷错误等
Ⅴ类	无缺陷产品	输液产品开封后发现有颗粒，调查发现属于启封环境带入，非产品质量缺陷

4.4.11.3　投诉管理流程

（1）投诉信息的登记与分类

当任何一位员工收到顾客口头或书面投诉时，应尽可能地收集更多的信息，并且填写投诉登记表。必要的信息包括：投诉人的联系方法、姓名、地址及投诉的日期、投诉的原因、投诉的样品信息等，并将收集的投诉信息及投诉样品转交企业投诉管理部门。

投诉管理工作人员应及时与投诉人沟通，核实登记表上投诉要点的完整性，补充有用信息（图片、数据、图谱等），反馈处理进展，承诺处理时限，稳定投诉人情绪；对投诉及投诉样品进行登记、编号，给投诉样品贴标签，妥善保存；并按照企业投诉分类标准进行投诉分类；对不合理投诉（误解、使用不合理的质量标准或其他评价标准等）予以耐心解释、说明。

投诉管理部门应建立企业投诉事件记录台账，方便对各个投诉的索引、查阅。

（2）投诉调查与影响评价

投诉管理部门确认收到合理投诉信息后，应将收集的投诉相关信息转发相关部门，如企业管理层、生产部门、仓储部门、QC、销售部门等，尽快启动调查程序。

每一被要求调查的部门应积极展开各自部门的调查，收集必要文件、记录，如批生产记录、批检验记录、批包装记录、销售记录、运货单等，查找引起投诉的根本原因，评估潜在的质量影响，并形成报告反馈给投诉管理部门。对于质量相关投诉，质量管理部门应参与并领导调查，以便发现企业产品潜在的质量缺陷。

调查范围应该覆盖可能导致投诉的所有根本原因及受影响的所有批次产品，根据投诉的具体情况确定调查方向。必要时，应对投诉样品与留样样品进行对比检验；进行必要的实验研究工作；到投诉人现场进行调查取证等，以确认投诉的影响范围和程度。

在各调查部门的配合下，投诉管理部门应对投诉进行评价。首先，判断投诉是否合理，若判断投诉为不合理，投诉管理部门应书写答复报告，以合理解释答复投诉人；如投诉属于合理，企业应确定是否需要从投诉人处收回产品，确定是否启动召回程序，从市场召回相关产品。其次，应判断投诉问题是否出自企业内部，若是，应该说明出现问题的原因、纠正措施及预防措施，便于答复投诉人。

调查完成后，投诉管理部门应出具调查报告，报告应包括如下内容：投诉的编号；投诉的描述；投诉的分类；调查中查阅的相应文件（批生产记录、批检验记录、偏差报告等）和结果；问题发生的根本原因；是否有其他批次的产品受到影响；拟采取的预防性措施；投诉的处理等。投诉报告需要经相关部门负责人和质量管理部门负责人确认审核、批准。

药品生产企业针对每个合理投诉所进行的调查发现的导致原因，均应该启动纠正措施和预防措施，并由质量管理部门追踪整改，评估纠正措施与预防措施的有效性。企业应充分利用投诉系统来促进药品质量以及质量管理体系的不断提高。如果由投诉调查发现产品重大安全隐患，应及时启动召回程序，及时报告药品监督管理部门，以控制药品风险。

（3）投诉的答复

无论投诉是否合理，企业都应该将调查结果告知投诉人，并配合投诉人的可能多次询问与质疑，进行多次调查，多次答复，直至解决问题，投诉人接受调查结果为止。投诉人认可调查结果与解决方式，可以签字确认，企业方可关闭投诉。

（4）投诉资料保管

企业应将所有与投诉相关的资料归档保存，包括：投诉人的投诉书面通知、投诉记录、投诉调查报告、相关附属资料、投诉答复报告、投诉人对答复报告认可意见书、投诉样品等。至少保存至产品有效期后一年或投诉关闭后一年。

4.4.11.4　投诉的回顾和趋势分析

质量管理部门应定期对收到的投诉进行回顾，以便及时发现需要关注的问题。回顾应着重同类投诉的发生频率与严重程度，对多次发生的投诉分析原因，提出纠偏措施和预防性措施。防止同样的问题再次发生。回顾的内容至少包括：不同投诉所占比例、趋势及原因分析，针对投诉的纠正措施与预防措施的有效性，整改完成情况等。

投诉回顾分析可以作为产品质量回顾的组成部分，用于考察产品工艺、质量稳定性，反映产品潜在的质量缺陷，进行产品风险评估，改进产品质量等提供依据。

质量管理部门应将年度的投诉回顾总结上报给企业管理层，总结应包括以下信息：收到投诉的总数；各类投诉的数量及所占比例；与历史数据的比较情况；与业内同行业或不同行业基本情况的比较情况；被投诉产品的名称、规格、批号等信息；投诉的主要原因分析及各类原因所占比例；经常发生的投诉事件和需要特别注意的投诉事件；年度产品质量或投诉管理系统的评价总结或改进建议等。

4.4.12　药品召回的管理

药品召回是质量保证体系的重要因素之一。药品是一种特殊的商品，与人体的身体健康和生命安全密切相关，对发现安全隐患的药品实施召回是国际制药行业的通用方法，也是阻止、降低可能存在安全隐患的药品危及人体健康的有效措施。ICH Q10 明确药品质量体系的纠正和预防措施系统应覆盖药品召回，各国 GMP 都明确规范了药品召回要求。我国药品监督管理部门于 2007 年 12 月 10 日正式公布实施《药品召回管理办法》（局令第 29 号），2010 版 GMP 更加明确要求药品生产企业应建立药品召回系统，确保能够召回任何一批已发运销售的产品，表明我国对药品召回监管进入新的阶段。

4.4.12.1　召回定义与分级

按照《药品召回管理办法》规定，召回是指药品生产企业（包括进口药品的境外制药厂商）按照规定的程序收回已上市销售的存在安全隐患的药品，已经确认为假药、劣药的，不适用于召回程序。

根据召回活动发生主体不同，药品召回分为主动召回和责令召回。

主动召回：药品生产企业通过信息的收集分析，调查评估，根据事件的严重程度，在没有官方强制的前提下主动对存在安全隐患的药品做出召回。

责令召回：药品监督管理部门通过调查评估，认为存在潜在的安全隐患，企业应当召回药品而未主动召回的，责令企业召回药品。

根据药品安全隐患的严重程度，药品召回分为一级召回、二级召回和三级召回。

一级召回：使用该药品可能引起严重健康危害的。

二级召回：使用该药品可能引起暂时的或者可逆的健康危害的。

三级召回：使用该药品一般不会引起健康危害，但由于其他原因需要收回的。

药品生产企业应当根据召回分级与药品销售和使用情况，科学设计药品召回计划并组织实施。

4.4.12.2　召回工作小组与职责

GMP 要求企业应当制订召回操作规程，确保召回工作的有效性。应当指定专人负责组织协调召回工作，并配备足够数量的人员。产品召回负责人应当独立于销售和市场部门；如产品召回负责人不是质量受权人，则应当向质量受权人通报召回处理情况。

药品企业组织实施召回，首先应成立召回管理小组，包括召回领导小组和召回执行小组，明确人员职责。管理小组成员包括企业负责人、质量管理负责人、生产管理负责人、仓储与物流管理负责人、管理市场销售负责人、药学专业人员、注册人员、法律专业人员等。各成员应完成召回实施过程中相关专业与专职工作。

4.4.12.3　制订召回计划

召回计划应该确定召回步骤、参与人员工作职责与工作时限要求等。制订召回计划应考虑以下具体内容。

① 技术准备　列出拟召回产品的基础数据（品名、批号、销售数量、库存数量等），冻结与召回产品相关的物料和产品，涉及召回产品的客户详细情况，拟定召回公告，确定召回产品的收集、运输与销毁方式，拟定替代性供应方案等。

② 沟通准备　针对召回实施中不同沟通对象（药监部门、客户、供应商、媒体）的报告、通告、文本等，沟通方式与媒介选择，可预见外界问题的回答方案，召回工作组成员之间的沟通方式与频次等。

③ 财务准备　客户补偿方案，相应资金和其他财务准备方案等。

④ 法律准备　围绕可能出现的法律诉讼，律师委托及相关文书准备。

我国 2010 版 GMP 要求召回计划一般应包括：产品生产销售情况与拟召回数量；执行

召回的具体内容，涵盖实施的组织、范围和时限要求；召回信息公布的途径与范围；召回的预期效果；产品召回后的处理措施；联系人姓名与联系方式等。

当召回计划发生变更，应当立即通知相应药品监督管理部门。

4.4.12.4 召回的启动

通过预先确定的沟通方式（电话、传真、邮件、电视、广播、报纸等），在规定时限内通知客户（药品经营企业、使用单位、使用人）召回相关产品，并向当地药品监督管理部门报告。规定时限必须按照《药品召回管理办法》要求：一级召回在 24h 内，二级召回在 48h 内，三级召回在 72h 内。应做好召回工作的一切相关记录。需要销毁处理的召回产品，应在药监部门的监督下进行销毁。并及时评估召回情况。

4.4.12.5 召回总结报告

完成召回工作，工作小组应就召回活动、召回效果、召回产品处理情况等进行评价，提交完整的召回报告，经召回领导小组审核批准，向药品监督管理部门提交召回总结报告。召回工作所有相关文件与记录应归档，永久保存。

4.4.12.6 药品监督管理部门对召回工作的监管要求

按照《药品召回管理办法》，企业在召回实施中，应主动接受药品监督管理部门的监管。召回工作启动后，应该执行一级召回 1 日内，二级召回 3 日内，三级召回 7 日内，向药品监督管理部门提交调查报告与召回计划备案。执行产品召回过程中，也应该一级召回每日，二级召回每 3 日，三级召回每 7 日向药品监督管理部门报告召回实施进展情况。召回产品需要销毁处理的，应在药监部门的监督下销毁。

4.4.12.7 召回系统的有效性评估

为了保证药品召回活动在必要时能够及时启动运行，药品生产企业应当定期对召回系统进行评估，确保其有效性。一般采用模拟召回来进行训练，按照规范的召回流程，虚拟情景，如召回原因、沟通方式等。记录模拟训练过程和结果，发现问题，予以改进、完善。

4.4.13 质量控制实验室管理

质量控制部门是企业质量管理体系中的关键部门，药品生产企业都应该建立独立的质量控制部门。质量控制涵盖药品生产、放行、市场质量反馈等全过程，关联药品过程控制，是 ICH Q10 重点关注的内容。

质量控制部门的主要职责在于：负责生产物料（原料、辅料、包装材料、工艺用水、制药用气）以及中间品、产品的质量标准和分析方法的建立、取样、检测，进行产品的稳定性考察、市场不良反馈样品的复检工作等。质量控制部门通常包括多个实验室：原辅料实验室、包装材料实验室、理化实验室、微生物实验室、仪器分析实验室、车间中控实验室、动物实验室等。有效的实验室管理可以有力支持企业质量管理体系的有效运行。

4.4.13.1 实验室管理内容

GMP 对药品生产企业质量控制实验室管理的基本要求包括：

① 实验区域与生产区域分离；

② 具备满足实验要求的检测仪器和设备，并定期校验合格；

③ 受过专门培训并拥有资质的实验人员；

④ 验证并批准的检验方法；

⑤ 合格的试剂和对照品、标准品；

⑥ 标准化的操作流程；

⑦ 及时、准确、可追溯的实验记录和结果计算。

我国 2010 版 GMP 及其指南对实验室管理要求重点强调了：实验室布局，人员管理，取样与留样，物料与产品检验，质量标准，试剂及试液管理，标准品及对照品管理，设备与分析仪器管理，分析方法的验证与确认，稳定性试验，微生物检验，原始数据的管理，制药用水、气与生产环境质量监测，实验室结果调查，委托检验等。

表 4-3 列示了实验室管理的部分基本要素。

表 4-3　实验室管理的基本要素

实验室管理要素	关键要求
超标准检验结果的处理	建立标准的实验室调查程序和改进行动计划 对异常结果的记录和存档 向管理层报告异常结果 重新取样和再测试要有证据支持 追踪并对异常结果做趋势分析
检验方法的验证	建立全部方法验证计划，包括优先次序和时间安排 执行中明确职责 建立对验证文件的审核和批准程序 测试前应有已批准的验证方案 选择验证参数、类型的依据、理由 建立检验方法变更控制程序
稳定性试验	稳定性试验程序 规定样品的合理测试周期 稳定性测试结果的常规统计和趋势分析 处理异常的稳定性测试结果 对实验室稳定性测试数据准确性的常规审计，应贯穿于从实验室到最终形成稳定性报告的全部阶段
对照品/标准品	建立对照品/标准品的库存控制和有效管理流程 从确认的供应商处购买对照品/标准品 接收、登记记录 规定有效期限 规定使用和储存的条件 库存控制要求
试剂管理	建立实验室试剂的详细目录和有效管理流程 通过确认的程序购买试剂 接收、登记记录 规定有效期限 规定使用和储存条件 库存控制规定
样品管理	建立包含样品接受登记、分发、检验和废弃物的管理 明确对所有样品在各个阶段的保管责任与要求
取样标签	取样标签上应包含必要及详细的信息 由样品类型来定义标签的需求（如常规样品还是稳定性样品）
实验数据和修约要求	建立实验室原始数据记录规程，及时正确记录实验数据 应有实验室认同的数字修约准则 书面文件、记录、仪器应符合使用要求

实验室管理要素	关键要求
文件管理	对工作日志的分发、使用和归档应有标准操作规程 建立实验室文件、实验数据和记录文件的管理规范
仪器管理	建立 GMP 实验室仪器校验和预防性维护的流程 详细的按 GMP 管理实验室的仪器清单 实验室设备的选择原则 仪器验收、确认、验证规程 仪器操作人员的相应培训 仪器校验应遵照规定的频率、方法,应有相应的记录 仪器预防性维护应遵照规定的频率、方法,应有相应的记录
检验活动外包管理	制订选择、审计、批准和使用外包实验室的流程 建立质量协议,明确质量职责
人员培训	培训计划 培训文件 培训效果评估 入职培训、继续培训及针对性培训的规程 来访者和合同商相关培训的规程
实验室设施管理	制订实验室设施的构建或改造计划 构建、改造期间和结束后应有验收或验证 设施使用、清洁、维护规程 配有标准仪器的后备电源 实验室设施安全准则
审计/自检	制订审计和内部自检标准规程 执行缺陷项的记录、分类、整改 应具备审计/自检结果的通告、监控和评估流程

4.4.13.2 实验室结果调查

质量控制部门的核心工作之一在于落实药品生产所涉及的原料、辅料、包装材料、中控品及产品的质量检测,其检测结果是材料使用、生产控制以及产品放行,甚至进行上市产品召回的重要依据。我国 2010 版 GMP 为了保障检测结果的准确性、可靠性,参照 FDA 先进管理理念,在第十章"第一节质量控制实验室管理"中要求"质量控制实验室应当建立检验结果超标调查的操作规程。任何检验结果超标都必须按照操作规程进行完整的调查,并有相应的记录。"并要求在 GMP 现场检查工作中重点检查"结果调查"的执行情况。

依据 2010 版 GMP 指南,实验室结果调查仅限于以下试验结果。

① 超出质量标准的实验结果(out of specification,OOS):检验结果超出质量标准(注册标准、企业内控标准)。

② 超出趋势的实验结果(out of trend,OOT):检验结果虽然在质量标准内,但与长期观察到的趋势或者预期的结果不一致,仍然反常。企业应该根据对产品特性的认识、稳定性实验数据以及对历史批次实验结果的回顾与总结,通过统计数学工具等恰当确定 OOT 限度,如:活性成分含量测定,两份平均样品测定的差异大于 2.0%;稳定性实验中含量测定,观测时间点的样品测定值与上一观测点的测定值绝对偏差大于 3.0%,与考察起始点测定值绝对偏差大于 5.0%。

③ 异常数据(Abnormal Data,AD):超出标准、超出趋势以外的异常数据或来自异常检测过程的数据和事件。如:人为差错、仪器设备异常、系统适应性不合格、样品异常等产

生的实验数据或事件。

对上述超出质量标准、超出趋势的实验结果以及异常数据，必须遵循真实、科学、有效的原则，按照企业规定的实验室结果调查流程进行调查，详细记录调查过程，找出超常原因，落实改正和预防措施。

4.4.14　参数放行

4.4.14.1　参数放行基本情况

参数放行是指根据有效的控制、监测以及灭菌工艺验证的数据，对产品的无菌保证进行评价，以替代依据成品无菌检验结果的放行系统。参数放行目前仅限于采用湿热灭菌生产的产品。

参数放行的思路在于：基于统计抽样的无菌检查存在明显的局限性。对于使用最终灭菌工艺（如湿热灭菌）生产的无菌制剂，如果通过科学的方法已经验证了其生产体系的可靠性，包括生产设备、厂房、工艺、原辅料、生产人员等与生产相关的所有影响因素，且通过严格控制生产过程、监测过程所获得的关键工艺参数和其他质量控制参数均符合预定的标准，则生产产品必然能达到无菌的要求，而无需依赖终产品的无菌检验结果来评判产品符合质量标准规定的无菌要求，即可判定产品灭菌合格。

1985 年，美国 FDA 首先批准了大容量注射剂的参数放行申请。目前欧盟国家已普遍接受使用药典规定的灭菌工艺生产的无菌制剂，以参数放行替代无菌检验。参数放行取代无菌检验必须符合必要条件，即企业在人员素质、GMP 管理水平、产品生产与质量历史状况、设备验证、生产全过程的工艺监控、偏差处理等各方面必须达到一定高度，且实施参数放行必须得到药品监管部门的认可与批准。

目前，我国对最终灭菌产品的参数放行尚处于试行阶段，故 2010 版 GMP 法规未做详细规定。

4.4.14.2　参数放行的技术要求

美国、欧盟关于参数放行的规范性文件强调：实施参数放行的企业必须有良好的执行 GMP 的历史记录；产品的设计及初始验证应当确保产品在各种有关条件下保持其完好性；应确保已灭菌产品与未灭菌产品没有混淆的可能性。我国制订的"参数放行规定"（试行）主要包括以下要求。

① 产品的灭菌工艺必须经过验证和定期再验证，能够充分证明产品的无菌保证值不低于 6，验证是实施参数放行的基础。无菌保证验证工作中的关键是灭菌工艺、灭菌设备的验证，需要进行不同装载条件下灭菌设备的热分布、产品热穿透试验以及微生物杀灭挑战性试验。

② 确定灭菌关键参数和次要参数的标准。关键灭菌参数是指直接影响灭菌效果的参数，应根据不同的灭菌设备原理确定关键参数或次要参数，如灭菌 F_0 值、灭菌时间、温度、灭菌腔室压力等。一般通过微生物杀灭挑战性试验可以确定灭菌关键参数和次要参数的限度，即 F_0 的范围、产品灭菌前含菌量等。如果关键灭菌参数发生偏差，无法保证无菌保证值达到标准，即使无菌检验的结果合格，仍应判断该批产品无菌不合格。

③ 建立产品灭菌前含菌量标准。采用抽样检验的方式对每批灭菌前的半成品进行含菌量检查，包括需氧菌含量、耐热孢子含量。取样方法和检验方法应经过验证。

④ 用于冷却产品的介质应无菌，以消除二次污染的风险。二次污染是造成灭菌后产品低概率污染事件的主要原因。

⑤ 生产环境应符合 WHO 的 GMP 要求。实施动态监控，消除灭菌前来自环境的产品污染。

⑥ 所有原辅料供应商均通过质量审计，应制订原辅料微生物限定标准。

⑦ 产品的设计与验证应保证在灭菌中和产品有效期内的密封完好性。

⑧ 有措施保证未灭菌产品与已灭菌产品不发生混淆。如果产品灭菌未能正常进行或没有进行，甚至未灭菌产品同灭菌产品发生混淆，都可能出现高比例污染，无菌检查可以有效地发现高比例污染产品。取消无菌检查，降低了发现以上偏差的概率。必须采用更加可靠的有效手段来达到无菌检查的目的。

⑨ 实施无菌保证系统的质量风险管理。质量风险管理（quality risk management，QRM）是通过掌握足够的知识、数据、事实后，前瞻性地推断未来可能发生的事件，通过风险控制，避免危险的发生。GMP 要求对药品质量风险进行评估、控制、沟通、审核的系统有效运行，避免药品质量事故发生。企业应建立风险管理制度，通过分析确定产品生产过程中质量风险的表现形式和存在条件，采取相应的管理或处理措施，可以防止或降低质量风险的发生。质量风险管理体现了从源头消灭质量偏差的思想。

4.4.14.3　参数放行的意义

参数放行是 GMP 发展与技术进步的必然结果，能更好地体现生产过程控制的药品质量控制理念。实施参数放行可以使企业缩短生产周期，降低生产成本，加快资金周转，是向管理要效益的重要途径。实施参数放行可以全面提高企业的生产监控和质量保证体系水平，推动 GMP 的贯彻执行，有利于保证药品的安全有效、保障用药者的身体健康，为我国制药企业生产技术和管理技术的发展指明了方向。

4.5　药品生产质量管理体系审核

4.5.1　质量管理体系审核的概念及作用

ISO 9004：2009 管理评审总则明确要求，组织领导者应该定期按照计划评审质量管理体系，以确保其持续的适宜性、充分性和有效性。管理评审不仅要对质量管理体系的有效性和效率进行验证，而且应该扩展，在整个组织范围内对体系效率进行评审，并将质量管理体系审核结果作为组织业绩改进决策的依据。

因此，组织领导者可以通过质量管理体系的评审，全面系统地评估产品实现和支持过程的业绩，以便确定是否能有效地实现组织的质量目标，找出薄弱环节或问题，持续改进业绩，如改进质量管理体系的有效性，改进产品，更好地满足顾客需求，为组织带来收益。ICH Q10 也强调质量管理体系审核的重要性，要求药品企业设计流程来定期回顾分析药品质量体系，衡量是否达到质量体系的目的，评价药品质量体系中各程序运行的效果，以完善质量体系，修订质量方针和质量目标。

4.5.2　质量管理体系审核的内容

质量管理体系的审核通常包括：质量方针目标和质量计划的审核，新产品开发的质量管理，原辅料、包装材料及外购件的质量管理，生产过程的质量管理，质量控制，过程控制的数理统计方法，使用过程的质量管理，质量成本，全员参与的全面质量管理活动，质量管理机构及职责，质量管理培训，质量管理文件及其管理，计量与测试技术，质量信息管理，质量审核等。

4.5.3 质量管理体系审核的形式

质量管理体系的审核分为外部审核、内部审核两大类。

外部审核：由需方派出审核员，按合同规定对其供方的质量管理体系进行审核，为第二方审核。药品生产企业对主要物料供应商的质量管理体系进行审核，即属于第二方审核。由独立的第三方认证或审核机构对申请认证或审核的企业或组织进行质量管理体系审核，为第三方审核，如我国曾经由国家药监部门对药品生产企业实行的 GMP 认证，属于第三方审核。

内部审核：是企业或组织对其自身的质量管理体系进行的审核，为第一方审核。我国2010 年版 GMP 将其表述为"自检"。

4.5.4 药品生产企业 GMP 自检

GMP 中，自检是指制药企业内部对药品生产实施 GMP 情况的自我检查，是企业自我发现缺陷并主动采取措施进行改进的系列活动，也是企业质量管理工作中一项重要的质量活动。企业通过组织自检，能及时监控和评估企业在生产和质量管理方面是否符合 GMP 的要求及符合的程度，可以及时发现缺陷和隐患，主动防范质量风险的发生，保证产品质量稳定可靠，避免违规事件的出现和发展。自检所得信息也能为企业管理层制订风险管理、持续改进质量策略提供事实依据。

4.5.4.1 GMP 对自检的要求

世界各国的现行版 GMP 都对制药企业的自检提出了明确的要求，我国 2010 年版 GMP对自检规范为：

① 质量管理部门应当定期组织对企业进行自检，监控 GMP 的实施情况，评估企业是否符合 GMP 要求，并提出必要的纠正和预防措施。

② 应当由企业指定人员进行独立、系统、全面的自检，也可由外部人员或专家进行独立的质量审计。

③ 企业应当有自检计划，对机构与人员、厂房与设施、设备、物料与产品、确认与验证、文件管理、生产管理、质量控制与质量保证、委托生产与委托检验、产品发运与召回等项目定期进行检查，并有记录。

④ 完成自检后应当有自检报告，内容至少包括：自检过程中观察到的所有情况、评价的结论以及提出纠正和预防措施的建议。自检情况应当报告企业高层管理人员。

4.5.4.2 自检系统组成

一个有效的自检系统应该包括：自检人员资格确定、自检计划、自检实施、自检文件归档和自检年度总结等。

(1) 自检人员资格确定

企业需要建立自检小组，通常由企业质量负责人、质量管理部门负责人、生产部门负责人、工艺工程师、专业技术人员及微生物药学人员组成。明确相关职责，如管理层、质量管理部、自检小组组长、自检小组成员、受检部门等的职责。自检人员应该有足够资质，企业可以通过培训、教育、经验来确定自检员的资质。合格的自检员必须：熟知、理解 GMP 及相关的法律法规；熟知、理解企业质量管理体系及其运行；有一定的实际工作经验并精通业务；良好的沟通、观察及分析问题的能力；诚实、客观、坚持原则。

当企业需要聘请外部专家（软件工程师，微生物、毒理学专家等）到企业参与内审，应通过书面协议明确双方的职责，并书面确定专家的资质。

（2）自检计划

通常由质量管理部门负责制订 GMP 自检计划，包括年度计划、集中自检计划、滚动自检计划。自检计划内容应涵盖：自检内容与范围、自检方式、自检频率、自检程序、自检小组成员等。

年度自检计划必须经过相关部门充分沟通，以协调相关部门的活动。自检计划必须获得企业管理层批准，方能保障自检工作开展所需资源，确保自检顺利开展。

GMP 自检应该覆盖可能影响质量管理体系运行及产品质量的各个方面，包括：人员，厂房、设施，设备及计量管理，卫生管理，物料管理，生产及其过程管理，质量管理，文件系统，验证及药品收回，销售及退货，自检前发现的问题及整改结果。

企业应根据风险管理原则，建立自检明细，罗列出待查的所有质量影响要素，防止自检遗漏。并结合企业实际情况确定自检频率，可以每月、每季度、每半年自检一次。GMP 相关部门至少每年进行一次自检；当出现特殊情况时，必须进行特定自检，如：

① 质量投诉后，若有必要；

② 相关事故或事件证明质量管理体系出现重大偏差；

③ 法律、法规出现重大变化，如新版 GMP 实施、质量标准大修订等；

④ 重大生产质量条件变化，如新项目、新建车间投产等；

⑤ 重大经济环境变化，如企业所有权转移；

⑥ 落实药品监督管理部门的专项检查。

（3）自检实施

表 4-4 反映了自检实施步骤与内容要求，自检的实施程序如图 4-2 所示。

表 4-4　企业自检实施步骤与内容要求

步　骤	内　　容
①组建自检小组	安排经过资质确定的人员组成自检小组 由企业质量负责人担任组长，质量管理部门承担日常自检管理和总体协调工作 小组成员按专业分工
②自检实施计划	自检小组成员按照分工安排，与被检查部门衔接，制作检查实施计划，列出检查要素，审核内容、时间安排等
③首次会议	自检动员会或自检工作布置会(或通告或邮件方式) 向各参与部门通报自检计划，明确自检小组成员组成与分工
④现场检查和文件检查	自检人员进行现场调查 查看现场，翻阅文件、记录，寻找、确认缺陷项目
⑤末次会议	自检沟通会或自检总结会 向各参与部门通报自检进行情况以及自检中发现的缺陷项目 对后续执行纠正和预防措施提出要求
⑥自检报告	完成自检，形成自检报告，包括：自检过程中观察到的所有情况、评价的结论以及提出纠正和预防措施的建议 自检情况应当报告企业高层管理人员 自检人员及被检部门负责人应对自检报告签字确认 自检报告应分发到各相关部门及企业管理层，便于生产工艺、产品质量及质量系统的维护

步骤	内　　容
⑦自检的后续管理	对自检中发现的缺陷制订相应的纠正和预防措施 　指定责任人、设定整改目标与完成时限,建立有效的追踪程序,追踪纠正和预防措施执行情况与实施措施的有效性 　由质量管理部门批准执行整改措施;整改重大缺陷,由企业质量负责人批准 　确定整改时限:严重缺陷项目应在三个月内完成;一般缺陷项目在一个月内完成;其他轻微的缺陷应立即完成整改

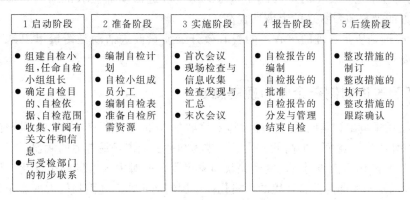

图 4-2　自检的实施程序

（4）自检文件归档

企业自检中所形成的文件，包括自检计划、自检记录、整改要求、跟踪确认文件等，都应该按质量文件管理要求归档保存。

（5）自检年度总结

企业完成 GMP 自检年度计划的所有自检工作后，质量管理部门应整理和分析各次自检情况，编写年度自检总结报告，向企业管理层报告，并向各 GMP 执行部门通报。

GMP 年度自检总结报告应涵盖以下主要内容：

① 本年度 GMP 自检完成情况的说明；

② 分析所发现的缺陷项目及可能产生的原因；

③ 针对严重缺陷项目的原因分析及整改完成情况；

④ 总体评价企业整体 GMP 符合情况；

⑤ 针对企业 GMP 实施情况的改进建议。

4.6　药品生产企业质量改进

4.6.1　质量改进的基本概念

ISO 9000 标准对"质量改进"定义为：质量管理的一部分，致力于增加满足质量要求的能力。质量要求可以是多方面的，如有效性、效率、可追溯性。简言之，质量改进是指将质量提高的过程，即对现有的质量水平在控制和维护的基础上加以提高和突破，将质量提高到一个新的水平。"质量改进"的定义包含以下含义。

① 质量改进是质量管理的一部分，贯穿于质量管理体系的所有过程，包括产品质量的改进、质量管理体系及各项质量活动的改进。

② 质量改进必须通过创造性的思维方式或措施，替代和改变原来的状态，达到新的质量水平。质量改进具有创造性，是质量突破过程。

③ 质量改进应该体现有效性，质量改进活动中的改进目标、实施计划、改进结果的评价等都应该行之有效。

④ 质量改进是逐步变化的过程，并非每次质量改进活动都能取得预期效果，持之以恒的质量改进方能带来质量水平的突破性提高。

⑤ 质量改进是质量管理的核心，能否有效开展质量改进活动是衡量组织是否拥有长期竞争力的重要指标。

4.6.2　质量改进对制药企业的现实意义

21 世纪是质量世纪。美国质量管理大师朱兰早在 20 世纪就预言："在 21 世纪的经济大决战中，质量好坏决定了竞争力的高低。质量已成为和平占领市场最有力的武器，成为社会发展的强大动力。"药品作为特殊商品，紧密关联国家民生，面对中国市场的全球化、用药者的质量意识的增强以及国家药品监管环境的严格化，中国制药企业已经面临巨大的竞争压力，企业管理层应充分认识质量改进对于企业的生存和持续发展的战略意义。

① 只有质量持续改进，企业才能满足顾客不断增长的对产品质量和服务质量的需要。通过开发有效、安全、质量可控性更好的新药服务于患者，真正体现以顾客为中心的质量理念，推动企业的良性发展。

② 质量改进将致力于寻找问题产生的根源，通过整改措施以预防和减少各类偏差、返工、报废的发生，提高企业的生产效率，降低生产成本，支撑企业良性发展。

③ 质量改进需要全员参与，质量改进活动可以带动企业员工不断加强学习，增强主动提高技能技巧的自觉性，强化质量意识，保障企业的持续良性发展。

④ 企业市场竞争的核心在于质量与创新，质量改进能帮助企业真正建立具有国际水平的产品质量管理体系和审核标准，促进提升创新力，让中国企业拥有真正的国际竞争力。

4.6.3　质量改进的管理

4.6.3.1　质量改进的组织

质量改进组织可分为两种：一种是作为管理层，负责协调、领导质量改进活动，配备改进项目所需资源，即质量改进委员会；另一种是具体实施改进项目的执行层，即质量改进团队，或称质量改进小组、QC 小组。

质量委员会的职责主要是推动、协调质量改进工作并使之制度化，包括：制订质量改进方针；为质量改进团队提供必需的资源；评估主要质量改进成绩，并给予表彰或激励等。

质量改进团队是依不同的改进项目而临时组成的，其主要职责是具体实施改进项目，包括：听取并收集来自不同层面的建议；总结、归纳各类问题并分析原因；提出纠正措施及预防措施；跟踪检查措施的执行、完成情况；定期反馈给质量改进委员会。

质量改进小组是企业中群众性质量管理活动的一种有效的组织形式，成立 QC 小组可以调动员工真正参与到质量改进活动中，使企业内部形成自下而上持续改进的积极氛围。应该建立 QC 小组的活动管理规程，要求组员遵守规范和承诺，做好工作。

4.6.3.2 质量改进的管理

管理质量改进应该关注以下问题：管理层的决心和支持；核心骨干队伍的建设和培养；企业全员参与；改进活动结果的测量和评定。

管理层应将质量改进作为企业发展的永恒目标。质量改进的第一步是要求企业管理层必须对质量改进郑重承诺。建立质量改进工作的目标，为员工提供质量改进的必备资源，实行审核制度，对改进的过程和结果进行评估。

实施质量改进，必须依靠核心骨干团队。要确保质量改进工作系统持续地进行，必须加强对骨干团队的建设和培养，包括必要的培训、委以重任、充分授权、业绩激励等。

必须提供有效的教育和培训，帮助全体员工继续学习，提高质量意识，积极参与质量改进实践。

定期测评质量改进结果应成为质量管理体系审核的组成部分，及时表彰改进成果，保持员工参与积极性。

4.6.4 质量改进的工作方法

许多著名的质量专家对质量改进活动进行过研究总结，如：朱兰的质量改进 7 步骤；美国质量专家克劳斯比的质量改进 14 步骤；前美国质量管理协会主席哈林顿的改进质量的 10 项活动等，都适宜指导开展质量改进活动。其中，美国质量管理专家戴明博士的 PDCA 循环（质量环）被广泛运用于持续改善产品质量的过程。PDCA 四阶段的含义与工作要求如表 4-5 所示。

表 4-5 PDCA 各阶段的工作内容

阶段	工作内容
P(Plan)计划、策划	规定方针、目标、计划、活动规则、管理项目等
D(Do)执行、实施	按计划做、干，落实具体对策，实现计划中的内容
C(Check)检查	总结执行计划的结果，检查对策的效果，找出问题
A(Action)纠正、处置	解决找出的问题，总结成功的经验，实施标准化管理；没能解决的问题转入下一个 PDCA 循环

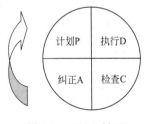

图 4-3 PDCA 循环

以上四个过程的运行周而复始，完成一个循环，解决部分问题，未解决的问题进入下一个循环，为制订下一轮改进计划提供依据，如此阶梯式上升。PDCA 循环中各阶段必不可少，通过不断循环的过程，企业的产品质量、过程质量、服务质量不断提高。图 4-3 显示了 PDCA 循环。

PDCA 循环是全面质量管理所应遵循的科学程序，表述了全面质量管理活动的全部过程就是企业制订质量计划并组织实现的过程。

4.6.5 质量改进的实施

以下是国内某制药企业为降低质量偏差而进行的质量改进活动的实例。

① 成立项目小组并确定目标 该企业年初成立了由企业生产质量负责人、生产部门负责人、质量部门负责人组成的"消偏战役"领导项目小组，项目组成员主要来自生产车间、生产维修部门、技术开发部门及质量保证部门。消偏组织图如图 4-4 所示。

图 4-4 消偏组织图

项目小组成员首先对前两年所有的质量偏差进行系统性的回顾分析，分类总结，确定五大改进目标，并成立了相应的项目小组。

② 组织实施 各个项目小组充分利用了一线操作员工及管理人员，运用各种系统方法对偏差进行分析回顾，并采取了质量风险评估、问题根源分析、异常波动统计学分析、员工建议收集、规范偏差调查程序、完善现场操作规程、加强操作人员培训等措施，以降低各类偏差的发生。

以环境监控偏差项目小组为例，在微生物偏差调查中，因为取样代表性及滞后性而导致不易立即找出问题根源的特性，引用系统列表工具"鱼骨图"（图 4-5）帮助进行偏差调查及问题根源分析，充分考虑各种可能导致环境监控偏差的因素，有利于建立完善的纠偏措施，防范偏差的重复发生。

针对环境监控的偏差，消除偏差的重点不仅仅停留在偏差本身，而是系统地将操作环

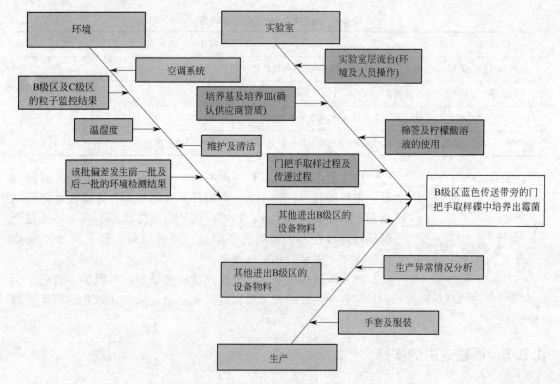

图 4-5 偏差调查及问题根源分析鱼骨图

境、操作行为、清洁方法、监测方法等进行有效整合，以寻找偏差的根源。并且通过有效的系统培训，例如对操作人员进行微生物知识、环境监控理论、清洁方法、操作程序、清洁程序等的培训，从而提高整个洁净环境的质量保证体系。

对于收率改善项目，小组成员收集整理了上一年至本年一季度末关键产品的收率数据，通过异常波动统计学分析发现5组波动异常点（包括2组正向波动点）。项目小组针对这些波动异常点进行回顾分析，找出了导致异常波动的根本原因，并采取了一系列改善活动，不但使收率结果大幅度改善，而且使工艺流程更加稳定可靠。

③ 定期检查和总结　项目领导小组每月进行项目实施的跟进及总结，保证项目持续稳定的推进。并定期将项目结果通报给一线员工，加强了所有员工的质量改进意识。

④ 持续改进　本年重大质量偏差较上一年降低了27%。偏差战役领导小组再次进行系统性分析、总结，并确定了下一年新的降低偏差改进目标，将持续系统地降低偏差，不断提高产品质量作为企业追求的目标。

【案例4-1】　注射用冻干制剂工艺质量控制要求

注射用冻干制剂是以冷冻干燥法制备的注射用无菌粉末，又名冻干粉针剂。对热敏感的药物和在水中不稳定的药物，通过冷冻和干燥技术处理，利于药品保持其稳定性，如抗生素、生物制品等。注射用冻干制剂生产工艺属于非终端灭菌工艺，其工艺过程包括：按处方配料（主药、辅料、溶剂）、过滤、灌装、冻干、轧盖、包装等。与其他制剂生产相比，其生产过程对环境洁净度要求最高，过程控制质量要求严格。表4-6显示了我国2010版GMP推荐注射用冻干制剂生产工艺质量控制项目。

表4-6　注射用冻干制剂生产工艺质量控制项目

工序	质量控制点	质量控制项目
配料	原辅料	按质量标准
	产品溶液	粗滤：可见异物
		过滤前微生物限度
		细菌内毒素
		精滤：可见异物、不溶性微粒
		pH
		澄清度
		含量
西林瓶清洗	包装材料	按质量标准
	注射用水	可见异物
	西林瓶	可见异物
西林瓶灭菌	西林瓶	可见异物
		不溶性微粒
		细菌内毒素

工序	质量控制点	质量控制项目
工具、器具	无菌区的工具、器具	可见异物
	工具、器具的淋洗水	电导率
	清洗前注射用水	可见异物
	清洗后胶塞	可见异物
	灭菌后胶塞	可见异物
		不溶性微粒
		细菌内毒素
过滤	微孔筒式过滤器	完整性试验
		滤芯可见异物
罐装	灌装间	沉降菌、尘埃粒子/在线
		操作人员微生物
		设备表面微生物
	药液	不溶性微粒
	罐装制品	装量差异
		可见异物
冻干	冻干制品	冻干结束压力
		升高测试
		压塞的气密性
轧盖	轧盖制品	轧盖的气密性
灯检贴签	贴签制品	轧盖质量、装量、标签内容、制品内容物异物
包装	包装材料	按质量标准
	小盒	字迹清晰正确
	中包	内容物
	装箱	数量、装箱单、印刷内容

【案例 4-2】 缬沙坦药品质量事故解析

2018 年 7 月 5 日欧洲药品管理局（EMA）抽查发现，中国××药业生产的原料药缬沙坦中致癌物质 N-亚硝基二甲胺（NDMA）含量超标 200 多倍！EMA 随即启动调查，且欧盟各成员国紧急召回含有××药业缬沙坦原料药的药品。7月19日，美国FDA网站也发布公告，要求召回使用了××药业缬沙坦原料药制成的制剂产品。

7月6日，××药业向国家药监局报告：在其出口的缬沙坦原料药中检出微量 N-亚硝基二甲胺（NDMA）杂质，立即暂停了所有缬沙坦原料药国内外市场放行、发货，并启动了主动召回的措施，主动向社会披露了相关信息。截至7月23日，××药业已完成国内所有原料药召回工作，涉及国内5家制剂生产厂家的缬沙坦制剂产品。

世界卫生组织（WHO）将 NDMA 归为 2A 类致癌物质（即动物实验证据充分，人体可能致癌但证据有限）。据毒理学数据推算 NDMA 的每日最大摄入限量为 $0.1\mu g$，相当于 EMA 暂定参考限定值 0.3ppm（$1ppm = 1 \times 10^{-6}$）（按每日服用320mg缬沙坦计算）。EMA 评估了××药业缬沙坦原料引入制剂而导致的患者健康风险：按××药业缬沙坦原料药中检出的 NDMA 平均含量 60ppm 计，初步推断，每5000名患者连续7年每天服用最高剂量（320mg）缬沙坦，可能会增加1例癌症病例。美国FDA 也认为，NDMA 可能存在于缬沙坦药品中长达四年，会给使用的患者带来极大安全隐患。

缬沙坦为血管紧张素Ⅱ受体拮抗剂（ARB），是用于治疗高血压和心力衰竭的药物，原研为瑞士诺华公司（Novartis），其作用机理在于封闭血管紧张素Ⅱ的Ⅰ型（AT1）受体，抗衡血管紧张素Ⅱ对 AT1 受体的作用，从而达到扩张血管降低血压的效果。缬沙坦降血压效果持久稳定，毒副作用小，且还可以对心脏、脑血管、肾脏等重要器官有较好的保护作用；临床上可单独使用，也可与利尿剂（如氢氯噻嗪）联合使用。

××药业的溯源调查表明，缬沙坦原料药中产生的 NDMA 杂质源于对工艺的改变。缬沙坦的新工艺合成路线中采用的溶剂二甲基甲酰胺（DMF），可与氧化剂亚硝酸钠作用产生杂质 N-亚硝基二甲胺（NDMA），通过原料药产品杂质谱研究，对一未知杂质定性确证。缬沙坦原质量标准中不含有 NDMA 检项，该现行工艺已分别于2012年、2013年获得 EMA、美国 FDA 的认可。

2020年5月14日，××药业发布《××药业关于公司涉及仲裁的公告》陈述：山德士公司及其下属六家公司因××药业供应的缬沙坦原料药的杂质问题，认为××药业违反了与其签订的《框架供货协议》项下的义务导致其遭受损失，向位于德国汉堡的中欧仲裁中心提起仲裁，申请赔偿总额约1.15亿美元。期间，美国也有多名患者用户为此向××药业提起赔偿诉讼。

药品质量关系患者生命，也关系药品生产企业的生存与发展。按照相关法律、法规要求，对上市原料药物和制剂产品进行任何变更，必须评估变更对产品质量的影响。就工艺变更，应结合新的生产工艺进行详尽的质量控制研究，并形成新的工艺控制标准和中控品、产品质量标准，这是实现药品生产质量可控的基础；况且，一切与原料药物和制剂产品质量有关的工艺变更都应该以提高产品质量为前提，从而赋予产品更好的安全性与有效性，来提升其临床使用价值，增强制药企业的市场竞争力。××药业缬沙坦事件再次提醒：药品质量源于设计，药品质量源于生产。质量控制与管理应该是药品生产企业一切管理的核心。

1. 21 世纪质量管理有哪些特点？

2. 企业在建立和健全质量管理体系时，必须考虑哪些问题？

3. 简述风险管理的概念及我国 GMP 对药品质量风险管理的要求。

4. 制药企业质量管理体系必须包括哪些基本要素？

5. 制药企业的质量管理体系 QS、质量保证 QA、GMP 及质量控制 QC 的相互关系如何？

6. 阐述文件管理的基本概念以及 GMP 文件系统的两大组成部分。

7. 实施 GMP 的人员培训应关注哪些因素？

8. 简述物料和产品放行中质量评价和放行审核批准的内容要求。

9. 简述上市产品稳定性考察的分类与含义。

10. 变更管理的一般程序有哪些？

11. 哪些变更需要纳入变更管理？

12. 简述偏差、偏差管理的概念以及偏差处理的流程。

13. 制药企业供应商审计重点应包括哪些内容？

14. 简述产品质量回顾的内容。

15. 简述我国 2010 版 GMP 对质量投诉管理的基本要求。

16. 药品生产企业如何实施药品召回？

17. 简述 OOS、OOT、AD 的概念。

18. 简述参数放行的概念。

19. 简述药品生产企业 GMP 自检的实施程序。

第 5 章　确认与验证

扫码获取数字资源

5.1　验证概述

5.1.1　验证的起源

验证（validation）的概念起源于美国，是美国 FDA 对触目惊心的药害事件调查后采取的重要举措。1965～1975 年间，美国、英国先后发生 410 例大输液引起败血症的病例，并有 54 人死亡。FDA 组织专家对生产企业进行调查显示，产品在出厂前均做了无菌检查，也没有发现将不合格产品投放市场的案例。最后，调查发现染菌的原因是：第一，灭菌设备设计不合理；第二，产品密封性存在问题，冷却时被污染；第三，管理不善，已灭菌的与待灭菌的产品发生混淆；第四，操作人员缺乏培训。结论是"工艺过程失控，缺少运行标准"。为此，美国 FDA 于 1976 年 6 月 1 日发布了《大容量注射剂 GMP 规程》，首次提出验证的要求。

5.1.2　确认与验证的定义

我国 GMP（2010 年修订）对确认（qualification）与验证的定义分别如下：确认是"证明厂房、设施、设备能正确运行并可达到预期结果的一系列活动"；验证是"证明任何操作规程（或方法）、生产工艺或系统能够达到预期结果的一系列活动"。通俗而言，硬件需要确认，软件需要验证，确认属于验证的一部分。

国外相关规范和指南对验证的定义有不同的表述。比如，WHO 1992 年版的 GMP 对验证的定义是："能证实任何程序、生产过程、设备、物料、活动或系统确实能导致预期结果的有文件证明的行为。"欧洲《药品质量检查公约》（PIC）对验证的定义是："验证是要得到证明并将其形成文字，且可以依靠这一方法得到规定限值范围内的预定结果。"1987 年，美国 FDA《药品生产工艺验证总则指南》将验证界定为："系指一项建立成文的证据，以提供高度的保证，证明某一特定过程将能够始终如一地生产出符合预定规格标准和质量特性产品的活动"。

这些定义实质是一样的，其中都包含了验证的四个基本要素：一是验证文件，是在验证过程中形成的证据，包括验证计划、验证方案、验证记录、验证报告等；二是验证对象，是指与质量密切相关的项目，实际上就是验证范围，比如厂房、设施、设备、原辅材料、生产工艺、质量控制方法以及其他有关的活动或系统；三是验证结果，是要达到的预期目标，比如工艺重现性和可靠性，质量标准（企业标准、法定标准、国际标准）符合性等；四是验证活动，是指验证实施的过程行为。所以通俗地说，验证就是用形成的文件证明某一项目能达到预期结果的一项活动或行为。这里的某一项目系指任何操作规程（或方法）、生产工艺或系统。

5.1.3 确认与验证的意义

确认与验证是 GMP 的重要组成部分，是实现质量保证体系所确立目标的关键手段，是药品生产企业实施 GMP 的基础。只有对药品生产过程各个环节进行系统的确认与验证，才能保证药品生产过程受控，生产出符合质量要求的药品。

多年来的 GMP 实践得出两个重要的启示：第一，确认与验证是确立生产运行标准的必要手段。药品生产企业的运行，必须有健全的质量保证体系，有明确的运行"标准"。除了产品的质量标准外，还应包括厂房、设施、设备的运行参数，工艺条件，原辅材料标准，操作及管理、规程等。而标准的确立必须以对各个系统确认与验证的结果为基础。第二，企业必须保持持续的验证状态。在按"标准"对影响质量的各个因素加以监控的同时，又必须用监控的实际数据来评估已验证状态是否发生了漂移；考核"标准"制订的合理性及有效性，进而通过再验证或对历史数据进行回顾总结，对已有"标准"进行必要的修订。

总之，验证的产生和发展是 GMP 朝着"治本"方向深化的一项瞩目成就，验证使GMP 的实施水平跃上了一个新的台阶，是 GMP 发展史上一个重要的里程碑。

5.1.4 确认与验证的原则要求及范围

5.1.4.1 确认与验证的原则要求

世界各国的 GMP 对验证都做了原则要求。欧盟 2005 年版 GMP 在第五章"生产的验证"一节中，对验证的原则要求如下：

① 验证应起到加强 GMP 的作用，并按照预定的规程进行；

② 验证结果和结论应有记录；

③ 采用新的生产处方或生产方法前，应验证其对常规生产的适用性；

④ 验证应能证明，使用指定物料和设备时，预定的生产工艺能持续稳定地生产出符合质量要求的产品；

⑤ 生产工艺的重大变更，包括可能影响产品质量或工艺重现性的设备或物料的变更，都应进行验证；

⑥ 关键的工艺和规程应定期进行再验证，确保其仍可达到预定结果。

⑦ 在产品生命周期中，应当进行持续工艺确认，对商业化生产的产品质量进行监控和趋势分析，以确保工艺和产品质量始终处于受控状态。

此外，检验方法也需要经过验证。

我国 GMP（2010 年修订）对确认与验证提出了明确要求，详见"GMP 附录 11 确认与验证"。

5.1.4.2 确认与验证的范围

验证是一个涉及药品生产质量管理的全方位质量活动，是一项系统工程。验证的范围可以分成以下几个部分：

① 厂房（布局、洁净度级别等）、设施（空调净化、除尘等系统，工艺用水、电、气体、蒸汽、制冷等公用工程系统）、设备（生产设备、检验设备等）或系统（计算机化系统等）的确认与验证；

② 物料（原料、辅料、包装材料）与产品的验证；

③ 生产、操作和检验中所采用的生产工艺、操作规程和检验方法的验证；

④ 清洁方法的验证；

⑤ 影响产品质量的主要因素发生变更时的验证。

5.2 验证的分类

验证分为前验证、同步验证、回顾性验证和再验证。其中前验证是最全面、最复杂的一种验证，包括设计确认、安装确认、运行确认、性能确认及产品验证 5 个阶段。

5.2.1 前验证

5.2.1.1 前验证的概述

（1）定义

前验证（prospective validation）系指一项工艺、一个产品、一个处方、一个设备、一个系统或一种材料在投入使用前，证明确实能达到预期结果的有文件证明的质量活动。新工艺、新产品、新处方、新设备或新系统，主要原辅料变更，生产中关键工序及设备（如灭菌、无菌灌装等）及其变更必须采用前验证。

进行前验证是实现新工艺从研究开发部门向生产部门转移的必要条件。前验证是一个新产品开发计划的终点，也是常规生产的起点。由于验证的目标主要是考察并确认工艺的重现性及可靠性，而不是优选工艺条件，更不是优选处方，因此，验证前必须有比较充分和完整的产品和工艺的研究开发资料。

（2）前验证适用的条件

从现有资料的审查中应能确信：

① 配方的设计、筛选及优选确已完成；

② 中试生产已经完成，关键的工艺及工艺变量已经确定，相应参数的控制限度已经摸清；

③ 已有生产工艺方面的详细技术资料，包括有文件记载的产品稳定性考察资料等；

④ 即使是比较简单的工艺，也必须至少完成了一个批号的试生产；

⑤ 从中试放大至试生产中应无明显的"数据漂移"等现象。

前验证还用于产品质量要求高，靠生产控制及成品检查不足以确保重现性及产品质量的工艺或过程；没有或缺乏历史资料，难以进行回顾性验证的工艺或过程；产品的重要生产工艺或过程。例如无菌产品生产中所采用的灭菌工艺，如蒸汽灭菌、干热灭菌以及无菌过滤、在线灭菌系统；非最终灭菌的冻干剂生产用的中小型配制设备的灭菌，灌装用具、工作服、手套、过滤器、玻璃瓶、胶塞的灭菌工艺等。前验证是这类产品安全生产的先决条件。

5.2.1.2　前验证的术语

前验证的组织实施一般包括：设计确认（design qualification，DQ）、安装确认（instalation qualification，IQ）、运行确认（operational qualification，OQ）、性能确认（performance qualification，PQ）及产品验证（product validation，PV）5 个阶段（见图 5-1）。

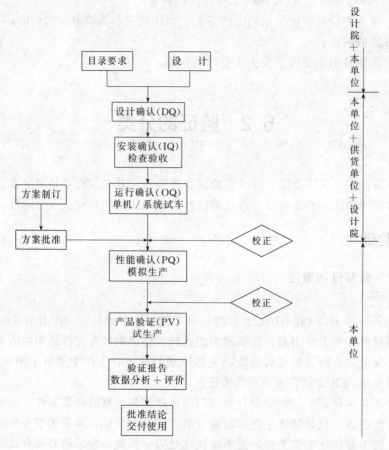

图 5-1　前验证的一般步骤及要点

参照欧盟 2005 年版 GMP 的基本要求及附录，对验证相关术语的概念和解释如下。

① 设计确认　也称预确认。为确认设施、设备和系统的设计符合期望目标所做的各种查证及文件记录。即指对项目设计方案的预审查，例如对平面布局、水系统、净化空调系统、待订购设备对生产工艺适用性的审查及对供应厂商的选定等。设计确认被认为是项目及验证的关键要素，因为设计方面的失误会造成事后难以弥补的先天性缺陷。

② 安装确认　为确认安装或改造后的设施、设备和系统符合已批准的设计及制造商建议所做的各种查证及文件记录。例如，设备安装后进行的各种系统检查及技术资料的文件化工作。

③ 运行确认　为确认已安装或改造后的设施、设备和系统能在预期的操作范围内正常运行而做的运行试验、查证及文件记录。

④ 性能确认　为确认已安装连接在一起的设施、设备和系统能够根据批准的生产方法

和产品的技术要求有效和稳定（重现性好）运行所做的试车、查证及文件记录。就生产工艺而言，常指用替代品模拟生产的试验。

⑤ 产品验证　是在特定监控条件下的试生产。为了在正式投入常规生产时能确有把握地控制生产工艺，往往需要抽取较多的样品，包括半成品及环境监控（必要时）的样品，并需对试生产获得的产品进行加速稳定性考察试验。

5.2.1.3　实施前验证的一般步骤

前验证的一般步骤及要点可用图 5-1 来说明。图的左边列出了从设计到投产过程中企业应完成验证的不同阶段的工作内容，右边则标出了实施验证的责任及参与单位。从图 5-1 中可以看出，企业对验证的全过程负责，但实施验证过程中，验证的具体工作却并非完全由本企业的人员承担。

5.2.1.4　设计确认

设计确认（DQ）是新的设施、设备或系统验证的第一个步骤。由设计、咨询单位专家、本企业高层领导和专业技术人员参加，对设计进行审查和确认。

根据 GMP 的要求，设计确认的内容是：本企业设定的目标、设计中所选用的设备或系统的用户实际使用的反馈意见、咨询单位专家提供的数据资料，审查设计的合理性。看设计中所选用的设备或系统的性能及设定的技术参数是否符合 GMP 的要求；是否适合本企业产品、生产工艺、维修保养、清洗、消毒等方面的要求；设计单位的资质是否符合要求；设计是否按照 NMPA 的相关规定和要求进行，是否通过政府主管部门的审批或备案等。

5.2.1.5　安装确认

安装确认（IQ）是对供应商所提供的技术资料的核查，设备、备品备件的检查验收，以及设备的安装检查，以确证其是否符合 GMP、厂商的标准和本企业特定的技术要求的一系列活动。

(1) 安装确认的具体工作内容

① 技术资料核查及归档　由有关人员根据所提供的资料和设备，核对、检查到货与清单是否相符，是否与订货合同一致，核对供应商所提供的技术资料是否齐全，检查审核供应商提供的图纸、设备清单、各类证书、说明书或手册，统一编号归档，并在图纸上签注姓名、日期和编号。检查是否有证书、证书是否准确。流量、压力、温度、质量分析等关键仪器及其材质、压力容器、阀门、清洁、钝化、质量等是否有合格证；仔细检查校验证书的内容，如有效期、限度、结果、校正编号。技术说明书或手册，包括图纸，是对设备进行测试的依据。它们应对设备的特性及功能做详细说明，并能具体指导维护、操作、查找及排除故障等。在安装确认中如发现供货商提供的资料有差错或不完善，应及时向供货商索取。

② 备品备件的验收　由验收人按照供应商提供的备品备件清单，检查到货实物和订货合同，将清单编号存档，将实物验收入库。入库备件应按设备管理要求，做好台账。

③ 安装的检查及验收　由专人根据工艺流程、安装图纸检查设备的实际安装情况，如设备的安装位置是否合适，管路焊接是否光洁，所配备的仪表精度是否符合规定要求，安装是否符合供货商提出的安装条件等。发现不一致的地方应直接在图纸上做上醒目的红色标记，签字并注明日期，并将偏差情况直接记录在偏差与漏项清单上。在安装确认中，应检查竣工图及管道标识是否完成。

应在安装确认的实施过程中做好各种检查记录，收集有关的资料及数据，制订设备或系统的 SOP 草案。

（2）安装检查验收要点

① 电气检查　由持证人员按照规范对照检查电气安装图纸。常见的做法是对关键设备电路抽检其 10%。如果发现明显不一致，则必须责成安装单位返工，或对图纸做出修改，并由责任者签名并签注日期。此后，需再进行复检。最坏的情况下需要全检，以免因电气线路安装的失误损坏设备。

② 压力容器及真空罐检查　对于压力罐/真空罐及其分配系统，要检查是否已有主管部门测试后出具的合格证书。

③ 材质、光洁度、钝化、焊接等检查　检查是否有合格证书，同时需对实物进行目检，必要时须进行测试。

④ 主要设备的特性检查　检查已安装设备（如泵、储罐、热交换器）的主要特性，如型号、系列号、尺寸、有无损坏等。如发现运输或安装中发生某种程度的损坏，应对损坏类型及其影响做出评估。

⑤ 过滤器检查　检查包装的完好性及合格证书，除菌过滤器通常需做完整性试验。

⑥ 公用工程检查　对重要的设备或系统，应将所用的公用介质列一清单，并按清单逐项检查其连接、位置、尺寸、消耗量及所供介质的质量状况。

⑦ 维修检查　应当在安装确认时即检查便于日后维修的条件，如设备维修孔是否已经设置，是否预留了足够大小的维修空间。检查传送带、齿轮箱用的润滑油是否正确等。还应检查用以将产品和油隔离的密封件、垫圈等是否符合要求。必须对检查的结果做出相应的评价。

⑧ 环境与安全检查　如存在因特殊的环境条件有可能影响 GMP 的实施或某项工艺的安全运行时，应对这种影响做出评价。

5.2.1.6　运行确认

运行确认（OQ）是通过按草拟的 SOP 进行单机或系统的运行试验（试车），以提供文件证明设施、设备或系统的各项技术参数能否达到设定要求。

在运行确认的过程中需考察设备运行的各项参数是否稳定，各环节的功能与标准是否一致，仪表是否可靠，运行中的安全性是否有保证等。同时，也应全面考察草拟的 SOP 是否适用，必要时应做出相应的补充与修改。

安装确认与运行确认一般可以由设备供应商与使用单位共同完成。供货商通过运行确认，将设备或系统调至适当的工作状态，同时培训了企业的人员，企业则通过这一活动，学习了操作、日常维护保养的技术并验收设备。

运行确认应注意以下各点。

① 计量器具检定/校准　设备安装后检查流量、压力、温度、重量等关键仪表是否已经检定/校准，并有相应的标志，如贴上校验合格标签。检定/校准时，应按检定规程或内控校准方法进行，结果应及时记录、签注姓名和日期。

② 功能测试　按照有关标准以及设备技术说明书所列标准，检查设备的每一项功能及安全性，如内部锁定、紧急制动键、热水管防烫、表面防滑、危险作业、有碍健康的工作条件及噪声等，确证其符合标准。

③ 试验或测试　应在一种或一组运行条件之下进行，包括设备运行的上、下限，有时称这种条件为"最差条件（worst case）"。最差条件系指导致工艺及产品失败的概率比正常工艺条件高得多的工艺条件或状态。

④ 操作规程及培训　由设备的使用部门负责起草制订主要设备的操作、清洗、日常维修规程，并由质量管理部门批准，在运行确认的后期使其成为正式规程。有正式的操作规程

是运行确认最终批准的先决条件。

对设备操作人员及维修人员进行培训，并应予以考核。培训的内容、学员、教师、培训考核结果均应记录、归档。

5.2.1.7 性能确认

性能确认（PQ）是为了证明设施、设备或系统是否达到设计标准和GMP有关要求而进行的系统性检查和试验。

对生产设备而言，性能确认系指通过系统联动试车，考察工艺设备运行的可靠性、主要运行参数的稳定性和运行结果的重现性的一系列活动，即模拟生产。模拟生产时，应根据产品的特点设计工艺运行条件，所用原料多数情况下可用替代品，如用空白颗粒进行片剂模拟生产，又如可用水代替一般药液进行输液的模拟生产。对一些技术含量较高或工艺条件较为苛刻的产品，需要用产品处方中规定的原料按产品的处方进行模拟生产，以便为试生产打下良好的基础。一般情况下，模拟生产至少应重复三次。对于比较简单、运行较为稳定，若人员已有一定同类设备生产线实际运行经验的，也可跳过模拟生产，直接进行试生产。试验或测试应在一种或几种条件之下进行，试验或测试的操作条件应包括运行操作的上下限。

对辅助系统而言，性能确认是辅助系统验证的终点。如工业蒸汽、冷冻站、压缩空气系统、净化空调系统，它们的性能确认即是系统试车。

性能确认中应注意以下各点。

① 流量、压力和温度等监测仪器必须按国家技术监督部门规定的标准进行校验，并有校验证书。

② 制订详细的取样计划、试验方法和试验周期，并分发到有关部门或实验室。

③ 性能确认时至少应草拟好有关的标准操作规程和批生产（及包装）记录草案，按照草案的要求操作设备，观察、调试、取样并记录运行参数。

④ 将验证数据和结果直接填入记录草案的空白处，或作为其附件，避免转抄。人工记录和计算机打印的数据作为原始数据。数据资料必须注明日期，签名并具有可溯性。

5.2.1.8 工艺及产品验证

（1）工艺验证

欧盟2005年版GMP的定义：工艺验证（process validation）系指为证明工艺在设定参数范围内能有效稳定地运行，并生产出符合预定质量标准和质量特性药品的验证活动。

1987年版美国FDA对工艺验证的定义为：建立一套文件化的系统，提供高度的保证，以证明某特定的工艺能够稳定地生产出符合预设标准和质量的产品。

2011年1月，FDA颁发了新版工艺验证指南《工艺验证行业指南：一般原则与方法》，根据FDA的最新理解，工艺验证被定义为，对从工艺设计阶段开始直至商业生产全程中的数据进行收集和评估的活动，从而获得科学的证据来证明工艺能够持续生产出高质量的产品。工艺验证不再仅仅是3个商业批次的生产和检测活动，而是涵盖了工艺生命周期的全过程，包括下列3个主要阶段。

第一阶段——工艺设计（process design）：根据从工艺开发和工艺放大活动中获得的知识确定商业生产工艺。

第二阶段——工艺确认（process qualification）：对工艺设计进行评估，以确认工艺是否具备重复商业生产的能力。

第三阶段——持续工艺核实（continued process verification）：在常规生产中持续的保

证工艺处于受控状态。

新版 FDA 工艺验证指南中介绍了对工艺性能确认批次的同步放行，而前一版工艺验证指南中介绍的前验证、同步验证以及回顾性验证的概念并未在新指南中出现。这也反映出 FDA 对于工艺验证概念、理解的更新。

工艺验证是指证明生产工艺的可靠性和重现性的验证。在完成厂房、设备、设施的验证和质控计量部门的验证后，对生产线所在的生产环境及装备的局部或整体功能、质量控制方法及工艺条件的验证，以证实所设定的工艺路线和控制参数能确保产品的质量。

生产环境的验证是对洁净室所使用的消毒方法的确认；生产设备验证已在之前做过叙述；质量控制方法的验证是根据产品质量要求，确定抽样方法的验证；工艺条件的验证是指那些凡是对产品质量产生差异和影响的关键生产工艺都应经过验证。验证的工艺条件要模拟生产实际并考虑可能遇到的条件。可以采用最差条件或挑战性试验。验证应重复一定次数，以证明工艺的可靠性和重现性。

持续工艺确认是对商业化生产的产品质量进行监控和趋势分析，以确保工艺和产品质量始终处于受控状态。持续工艺确认应贯穿产品整个生命周期（从产品开发、技术转移、商业化生产直至产品退市），企业应建立持续工艺确认文件，对持续工艺确认的范围和频率进行周期性的审核和调整，并根据获得的结果形成相应的报告。必要时，应当使用统计工具进行数据分析，以确认工艺处于受控状态。

挑战性试验：是指对某一工艺、设备或设施设定的苛刻条件的试验。如灭菌程序的细菌、内毒素指示剂以及无菌过滤的除菌试验等。

工艺验证的前提条件：① 拟使用的设施、设备和系统应经过确认，符合要求，例如空气净化系统、水系统、公用工程系统已经过验证合格，生产设备已完成仪器的校正、安装确认与运行确认；② 检验方法已通过验证；③ 原辅料、内包装材料、外包装材料供应商已经过质量审计；④ 标准操作规程已建立；⑤ 参与验证的人员应经过适当的培训等。

工艺验证与设备确认的关系：工艺验证与设备及系统的确认实际上是一个不可分割的整体。以注射剂生产用的灭菌柜为例，灭菌柜在安装确认及运行确认后，需要进行性能确认，性能确认中当然需要对产品的灭菌程序进行验证，如在 121℃ 条件下灭菌 10min，需进行热分布试验或热穿透试验，并在验证中考察装载方式给产品灭菌带来的影响。因此，灭菌柜性能确认中包括了灭菌工艺的验证内容。配制设备、灌装机、贴签机也都存在类似的情况。因此，除了清洁验证、无菌操作的培养基灌装试验等外，许多工艺过程，如洗瓶、洗塞、配液、灌装、灭菌、贴签一般都不予单列，因为这类工艺验证已在设备确认的同时完成了。

(2) 产品验证

产品验证（PV）是在生产各工序工艺验证合格的基础上进行全过程工艺的验证，以证明全过程的生产工艺所获得的产品符合预定的质量标准。产品验证就是在特定监控条件下的试生产，产品验证应按品种进行。

产品验证应注意以下几点：①新产品或新工艺有完善的研究开发资料，以便在工艺设备性能确认中，能够拟订出能切合生产实际的验证方案。②产品或工艺开发部门、质量管理部门及生产部门至少应当制订出生产方法、批生产记录、SOP 的草案。③根据法定标准制订产品质量标准、中间控制标准。④制订好成品和中间控制取样计划，以确保样品的代表性。⑤制订必要的产品稳定性考察计划，通过稳定性考察进一步确认工艺参数的合理性和可靠性。⑥为确认工艺的重现性，工艺验证的批次量应足够多，至少需要进行连续 3 批的试生产（批量应与实际生产的批量一致），产品验证的批次量应与实际生产的批次量一致，并进行多方面的考察，以确定正常变化范围及趋势，并有足够的数据可供评估。当至少连续 3 批数据或运行均在最终确定的参数范围内时，才可以认为工艺验证符合要求。⑦与产品生产相关的工艺，已在相关设备或系统的性能确认中通过验证。⑧产品验证试验如因故无法按预计验证方案进行，或验证结果达不到预计标准时，须调查原因，采取必要的纠正措施，对验证方案做适当修订后，再继续进行。验证方案的重大修改，均需经验证机构批准。⑨只有验证总计划获得最终批准后，质量管理部门方有权批准通过稳定性考察并批准将符合法定标准的产品投放市场。

5.2.1.9　运输确认

运输确认是指对产品运输条件的确认，以确认运输过程中对产品质量没有影响。对运输有特殊要求的物料和产品，其运输条件应当符合相应的批准文件、质量标准中的规定或企业（或供应商）的要求。

运输确认应注意以下问题：①应当对运输涉及的影响因素进行挑战性测试，且应当明确规定运输途径，包括运输方式和路径。长途运输还应当考虑季节变化的因素。②除温度外还应当考虑和评估运输过程中的其他相关因素对产品的影响，如湿度、震动、操作、运输延误、数据记录器故障、使用液氮储存、产品对环境因素的敏感性等。③在产品运输过程中可能会遇到各种不可预计的情况，运输确认应当对关键环境条件进行连续监控。

5.2.2　同步验证

同步验证（concurrent validation）系指在工艺常规运行的同时进行的验证，即从工艺实际运行过程中获得数据来建立文件化证据，以证明工艺确实达到预计要求的验证。

例如水系统的验证，人们很难制造一个原水污染变化的环境条件来考察水系统的处理能力，并根据原水污染程度来确定系统运行参数的调控范围。又如，泡腾片的生产往往需要低于 20% 的相对湿度，相对湿度受外界温度及湿度的影响，空调净化系统是否符合设定的要求，需要经过雨季的考验。这种条件下，同步验证成了理性的选择。

同步验证适用于对所验证的生产工艺有一定的经验，其检验方法、取样、监控措施比较成熟。同步验证可用于非无菌产品的生产工艺验证，可与前验证相结合进行。

采用同步验证应具备的先决条件：

① 有完善的取样计划，即生产及工艺条件的监控比较充分；

② 有经过验证的检验方法，检验方法的灵敏度及选择性比较好；

③ 对所验证的产品或工艺过程已有相当的经验及把握。

在这种情况下，工艺验证实际上就是特殊监控条件下的试生产，而在试生产性的工艺验证过程中，可以同时获得两方面的结果：一是合格的产品；二是验证的结果，即"工艺重现性及可靠性"的证据。验证的客观结果往往能证实工艺条件的控制达到了预定的要求。但是，也应慎重使用同步验证，因为可能会给产品质量带来风险。

5.2.3　回顾性验证

回顾性验证（retrospective validation）是指以历史数据的统计分析为基础，得出结论，旨在证实正常生产的工艺条件的适用性和可靠性的验证。仅适用于工艺已经很好确立的情况，当有充分的历史数据可以利用时，可以采用回顾性验证。回顾性验证的适用范围较宽，可用于辅助系统及生产系统的许多工艺过程，通常用于非无菌工艺的验证。以积累的生产、检验和其他有关的历史资料为依据，回顾、分析工艺控制的全过程，证实其控制条件的有效性。

5.2.3.1　采用回顾性验证应具备的必要条件

① 有足够的连续批次的合格数据（通常回顾性验证需要通过 10～30 个连续批次，以评估所采用工艺的一致性，但如有适当理由，回顾的批数可少一些）。

② 检验方法经过验证，检验的结果可以用数值表示并可以用统计分析。

③ 有完整的批记录，并符合 GMP 的要求，记录中有明确的工艺条件，且有关于偏差的分析说明。

④ 有关的工艺变量必须是标准化的，并一直处于控制状态。如原料标准、洁净区级别、分析方法、微生物控制等。

5.2.3.2　回顾性验证的一般步骤及要点

回顾性验证主要基于对历史数据资料的分析得出结论，仅适用于工艺已经很好确立的情况。当近期内产品的成分、原材料、设施、设备或系统已有变更时，则不得采用回顾性验证的方式。回顾性验证的适用范围较宽，可用于辅助系统及生产系统的许多工艺过程。回顾性验证的一般步骤及要点可用图 5-2 说明。

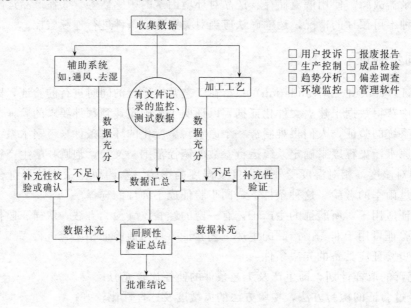

图 5-2　回顾性验证的一般步骤及要点

回顾性验证包括以下几点。

① 收集充分的原始数据资料：包括批生产记录、批包装记录、工艺控制图、维修日志、人员变更记录、工艺能力分析、成品数据（包括趋势图和稳定性测试结果）。数据如果不够充分，进行必要的补充性确认与验证。

② 制订具体的验证方案。

③ 回顾性分析和总结：对原始数据资料进行统计分析，找出趋势和问题，得出结论，提出建议，出具报告。

④ 批准结论：由相关负责人审查和批准回顾性验证报告。

同步验证、回顾性验证通常用于非无菌工艺的验证。一定条件下，二者可以结合使用。在移植一个现成的非无菌产品时，如已有一定的生产类似产品的经验，则可以以同步验证作为起点，运行一段时间，然后转入回顾性验证阶段。经过一个阶段的正常生产后，将生产中的数据汇总起来，进行统计及趋势分析。这些数据和资料包括：①批成品检验的结果；②批生产记录中的各种偏差的说明；③中间检查的结果；④各种偏差调查报告，甚至包括产品或中间体不合格的数据等。

需要指出的是，验证具有生命周期。

5.2.4 再确认和再验证

再验证（revalidation）是指对产品已经验证过的生产工艺、关键设施及设备、系统或物料在生产一定周期后进行的重复验证。旨在证实其维持"验证状态"没有发生漂移。药品生产中的关键工艺往往需要进行再验证。

根据再验证的原因，可以将再验证分为 3 种类型。

(1) 法规要求的强制性再验证

该类再验证至少包括下述几种情况：①无菌操作的培养基灌装试验；②计量器具的强制检定，包括计量标准，用于贸易结算、安全防护、医疗卫生、环境监测方面并列入国家强制检定目录的工作计量器具。此外，一年一度的高效过滤器检漏也成为再验证的必要项目。

(2) 发生变更时的改变性再验证

药品生产过程中，由于各种主观及客观的原因需要对设备、系统、材料及管理或操作规程等做某种变更。有些情况下，变更可能对产品质量造成重大的影响，因此，需要进行再验证，这类验证称为改变性再验证。例如：①原料、包装材料质量标准的改变或产品包装形式的改变（如将铝塑包装改为瓶装）；②工艺参数的改变或工艺路线的变更；③设备的改变；④生产处方的修改或批量数量级的改变；⑤常规检测表明系统存在着影响质量的变迁迹象等。

上述条件下，应根据运行及变更情况以及对质量影响的大小确定再验证对象，并对原来的验证方案进行回顾和修订，以确定再验证的范围、项目及合格标准等。重大变更条件下的再验证犹如前验证，不同之处是它有一个现成的验证资料可供参考。

(3) 定期再验证

由于有些关键设备和关键工艺对产品的质量和安全性起着决定性的作用，如无菌药品生产过程中使用的灭菌设备、关键洁净区的空调净化系统等。因此，即使是在设备及规程没有变更的情况下也应定期进行再验证。

验证是一个技术性很强的工作，人员的素质及设备条件将直接影响验证的结果和可靠性。什么条件下采用何种验证须根据实际情况做出适当的选择。重要的问题是在制订验证方案并实施验证时，应当特别注意这种验证方式的先决条件，分析主客观的情况并预计验证结果对保证质量可靠性的风险程度。

5.3 实施验证的程序

5.3.1 建立验证组织机构

由于验证是一项经常性的工作，由专管部门及专人管理是必要的。企业应根据自身情况及验证的需要建立适当的组织机构，由负责生产、技术、质量管理的副总经理或总工负责分管验证工作。下设专职机构或职能部门负责验证的日常管理。有一种模式是在质量管理部门内设验证管理机构，该机构的主管最好由具有仪表、计算机、制药、微生物学和数理统计知识，并具有一定药品生产质量管理经验的人员担任，以适应验证管理工作的特殊需要。企业如将药品生产企业的技术、质检、计量、工艺开发合并为 QA，验证就应由 QA 来主管。主管验证的专职人员应当是熟悉工艺和设备的管理人员，应有相当的实际工作经验。根据不同的验证对象，分别建立由各有关专业部门组成的验证小组。验证专职管理机构的职责包括：

① 负责验证的日常管理；

② 制订和修订验证规程；

③ 制订验证计划和起草验证方案，并监督实施；

④ 组织、协调日常验证工作；

⑤ 验证的文档管理等。

常设的验证职能机构一般能够适应验证日常管理的需要。但是，对于一个全新的制药工厂或车间，或者一个大型的技改项目，则有大量的验证工作须在较短时间内完成，就需要成立一个临时性验证组织机构——验证委员会，由企业主管验证的副总经理和质量、工程、研发、生产部门的经理组成。验证委员会负责验证的总体策划和协调、验证文件的审核与批准，并为验证提供足够的资源。验证委员会下设项目验证部（非常设机构），项目验证部设验证经理，负责掌握验证进度和验证工作的协调。验证经理与来自各部门的代表组成项目验证部，负责验证文件的制订和验证活动的协调。在验证项目部之下设若干验证小组，承担验证项目的具体实施。验证小组长由验证经理指定，小组成员来自各部门，主要是验证对象（设备或系统）的使用部门人员。

企业各部门在验证中的职责如下。

质量保证部：制订验证计划，起草验证方案，检验方法验证，取样，检验，环境监测，报告，结果评价，验证文件管理，对供应商的确认。

生产部：参与验证方案制订，实施验证，同时培训、考核操作人员，起草有关生产规程，收集验证资料，会签验证报告。

工程部：设备公用系统预确认，制订设备公用系统标准、限度、能力和维护保养的要求。设备操作、维护保养的人员培训，为设备安装及验证提供技术服务。

研发部：确定新产品验证的工艺条件、标准、限度及检测方法，起草新产品、新工艺的验证方案，指导生产部完成首批产品验证。

仓储部：物料验证，供应符合标准的物料。

5.3.2 提出验证项目

药品生产企业必须制订一个总验证计划，以确定待验证的对象、验证的范围、时间进度、所需资源等。验证项目可由各有关部门如生产、技术、质量控制等或验证小组提出，验证总负责人批准后立项。

验证的项目一般可分为 4 大类：①厂房、设施、设备；②检验及计量；③生产过程；④产品等。每一大项还可再细分。软件的验证贯穿于整个验证过程，也可单独作为一个验证项目。

5.3.3 制订验证方案及审批

GMP要求企业应制订书面的验证方案。其制订方式有两种：一是由外单位（通常为设计或咨询单位）提供草案，本企业会签。草案经验证委员会讨论、修订并经验证委员会批准后，成为可以执行的验证方案。二是由本企业具体使用部门起草方案，由质量保证部门及有关部门会签，并经验证委员会批准。

验证方案的主要内容包括验证对象、验证目的、验证目标和范围、验证的要求与内容、实施所需的条件、质量标准和测试方法以及时间进度，并需附上原始记录要求和表格，明确试验的批次数。

验证草案制订后，必须审查、分析和批准其正确性、可行性及完善性。验证方案经过审批后方可实施。审批部门包括验证实施部门、相关技术部门、质量检验部门、质量保证部门。

5.3.4 组织实施验证

由验证委员会组织实施验证，验证实施过程可以按设计确认、安装确认、运行确认、性能确认、工艺验证、产品验证等阶段进行，并做好各阶段报告。验证委员会负责收集整理验证记录与数据，起草结论文件，上报验证总负责人审批。

实施验证需要注意以下几个问题。

① 验证前培训　在验证之前必须对有关生产和管理人员进行必要的培训，使其清楚地了解所需验证的工艺及其要求。这是实施验证的必要条件。

② 做好验证准备　包括准备设备、系统、测试仪器、相关文件、记录表格等。

③ 按批准的验证方案进行验证　验证方案在实施过程中，有可能需要补充和修改，此时应起草一个补充性验证方案，说明补充验证的具体内容和理由，并经相关部门重新会签和审批。

④ 做好验证记录　验证记录要求客观、准确地填写，应有执行者签名、日期。关键项目应有复核。做好记录保护，不要复制、抄录数据，保持数据资料的原始性。

⑤ 注意偏差处理　验证结果如果出现偏差，与可接受标准不符，必须找出偏差产生的原因并及时解决。

5.3.5 验证合格标准的确定

实施验证必须确立适当的验证合格标准。验证合格的标准一般包括管理标准和技术标准。确定验证合格标准的前提条件有三条：第一是现实性，验证标准不能超越客观物质条件的限制或造成超重的经济负担，以免无法实施；第二是可验证性，是否达到标准，可以通过检验或其他适当的手段加以证实；第三是安全性，验证合格的标准应以保证产品的安全性作为先决条件。

设定验证合格标准应遵循的原则如下。

① 凡是我国药典和GMP有明确规定标准的，验证合格的标准不得低于这些法律和法规的要求。如果药品生产企业的设备或工艺等确有其特殊性，需要采用更适合本企业的方法，则必须通过验证，用验证的数据来证明所采用方法的合理性。

② 国内尚无法定标准，可以采用WHO、ICH制订的GMP已有明确要求，或国际医药界公认的标准，作为本企业设定验证合格标准的参考。

③ 从全面质量管理的角度出发来设定验证方案及有关标准。在许多情况下，特别是管理方面的合格标准有时难以量化，难以从现成的资料中寻找制订标准的依据。企业应从验证

的概念上、从全面质量管理的观念出发，根据工艺、设备及人员的实际情况自行设定标准。以人员的培训和考核为例，企业除应有理论考核标准外，还应规定实际操作的考核标准。

④ 样品要有代表性，制订周密科学的取样计划。

5.3.6 撰写验证报告及批准

验证工作完成后，各相关部门应将结果整理汇总，撰写验证报告。验证负责人收到全部验证报告后，要与总负责人审查各份报告，分析验证结果，根据验证最终结果做出结论，并撰写完整的验证报告。将验证结果与可接受标准进行比较、分析，最后得出该系统（方法）是否满足预先所设定的标准，是否有效、可行的结论。

验证方案的会签人应按照 GMP 的相关要求对验证报告进行会签、评价，经验证总负责人签字批准。之后，由质量保证部门根据验证报告结论，决定被验证对象（如某工艺、设备、方法等）是否可以通过，只有验证合格的验证对象方能交付正常使用。

最后由验证总负责人签发验证证书。

5.3.7 验证文件的管理

确认与验证资料是 GMP 符合性申报资料之一，确认与验证工作要有记录，实施结束后要有书面报告，记录确认或验证的结果、结论、评价、建议等，并通过审批，有关资料由验证常设机构或兼管机构归档保存。一个完整的验证周期到此为止。

5.4　验证文件

验证文件（validation documentation）是实施验证的指导性文件，是验证活动的基础和依据，同时也是完成验证，确立生产运行各种标准的客观证据。

验证文件是有关验证的信息及其承载媒体，可以是纸张的，也可以是电子的，或二者的组合。验证文件既是指验证前已经按照验证管理的要求制订好的标准类和记录类文件，例如，验证中涉及的技术标准、标准操作规程、标准管理规程等；也是指在验证全过程中形成的一系列相关文件和数据。

5.4.1 验证文件的标识编码

制订验证文件的标识是使验证资料具备可追溯性的重要手段。同其他质量文件一样，验证的每一文件都须用专一性的编码进行标识。标识的方法与 SOP 或批生产记录相类似，由企业自定。基本原则是专一性、可追溯性及方便使用。

现以"000-VMP-P1"验证文件标识为例加以说明。该验证文件标识由三部分组成。前面的三个数字是某一设备或系统的代号，可预先确定；中间的字母表示文件内容，如 VMP 表示 validation master plan，即验证总计划，运行确认、性能确认、工艺验证则可分别用 OQ、PQ、PV 表示；第三位数字第一个字母表示文件的性质，如 P 表示计划（plan）或方案（protocol），R 表示报告（report），S 表示小结（summary），最后的阿拉伯数字表示文件的版本号。文件的编号由项目部或主管验证的机构统一制订。

5.4.2 验证文件的形成程序

验证文件的编写应遵循 GMP 文件形成的 SOP。此过程中各方的职责见表 5-1。

表 5-1 验证文件编写过程中各方人员的职责

人员	职责
文件起草人	是验证小组的成员,是具有一定资质的专业技术人员或管理人员,对文件的准确与否承担直接责任,包括文件中的数据、结论、陈述及参考标准
质量管理负责人	验证文件须经质量管理部经理签字批准,以保证验证方法、有关试验标准、验证实施过程及结果符合 GMP 和企业内控标准的要求
生产或工程负责人	是日后生产运行的负责人,应当通过验证,熟悉并掌握维持稳定生产的关键因素。他们应提供验证所必需的资源、人员、材料、时间及服务。他们的会签意味着实施验证试验的可行性,或对验证报告和验证小结中的结果、建议及评估结论的认可
验证实施人员	按要求实施验证,观察并做好原始记录,对实施验证的结果负责
审核人员	通常是专业技术人员,审核同意验证内容与结论,审核人员的签字确保验证文件准确可靠
验证组织负责人	验证文件是重要的质量体系文件,直接关系到验证活动的科学性、有效性以及将来的产品质量水平。因此,必须得到企业验证最高管理机构负责人的认可和批准

以上人员对验证文件中各自承担的部分签注姓名和日期。

5.4.3 验证文件的组成

验证文件主要包括:验证总计划 (或验证规划,VMP)、验证计划 (validation plan)、验证方案 (validation protocol)、验证原始记录、验证报告 (validation report)、验证小结 (validation summary)、验证总结报告、相关文档或资料等。验证文件组成框架如图 5-3 所示。

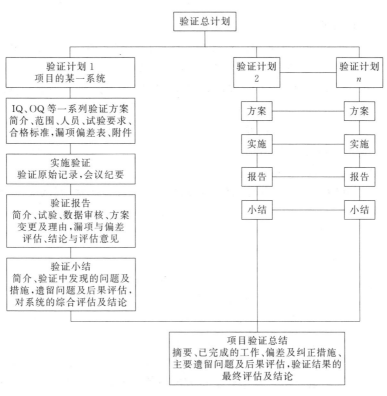

图 5-3 验证文件的组成

5.4.3.1 验证总计划

验证总计划,又称作验证规划,一般包括如下内容。

① 项目概述 是对企业及项目的概述,内容包括企业概况、项目总投资、建筑面积、生产能力和产品等。

② 目标及合格标准 GMP 及药典等的要求以及企业产品及工艺的特殊要求。

③ 组织机构及其职责 验证活动的组织机构、人员组成和人员职责权限。

④ 原则要求 包括对 IQ、OQ、PQ 等一般验证活动的概述、验证文件的管理、偏差及漏项的处理原则等。

⑤ 范围 结合图文对待验证的设施、设备、系统和工艺等的概述,即对各个验证子系统及相关验证项目做出原则性说明。

⑥ 相关文件 列出验证活动所涉及的相关管理及操作规程的名称和代号等,它们是项目验证的支持系统。

⑦ 进度计划 按照时间顺序给出各项验证工作的进度安排。

⑧ 附录 给出平面布置图、工艺流程图、系统图以及其他各种图表等。

验证总计划通常将企业所属的系统按其与产品质量的相关性分为两个大类:主系统和辅助系统,以突出重点。与产品质量直接相关的系统列入主系统,其他系统则列入辅助系统,避免某些影响质量的重要因素在实施验证中被疏漏。

以压缩空气为例,一般仅作为自动控制的动力源,不与产品接触,仅验证其在满负荷运行状态下的压力是否达到预计要求的设备能力问题;但在大容量注射剂及冻干剂生产中,常用压缩空气去除最终淋洗后瓶中的水滴,因此需要用 $0.22\mu m$ 的过滤器过滤压缩空气,并要验证其无油性质。

5.4.3.2 验证计划

根据验证总计划制订每个子系统的验证计划。验证计划一般应包括下述内容。

① 简介 概述被验证系统或子系统验证计划的内容。

② 背景 对待验证的系统进行描述,最好结合图文说明系统的关键功能及操作步骤。

③ 目的 阐述系统所要达到的总体验证要求,如符合 GMP 的要求;设备的材质、结构、功能、安装等应达到的各种标准。

④ 验证的有关人员及其职责。

⑤ 验证内容 分别介绍进行 IQ、OQ、PQ 时所需进行的试验/调试或检查。

⑥ 验证进度计划。

⑦ 附录 相关文件及图表等。

5.4.3.3 验证方案

验证方案是描述如何进行验证的书面计划或方案,它不仅是实施验证的工作依据,也是重要的技术标准。验证的每个阶段,如 IQ、OQ、PQ 等都应有各自的验证方案。

验证方案的主要内容包括简介、背景、验证范围、验证人员、试验项目、实施条件、实施方法和步骤、合格标准、漏项与偏差表及附录等。

验证方案遵循"谁用谁起草"的原则,如生产设备,由生产车间起草;公用工程由工程部起草;检验方法由 QC 起草等。在形式上,方案一般由验证小组组长起草,并由主管部门经理审核,必要时应组织有关职能部门进行会审。验证方案只有经批准后才能正式实施。与产品质量直接相关的验证方案均须由质量经理批准，其他情况下也可采取相关部门经理批准、质量部门会签的办法。

5.4.3.4 验证原始记录

验证方案中包括指令和记录两大类，即除了规定了应当如何做、达到什么标准以外，它还规定了应当完成的记录。指令有时只有文件的编号，如清场的 SOP，内容需要从相应编号的 SOP 中查阅。验证的记录应及时、清晰并有适当的说明。

验证过程中可能会出现一些没有预计到的问题和偏差，甚至会遇到无法实施的情况，这些称为漏项。它们均应在原始记录中详细说明，并作为验证方案的附件，附在验证报告中。原始记录中还有一些是设备的自动记录。这类记录只有实施验证的人员在记录上做出必要的说明，签名并签注日期后，才能成为文件，进入原始记录。

5.4.3.5 验证报告

验证报告是在某一系统的验证活动完成后，简明扼要地将结果整理汇总的技术性报告。验证报告的主要内容包括简介、试验、数据审核、方案变更及理由、漏项与偏差评估、结论与评估意见等。

5.4.3.6 验证小结

验证小结是项目验证中某一子系统的所有验证活动完成后，对相关的验证报告进行总结的书面材料。验证小结的主要内容应包括以下方面。

① 简介　概述验证小结的内容和目的。

② 系统描述　对所验证的系统进行简要描述，包括其组成、功能以及在线仪器仪表等情况。

③ 相关的验证文件　将相关的验证计划、验证方案、验证报告列一索引，以便必要时进行追溯调查。

④ 人员及职责　说明参加验证的人员及各自的职责，特别是外部资源的使用情况。

⑤ 验证合格的标准　验证合格的标准尽可能用数据表示，如洁净区的级别。应注明标准的出处，如系法定标准、药典标准或规范的通用标准，以便复核。

⑥ 验证的实施情况　阐述预计要进行哪些试验，实际实施情况如何，如有些系统的自动控制系统作为计算机验证单列，有的则作为系统功能的组成部分在系统验证过程中完成。又如，包装线的验证，只需做到 PQ（性能确认），不必进行所谓的产品验证。这些均可在此项中做出简要说明。

⑦ 验证实施的结果　列出各种验证试验的主要结果。如以灭菌程序的验证为例，可列出各个产品灭菌程序的挑战性试验（challenge test）结果，共进行了多少次，最高及最低标准灭菌时 F_0 值的上限与下限。有时，此项也可与上一项合并起来写。

⑧ 偏差及纠偏措施　阐述验证实施过程中所发现的偏差情况以及所采取的措施。

⑨ 验证的结论　明确被验证的子系统是否通过验证并能交付使用。

5.4.3.7 验证总结报告

在整个项目验证全部结束后，验证组织负责人应对项目验证进行总结，对各验证小结做出评价，说明验证完成的情况、主要偏差及措施、综合评估意见。项目验证总结的内容一般包括摘要（包括验证是否通过的陈述）、背景、范围、验证小结报告的要点、验证结果的最终评估（对所有验证小结的分析和总结）及结论意见和验证文件清单等。

质量管理部的验证主管人负责验证文件的文档管理。验证完成后，有关文件的复印件应交付有关设备的使用部门作为设备档案的重要组成部分。

5.5　清洁验证专题

5.5.1　清洁验证概述

(1) 清洗的概念

清洗就是从设备、容器、管道等系统中清除残留物，保持清洁状态的工艺过程，以保证它们能够安全、卫生地用于下一步的产品生产。设备清洗的验证是药品生产工艺验证必要的内容，也是一种相对独立和特殊的工艺验证。

(2) 清洁的概念

清洁是清洗的状态和结果，清洗是清洁的前提和过程。在制药企业中，清洁的概念就是上批药品残留在生产设备中的残留物（包括微生物）的量不影响下批产品规定的疗效、质量和安全性的状态。如在液体制剂生产中，清洁除去了微生物繁殖需要的有机物，将设备中的微生物污染控制在低的水平。设备的清洁程度取决于残留物的性质、设备的结构与材质以及清洗的方法。对于确定的设备和产品，清洁效果取决于清洗的方法。

(3) 清洁规程的概念

书面的、确定的、达到清洁要求的清洗方法即所谓的清洁规程。

它包括清洗方法的所有方面，如清洗前设备的拆卸；清洁剂的种类、浓度和数量；清洗的次序和温度、压力、pH 等关键参数。设备的清洗必须按照清洁规程进行，而清洁规程必须经过验证。

(4) 清洁验证（cleaning validation）的定义

清洁验证就是用文件证明所批准的清洁规程能够使设备符合药品生产要求的试验及相关活动。或者说是通过在与产品直接接触的内表面取样并检验（化学及微生物），以证明按规定清洗方法清洗后的设备，残留物及微生物指标能始终如一地达到预定的清洁要求所规定的标准。

清洁验证的目的是为了证明可以对设备中的产品、清洁剂和微生物残留始终如一地清洁到一个可接受的限度，以避免污染和交叉污染。

清洁验证应当综合考虑设备使用情况、所使用的清洁剂和消毒剂、取样方法和位置以及相应的取样回收率、残留物的性质和限度、残留物检验方法的灵敏度等因素。

(5) 清洁验证的工作阶段

① 选定清洁方法，并根据经验及设备情况制订清洁规程草案。

② 制订验证方案，确定最难清除的物质、最难清洁的设备（部位）取样部位、最大允许残留限度和相应的检验方法、合格标准等。

③ 按批准的书面验证方案开展试验，获取数据，评价结果，得出结论，确立规程。

④ 如验证的结果表明预定的清洁程序难以达到预定标准，则需修改程序，重新验证，最终确定清洁程序。

下面主要介绍选定清洁方法和制订验证方案两个工作阶段的内容。

5.5.2 清洁方法的选定

（1）清洁方式

设备的清洁，可分为手工清洁和自动清洁或两种方法的结合。手工清洁常用的清洁工具有能喷洒清洁剂和淋洗水的喷枪、喷淋球、刷子、高压水枪、尼龙清洁块等。清洗前通常需要将设备拆卸到一定程度并转移到专门的清洗场所；自动清洁是由专门的自动设备按一定的程序自动完成清洁过程。通常只需将清洗装置同待清洗的设备相连接，即可按预定的程序完成整个清洁过程。随着GMP对设备要求的提高和技术的发展，设备的在线清洗自动化功能成为设备清洗技术的发展方向。在线清洁（cleaning in place，CIP）通常指较大型的设备或系统在原安装位置不做拆卸及移动条件下的清洁方式。

清洁方式的选定必须全面考虑设备的结构与材质、产品的性质以及设备的用途。如果设备体积庞大且内表面光滑无死角或者生产使用的物料和产品易溶于水或一定的清洁剂，宜采用自动或半自动的在线清洁（CIP）方式。清洁剂和淋洗水在泵的驱动下以一定的压力、速度和流量流经待清洗设备的管道，或通过专门设计的喷淋头均匀喷洒在设备内表面从而达到清洗的目的，大容量注射剂的配制系统往往采用这种方式。如果生产设备死角较多，或生产的产品易黏结在设备表面、易结块等情况下，则需要进行一定程度的拆卸并用人工或专用设备清洗。很多固体制剂的生产设备如制粒机、压片机等大多采用人工清洗方式。

（2）清洁规程内容

不管采取何种清洁方式，都必须根据设备说明书的要求、所生产的品种及工艺条件制订一份详细的书面清洁规程，规定每台设备的清洗程序，从而保证每个操作人员都能以相同的方式实施清洗，并获得相同的清洁效果，这是进行清洁验证的前提。

清洁规程应包括：①拆卸（程度）要求；②清洗剂的名称、成分和规格；③清洗液的配制方法、浓度和数量；④清洁工具要求；⑤预冲洗及检查要求；⑥清洗液浸泡及清洗的时间、温度、压力、流速等要求；⑦淋洗的时间、温度、压力、流速等要求；⑧消毒/灭菌方法及相关参数；⑨干燥方法；⑩清洁后的取样和检查要求；⑪生产结束至开始清洁的最长时间要求；⑫设备连续使用的最长时间；⑬清洁后设备的储存和条件；⑭已清洁设备的最长存放时间；⑮设备的清洁状况标识；⑯已过清洁有效期设备的处理；⑰设备使用前的检查；⑱装配要求。

（3）选用清洁剂的原则

清洁剂的选择原则：①根据将要去除的残留物选择清洗剂；②不腐蚀设备；③安全、无毒、无害；④环境友好；⑤组成简单、成分确切；⑥价廉、易得；⑦对去除微生物有效；⑧本身非常容易去除；⑨低发泡性。

常用的清洁剂有水和有机溶剂。对于水溶性残留物，水是首选的清洁剂。不宜采用家用清洁剂。当设备表面的残留物可溶于有机溶剂时可选丙酮、二氯甲烷、庚烷等有机溶剂进行清洁。根据残留物和设备的性质，企业也可自行配制成分确切的清洁剂，如一定浓度的酸、碱溶液等。企业应有足够灵敏的方法检测清洁剂的残留情况，并有能力回收或对废液进行无害化处理。

5.5.3　清洁验证的合格标准

清洁验证方案中最关键的技术问题是如何确定最难清洁物质、最难清洁部位和取样部位、最大允许残留量限度（allowable residual limit，ARL）和相应的检测方法。这些技术问题的解决可以帮助制订清洁验证的合格标准。所谓最大允许残留限度系指某一设备经清洗后，其表面残留的药物（或清洁剂）的最大允许量。一般来说，ARL 的允许值应从药物安全评价部门获取。

5.5.3.1　最难清洁物质

一般药品都由活性成分（active pharmaceutical ingredient，API；或 active drug substance，ADS）和辅料组成。所谓活性成分系指在药物中存在的、对人体生理活性有影响的物质。

药品生产过程中，药物原料、中间体及其成品中含有多种活性成分，对于接触多个产品的共用设备，所有这些物质在设备上的残留物都必须除去。在清洁验证中，不必为所有残留物都制订限度标准，并一一检测，以考察清洗效果，因为这是不切实际且没有必要的。在一定意义上，清洁的过程是个溶解的过程。因此，通常的做法是从各组分中确定最难清洁（溶解）的物质，以此作为"参照物"来评价清洁效果。

通常采用矩阵方法按如下原理来确定参照物。

① 物料的毒性以及溶解度。

② 物料是否会妨碍清洁过程，如油性物料会阻碍表面的润湿。

③ 芳香剂和色料等特殊物料。

④ 物料的特性，如有些物料对设备材质有一定的附着力。

通常，相对于辅料，人们更关注活性成分的残留，因为它可能直接影响下批产品的质量、疗效和安全性。

5.5.3.2　最难清洁部位和取样点

① 流动为层流的部位。

② 一些设备的死角。

③ 清洁剂不易接触的部位，如带密封垫圈的管道连接处。

④ 容易吸附残留物的部位，如内表面不光滑处。

⑤ 压力和流速迅速变化的部位等。

取样点应包括以上这些最难清洁部位。

5.5.3.3　残留量限度的确定

鉴于生产设备和产品性质的多样性，设立统一的限度标准和检验方法是不现实的。企业应当根据其生产设备和产品的实际情况，制订科学合理的、可实现的、并能通过适当的方法检验的限度标准。

目前普遍接受的残留物限度标准基于以下原则制订。

① 残留物浓度限度　10×10^{-6}，即 10mg/kg 为限度的合格标准。将残留物浓度限度定为 10mg/kg，被一些国家生产液体制剂（如溶液、乳剂等剂型）的企业所采用。除非是高活性、高敏感性的药品，该限度是足够安全的。营养品如氨基酸、葡萄糖等水溶性好的产品，比较容易清洁，检测方法灵敏度又比较高，往往以最终淋洗水样品中的有关物质的浓度限度

为 10mg/kg 作为参照标准。

验证时一般采用收集清洁程序最后一步淋洗结束时的水样，或淋洗完成后在设备中加入一定量的水（小于最小生产批次量），使其在系统内循环后取样，测定相关物质的浓度。实验室通常配备的仪器如 HPLC、紫外-可见分光光度计、薄层色谱等的灵敏度一般都能达到 10mg/kg（ppm）以上，因此，该限度标准不难被检验。

② 生物学活性的限度——最低日治疗剂量（minimum treatment daily dosage，MTDD）的 1/1000　实际生产中确实可能存在某些特殊表面如灌封头，残留物溶解后并不均匀分散到整个批中，而是全部进入一瓶产品中。在这种情况下，上述限度就不适用了，必须为这些特殊部位制订特殊的限度。制订特殊表面限度的依据就是以最低日治疗剂量为基础的生物学活性的限度。

依据药物的生物学活性数据——最低日治疗剂量来确定残留物限度是药品生产企业普遍采用的方法，一般取最低日治疗剂量的 1/1000 为残留物限度。一般治疗性药品常以此为标准计算控制标准。可以认为即使存在很大的个体差异，这个残留量也不会使人体产生药理反应，因此，高活性、高敏感性的药物宜使用本法确定残留物限度。最低日治疗剂量数据来自大量临床与动物实验的统计资料。特殊品种有特殊要求。

③ 肉眼观察限度　不得有可见的残留物　有文献表明，如果设备内表面抛光良好，残留物与设备表面有较大反差，目检能发现低至 $1\sim4\mu g/cm^2$ 的残留物。这是一个经验化的数据，与个人的视力、照明、设备的尺寸形状和观察的角度等许多因素有关，不能作为定量、半定量的依据，也无法验证。但目检最简单，且能直观、定性地评估清洁的程度，有助于发现已验证的清洁程序在执行过程中发生的偏差，对于日常监控是有价值的。因此，清洁规程中都要求在清洁完成或某些步骤完成后检查不得有可见的残留物。

④ 特殊情况下限度的制订　上述各种限度制订方法的注意力都集中在产品中的活性成分或最难清洁的物质上，其共同的特点是都要求其残留量低于规定的限度，而对活性成分的化学稳定性未加考虑。

从微观上看，清洁后的残留物在设备表面形成一层薄膜，因此有非常大的比表面积。而清洗过程中和清洗结束后残留物充分暴露在水分、氧气和通常较高的温度下（如需高温清洗和灭菌），因此不难设想，如果活性成分的化学性质不很稳定，或者在清洁和随后的储存条件下不稳定，生成了其他物质，就可能使得为检测微量活性物质而建立的检验方法无法真实地反映实际的情况。一方面，因为验证的目的是证实有关物质被"清洗掉"，而不是通过化学反应使目标物转变为其他物质而"消失了"。另一方面，有些药物的活性成分经转化后成为药品中的杂质，如果该杂质对人体有更大的毒性则须限制其在成品中的含量。这种情况下，制订残留物的限度必须考虑这类杂质对下批产品带来的不利影响。

5.5.3.4　微生物含量限度

微生物污染水平的制订应满足生产和质量控制的要求。发达国家的 GMP 一般明确要求控制生产各步的微生物污染水平，尤其是对无菌制剂、产品最终灭菌或除菌过滤前的微生物污染水平必须严格控制。如果设备清洁后立即投入下批生产，则设备中的微生物污染水平必须足够低，以免产品配制完成后微生物项目超标。微生物的特点是在一定环境条件下会迅速繁殖，数量急剧增加，而且空气中存在的微生物能通过各种途径污染已清洁的设备。设备清洗后存放的时间越长，被微生物污染的概率越大。因此，企业应综合考虑其生产实际情况和需求，自行制订微生物污染水平应控制的限度及清洗后到下次生产的最长储存期限。

5.5.4　取样与检验方法学

5.5.4.1　最终淋洗水取样

最终淋洗水取样为大面积取样方法，其优点是：取样面大，对不便拆卸或不宜经常拆卸的设备也能取样。适用于擦拭取样不宜接触到的表面，尤其适用于设备表面平坦、管道多且长的液体制剂的生产设备。淋洗水取样的缺点是：当溶剂不能在设备表面形成湍流，进而有效溶解残留物时；或者残留物不溶于水或干结在设备表面时，淋洗水就难以反映真实的情况。

淋洗水取样的方法为：根据淋洗水流经设备的线路，选择淋洗线路相对最下游的一个或几个排水口为取样口。分别按照微生物检验样品和化学检验样品的取样规程收集清洁程序最后一步淋洗即将结束时的水样。也可在淋洗完成后在设备中加入一定量的工艺用水，用量必须小于最小生产批量，使其在系统内循环后在相应位置取样。如在验证试验中采用后一种方法，其结果的可靠性要好一些。

对淋洗水样一般检查残留物浓度和微生物污染水平，如生产有澄明度要求或不溶性微粒要求的制剂，通常还要求淋洗水符合相关剂型不溶性微粒和澄明度的标准。

5.5.4.2　擦拭取样

选择适当的擦拭溶剂、擦拭工具和擦拭方法，可将清洗过程中未溶解的、已"干结"在设备表面或溶解度很小的物质擦拭下来，能有效弥补淋洗取样的缺点。检验的结果能直接反映出各取样点的清洁状况，为优化清洁规程提供依据。

擦拭取样的优点是能对最难清洁部位直接取样，缺点是很多情况下须拆卸设备后方能接触到取样部位。

（1）擦拭工具和溶剂

常用的擦拭工具为药签，在一定长度的尼龙或塑料棒的一端缠有不脱落纤维的织物。药签应耐一般有机溶剂的溶解，棉签容易脱落纤维，故在使用前应该用取样用的溶剂预先清洗，以免纤维遗留在取样表面。药签的选择原则：①能被擦拭溶剂良好地润湿；②有一定的机械强度和韧性，足以对设备表面施加一定的压力和摩擦力，且不易脱落纤维；③能同擦拭和萃取溶剂相兼容，不对检测产生干扰。

溶剂一般为水、有机溶剂或两者的混合物，也可以含有表面活性剂以帮助残留物质溶解。选择擦拭溶剂的原则：①溶剂不得在设备上遗留有毒物质；②应使擦拭取样有较高的回收率；③不得对随后的检测产生干扰。

（2）擦拭取样操作规程

① 计算所要擦拭表面的面积，每个擦拭部位擦拭的面积应以获取残留物的量在检测方法的线性范围内为原则，通常可取 $25cm^2$ 或 $100cm^2$。

② 用适宜的溶剂润湿药签，并将其靠在溶剂瓶上挤压以除去多余的溶剂。

③ 将药签头按在取样表面上，用力使其稍弯曲，平稳而缓慢地擦拭取样表面；在向前移动的同时将其从一边移到另一边。擦拭过程应覆盖整个表面。翻转药签，让药签的另一面也进行擦拭。但与前次擦拭移动方向垂直；另取药签采用螺旋画圈方式进行擦拭取样（见图 5-4）。

④ 擦拭完成后，将药签放入试管，并用螺旋盖旋紧密封。

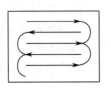 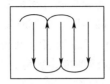 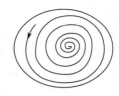

图 5-4　药签擦拭取样示意图

⑤ 按照下述方法制备对照样品：按步骤②湿润药签，将药签直接放入试管并旋紧密封。将该样品与其他样品一起送至实验室。

⑥ 取样完成后应在试管上注明有关取样信息。

擦拭取样也用于微生物取样。应使用无菌的擦拭棒，按表面微生物的取样要求取样。

（3）检验方法

检验方法应经过验证，对待检测物质应有足够的专属性和灵敏度。方法验证还包括精密度、线性范围、回收率试验等。方法的回收率可与取样的回收率结合进行。

（4）取样验证

取样过程需经过验证，通过回收率试验验证取样过程的回收率和重现性。取样过程的验证实际上是对药签、溶剂的选择、取样人员操作、残留物转移到药签、样品溶出（萃取）过程的全面考察。

具体验证方法为：①准备一块 500mm×500mm 的平整光洁的不锈钢板；②在钢板上用钢锥划出 400mm×400mm 的区域，每隔 100mm 划线，形成 16 块 100mm×100mm 的方块；③配制含待检测物浓度为 0.016% 的溶液，定量装入喷雾器；④将约 10mL 溶液尽量均匀地喷在 400mm×400mm 的区域内；⑤根据实际喷出的溶液体积计算单位面积的物质量（约 $1\mu g/cm^2$）；⑥自然干燥或用电吹风温和地吹干不锈钢板；⑦用选定的擦拭溶剂润湿擦拭工具，按前述擦拭取样操作规程擦拭钢板，每擦一个方块（$100cm^2$）换一根擦拭棒，共擦 6~10 个方块；⑧将擦拭棒分别放入试管中，盖上试管盖，加入预定溶剂 10mL，加塞，轻摇试管，并放置 10min，使物质溶出；⑨用预定的检验方法检验，计算回收率和回收率的相对标准差等。

取样人员的取样方式是产生较大相对标准差（relative standard deviation，RSD）的主要原因，应尽可能采用固定的力度、擦拭速度和线路，取样人员可根据擦拭棒弯曲的程度估算加在擦拭表面的压力。

5.5.5　清洁方法的优化

5.5.5.1　选择最难清洁的产品为参照产品

在实际生产中，一台（组）设备用于多种产品的生产是非常普遍的现象。有时各种产品的物理、化学性质有很大差异，这就给清洁规程的制订者提出了一个问题，是否要为每个产品分别制订清洁规程。实践经验表明，为一台（组）设备制订多个清洁规程并不可取，比较可行的方法是在所有涉及的产品中，选择最难清洁的产品作为参照产品，以所有产品或原料中允许残留量最低的限度为标准（最差条件），优化设计足以清除该产品或原料以达到残留量限度的清洁程序。验证就以该程序为对象，只要证明其能达到预定的要求，则该程序能适用于所有产品的清洁。

当然，从环保和节约费用的角度考虑，如果实践证明该清洁程序对大多数产品而言过于浪费，也可再选择一个典型的产品进行上述规程制订和验证工作。这时，在规程中必须非常明确地规定该方法适用于哪些产品，还须明确为防止选择时发生错误而需要采取的必要措施。

参照产品的选择原则为：①将所有产品列表（见表5-2）；②确定产品的若干物理、化学性质为评价项目，如主要活性成分的溶解度、黏度、吸附性等，其中最主要的性质为溶解度；③对每个产品的评价项目打分，如将溶解度分为1级、2级、3级、4级，依次表示难溶、微溶、可溶、易溶；④根据经验和产品性质，拟定适当的清洁剂种类；⑤计算各产品的最大允许残留限度；⑥将表格按照溶解度由小到大排序，选择溶解度最小的产品作为参照产品；⑦如果表格中使用的清洁剂可分为水或水溶性清洁剂（包括酸、碱溶液）和有机溶剂两类，应分别选择一种参照产品；⑧将表中允许残留限度最小的数值确定为验证方案的允许残留物限度标准；⑨将与参照产品对应的清洁剂确定为清洁方法使用的清洁剂。

表 5-2　某设备生产产品统计表（已按溶解性排序）

产品名称	活性成分溶解性	适用清洁剂	允许残留限度/$(\mu g/cm^2)$
产品丙	1	1%NaOH热水溶液	1.5
产品甲	1	95%乙醇	2.5
产品己	1	70%乙醇	3
产品丁	2	热水	2.5
产品乙	3	水	2
产品戊	4	水	1

从表5-2中可见，产品丙、丁、乙、戊可用水溶性清洁剂清洁，应选最难溶的产品丙为参照产品，清洁剂为1%NaOH热水溶液，允许残留限度定为$1\mu g/cm^2$。产品甲、己用乙醇为清洁剂，可另算一类，应选择产品甲为代表产品，清洁剂为95%乙醇，允许残留限度定为$2.5\mu g/cm^2$。

根据设备情况、已确定的清洁剂和残留限度，选定清洗方法，在生产后依法清洗并验证。清洁验证试验至少进行三次。每批生产后按清洁规程清洁，按验证方案检查清洁效果、取样并化验。重复上述过程三次。三次试验的结果均应符合预定标准。如果出现个别化验结果超标的情况，必须详细调查原因。如果有证据表明结果超标是因为取样、化验失误等原因造成的，可将此数据从统计中删除；否则应判验证失败，不得采用重新取样再化验，直至合格（testing until clean）的做法。验证失败意味着清洁规程存在缺陷，应根据化验结果提供的线索修改清洁规程，随后开展新一轮验证试验。

5.5.5.2　将多个产品分组

将多个产品分组，每组采用相同的清洁规程。分组原则如下：①类似的毒性；②类似的处方；③在清洗溶剂中有类似的溶解特性；④类似的管理方法和危险水平；⑤在相同的设备上进行生产。

5.5.5.3　将多种设备分组

将多种设备分组采用相同的清洁规程，分组原则如下：①相同的几何形状；②相同的构造；③设备材料的构成相同；④不同的尺寸。

5.5.6　清洁验证方案

清洁验证方案可有多种形式，其共性是必须体现方案的科学性。一般包含的内容有：

①验证目的，明确待验证的设备和清洁规程；②清洁规程，待验证的清洁方法的 SOP，应当在验证开始前确定下来，在验证方案中列出清洁规程以表明清洁规程已经制订；③验证人员，列出参加验证人员的名单，说明参加者所属的部门和各自的职责，对相关操作人员的培训要求；④产品及规格；⑤参照产品（最难清洁的产品）及合格标准，阐述确定参照产品的依据，确定合格标准的计算过程和结果；⑥取样，说明取样工具、溶剂，用示意图、文字等指明取样位置、取样方法及其验证情况等；⑦检验，说明主要检验仪器、取样方法及其验证情况等；⑧漏项及偏差处理方法；⑨验证试验次数，规定为证明待验证清洁规程的可靠性，验证试验须重复的次数，一般至少连续进行 3 次试验，所有数据都符合合格标准方可；⑩附件。

5.5.7 清洁规程的再验证

当发生下列情形之一时，须进行清洁规程的再验证：①清洁剂改变或清洁程序做重要修改；②增加生产相对更难清洁的产品；③设备有重大变更；④清洁规程有定期再验证的要求。

【案例 5-1】 大容量注射剂配制和灌封生产线在线清洁验证方案

某制药公司的大容量注射剂配制和灌封生产线在线清洁验证方案

清洁验证方案的封面、方案批准页、目录页及最后的验证报告批准书页（略）。

（1）验证目的

验证本公司大容量注射剂配制和灌封生产线按清洁规程×××进行在线清洗后的清洁效果能稳定达到预定要求。

（2）清洁规程（略）

清洁剂为注射用水。

（3）验证人员（略）

（4）产品与规格

本公司的产品与规格见表 5-3。

表 5-3　产品与规格

产品	规格/%	最难溶物质(溶解度)	产品	规格/%	最难溶物质(溶解度)
复方氨基酸注射液	5	胱氨酸(100mg/L)	葡萄糖注射液	10	易溶
复方氨基酸注射液	8	胱氨酸(100mg/L)	葡萄糖注射液	30	易溶
复方氨基酸注射液	12	胱氨酸(100mg/L)	葡萄糖注射液	50	易溶

（5）参照产品

氨基酸产品中胱氨酸的溶解度最小，选定 12% 氨基酸注射液为参照产品。

（6）取样工具、溶剂、位置、计划

① 取样工具见表 5-4。

② 取样溶剂：注射用水。

③ 取样点位置（略）。

表 5-4 取样工具			
名称	规格	名称	规格
普通取样瓶	500mL	无菌药签	15cm
无菌取样瓶	500mL	带螺旋盖试管	15cm
普通药签	15cm	带螺旋盖无菌试管	15cm

④ 取样计划：在生产 12％氨基酸注射液后，按清洁规程实施清洁。a. 在清洗进行到最终淋洗将结束时，按取样位置图的指示，用普通取样瓶取两瓶各 500mL 淋洗水，用无菌取样瓶取两瓶各 500mL 淋洗水。取微生物样品时注意避免取样造成的污染。b. 清洁完成后按擦拭取样位置图的指示，取表面残留物样和表面微生物样。应先取微生物样，后在邻近位置取残留物样。c. 样品应及时贴上标签，注明取样日期、取样位置号、产品名称与批号及取样目的。d. 填写取样记录表（略）。

(7) 检验仪器

高效液相色谱仪，HP 公司 HPLC 仪，检测器为荧光检测器。

(8) 取样方法和检验方法

按 SOP×××× 进行。擦拭取样方法和检验方法已验证，见验证报告 R×××。

(9) 合格标准

① 最终淋洗水取样。最终淋洗水中总氨基酸浓度不大于 10mg/kg；淋洗液澄明度与不溶性微粒符合《中国药典》注射剂通则要求；微生物计数不大于 10CFU/100mL。

② 表面擦拭取样

a. 表面残留物限度：$10\mu g/cm^2$，计算过程：

设实测设备总面积：$S_A = 100000cm^2$，特殊部位（灌封头）面积 $S_{SA} = 100cm^2$，最小批量 $B = 1000L$。

根据公式计算普通表面残留物限度，取安全因子 $F = 10$：

$$L = 10B/S_A F(mg/cm^2) = 10 \times 1000/(100000 \times 10)(mg/cm^2) = 0.01(mg/cm^2) = 10(\mu g/cm^2)。$$

因该设备生产的产品均为临床营养输液，日用量都在几十克或更多，故按此计算的特殊部位残留物限度远大于 $10\mu g/cm^2$，可统一采用 $10\mu g/cm^2$ 的限度。

b. 表面微生物限度：不超过 $1CFU/25cm^2$。

(10) 漏项及偏差处理方法（略）

(11) 验证试验次数

验证试验应连续进行三次。

(12) 附件（略）

5.6 设备验证专题

5.6.1 压片机设备验证示例

下面以××××型压片机为例介绍非无菌药品制剂的设备验证（equipment validation）。压片机设备示意图见图5-5。

(a) 压片机的整体
结构及操作触摸屏

(b) 压片机压
片结构放大图

图5-5 ××××型号压片机示意图

压片机验证方案制订批准后（以GMP文件形式发布，见表5-5～表5-14），接下来就是按照验证方案具体实施验证，设计确认、安装确认、运行确认、性能确认，最后汇总出阶段验证结果并讨论、确定再验证周期、会签并批准验证结论等。每一确认阶段的内容相似，包括3个方面：①验证实施；②验证记录；③验证结果。

在本示例中，设计确认根据GMP文件××-××-××-A（表5-5），安装确认根据GMP文件××-××-××-B（表5-6），运行确认根据GMP文件××-××-××-C（表5-8），性能确认根据GMP文件××-××-××-D（表5-10）。

验证实施主要步骤如下：

① 设计确认/预确认（按照表5-5）；

② 安装确认（按照表5-6）；

③ 运行确认（按照表5-8）；

④ 性能确认（按照表5-10）；

⑤ 验证结果讨论；

⑥ 再验证周期；

⑦ 验证小组会签；

⑧ 验证结论批准。

表 5-5　××××型压片机设计确认验证　　　　　××公司 GMP 文件

文件名称	××××型压片机设计确认验证		文件编号	××-××-××-A
编制人		编制日期	年　月　日	复制份数	
审核人		审核日期	年　月　日	颁发部门	质量管理部
批准人		批准日期	年　月　日	生效日期	年　月　日
分发部门	设备、生产、质量、固体制剂车间等部门				
编订依据	《药品生产质量管理规范》;设备说明书				

目的：实施压片机设计确认，以便考察是否适合生产工艺、维修保养、清洁等方面的要求。

范围：××××压片机。

责任：设备、生产、质保、车间、设备等方面负责人。

内容：

1　设备选型与确认

1.1　压片直径不得超过 X mm，为圆形或异形。

1.2　片面无刻字要求，浅凹或深凹形。

1.3　片剂厚度 $X \sim Y$ mm。

1.4　生产能力 X 片/h。

1.5　材质符合 GMP 要求的 304 不锈钢。

1.6　易清洗、无死角，进出料口密封好，封闭物对药品无污染。

1.7　计量仪器、仪表符合通用性和标准要求。

1.8　该厂家生产许可证，产品合格证齐全，售后服务良好。

2　设备的选型与论证

2.1　设备描述

××××型压片机主要用于批量压制各种规格的圆形及异形片剂，工作能力是 X 片/h，传动系统安全可靠，噪声低，具有防尘功能。

2.2　出料顺畅。

2.3　易清洗、无死角，筒体为不锈钢 304 材质，符合 GMP 要求。

3　批准设备采购记录

经设备负责人申请，生产副厂长批准购买××××型压片机。

4　结论

确认人：_____ 日期_____ 审核人：_____ 日期_____

表 5-6　××××型压片机安装确认验证　　　　　××公司 GMP 文件

文件名称	××××型压片机安装确认验证		文件编号	××-××-××-B
编制人		编制日期	年　月　日	复制份数	
审核人		审核日期	年　月　日	颁发部门	质量管理部
批准人		批准日期	年　月　日	生效日期	年　月　日
分发部门	设备、生产、质量、固体制剂车间等部门				
编订依据	《药品生产质量管理规范》;设备说明书				

目的：实施压片机安装确认，保证设备达到安装要求，为运行确认打好基础。

范围：××××型压片机。

责任：设备、生产、质保、车间、设备等方面负责人。

内容：

表 5-7　开箱检查验收记录

设备名称	压片机	安装地点	固体制剂车间
型号	××××型	制造厂	××××制药机械有限公司
包装情况			
设备外观情况			
电气部分绝缘情况			
设备附件名称			
说明书、图纸			
设备实物与说明书对照验收			
提供单位		接收单位：××制药公司	
代表　　　　　年　　月		代表：　　　　　　　年　　月	
确认人　　　　结论		日期　　年　　月　　日	

1　设备自有计量仪表准确性与精确性。

2　安装位置确认

根据厂房布局、机器性能及能力的控制要求，将其安装于固体制剂车间（位置图略）。

3　有与之匹配的电力系统，操作间能满足要求。

4　设备安装调试

设备生产厂家代表与本公司设备、生产、固体制剂车间有关人员共同进行了安装调试。

5　编制××××型压片机标准使用规程、保养规程、清洁规程。

6　建立设备技术档案，详见压片机档案。

7　结论

确认人：＿＿＿＿＿＿＿验证小组负责人＿＿＿＿＿＿＿日期＿＿＿年＿＿月＿＿日

表 5-8　××××型压片机运行确认验证　　　　××公司 GMP 文件

文件名称	××××型压片机运行确认验证				文件编号	××-××-××-C
编制人		编制日期	年 月 日		复制份数	
审核人		审核日期	年 月 日		颁发部门	质量管理部
批准人		批准日期	年 月 日		生效日期	年 月 日
分发部门	设备、生产、质量、固体制剂车间等部门					
编订依据	《药品生产质量管理规范》；设备说明书					

目的：实施压片机运行确认，使之运行状况得到确认。

范围：××××型压片机。

责任：设备、生产、质保、车间、设备等方面负责人。

内容：

1　手盘车试运转三圈，无卡滞，运转灵活。

2　考察标准操作规程的适用性，在完成设备安装确认以后，按照××××型压片机标准操作规程对其进行空车试运转。

3　接通电源，空载试车。

3.1　快速压片＿＿＿＿＿＿＿r/min；慢速压片＿＿＿＿＿＿＿r/min；试验人＿＿＿＿＿＿＿；日期＿＿＿＿＿＿＿

3.2　考察设备参数、性能的波动性。结果：

4　运行记录：见表5-9压片机运行记录表。

5　结论

验证小组负责人：_____ 日期____ 年____ 月____ 日

表 5-9　压片机运行记录表

指令	结果
执行标准操作规程	
检查电源	
接通电源、驱动操作按钮	
调节药片厚度手轮	
预压调节手轮	
操作出料口开启、闭合	
按程序开机	
先按启动按钮	
旋转速度按钮	
按出料钮	
记录人：　　　　　　　　　　日期：	

表 5-10　××××型压片机性能确认验证　　　××公司 GMP 文件

文件名称	××××型压片机性能确认验证			文件编号	××-××-××-D
编制人		编制日期	年 月 日	复制份数	
审核人		审核日期	年 月 日	颁发部门	质量管理部
批准人		批准日期	年 月 日	生效日期	年 月 日
分发部门	设备、生产、质量、固体制剂车间等部门				
编订依据	《药品生产质量管理规范》；设备说明书				

目的：实施压片机性能确认，以便考察该机性能可靠性是否适合生产要求。

范围：××××型压片机。

责任：设备、生产、质保、车间、设备等方面负责人。

内容：

1　考察设备 SOP 适用性，进行压片前准备。

2　用混合好的空白颗粒对压片机进行性能确认。

3　操作过程：执行设备操作规程、清洁规程。

3.1　将冲头装好，空机试运转 X min，一切正常，加入空白颗粒。

3.2　低速启动，调好规定片重 X 及压力，低速试压 X min，每小时 X 片，压力 Xt。

3.3　每小时速度升到 X 万片，压力 Xt。

3.4　每小时速度升到 X 万片，压力 Xt。

4　检测

4.1　检测依据：检验 SOP、取样 SOP。

4.2　项目

4.2.1　片型。

4.2.2　片面。

4.2.3　片重差异。

4.2.4　片厚。

4.2.5　崩解。

4.2.6　硬度。

4.2.7　卫生学检查。

4.3　记录（表 5-10～表 5-13）

5 结论

验证小组负责人：_____ 日期____年____月____日

表 5-11 压片开始卫生学检查记录

项目	标准	结果
细菌	X 个/g	
霉菌	X 个/g	
大肠杆菌	不得检出	

检验人：　　　　　复核人：　　　　　日期：　　年　　月　　日

表 5-12 压片中间卫生学检查记录

项目	标准	结果
细菌	X 个/g	
霉菌	X 个/g	
大肠杆菌	不得检出	

检验人：　　　　　复核人：　　　　　日期：　　年　　月　　日

表 5-13 压片结束卫生学检查记录

项目	标准	结果
细菌	X 个/g	
霉菌	X 个/g	
大肠杆菌	不得检出	

检验人：　　　　　复核人：　　　　　日期：　　年　　月　　日

表 5-14 记录

时间　样品	10min/mg	20min/mg	30min/mg	40min/mg	50min/mg	60min/mg	70min/mg	80min/mg	90min/mg
(1)									
(2)									
(3)									
...									
均值									
上限									
下限									
判定									
外观									
硬度									
崩解									
片面									
片厚									

检测人：　　　　　复核人：　　　　　日期：　　年　　月　　日

5.6.2　隧道式干热灭菌器验证示例

设备验证方案的封面、方案批准页、目录页及最后的验证报告批准书页（略）。

（1）系统概述

隧道式干热灭菌器见图 5-6。

隧道式干热灭菌器按其功能设置，可分为相对独立的三个组成部分：预热、灭菌及冷却段，如图 5-6 中的 A 区、B 区和 C 区所示，它们分别用于已最终清洁瓶子的预热、

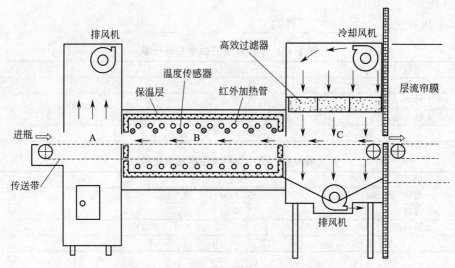

图 5-6 隧道式干热灭菌器工作原理示意图

干热灭菌和冷却。灭菌器的前端与洗瓶机相连，后端设在无菌作业区。干热灭菌器出口至灌装机之间的传送带均在 A 级层流保护下。整个设备可安装在非洁净控制区，也可安装在 C 级区内。

① A 区为预热区　该区设一抽风机，一则去除湿气，二则形成合理的气流方向。瓶子在预热过程中处在空气经高效过滤器过滤的洁净环境中，使已清洁的瓶子免遭再次污染。设备运行时，传送带将已清洁的瓶子从洗瓶机送入 A 区，在 A 区徐徐向 B 区移动，来自干热灭菌 B 区的热空气预热瓶子，瓶子中残存的水蒸发成水蒸气，被排风机抽走。

② B 区为干热灭菌区　此区设红外加热管，并由温度传感器控制干热灭菌的温度范围。传送带将瓶子送入灭菌区后，在红外加热管的作用下，辐射热使瓶子迅速升温，由于 B 区设有保温层，以致在传送过程中，瓶子内的温度可升至 340℃，并达到预期的干热灭菌及去热原效果。

③ C 区为冷却区　已干热灭菌及去热原的瓶子继续向洁净区传送，在经高效过滤器过滤的空气的作用下，逐渐降温并被传送至洁净区内的传送带上。

该设备还安装风速、压差监控仪表，用于运行状态的调试及监控。

(2) 验证范围

隧道式干热灭菌器的验证，实际是证明该设备在设定的运行条件下，能否达到预期的要求。因此，验证包括设备设计性能和生产中实际使用的干热灭菌程序的验证。

本设备验证方案示例只讨论与隧道式干热灭菌器功能相关的项目，瓶子的清洁验证方案等单列。这些项目包括：

① A 区、B 区、C 区及与洁净室间的气流平衡；

② B 区瓶子的热分布情况；

③ 灭菌及去热原效果。

(3) 验证合格标准

① 隧道式干热灭菌器运行时，其所处环境的空气不得对 A 区、B 区、C 区造成正压，以免出现已清洁瓶子被再次污染的风险。

② B 区的热分布应达到设计的要求，如中心及两侧的温差不超过 5℃。

③ B区达到灭菌完全并使细菌内毒素至少下降 3 个对数单位的效果。

（4）验证小组及验证方案

① 由项目小组、设备使用部门和质量管理部门人员组成验证小组。验证小组人员名单（略）。

② 由于隧道式干热灭菌器是较复杂的设备，验证方案宜由设备供货单位的专家提出草案，由验证小组讨论确认并经质量管理部门批准后实施。

（5）仪表校准

10 根 K 型（镍铬-镍硅）热电偶与美国 Fluke 公司生产的 Net-DAQ2640A 数据采集器相连作为验证系统，该系统在试验前须经过校准，试验后进行复检；高精度数字温度计作为验证用参照仪。用于测温的 K 型热电偶在使用前后均应在 0℃ 及 340℃ 校准，不符合精度和准确度要求的不得使用。表 5-15 为仪表校验表。

表 5-15　仪表校验

仪表名称	型　　号	生产厂家	数量/个	校准温度
数据采集器	Net-DAQ2640A	美国 Fluke	2	0℃/350℃
热电偶	K 型	美国 Kaye	10	0℃/350℃
高精度数字温度计	S1221	Systemteknik	1	
系统校准	验证系统试验前在 0℃/340℃ 两点校准，试验结束后仍在这两个温度点进行复检，以确认验证系统在试验前后均处于准确、可靠状态。温差≤±1℃ 的探头准予使用。0℃ 校准用冰浴，340℃ 用盐浴			

（6）验证方案要点

① 设计确认　根据 GMP 等的相关要求，对设备选型、技术参数和指标、适用性进行审查（具体内容略）。

② 安装确认

a. 技术资料文件化。如设备操作说明书、设备维修手册、备品清单等检查、编号、登记、归档（具体内容略）。

b. 安装情况检查。C区所安装高效过滤器均须进行检漏试验，按悬浮粒子测试方法检查，应符合要求（原始记录略）。

③ 运行确认

a. 应根据洁净区对非洁净区的压差，调节 C区的送、排风量，同时调节 A区的排风量，保证 A区、B区、C区均不出现污染空气从房间倒灌入隧道式干热灭菌器的风险。由于 C区的主要作用是冷却，并提供层流空气，应注意洁净区对 C区的压差基本平衡。当洁净室对 C区的压差较大时，虽然进入 C区的空气来自传送带的层流罩内，但冷风会给 B区的升温带来负面影响，反之，热空气进入洁净区，对洁净区也有负面影响。

b. 在正常运行时，B区的气流如图 5-6 所示，风量不宜过大，以便保持设定的干热灭菌温度，并使 A区始终保持一定的预热温度。

c. 当隧道式干热灭菌器处于非运行状态时，它只是一个洁净空气的通道。

d. 运行确认原始数据可作为验证报告的附件（具体内容略）。

④ 性能确认

a. 热分布均一性　使用常规生产用的瓶子，如 7mL 规格的西林瓶，将热电偶固定在每只瓶子的外侧，热电偶测温点的高度最好在瓶子中心的位置，以具有代表性。如正常运行是每列 8 个瓶子，则应用 7 根或 8 根热电偶。注意，热电偶一般不宜安装在瓶内，因安装在瓶内时，瓶口需用聚四氟乙烯或其他材料将其固定，这种固定方式会干扰热穿透，使验证试验的状态偏离实际运行的状态，从而使采集到的温度数据失去代表性。按干热灭菌的正常程序运行，各点温度用数据采集器记录。热分布均一性试验至少需进行 3 次。

b. 灭菌及去热原能力　　在每列瓶中各加入 1000V 的细菌内毒素，经干热灭菌后，检查瓶内细菌内毒素的残存量。计算干热灭菌是否达到了使细菌内毒素至少降低 3 个对数单位的要求。

由于干热灭菌的灭菌效果直接与瓶子运动的速度有关，即与传送带的速度有关，试验应包括可能的干热灭菌程序，如 330℃/（80mm/min）、340℃/（100mm/min）。每一程序的试验瓶数通常不少于 3 列，试验的次数每一程序不应少于 3 次。

（7）验证结果

将验证结果记录在事先设计的表格中，操作人员及复核人员均应签名并注明日期。

① A 区、B 区、C 区及与洁净室间的气流平衡符合要求，附件 ××-001（略）。

② B 区瓶子的热分布情况：各瓶在干热灭菌过程中，温差不超过 ±5℃，附件 ××-002（略）。

③ 灭菌及去热原效果：符合要求，附件 ××-003（略）。

（8）漏项及偏差说明

因故无法进行的试验、试验中发生的偏差、措施及后果应予记录并经批准。附件 ××-004（略）。

（9）验证报告

如试验达到了预期的目的，各项试验的结果均符合要求，应将所进行的主要试验以总结的形式报告。主要验证试验的条件、合格标准及验证结果应尽可能列成汇总表，以使验证的结果一目了然。附件 ××-005（略）。

（10）验证文件清单

安装确认、运行确认、仪表校正及性能确认均会形成相应的记录，有些记录是自动打印的，有些是事先设计的表格，这类原始资料均须及时复核、编号、登记，成为验证的正式文件，最终它们可作为验证总结报告的附件。

（11）讨论

① 由于该设备是非最终灭菌冻干粉注射剂生产中的关键设备，因此，在正式投入使用前必须经过前验证。GMP 管理是通过过程的控制实现对产品质量保证的承诺，它以技术管理作为实现质量目标的重要手段。验证是一项技术性很强的工作，对设备工作原理的了解是制订验证方案的基础。

② 以加热方式来分，隧道式干热灭菌器有两种类型，本例为连续辐射式干热灭菌器，另一种设备系连续层流式干热灭菌器。二者外形相似，加热方式不同，设备对气流平衡的要求不同。后者更便于保持瓶内的洁净度，但设备对自动控制的要求较高。这两种设备性能确认的要求基本相同。

③ 在本示例中，干热灭菌用于去热原。由于去热原的条件比灭菌要求更为苛刻，达到了去热原的要求，也就自然解决了灭菌的问题。如企业根据自己的实际情况需要把干热灭菌的重点放在灭菌上，也可采用药典推荐的干热灭菌指示剂来验证。

5.7　自动化与计算机系统验证专题

5.7.1　概述

　　在药品生产企业，药品生产过程、生产环境、过程控制、质量放行，以及物料与文件的控制及管理，都会涉及计算机系统的支持。目前，国内药品生产企业大多不同程度地采用了先进的自动化设施、设备、检测仪器（如空调净化系统的自动监控报警系统、制水系统的自动监控报警系统、热压灭菌器的自动监控系统、色谱工作站等）；在仓储管理、财务管理、工艺控制、药物辅助设计、检验分析等方面，都较为全面地应用了计算机控制系统。设备的自动化、管理的自动化决定着企业的发展，如何利用高新技术来提升药品生产与管理水平，是众多制药企业面临的问题，也是科学发展与社会进步的必然。企业员工应熟练掌握本岗位的相关现代科学技术及生产设备的自动控制技术。伴随着科技的迅猛发展，制药工业水平不断提高，自动化和计算机系统在药品行业的应用将更加广泛。

5.7.2　计算机系统验证

5.7.2.1　计算机系统与计算机化系统含义和原则

　　计算机系统（computer system）是指由硬件、系统软件、应用软件以及相关外围设备组成的，可执行某一功能或一组功能的体系。计算机化系统（computerized system）是指受控系统、计算机控制系统以及人机接口的组合体系。可以说计算机系统是计算机化系统的一部分。如果计算机系统只是用于数据处理，则计算机系统本身就代表着待验证的全系统。

　　计算机化系统应当确保不对产品的质量、过程控制和其质量保证水平造成负面影响，不增加总体风险。风险管理应当贯穿计算机化系统的生命周期全过程，应当考虑患者安全、数据完整性和产品质量，作为质量风险管理的一部分，应当根据书面的风险评估结果确定验证和数据完整性控制的程度。

　　数据完整性是指数据的准确性和可靠性，用于描述数据值均处于客观真实的状态。数据完整性的原则：①可溯源——谁获取的数据或谁执行的活动？什么时候？②清晰——是否可以辨识数据和所有实验室记录？③记录——记录和活动同步。④原始——书面的打印资料、观察报告或经核查的副本。⑤准确——没有错误或修改。

5.7.2.2　计算机系统验证含义

　　计算机系统验证是建立文件来证明计算机系统的开发符合质量工程的原则，能够提供满足用户需求的功能并且能够稳定长期工作的过程。

　　计算机系统验证可借助于工艺验证的概念来理解。工艺验证中的"工艺"相当于计算机的"输入"过程和"内部处理"过程（软件），工艺中用到的设备相当于计算机主机、外围设备（硬件）以及与其相关的生产设备或质量控制设备，工艺的"产品"相当于计算机的

"输出"或对另一台设备的控制等。

计算机系统验证包括应用程序的验证和基础架构的确认，其范围与程度应当基于科学的风险评估，风险评估应当充分考虑计算机化系统的使用范围和用途。应当在计算机化系统生命周期中保持其验证状态。

5.7.2.3 验证范畴

药品生产企业中，与 GMP 相关的计算机系统验证大致包括以下方面的内容：①物料控制及管理系统，如业务计划及控制系统（business planning & control system，BPCS），系统、应用及产品数据处理系统（systems，application and productsion data processing，SAP）等；②实验室设备控制系统及信息管理系统，如实验室信息管理系统（laboratory information management system，LIMS）；③生产工艺及控制系统，如可编程序逻辑控制器（programmable logic controller，PLC）等；④公用设施控制系统。

在功能划分上，自动化系统控制涉及范围可包括工艺控制、环境控制、质量控制、自动清洗、在线灭菌等；物料控制可涉及物料状态控制及隔离，先进先出/或先近效期先出，批次追逐，物料平衡，发货查询；基础数据控制可包含生产处方、批生产文件，产品及包装形式信息，鉴别产品名称、编码、批号等信息。

5.7.2.4 验证的生命周期

计算机系统验证行为取决于系统发展的生命周期（system development life cycle，SDLC）。SDLC 是一种模式，它定义了计算机系统由概念初始到结束这一全过程，这一生命周期对于硬件和软件都适用。

计算机系统的验证不只局限于系统的使用过程，新系统的验证应始于系统初期的定义和设计阶段，终止于系统无使用价值阶段。验证生命周期（SVLC）应伴随着系统发展的整个生命周期（SDLC）。

系统发展的生命周期可划分为以下 8 个阶段：可行性研究、工程计划、需求定义、系统设计、系统测试、系统验收及确认、系统使用和维护、系统引退。在实际应用中，还常把这些阶段粗分为计划、开发和维护 3 个阶段。

5.7.3 验证实施过程

5.7.3.1 可行性研究

可行性研究阶段是 SDLC 的第一个阶段。此阶段要求从技术及经济等方面系统地研究并论证开发/变更计算机系统的可行性，包括目的、概念定义、规模、风险分析、投资分析等。其相关信息的收集被用来建立系统验证规模及申请开发费用。

5.7.3.2 工程计划

（1）工程计划

工程计划用于规划所有工程及验证活动，包括计算机化工程的组织结构、各部门/个人的职责、工程进度表（包括所有 SDLC 阶段和相应的 SVLC 阶段）、文件交付、审核和批准要求等。

（2）供户评估

应对计算机系统供户进行评价，以确保其系统能力及所提供的产品满足计算机系统验证要求。

（3）验证计划

验证计划伴随着工程计划一起，用于指导整个计算机系统验证活动。

（4）费用申请

费用申请为整个工程及验证活动提供充足的资源和预算。

5.7.3.3 需求定义

需求定义阶段提供新的/改变的计算机系统所期望达到的详细的、可衡量的需求，所有需求将用来确定系统设计标准。需求定义阶段主要是提供用户需求说明（user requirement specification，URS)。用户需求说明由系统用户和系统项目专家制订，详细说明计算机系统的基本业务需求、期望及性能指标。

5.7.3.4 系统设计

（1）系统设计

所有的需求被转化为计算机系统硬件和软件的技术设计。

（2）源代码和配置

必须根据已定义的标准编写、维护和使用源代码（source code）。源代码包括所有组成系统的目标、变量、逻辑及配置程序，源代码被用于软件开发过程中的技术查阅及系统使用后的维护活动。

（3）系统设计文件

系统设计文件一般由供户制订，但必须经过用户审核及认可后方可实施。

5.7.3.5 系统测试

该阶段的主要任务是发现并排除在分析、设计、编程各阶段中产生的各种类型的错误，以得到可运行的计算机系统。

5.7.3.6 系统验收及确认

当最终的计算机系统及相关的文件发至用户，并被安装在用户环境中后，应当评价其功能的正确性。确认测试（安装确认、运行确认及性能确认）是计算机系统付之实际使用之前的既完整又系统的测试，它直接影响到计算机系统的使用质量。也就是说，确认测试是计算机系统质量保证的最后一个环节。尽管确认测试的某些部分是在单元测试和组装测试相同的条件下进行的，而且所用的数据相同，但确认测试仍是必要的。确认测试一般由用户执行。具体步骤包括：①安装确认（IQ）；②运行确认（OQ）；③性能确认（PQ）；④人员培训；⑤释放通知。

当确认所有的验证结果符合预先设定的可接受标准，验证报告已得到相关人员审批并完成人员培训后，计算机系统可被投入正式使用。

5.7.3.7 系统使用及维护

在发布系统释放通知后计算机系统进入使用及维护阶段。实践表明，任何一个计算机系统在通过各项测试被使用后，随着时间的推移，某些隐藏的问题会逐渐暴露出来；另外，随着环境的变化及新的需求的产生，用户需要对系统进行完善。因此，在此阶段计算机系统应按以下程序与方法实施监控和修改，以确保系统始终保持已验证状态并满足用户需求：①问题报告；②变更控制；③系统管理；④安全程序。

5.7.3.8 系统引退

当一个计算机系统的现行功能实施不再适用，或执行一个新系统替代现有系统的功能时，该系统就从实际使用中引退。此阶段是 SDLC 的最后一个阶段，其目标是要消除对原系统的依赖并提供一个如何从原系统中取回相关数据的方法。

5.7.4　验证分工与职责

执行计算机系统的验证最重要的是组织好验证和做好文件编制。而组织好验证，进行合理分工，落实各自的责任，提供人力资源，是有效进行验证工作的最根本的保证。应该注意，计算机系统验证实际上不是某一个单独部门的工作，而是应该由一个跨部门的验证小组来实施。在该小组内，来自各部门的人员既要明确分工，又要相互合作，并接受相应的使用和管理培训。参与计算机系统验证各方的分工与职责论述如下。

（1）用户

用户是计算机系统的直接使用者，最了解系统使用的需求、容易产生的问题、系统的适用性等。职责如下：①确定系统需求；②计算机系统验收及确认；③系统使用；④培训；⑤标准操作规程；⑥系统安全性；⑦变更控制；⑧系统周期性回顾。

（2）供户

供户是计算机系统的设计者与开发者，有责任保证所开发的计算机系统满足用户提供的系统需求定义及说明。职责如下：①系统设计及开发；②接受供户质量体系审计；③系统测试；④系统安装及调试；⑤提供培训；⑥售后服务。

（3）IT 部门（或系统维护部门）

IT 部门在计算机系统的开发、使用及维护过程中提供技术支持。职责如下：①系统管理规程建立；②系统需求定义；③供户审计；④系统测试；⑤变更控制；⑥系统维护；⑦周期性回顾。

（4）IT 质量保证部门

质量保证部门（QA）从 GMP 的角度对计算机系统的整个验证工作实施控制及监督。职责如下：①建立验证管理规程；②审批验证文件；③供户审计；④验证实施控制；⑤变更控制；⑥系统周期性回顾；⑦验证文件管理。

5.7.5　电子签名及电子数据

5.7.5.1　电子签名含义及其基本要求

（1）含义

电子签名（electronic signature）是指电子数据中以电子形式所含、所附用于识别签名人身份并表明签名人认可其中内容的数据。

（2）基本要求

① 每个电子签名对每个人来讲应该是独有的，不能被其他任何人再使用或再分配。

② 在组织成立之前，必须先对具有电子签名资格的个人身份进行分配、批准并确认其一致性。

③ 每次签名应具有时间的印记。

④ 签名应同时代表其含义，如起草、审核、批准等。

⑤ 签名应限制于其相关文件中，以防止未授权的复制及改变。

⑥ 签名应充分体现在电子记录的复印件中。

5.7.5.2 电子数据含义及其基本要求

(1) 含义

电子数据（electronic data）也称数据电文，是指以电子、光学、磁或者类似手段生成、发送、接收或者储存的信息。

(2) 基本要求

① 真实的、可信赖的。

② 安全的（密码控制/限制通路/正确存储）。

③ 可随时调出查阅。

④ 应符合相关法律法规要求（如 GMP 等）。

5.7.5.3 目前相关法律法规对电子签名及电子数据的要求

为了保证制药企业的电子数据及电子签名完全等效于纸张记录及传统签名的可靠性，确保其符合 GMP 要求，我国《药品生产质量管理规范（2010 年修订）》在其附录"计算机化系统"中明确规定：计算机化系统代替人工操作时，应当确保不对产品的质量、过程控制和其质量保证水平造成负面影响，不增加总体风险。风险管理应当贯穿于计算机化系统的生命周期全过程，应当考虑患者安全、数据完整性和产品质量。作为质量风险管理的一部分，应当根据书面的风险评估结果确定验证和数据完整性控制的程度。

5.7.5.4 电子签名与电子数据系统的验证要求

(1) 验证范围

涉及以下因素的电子签名及电子数据系统均应实施验证（但并不仅限于此）。

① 涉及产品的质量、安全性及有效性的系统。

② 涉及数据的完整性、真实性及保密性的系统。

(2) 验证实施

电子签名及电子数据系统验证方法从原则上来讲基本可按照 5.7.3 所述的计算机系统验证实施过程总体要求实施，包括系统需求定义（见电子签名及电子数据要求）、系统开发及设计（按照系统需求标准实施）、系统安装、系统测试（设计测试条件，对所要求功能的有效性及可靠性予以确认）、系统维护（变更控制、定期回顾、再验证等）。

【案例 5-2】 计算机系统验证示例

下面以实验室用计算机系统验证为例介绍计算机系统的验证。

1. 概述

为保证检验数据完整性和产品质量，应对检验过程中使用的计算机及工作站进行安全性验证。

2. 验证目的

对计算机及工作站进行验证，规范检验用计算机系统，保证工作站的正常运行，确保计算机系统的准确性、真实性、可靠性及检验数据的完整性。

3. 验证范围

本方案适用于实验室检验用计算机相应工作站。

4. 验证所需具备的条件

（1）人员应经过本方案的培训。

（2）高效液相色谱仪、高效液相色谱仪操作规程。

（3）气相色谱仪、气相色谱仪操作规程。

（4）紫外可见分光光度仪、紫外可见分光光度仪操作规程。

（5）红外分光光度仪、红外可见分光光度仪操作规程。

（6）原子吸收分光光度仪、原子吸收分光光度仪操作规程。

5. 验证要求与内容

（1）系统安装条件验证

检查计算机安装的环境，位置，是否能满足计算机及工作站的正常运行需要。

验证结果：□合格　□不合格

计算机安装的环境，位置，应能够满足计算机及工作站的正常运行需要。

（2）计算机系统安全性验证

① 计算机登录方式验证　　接通计算机电源，启动计算机后，计算机是直接进入操作系统界面还是出现选择用界面；选定用户后，是直接登录还是需要输入密码后才能登录。

验证结果：□合格　□不合格

启动计算机后，计算机出现选择用界面；选定用户后，需输入密码后才能登录。

② 计算机使用权限验证

a. 计算机管理员使用权限验证。计算机管理员登录后，在计算机上创建和删除用户的操作，并进行创建用户密码、修改用户名和账户类型等操作，检验操作能否实现。

验证结果：□合格　□不合格

计算机管理员登录后，应能够实现以上检验操作。

b. 标准用户使用权限验证。标准用户登录后，在计算机上设置安装软件，修改个别文件，拷贝电子数据及文件等操作，检验操作能否实现。

验证结果：□合格　□不合格

标准用户登录后，应能够实现以上检验操作。

c. 受限用户使用权限验证。受限用户登录后，在计算机上不允许安装软件及新建系统时间等操作，检验操作能否实现。

验证结果：□合格　□不合格

受限用户登录后，在计算机上应不允许安装软件及新建系统时间等操作。

（3）工作站使用权限验证

① 登录方式验证。用户登录后，点击工作站，是直接进入还是需要输入用户名和密码后才能登录。

验证结果：□合格　□不合格

用户登录后，点击工作站，需要输入用户名和密码后才能登录。

② 用户权限验证。

a. 管理员权限验证

ⅰ. 管理权限验证。管理员登录后，在工作站上进行创建、修改及删除用户组、用户名和密码并为用户指定用户类型等操作；创建、修改、删除新项目等相关操作。检验操作能否实现。

验证结果：□合格　□不合格

管理员登录后，在工作站上应能够实现上述检验操作。

ⅱ.方法权限验证。管理员登录后，在工作站上进行创建、修改仪器方法、处理方法、报告方法；设置并保存样品组、方法组等操作。检验操作能否实现。

验证结果：□合格　□不合格

管理员登录后，在工作站上应能够实现上述检验操作。

ⅲ.数据采集权限验证。管理员登录后，在仪器正常工作状态下，进行采集数据、编辑样品组、重新进样、修改运行样品组、修改队列等操作。检验操作能否实现。

验证结果：□合格　□不合格

管理员登录后，在仪器正常工作状态下，应能够实现上述检验操作。

b.标准用户权限验证

ⅰ.管理权限验证。标准用户登录后，在工作站上进行创建、修改及删除用户组、用户名和密码并为用户指定用户类型等操作；创建、修改、删除新项目等相关操作。检验操作能否实现。

验证结果：□合格　□不合格

标准用户登录后，在工作站上应不能完成上述检验操作。

ⅱ.方法权限验证。标准用户登录后，在工作站上进行创建、修改仪器方法、处理方法、报告方法；设置并保存样品组、方法组等操作。检验操作能否实现。

验证结果：□合格　□不合格

标准用户登录后，在工作站上应能完成上述检验操作。

ⅲ.数据采集权限验证。标准用户登录后，在仪器正常工作状态下，进行采集数据、编辑样品组、重新进样、修改运行样品组、修改队列等操作。检验操作能否实现。

验证结果：□合格　□不合格

标准用户登录后，在工作站上应能完成上述检验操作。

c.受限用户权限验证

ⅰ.管理权限验证。受限用户登录后，在工作站上进行创建、修改及删除用户组、用户名和密码并为用户指定用户类型等操作；创建、修改、删除新项目等相关操作。检验操作能否实现。

验证结果：□合格　□不合格

受限用户登录后，在工作站上应不能够完成上述操作。

ⅱ.方法权限验证。受限用户登录后，在工作站上进行创建、修改仪器方法、处理方法、报告方法；设置并保存样品组、方法组等操作。检验操作能否实现。

验证结果：□合格　□不合格

受限用户登录后，在工作站上应不能够完成上述操作。

ⅲ.数据采集权限验证。受限用户登录后，在仪器正常工作状态下，进行采集数据、编辑样品组、重新进样、修改运行样品组、修改队列等操作。检验操作能否实现。

验证结果：□合格　□不合格

受限用户登录后，在工作站上应能够完成上述操作。

（4）偏差

在确认过程中发现的所有偏差记录于表中，由方案起草人提出解决方案，由审核人进行审批和批准解决方案及其实施结论。

发现偏差或怀疑可能存在偏差时，应立即对可疑偏差记录进行调查，直至确认该偏差发生的位置和原因，再对偏差进行分析。该偏差是否为正常情况所允许的、在可接受范围内的，是否对我们的验证结果有影响。如对验证结果有影响，则需要对该偏差进行修正，再对修正过的验证结果进行评估，对于无法修正的或修正后也无法评估影响的偏差甚至更严重的情况，需要重新实施验证。

对于验证实施过程中发现的偏差必须进行记录和分析。至少要包括：偏差的表现、查找引起偏差的原因及查找过程、偏差分析的结果、此偏差是否对验证结果有影响、有何影响。

6. 验证实施

按以上规定的项目和方法，进行确认。

7. 验证数据汇总

分析、汇总测试数据，编写验证报告。

思考题

1. 简述验证、分类及其相应的适用范围。
2. 为何说验证的引入是 GMP 发展史上新的里程碑？
3. 何谓确认？前验证的一般步骤及要点是什么？
4. 什么是工艺验证？工艺验证的前提条件是什么？
5. 什么是挑战性试验？
6. 什么是同步验证？采用同步验证的先决条件有哪些？
7. 什么是回顾性验证？采用回顾性验证应具备的必要条件有哪些？
8. 什么是再验证？再验证有哪几种类型？
9. 什么是验证文件？包括哪些主要内容？
10. 什么是验证方案？验证方案的主要内容包括哪些？
11. 清洁验证的工作阶段有哪些？如何确定清洁验证的合格标准？
12. 什么是清洁规程？清洁规程的内容包括哪几个方面？
13. 制订清洁验证方案中最关键的技术问题有哪些？
14. 残留物限度标准制订的原则有哪些？

15. 简述实施验证的一般程序。
16. 简述压片机设备验证的步骤和主要内容。
17. 简述隧道式干热灭菌器的验证范围和验证合格标准。
18. 何谓计算机系统？何谓计算机化系统？计算机系统验证的范畴包括哪些？
19. 何谓数据完整性？数据完整性的基本原则是什么？
20. 何谓电子签名？电子签名的基本要求是什么？
21. 何谓电子数据？电子数据的基本要求是什么？

第6章 无菌药品生产质量管理

扫码获取数字资源

6.1 无菌药品概述

6.1.1 无菌和无菌操作法

6.1.1.1 无菌药品定义

无菌系指经灭菌后产品中没有活的微生物存在的状态。无菌药品系指法定药品标准中列有无菌检查项目的制剂和原料药，一般包括注射剂、无菌原料药及滴眼剂等。

要求药品是否必须是无菌的，取决于药物应用的途径和微生物污染对人体的危害程度。无菌药品往往在使用时直接注入血液循环、体内或直接用于创面、黏膜等，一旦药物受到微生物污染则会引起严重感染，直接危害病人的身体健康甚至危及生命。

无菌药品是药物制剂中的一大类，主要包括如表 6-1 所示的几个方面。

表 6-1 无菌药品的种类

注射用药品	如注射液、注射用无菌粉末和注射用浓溶液等
眼用药品	如眼用液体制剂(滴眼剂、洗眼剂、眼内注射溶液等)、眼用半固体制剂(眼膏剂、眼用乳膏剂、眼用凝胶剂等)、眼用固体制剂(眼膜剂、眼丸剂、眼内插入剂等)
植入型药品	如皮下埋植型植入片、剂，注射型在体植入剂，机械泵可植入系统，智能型可植入系统等
创面用药品	如溃疡、烧伤及外伤用溶液、软膏剂、气雾剂、膜剂等
手术用药品	如止血海绵剂、骨蜡等

为了叙述方便，本章以常用的注射剂（包括小容量注射剂、大容量注射剂、无菌粉针剂、冻干粉针剂）为对象，介绍其生产质量管理的特殊要求。

6.1.1.2　灭菌和无菌操作法

为了制造出无菌的产品，必须有一定的方法来杀灭可能存在于药品及其包装容器中的微生物，即灭菌。灭菌（sterilization）是指采用物理或化学方法将所有致病和非致病的微生物繁殖体和芽孢全部杀灭的技术。常用的灭菌方法有湿热灭菌法、干热灭菌法、辐射灭菌法、气体灭菌法、过滤除菌法或多种方法组合灭菌等，各个灭菌法的特点将在本章中后面的内容里加以详细介绍。这里需要注意的是，人们通常所说的消毒（disinfection），是指采用物理或化学方法将生长态的病原微生物杀死，但不一定能将耐受性较强的芽孢杀死。

无菌操作法（aseptic technique）是指整个过程控制在无菌条件下进行的一种操作方法。无菌操作所用的一切用具、辅助材料、药物、溶剂、赋形剂以及环境等均需事先灭菌，操作必须在无菌环境中进行。

6.1.2　无菌检查的局限性

无菌检查法是用于检查法定药品标准要求无菌的药品、原料等的一种检查法。虽然各国药典对于无菌药品都做出了进行无菌检查的规定，但药品的无菌性取决于产品处方、灭菌设备、灭菌介质、冷却介质、生产工艺及环境、灭菌程序、容器及密闭系统的完好性等。无菌检查只是一种事后检查，存在先天的局限性。

（1）抽样本身的局限性

由于无菌检查是一个破坏性的试验，因而无法对整批产品进行 100% 的检验，只能以抽取的样品作为代表，因此，限制了无菌检查试验结果对批产品评价的可靠性。虽然采取对样品随机抽取的方法，尽量选择不同点的样品，但是检查结果只代表所抽取"样品"的质量状况，这样，含有少量微生物污染产品的批也有可能通过无菌检查。

根据统计学研究结果，产品污染率、取样数 n 与通过无菌检查概率的关系见表 6-2；按照目前药典规定的取样 20 瓶，在不同污染率的情况下产品通不过无菌检查的概率见表 6-3。

表 6-2　取样数、污染率与通过无菌检查概率的关系

编号	取样数 n 污染率/%	通过无菌检查的概率/%						
		1	2	4	10	15	20	30
1	5	95	90	81	60	46	36	8
2	10	90	81	66	35	21	12	0.5
3	15	85	72	52	20	9	4	0.03
4	20	80	64	41	11	4	1	0.001
5	30	70	49	24	3	0.5	0.1	2×10^{-6}

表 6-3　不同污染率情况下产品通不过无菌检查的概率

单批产品污染率/%	通不过无菌检查的概率/%	单批产品污染率/%	通不过无菌检查的概率/%
0.1	0.0198～2	5	0.6321～63.2
0.5	0.0952～9.5	10	0.8647～86.5
1	0.1813～18	50	1.0000～100

由此可见无菌检查存在明显的局限性，取样数量少，这种局限性尤其突出。从表 6-2 可知，某一批产品中染菌率为 10%，取样数为 4，通过无菌检查的概率为 66%，即使把取样数增加到 20，则通过无菌检查的概率也只能降低到 12%，即几乎每做 10 批无菌检查，仍有一批可误判为合格。从表 6-3 可知，如果产品存在 0.1% 的低污染率，产品通不过无菌检查试验的概率不超过 2%，可见，批产品的染菌率越低，根据无菌检查的结果来判定批的无菌

性风险越大。

（2）无菌检查的培养条件有其局限性

药典规定的微生物培养条件并不是许多细菌和真菌的最适生长条件，具体体现为培养基和培养温度的局限性。《中国药典》（2020 年版）规定的无菌检查法规定，胰酪大豆胨液体培养基在 20～25℃条件下培养，目的是检测环境中的污染菌，而许多临床上有意义的细菌生长在 25～40℃之间，真菌生长在 25～30℃之间。药典规定无菌检查法有直接接种法和薄膜滤过法两种，均需用培养基作为载体，所规定的培养基本身具有局限性，具体体现为：培养期间污染菌有可能不生长；检验时有可能只进行有限种类细菌和真菌的检验；对检验结果的判断是基于"细菌是否在培养基中生长"这个前提等。通常，真菌一般在 20～25℃培养，细菌等一般在 30～35℃培养，但也可采取分段培养的方式，即先在 20～25℃培养，然后再在 30～35℃条件下培养；为了保证微生物的检测效果，药典只是规定了有代表性的 6 种菌株作为标准菌株，同时对各种培养基的适用性和通用性进行了较为严格的筛选和验证，以保证微生物检查的可靠性和耐用性。

（3）无菌检查的环境和操作有导致假阳性的可能性

无菌检查的环境和操作是相对无菌状态，存在着检查失误的可能性。

无菌检查中观察到的微生物生长有可能是在无菌检查时，培养基偶然被污染而导致假阳性的结果。偶然性的污染是无菌检查中一个严重而又不可避免的难题。

在评价无菌药品的无菌状态时，由于随机抽样的概率限制，最终的无菌检查结果可能没有反映出药品质量的真实状况，这将给患者用药带来风险。所以，药品的无菌或其他质量特性绝不能仅仅依赖于成品检验。而生产过程控制、工艺参数和严格的质量保证措施比成品的无菌检验更加重要。

无菌药品的风险性及其生产工艺的特殊性，对无菌药品的生产质量管理提出了一些特殊要求。这些要求涉及厂房、设施、设备、生产过程管理、人员、质量控制等方方面面。

6.1.3　无菌保证水平

无菌保证水平（sterility assurance level，SAL）的定义为产品经灭菌/除菌后微生物残存的概率。这从严格意义上讲，无菌药品应不含任何活的微生物，但由于目前检验手段的局限性，绝对无菌的概念不能适用于对整批产品的无菌性评价，因此，目前所使用的"无菌"概念，是概率意义上的"无菌"，是从无菌药品的安全性出发，人为设定的"无菌"的相对标准。这种概率意义上的"无菌"需通过合理设计和全面验证的灭菌/除菌工艺过程、良好的无菌保证体系以及在生产过程中严格执行 GMP 予以保证。

在 20 世纪 90 年代以前，对最终灭菌产品而言，人们习惯用 F_0 值（标准灭菌时间）不低于 8min 作为灭菌标准，但事实证明这是不准确的。因为当工艺失控时，即使 F_0 值大于 8min，也不一定能达到灭菌的要求。而对于耐热性差的产品，在 F_0 值低于 8min 时，只要加强工艺控制，仍能达到无菌的标准。为此，一个更科学的概念"无菌保证水平（SAL）"应运而生。各国药典或 GMP 对 SAL 的规定见表 6-4。

表 6-4　各国药典或 GMP 对 SAL 的规定

《英国药典》（2013 年版）	当灭菌程序按照 F_0 的概念来选定时，应当采取特别措施来确保始终获得足够的无菌保证。除对灭菌程序进行验证外，还必须在生产过程中连续地、严格地对微生物进行监控，证明污染菌指标低于设定的限度，以使污染品在最终灭菌产品中所占概率低于百万分之一

《欧洲药典》 （8.0 版）	SAL 系指一项灭菌工艺赋予产品保证的程度。一项灭菌工艺的无菌保证水平用该灭菌批中非无菌品的概率来表示，如 SAL 为 10^{-6}，系指在 100 万个最终灭菌产品中活菌的数量不超过一个
《欧洲药典》	对最终灭菌产品（蒸汽灭菌法）来说，小容量注射剂的标准灭菌条件是 121℃ 15min。也可采用其他温度及时间参数，只要能有效地证明该工艺在日常运行过程中始终赋予被灭菌的灭菌效果在规定的限度内，即所采用的工艺和监控措施应能确保无菌保证水平小于 10^{-6}
《美国药典》 （38 版）	当用灭菌柜对无菌注射剂或关键性设备进行最终灭菌时，通常要求灭菌工艺赋予产品的无菌保证值达到 10^{-6}，即在 100 万个已灭菌品中活菌的数量不得超过一个
中国药品 GMP 指南： 无菌药品（2010 版）	SAL 系指一项灭菌工艺赋予产品保证的程度，用产品中非无菌品的概率表示，如 SAL 为 10^{-6}，含义为 10^{-6} 灭菌品中存在活菌的产品不超过 1 个。我国 GMP 要求最终灭菌产品的 SAL 不得高于 10^{-6}；采用无菌生产工艺的产品要求 SAL 不得高于 10^{-3}

纵观以上各国药典或 GMP 的规定，不难看出，污染概率低于百万分之一（SAL 为 10^{-6}）已成为国际公认的无菌标准。

既然最终灭菌产品的无菌达到百万分之一的污染率即予认可，那么当生产超过 100 万瓶时或超过 100 万批时，是否就允许有污染的产品了呢？答案当然是否定的，这是对百万分之一概率的理解不完全。从灭菌的角度上看，百万分之一的概率是提供一个充分的保证度，这时产品已具备了足够的安全性，产品是事实上的无菌。

6.1.4 注射剂的特点

6.1.4.1 注射剂的质量要求

注射剂（injections）系指原料药物或与适宜的辅料制成的供注入人体内的无菌制剂，可分为注射液、注射用无菌粉末与注射用浓溶液等。

注射剂有非常严格的质量要求（表 6-5）。

表 6-5 注射剂的质量要求

序号	质量要求	备 注
（1）	无菌	注射剂成品中不得含有任何活的微生物，必须达到药典规定的无菌检查要求
（2）	细菌内毒素或热原	是注射剂的重要生物安全性质量指标，特别是供静脉注射及脊椎腔注射的注射剂，必须进行细菌内毒素或热原检查，应符合各品种项下的规定
（3）	可见异物	按照药典规定的可见异物检查法测定，应符合规定
（4）	pH 值	注射剂的 pH 值一般应控制在 4～9 范围内，尽量与血液的 pH 值 7.4 相近
（5）	渗透压	要求静脉输液及椎管注用注射液必须检查，应符合各品种项下的规定
（6）	不溶性微粒	要求用于静脉注射、静脉滴注、鞘内注射、椎管内注射的溶液型注射液、注射用无菌粉末及注射用浓溶液必须检查，应符合规定
（7）	有关物质	是注射剂质量研究的重点内容和质量标准的必检项，有关物质的种类和含量与原辅料、制备工艺、产品本身的稳定性有着密切的关系，既反映药物的化学稳定性，也是安全性评价的要求。中药注射剂有关物质一般应检查蛋白质、鞣质、树脂等，静脉注射液还应检查草酸盐、钾离子等
（8）	重金属及有害元素残留量	大容量注射剂通常需要进行重金属检查； 中药注射剂需要进行铅、镉、砷、汞、铜的检查
（9）	安全性	注射剂必须经过动物实验进行溶血性、过敏性、刺激性等特殊安全性评价，以确保使用安全

序号	质量要求	备　注
（10）	稳定性	注射剂的稳定性必须经过全面研究和评价，主要涉及物理、化学及生物学稳定性
（11）	其他要求	粉针剂还应检查干燥失重或水分； 必要时注射剂应进行相应安全性检查，如异常毒性、过敏反应、溶血与凝聚、降压物质等； 若注射剂处方中加有抗氧剂、抑菌剂、稳定剂和增溶剂等可能影响产品安全性和有效性的辅料时，应视具体情况进行定量检查

6.1.4.2　注射剂的安全风险

无论是小容量注射剂，还是粉针剂，在临床应用时均以液体状态直接注射入人体组织、血管或器官内，所以吸收快，作用迅速。特别是静脉注射，药液可直接进入血液循环，更适于抢救危重病症之用。并且因注射剂不经胃肠道，故不受消化系统及食物的影响，因此，剂量准确，作用可靠。

注射剂虽然有很多优点，但与药物的其他剂型相比，也有一些缺点：一是生产工艺复杂，质量要求高，对生产环境、储藏运输条件要求苛刻；二是直接进入人体，若剂量不当、注射速度过快或质量存在问题，会存在很大的安全风险，会给患者带来危害，甚至造成无法挽回的后果。

"药品质量，人命关天"这句话对注射剂而言，显得格外重要。根据国家药品不良反应监测中心的年度报告，按给药途径统计，2020年药品不良反应/事件报告涉及的注射给药占56.7%，其中静脉注射给药占91.1%，其他注射给药占8.9%。例如，"亮菌甲素注射液"事件、"克林霉素磷酸酯葡萄糖注射液"事件、"人免疫球蛋白注射剂"事件、"甲氨蝶呤注射剂"事件、"鱼腥草注射液"事件、"刺五加注射液"事件、"生脉注射液"事件、"双黄连注射液"事件、"毒疫苗"事件等等。

这些药物事故的发生，严重损害了病患者的身体健康，引起了全社会的广泛关注。为此，NMPA出台了多项监管措施，加强注射剂的研究过程、生产过程、流通过程、储存保管和临床应用过程的管理，以提高和保障药品质量，增加临床用药安全性。

6.2　洁净生产区的环境控制

为了保证无菌药品质量，必须对无菌药品的生产环境进行严格的监控。洁净生产区环境包括洁净区内环境和洁净区外环境。洁净区内环境能影响药品生产的质量，洁净区外环境可能影响洁净区内环境的质量。有关洁净区环境控制，在本书各章节中都有介绍。这里主要针对洁净区内环境，也就是要求空气洁净度达到规定级别的生产区域或空间进行介绍。

洁净区环境的控制涉及很多方面，如温度、相对湿度、气流速度、压差、悬浮粒子、浮游菌、沉降菌、照度、噪声、振动、静电量等。洁净环境控制的目的有两方面，一是为生产操作人员提供适宜的工作环境；二是防止空气悬浮粒子污染、微生物污染、热原或细菌内毒素污染以及其他异物混入。

6.2.1　无菌药品生产操作的环境选择

本书第 2 章第 2.1.1.1 节详细介绍了洁净度分区和洁净级别的技术要求。

无菌药品生产放在何种洁净级别的区域内进行，是根据生产工艺操作的性质及对药品质量的影响程度决定的。我国 GMP 无菌药品附录中明确了无菌药品的生产操作环境选择的示例，详见本书第 2 章表 2-7 和表 2-8。

按照无菌药品的生产操作环境选择示例，本书第 2 章第 2.3 节列出了典型无菌药品小容量注射剂、大容量注射剂、冻干制剂、粉针剂等的生产工艺流程框图以及各工序对环境区域洁净度级别的要求。

6.2.2　洁净生产区的高风险操作区

6.2.2.1　高风险操作区的概念

我国 GMP 引入了质量风险管理的理念。基于科学知识并最终与保护患者相联系对无菌药品生产进行质量风险评估。无菌药品生产风险判断的基础建立在严重程度（S）、可能性（P）及可检测性（D）上，S 分为关键（4）、高（3）、中（2）、低（1）四个等级，P 可能性分为极高（4）、高（3）、中（2）、低（1）四个等级，D 分为极低（4）、低（3）、中（2）、高（1）四个等级。风险等级是通过风险优先系数（RPN）或风险系数（SPD）来确定的，RPN 由风险严重程度（S）、产生风险可能性（P）及风险可检测性（D）各等级评分相乘而获得，RPN 值与风险水平的关系见表 6-6。

表 6-6　RPN 值与风险水平的关系

风险水平	RPN 值	措　　施
高风险水平	RPN＞16	不可接受的风险。必须尽快采用控制措施,通过提高可检测性及降低风险产生的可能性来降低最终风险水平
	严重程度＝4	必须将其降低至 RPN 最大等于 8
中等风险水平	16≥RPN≥8	要求采用控制措施,通过提高可检测性及/或降低风险产生的可能性来降低最终风险水平
低风险水平	RPN≤7	可接受的风险。无需采取额外控制措施

据此，我国 GMP 无菌药品附录将 A 级洁净区域确定为高风险操作区（high risk operations area），如灌装区、放置胶塞桶和与无菌制剂直接接触的敞口包装容器的区域及无菌装配或连接操作的区域。这与美国 GMP 将洁净区的 100 级定为无菌药品生产的关键控制区（critical area）相对应。无菌作业放在何种洁净区内进行，是根据生产工艺操作的性质及对药品质量的影响程度决定的。

6.2.2.2　高风险操作区的环境监控

高风险操作区内，无菌物品处于暴露状态，而且装在容器中的无菌药品，不再做进一步的灭菌处理，因而极易受到污染。根据风险分析可知，高风险操作区既是污染的高风险区域，也是进行无菌质量监控的关键操作区域。为了保证产品的无菌，应监控高风险操作区无菌操作的环境，使其维持在足够的质量水平上。

我国 GMP 对高风险操作区的某些参数做了如下规定。

① 尘粒控制　应对高风险操作区的空气悬浮粒子进行连续监测；频率和取样量应能及时发现所有人为干预、偶然事件及任何系统的损坏。

② 微生物控制　无菌操作时，应频繁地对微生物进行动态监测；除在生产过程中需进行微生物监控外，系统验证、清洁和消毒等操作后，也应进行微生物监控；应对尘粒和微生物监控制订适当的警戒和纠偏标准。

③ 压差控制　应设送风故障报警系统；压差十分重要的毗邻级别区之间应安装压差表；压差数据应定期记录或者归入有关文档中。洁净区与非洁净区之间、不同级别洁净区之间的压差应不低于10Pa。

④ 空气流向及风速　高风险操作区应当用单向流操作台（罩）维持该区的环境状态。单向流系统在其工作区域必须均匀送风，风速指导值为 0.36～0.54m/s。应评价空气的流型是单向流还是紊流，空气流型分析和烟雾试验用于说明在动态条件下气流的单向性及产品清洁作用。单向流状态的维持应经过验证合格。用于无菌试验的隔离操作器（aseptic processing isolator）的气流既可为单向流，也可为乱流。

6.2.3　净化空调系统

本书第 2 章"2.1 药品生产环境"一节中，对空调净化系统的空气处理、空气过滤机理和特性、空气过滤器、空气净化设计、药厂空气洁净技术的应用等内容均做了详细论述。这里要强调的是，对无菌生产环境的控制不能仅仅依赖净化空调系统（HVAC），而应采取综合的、全过程的措施和手段，才能达到和满足无菌生产的需要。

6.2.3.1　传统空气净化的弊端

空气净化（air purification）技术是以创造洁净空气为主要目的的空气调节措施。其原理是通过对空气进行过滤，使其达到一定的洁净度级别，同时以相应的管理措施保持环境控制系统的有效运转，从而保证药物生产处于符合药品质量要求的洁净环境中。

长期以来，由于人们的认识与技术手段的限制，无菌空间的控制只能依靠消毒、密闭、低温、降低操作幅度四项措施。其中，消毒与密闭只是暂时性措施，不可能消除室内发菌源与室外有菌空气的渗透；而低温与减少操作幅度是以降低工作环境的舒适度与工作效率为代价。并且采用这些传统措施往往需要轮换使用两个无菌车间（一个使用，另一个消毒），室内的无菌程度也不能维持很久。

近年来，专业人员已经普遍认识到单纯依靠化学消毒等来实现无菌空间的微生物控制是不科学的，但随后又出现了一个认识上的误区，即相信净化空调系统是解决微生物污染的最有效的手段，认为只要采用高效过滤器就可以除去一切微生物。

然而，越来越多的研究表明，空调系统内存在诸多微生物可能定植、繁殖与传播的场所，如盘管、凝水盘、水封、加湿器、冷却塔、风管与管件，甚至被认为是除菌最有效手段的高效空气过滤器也可能出现微生物污染。许多研究结果证实，普通空调系统通常的微生物污染一般是真菌污染。冷却塔或加湿器污染是由水引起的，常常发生的是细菌污染。过滤器的附尘、盘管表面以及风管内表面均发现霉菌，而且尘埃沉积量与霉菌数有着非常密切的关系。在风管内，1g 粉尘中就有 1000 个以上的霉菌。

6.2.3.2　生物洁净技术

（1）生物洁净技术的概念

无菌药品生产的空气净化需要采用生物洁净技术来实现。所谓生物洁净技术是指在空气净化全过程中，依据系统工程的原理，采用综合的措施，对环境、设施、物料、人员及生产操作进行全面控制和监测，以达到在除掉空气中各种尘埃的同时，也能除掉各种微生物（细菌、芽孢、热原）的洁净技术。

传统的空调系统，尤其是空调箱内部有可能是细菌繁殖的良好温床。但是只要破坏或消除细菌滋生的条件，抑制或降低室内细菌发生，切断空调系统所有潜在的污染传播途径，就可以消除一切滋生细菌的可能性。这与传统观念不同，解决微生物污染不是杀菌或除菌的方法问题，而是不让它产生。因此，应该将无菌生产的空间看作一个控制体，对整个工艺操作，包括对环境、设施、物料与人员进行全过程控制，而不仅仅是对操作本身。在全过程消除一切可能产生微生物污染的隐患，才符合微生物控制的原理，才能为无菌生产环境控制提供更为有效的保障。全过程控制应包括进入无菌空间前控制、进入无菌空间后控制、退出无菌空间后控制。

（2）综合措施，全程控制

进入无菌空间前控制，即在进入无菌空间前应对人员、器械和材料等所有人与物进行严格消毒，并采用生物洁净技术对空气进行有效的过滤除菌，以保证进入无菌空间的空气无菌、无尘。由于无菌空间存在着许多发菌源，空间外的污染空气会随时随地渗透进来。要保持空间的无菌状态，进入无菌空间后控制的重点应是对空间的污染以及人与人、人与物、物与物的交叉污染。对此可通过采取生物洁净技术综合措施，如合理建筑布局、规划人流物流、消除发菌源的二次污染，降低交叉污染的隐患；设置气闸或缓冲、整个区域的梯度压差的控制，彻底阻止室外污染进入的可能；依靠室内气流技术，用大量低速空气以所需要的流型（乱流或单向流）、稀释（或挤排）室内的所有发菌等，有效地维持无菌空间。退出无菌空间后控制同样重要，如加强清场、清洁与处理等管理。只有及时将所有废物、污物等清出，并进行妥善处理，才有可能维持无菌空间及保护环境。

（3）全面监测

要全面加强对无菌生产区空气质量的监控。既监测尘粒，又监测微生物；既做静态监测，又做动态监测；既检测沉降菌，又检测浮游菌。只有这样，才能确保洁净区的空气质量满足无菌生产的特殊要求。

6.2.4　无菌隔离操作技术

无菌隔离操作器是一种将无菌生产环境与操作者（人）及其外环境隔离开的装置。操作器前面有两个圆孔，孔内密接橡皮手套或袖套，药品或用具由侧门送入柜内后关闭。操作者可以站在隔离器外，将手伸进密封的橡皮手套或袖套中进行无菌操作。

无菌隔离操作器可分为开放式洁净室、限制进入型隔离系统（restricted access barrier system，RABS）和隔离器（isolator），其中RABS又可分为开放式RABS和封闭式RABS，各种隔离系统见图6-1。

我国GMP要求，高污染风险的操作宜在隔离操作器中完成，物品进出隔离操作器应当特别注意防止污染。无菌生产采用隔离操作器系统，能把外部洁净区环境与无菌生产线分开，可以最大程度地减小无菌物品暴露于操作人员面前的机会。一个良好设计的正压隔离器，在维护、检测和控制规程的支持下，与传统的无菌过程相比，具有确实的优点，包括在生产过程中被微生物污染的机会大大减少。但是，使用者应保持清醒的头脑，防止潜在的操作风险源。制造商也应针对无菌隔离操作器的特点，建立隔离操作自身的相关规程。

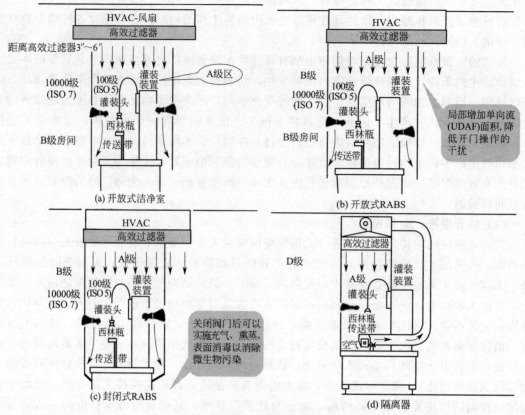

图 6-1　隔离系统（1″＝2.54cm）

采用隔离操作技术不仅能最大限度地降低操作人员的影响，而且能大大降低无菌生产中环境对产品造成微生物污染的风险。隔离操作器及其所处环境的设计，应当能够保证相应区域空气的质量达到设定标准。隔离操作器所处环境取决于其设计及应用，无菌生产的隔离操作器所处的环境至少应为 D 级洁净区。隔离操作器及传输装置的设计有多种形式，传输装置可设计成单门或双门，也可是同灭菌设备相连的全密封系统。将物品放入隔离操作器或从中取出最容易产生污染。应注意隔离操作器所采用的材料在某种程度上易被穿透或易产生渗漏。

隔离操作器只有经过适当的验证后方可投入使用。确认时应当考虑隔离技术的所有关键性因素，例如，隔离系统内部和外部所处环境的空气质量、隔离操作器的消毒、传递操作以及隔离系统的完好性。隔离操作器和隔离用袖管/手套系统应进行常规监测，包括经常进行必要的检漏试验。

6.2.5　吹/灌/封技术

6.2.5.1　概述

吹塑、灌装、密封（简称吹灌封）（blow-fill-seal，BFS）设备是一台可连续操作，将热塑性材料吹制成容器并完成灌装和密封的全自动机器，其原理图见图 6-2。该技术自 20 世纪 70 年代开始用于制药和医疗器械领域，至今已经在世界几十个国家和地区被广泛应用于无菌工艺和最终灭菌工艺的眼用制剂、呼吸系统用药以及注射剂产品。

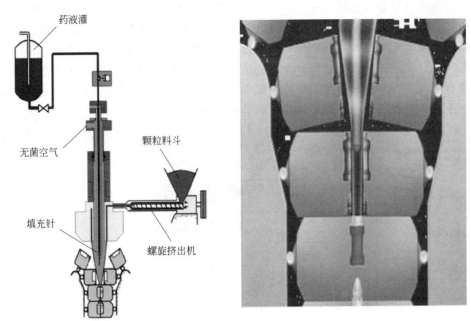

药液灌

无菌空气

填充针

颗粒料斗

螺旋挤出机

图 6-2　吹灌封原理图

目前，BFS 技术没有全球统一标准，因此每个设备制造商和各国药政法规部门的诠释各不相同。我国 GMP（2010 年修订）无菌药品附录第十七条和第十八条对利用 BFS 技术生产非最终灭菌产品的设备、人员、环境、验证等提出了明确的技术要求。《药品 GMP 指南：无菌药品》对 BFS 技术的工艺流程、系统和产品设计、验证和确认以及生产过程控制提出了实质性技术指导意见。2017 年 1 月，中国医药包装协会发布了《吹灌封一体化（BFS）输液技术指南》（T/CNPPA 3001—2017），该指南规定了输液生产企业采用 BFS 技术生产最终灭菌的输液产品的技术内容和要求。

6.2.5.2　技术要求

我国 GMP 无菌药品附录要求，用于生产非最终灭菌产品的吹灌封设备自身应装有 A 级空气风淋装置，人员着装应当符合 A/B 级洁净区的式样，该设备至少应当安装在 C 级洁净区环境中。在静态条件下，此环境的悬浮粒子和微生物均应达到标准，在动态条件下，此环境的微生物应当达到标准。用于生产最终灭菌产品的吹灌封设备至少应当安装在 D 级洁净区环境中。

因为吹灌封技术有其特殊性，应特别注意以下几方面：设备设计及设备的验证、在线清洗和在线灭菌的验证及结果的重现性、设备所处的洁净区环境、操作人员的培训和着装，以及设备关键区域内的操作，包括灌装开始前设备的无菌装配。

6.2.5.3　工艺过程

（1）药液配制与过滤

药液配制与过滤系统的设计与其他无菌药品的工艺过程相似。

（2）采用 BFS 设备进行无菌灌装

这是整个生产过程的关键，整个过程在 A 级洁净空气的保护下完成。其主要操作步骤有：加热塑料粒子；将其挤压形成塑坯（管形热树脂）；高温切割塑坯；将塑坯传送到吹塑-灌装工位；在模具中使塑坯吹制成瓶；在成型的塑瓶中灌装液体药物；移开灌装针；封口及焊盖。关键吹灌封过程示意图见图 6-3，具体包括①挤出：由塑料粒子生成的管胚进入打开的吹塑模具，管胚头部在挤出机头下面被切断；②成型：主模具合拢，同时将容器底部密封；特制的芯轴单元下降到容器颈部位置，使用压缩空气将管胚吹制成容器；③灌装：通过特制的芯轴单元，经计量单元精确计量的药液被灌入容器；④封口：当特制的芯轴单元回撤后，头模合拢，用真空抽取完成封口；⑤模具打开：模具打开后，容器被输送出设备，设备开始进行下一个生产周期。通过传输系统，容器被送至下一工序。

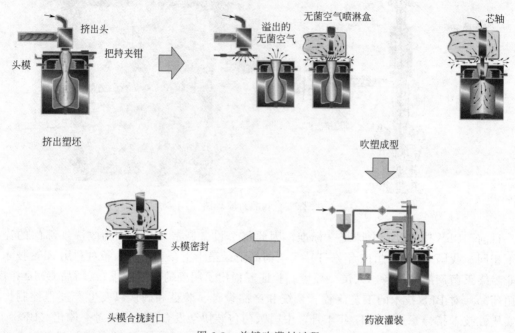

图 6-3　关键吹灌封过程

（3）容器的快速切断及分离

灌装完毕的塑料容器从 BFS 设备送出时，组成塑料瓶带，连续不断地被送出设备，进入快速分离系统后，进入后面的传送带上，即为"快速切断及分离"过程。

（4）成品的漏液测试

成排的无菌药品通过传送带的输送，进入检漏机，由检漏机进行完整性检测，检查是否存在泄漏部位。

（5）贴签包装

灯检合格后，对产品进行贴签和包装。

6.2.5.4　关键质控要求

（1）对药液的要求

同本书第 6.3.1.2 节最终灭菌生产工艺的特殊要求和第 6.3.2.2 节非最终灭菌生产工艺的特殊要求。

（2）对塑料粒料的要求

塑料粒料通常有聚丙烯粒料和聚乙烯粒料。应根据药品的性质，基于科学的研究评估和验证确认，从化学性能、阻隔性能、灭菌性能等方面选择适宜的塑料粒料。除符合现行相关指导原则的规定外，应特别关注对塑料粒料密度、抗氧剂、熔融指数、生物指标（如细胞毒性、皮肤致敏、皮内刺激、急性全身毒性、溶血等）的要求。

6.3 注射剂生产工艺及平面布置

注射剂按照其生产工艺可分为最终灭菌药品（小容量注射剂、大容量注射剂）和非最终灭菌药品（无菌灌装制剂、无菌分装粉针剂和冻干粉针剂）两大类。非最终灭菌生产工艺又称作"无菌生产工艺"。随着制药技术的发展和临床用药的需求，出现了大量即配型注射剂（粉-液多室袋、液-液多室袋制剂等），这类产品可采用最终灭菌生产工艺，也可采用最终灭菌生产工艺和非最终灭菌生产工艺的组合。

6.3.1 最终灭菌药品

6.3.1.1 最终灭菌药品生产工艺

（1）概念

采用最终灭菌工艺生产的药品称为最终灭菌药品。简单地说，就是先在高洁净度的无菌环境条件下灌装药品、密封容器，然后对在密封容器中的药品采用热法或辐射法进行灭菌。之所以需要高洁净度的无菌环境条件，是为了减少灌装和密封过程中微生物和微粒的污染，以利于保证后续灭菌过程的成功。多数情况下，这一环境条件下的药品、容器、密封件等物品具有很低的微生物负荷，但是，并不是无菌状态，只有经过最终灭菌才能称为无菌药品。最终灭菌生产工艺适合于耐热及耐辐射类的无菌药品的生产。

（2）分类

按照注射剂容量分，最终灭菌注射剂有两种：一种是最终灭菌小容量注射剂，系指装量小于 50mL，采用湿热灭菌法制备的灭菌注射剂，俗称小针剂或安瓿剂；另一种是最终灭菌大容量注射剂，系指 50mL 以上的最终灭菌注射剂，俗称大输液。输液容器有瓶型与袋型两种，材质有玻璃、聚乙烯、聚丙烯或复合膜等。

6.3.1.2 最终灭菌生产工艺的特殊要求

（1）小容量注射剂

① 注射剂生产用的原料、溶剂、附加剂应符合注射用标准。

② 注射剂的配制、灌装过程中，应严格防止微生物的污染，已调配的药液应在规定的时间内灌装、灭菌，保证无菌、热原符合要求。

③ 注射剂的生产应在 GMP 规定的净化环境下进行，此外，对清洗、配制、灌封工序生产操作人员服装的材质也有特殊要求（如发尘量小、不易发生纤维脱落等）。

④ 药液的 pH 值在灭菌前后或储存期内可能发生变化，在配制过程中应设定内控 pH 值范围，并规定调节 pH 值的方法。

⑤ 由于注射剂的稳定性较差，所以在生产过程中对水、植物油及其他非水性溶剂、容器、惰性气体等影响质量的因素需加强控制。

（2）大容量注射剂

① 由于大容量注射剂产品直接进入人体血液，在生产的全过程都应采取严格的措施，防止微粒、微生物、内毒素污染，确保产品质量安全。

② 生产大容量注射剂产品所用的主要设备，包括灭菌设备、灌装过滤系统、空调净化

系统、工艺用水系统均应验证，按 SOP 要求维修保养，实施监控。

③ 直接接触药液的设备、内包装材料、工器具，如配制罐、输送药液的管道等的清洁规程须进行验证。

④ 任何新的加工程序，其有效性都应经过验证并需定期进行再验证。当工艺或设备有重大变更时，也应进行验证。

⑤ 灭菌程序对每种类型被灭菌品的有效性应当验证，并定期进行再验证。

值得注意的是，虽然最终灭菌药品的生产是通过最后一道灭菌工艺来达到药品无菌的，但是生产过程中的高洁净度要求仍然是很重要的，如果在生产环境中微生物和尘埃的数目超标，即使经过最终灭菌，也将影响药品的质量。特别是大容量注射剂，对澄明度和无热原的要求更为严格。因为是将药品直接输入静脉，若有不慎，易产生严重后果。

6.3.2　非最终灭菌药品

6.3.2.1　非最终灭菌药品生产工艺

(1) 概念

非最终灭菌药品生产工艺也称作"无菌生产工艺"。是指在整个生产过程中，使用无菌的原料、辅料、容器等，在无菌的环境下制造出无菌药品的工艺过程。

简单地说，就是先将药物、容器、密封件等分别进行适当的灭菌，然后在非常高洁净度的环境下，通过灌装、密封等工艺过程加工成无菌药品。灌装和密封后，容器中的药品不再进行灭菌处理。因此，为了保证生产的药品无菌，必须在非常高洁净度的环境条件下进行灌装和密封等操作。这一点对于保证无菌水平尤为重要。这种工艺适用于热敏性药物的注射制剂生产。

(2) 分类

按照生产工艺分，非最终灭菌药品注射剂可分为三类。第一类是非最终灭菌无菌分装的粉针剂，系指用"无菌生产工艺"将无菌原料药粉末直接分装到一定的容器中制备的无菌注射剂，简称无菌分装粉针剂；第二类是非最终灭菌无菌冻干粉注射剂，系指用"无菌生产工艺"将药物溶解，然后冷冻干燥制备的注射剂，俗称冻干粉针剂；第三类是非最终灭菌无菌浓溶液，系指用"无菌生产工艺"将药物溶解，经过滤除菌，然后分装到一定的容器中制备的无菌注射剂，俗称无菌浓溶液。

6.3.2.2　非最终灭菌生产工艺的特殊要求

(1) 无菌分装粉针剂

① 需要无菌分装的注射剂为不耐热、不能采用成品灭菌工艺的产品。必须强调生产过程的无菌操作，并要防止异物混入。

② 无菌分装的注射剂吸湿性强，在生产过程中应特别注意无菌室的相对湿度、胶塞和瓶子的水分、工具的干燥和成品包装的严密性。

③ 为保证产品的无菌性质，需要严格检测洁净室的空气洁净度，监控空调净化系统的运行。生产作业的无菌操作与非无菌操作应严格分开，凡进入无菌操作区的物料及器具均必须经过灭菌或消毒，人员须遵循无菌作业的 SOP。

④ 对影响无菌分装注射剂质量的设备及工艺均须进行验证及监控，直接接触药品的包装材料、设备和其他物品的清洗、灭菌至使用的时间应有规定。

⑤ 对青霉素类的无菌分装注射剂，为了防止污染，出车间的物料，如废瓶、废胶塞、空容器、工作衣、工作鞋需用1‰碱液处理。其他有关厂房与设施的特殊要求请查阅GMP的相关规定。

(2) 冻干粉针剂（包括无菌浓溶液）

① 生产作业的无菌操作与非无菌操作应严格分开，凡进入无菌操作区的物料及器具均必须经过灭菌或消毒，人员须按无菌作业的SOP要求更衣。

② 无菌药液的接收设备及灌装设备均需清洁、灭菌。

③ 净化空调系统的运行应予监控，无菌操作室（区）生产时的监控数据应列入该批档案，作为评估最终产品无菌保证的重要依据。

④ 应从微生物污染及组分降解两个方面去考察并确定配液至灌装结束的最长允许时间。

⑤ 直接接触药液的设备、包装材料和其他物品的清洗、灭菌至使用的最长存放时间应有规定。

⑥ 影响产品质量的设备及工艺均需进行验证及监控。

⑦ 应通过培养基灌装试验来确认无菌工艺的可靠性。

从生产过程的特点来看，非最终灭菌生产工艺比最终灭菌生产工艺更难于保证药品的无菌状态。采用非最终灭菌生产工艺制造药品时，在进行最后的"无菌组装"之前，一般要对药品的各个组成部分或组件采用不同的灭菌方法分别进行灭菌。例如，采用干热灭菌法对玻璃容器实施灭菌，用湿热灭菌法对橡胶密封件进行灭菌，用过滤灭菌法对液体制剂除菌等。而且，对每一个工艺过程都要实施验证和控制。因为任何一个环节出错，将最终导致产品被污染。无菌原料药、内包装材料、容器和密封件等在无菌组装前或无菌组装过程中的手工和机械操作，都有可能产生污染的危险，因此，必须严格控制。

非最终灭菌生产工艺，要求对工艺全过程进行验证，即对非最终灭菌药品生产过程中每一个步骤、每一个工艺措施逐一进行验证，并达到满意的预期验证结果。同时，在单个工艺过程验证试验结果合格的基础上，进行综合性生产的模拟实验，以此证明非最终灭菌生产工艺过程的可靠性。因此，受控难度较大。

6.3.3 无菌制剂生产工艺平面布置原则

本书"第2章药厂设计"对药品生产的工艺布局已做过详细介绍。为了突出无菌制剂生产的特点，这里重点介绍无菌直接生产工艺平面布置应遵循的若干原则。

无菌制造系统在生产工艺上，应对其使用的洁净厂房特别加以布置设计，尤其是应着重考虑洁净工房工艺平面对无菌制造的适用性和可靠性。即无论是进行无菌粉末分装还是无菌液体分装，都应着重解决工艺平面布置对无菌制造工艺过程的无菌保证度。首先从工房平面的布置上着眼，在厂房设施设计的层面上，解决无菌操作过程的无菌保证问题。

① 受污染的物料是否会与人员的流动产生交叉，形成污染？

② 在洁净工房内布置的制造工艺平面对生产过程是否方便合理？

③ 工艺平面图中的洁净区布置，是否按照无菌制造工艺对无菌操作区和普通洁净区进行了恰当分区或隔离处理。各个生产用功能房间的布置应该按照无菌室优先布置的原则进行。即在平面设计中，各个生产功能房间围绕着有利于提高制造工程的无菌保证度并符合工艺流程、方便使用的设计原则进行分区布置。

④ 在无菌制造工艺平面的设计布置中，还应遵循的一个最重要的原则是，通过工艺平面设计，做到未经过消毒灭菌处理的物料，不可能进入无菌操作区内。例如，在无菌液体分

装生产线的无菌操作区内，不应该出现原液配料罐（非无菌状态）在无菌操作区内进行过滤除菌的现象。经过消毒灭菌处理后的物料应直接出现在无菌操作控制的区域内，而不应再通过一个非无菌区而受到污染。这就要从工艺设计和平面布置上解决这些问题，而不是通过管理程序来克服。

6.3.4 生产工艺平面布置示例

图 6-4 为一个无菌冻干粉针剂生产线工艺平面布置图。其中的无菌操作和部分辅助功能房间，组成了一个无菌药品生产洁净工房布置的主要部分（不是全部）。

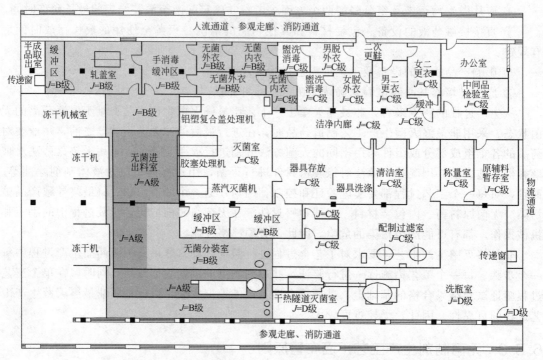

图 6-4 无菌冻干粉针剂生产线工艺平面布置示例
注：J 代表洁净度

通常，冻干药品的制造都是采用无菌制造技术生产的。结合上述无菌制造在洁净工房布置上应遵循的若干原则，对本设计的工艺平面布置介绍如下。

(1) 无菌操作区（洁净度 A 级）

该工艺平面图上明确布置了无菌操作区域，从设计角度满足了未经过灭菌或严格消毒的物料或人员不能够出现在无菌操作区域内的要求。例如，进入无菌操作区的药品液体的配制是在 B 级洁净区域内完成，然后通过 $0.22\mu m$ 的除菌过滤器过滤处理后，无菌药液出现在无菌操作室内，进行灌装。作为药品容器的玻璃瓶在 D 级洁净区内洗涤后，经过 300℃ 以上温度的干热灭菌和除热原再出现在无菌操作区内。玻璃瓶的密封用胶塞是通过专用的胶塞清洗硅化灭菌干燥处理设备，洗涤灭菌干燥后出现在无菌操作区内。工艺过程中使用的其他工、器具和无菌衣等都经过适当的洗涤程序后，再通过湿热灭菌设备灭菌处理后，进入无菌操作区。进入无菌室内的操作人员也是经过严格的手洗涤消毒和更换无菌洁净服等处理程序后，才得以进入无菌操作区的。

（2）辅助功能区

在工艺平面的布置中，围绕无菌操作区设置了必要的辅助用功能房间。例如，灭菌室、器具洗涤室和存放室、配制室、称量室、洗瓶室、隧道式干热灭菌机室、无菌更衣室等。这些功能房间的布置都是为了满足无菌制药工艺生产要求设置的，功能房间设置的原则是无菌操作区域优先布置，其余非无菌操作的辅助功能房间的布置则围绕无菌操作区，以方便生产作业并符合工艺流程顺序、有利于提高无菌保证度为布置原则。

（3）原辅材料的前处理区

在工艺平面布置中还考虑了原辅材料的前处理需要。在物料还未处理到工艺生产要求的质量水平以前，根据不同的物料种类和不同工艺过程的特点分别设置有单独的进入通道，并按照各自的工艺特点设计有专门的处理程序。例如原辅料与玻璃瓶的拆外包装与预处理；消毒液体的配制与过滤或传递入洁净区内；以及设置缓冲通道，使无菌操作区域内用过的工、器具（药液容器）及灭菌台车等可以推出无菌室进行清洗灭菌等。

（4）有利于控制污染

在本无菌制造工艺平面设计中，按照无菌药品的生产需要，结合有关技术规范的一些具体要求，针对不同的生产工艺操作，分区域设计了不同洁净等级的净化空调系统，从室内环境空气层面上解决了空气污染的控制问题。在净化空调分区域设计中，尤其考虑了无菌操作与非无菌操作区域之间的明确区分。即对于无菌操作与非无菌操作两种不同的概念，需要对相应的区域进行不同的环境消毒或灭菌处理。例如对无菌操作区要定期采用甲醛、过氧化氢或戊二醛气体熏蒸灭菌，使其达到某种微生物控制水平。而对非无菌的净化区域则主要以无尘化的洁净卫生为主。

同时，在本设计工艺平面图中，对同属于 B 级净化区域的洁净区，也进行了明确的划分，彻底避免了无菌与非无菌在操作概念和净化等级概念之间的混淆。例如，图中作为配制药液的配料间与分装间（局部 A 级）在空气洁净度上均为 B 级洁净区。由于配料过程会使用一些含有细菌和热原物质的原辅材料，因而尽管在配料间也是 B 级洁净区，但仍处于非无菌的操作区域，所配制的含细菌药液，有待于通过除菌过滤以后再进入无菌操作区分装。因而也就不需要对该区域的围护结构进行与无菌区域同样频次的气体熏蒸消毒处理。

其他，如注射用水的使用等，也从工艺的平面布置上做了充分考虑。

6.4　无菌药品生产管理

6.4.1　无菌药品生产管理原则

有关药品生产管理的基本要求已在本书第 3 章做了详细介绍。这些基本要求同样适用于无菌药品生产。此外，需要强调的有以下一些基本原则。

① 无菌药品的生产须满足各种特殊要求，以最大限度地降低微生物、微粒和热原的污染。这在很大程度上取决于生产人员的技能、所接受的培训、质量意识及其工作态度。质量保证极为重要，无菌药品的生产必须严格按照精心设计并经验证的方法及规程进行。产品的无菌或其他质量特性绝不能只依赖于任何形式的最终处理或成品检验。

② 无菌药品的生产必须在洁净区进行，人员和/或设备以及物料必须通过气锁进入洁净

区。洁净区应保持适当的洁净度，洁净区的送风须经具有一定过滤效率的过滤器过滤。

③ 原料准备、产品加工和灌装等操作必须在洁净区内彼此分开的单独区域内进行。

④ 应按所需环境的特点，确定无菌产品的洁净级别。每一步生产操作都应达到适当的动态洁净标准，以尽可能减低产品或所处理的材料被微粒或微生物所污染的概率。

⑤ 洁净区的设计必须符合相应的"静态"标准，以达到"动态"的洁净要求。

⑥ 无菌药品生产所需的洁净区可分为高风险操作区（A级）、高风险操作区所处的背景区域（B级）和生产过程中重要程度较低操作步骤的洁净区（C级和D级）。

6.4.2 对物料的要求

无菌药品生产用的物料包括无菌组分（活性成分、辅料、注射用水等）、容器、密封件等。对每一种物料都有详细的书面规程，描述它们的接收、鉴别、储存、装运、取样的批准或拒收的程序，并严格遵守。物料在任何时间均应在防止污染的状态下处理和储存。使用前应进行微生物检验。

6.4.2.1 无菌组分

一种或多种组分在使用中受到微生物或内毒素的污染将导致成品药的污染。应确定可能产生污染的微生物在组分中的含量，从而根据生物负荷确定可以接受的限度。任何超过限度值的组分应拒绝使用。

在无菌生产中，每种组分可分别灭菌，或几种组分一起最后混合灭菌。组分的灭菌有若干种方法。广泛使用的方法是把组分溶解在一种溶剂中，如溶解在注射用水中变成溶液，然后过滤。溶液通过无菌过滤膜或筒式过滤器。如果组分具有可溶性，又容易受热的影响时，可以使用过滤器灭菌。这种方法又演变成过滤溶液到无菌结晶，组分经过沉淀（或者冷冻干燥）成为无菌粉末。但是，这种方法涉及更多的处理和操作，所以在过程中容易受到污染。

对热稳定的不溶性组分，干热灭菌是适宜的。但是，由于粉末对热的绝缘作用，在粉末灭菌时必须进行经过认真设计的加热强度和热分布试验。辐射灭菌可以用于某些组分灭菌，但是，需要严格控制和经过验证，以评价其对该组分的适应性。

6.4.2.2 对无菌容器、密封件的要求

无菌药品生产用的容器和密封件必须采用 NMPA 批准的与药品具有良好相容性的容器和密封件，必须按照管理部门发布的《化学药品注射剂包装系统密封性研究技术指南（试行）》《化学药品注射剂生产所用的塑料组件系统相容性研究技术指南（试行）》《化学药品注射剂与药用玻璃包装容器相容性研究技术指导原则（试行）》等进行过详细研究。

(1) 容器、密封件的准备处理

对于无热原的非胃肠道用药容器和密封件应规定为无菌。灭菌或除菌工艺的类型首先取决于容器和/或密封件材料的性质。这些工艺的验证试验应足以证明使材料无菌和无热原的能力。书面程序应规定工艺再验证的频率，以及保持容器和密封件无菌、无热原的时间限度。

① 玻璃容器预灭菌准备，通常涉及一系列的洗涤和冲洗循环，在除去异物方面起了很重要的作用。冲洗用水必须高纯度，以免污染容器。对于非胃肠道用药，最后的冲洗水应符合注射用水的标准。

玻璃容器一般用干热灭菌法进行消毒灭菌和去热原。干热灭菌和去热原的再验证应包括充分的热分布和加强热度（热穿透）试验，以及最差条件过程、容器特性（如质量）、负载

配置等试验以能够代表实际的生产过程。用于盛装注射制剂的塑料容器也应是无热原的，用注射用水多次冲洗塑料容器是除去热原的有效方法。

② 塑料容器也可以用适当的气体、辐射或其他适当的方法灭菌。气体灭菌可以用环氧乙烷。但是需要注意一些问题，例如，应规定环氧乙烷灭菌过程的参数和限度（如温度、压力、湿度、气体浓度、灭菌时间、除去气体、测定残留量等）。环氧乙烷是一种有效的表面灭菌剂，同时，也可以用于穿透一些重叠包装的多孔包装袋。在证明环氧乙烷和其他气体灭菌工艺的有效性方面，生物指示剂具有特别重要的作用。在应用气体灭菌工艺时，应注意仔细控制和验证，以评估这些工艺是否能够始终如一地穿透被灭菌物品，使残留降低到规定的限度值。环氧乙烷灭菌工艺的残留物主要是环氧乙烷的氧化物及其副产品，应在规定的限度值内。

③ 胶塞（如塞子和针芯）在最后蒸汽灭菌或辐射灭菌前，可以通过反复多次洗涤、冲洗循环达到清洁。最初洗涤工艺冲洗用水至少应是纯化水，非胃肠道用药用胶塞最终冲洗要用注射用水以把内毒素含量降到最低。一般地，通过多次用热的注射用水冲洗可以去除热原。洗涤、干燥（如果需要时）、灭菌之间的时间应尽量短，因为在塞子上残留的水分有利于微生物生长和产生热原。由于橡胶是热的不良导体，特别要注意验证过程中热量的利用效果，使之能穿透胶塞负载。洗涤程序的验证应能证明可成功地把内毒素从橡胶制品中除去。胶塞硅化是一种潜在的污染源。使用的硅油应符合适当的质量控制标准，对安全、质量、药品纯度不得产生负作用。

（2）密封系统检查

通过向容器或密封件内接种已知的内毒素，然后测定去热原后的内毒素含量，评价工艺的除热原能力。实施挑战性试验时，可以把重新标定的内毒素溶液直接放在被测试的表面上，风干。应用阳性控制测定用试验方法回收内毒素的百分含量，验证试验数据应能够证明内毒素经过工艺处理后至少减少了99.9％。

委托制造单位的容器和密封件灭菌和/或去热原也应符合同样的GMP要求。成品药生产商负责审查和批准受委托单位的验证计划和最后的验证报告，并基于对供应商的走访确认和分析、证书审查，接受其提供的容器和密封件。

能够进入空气和微生物的容器密封系统不适合用于无菌产品。在检查最终密封产品时应检查并剔除破损和有缺陷的产品。应有安全措施以保证产品的输送不会影响容器密封系统的完整性，且不会导致其失去无菌性。由于检查设备的缺陷或由于半成品输送处理失当，没有检查出西林瓶的裂纹，则应召回药品。如果有破损没有检查出来，导致容器密封系统的完整性破坏，应迅速修改程序防止和检测出这些缺陷。给药装置的功能型缺陷（如针筒缺陷、给药体积偏差）也可能导致产品的质量问题，应通过适当的中间控制测试监控。在中间控制和最终检查中查出的任何缺陷或超过规格范围的结果都应进行调查。

6.4.3 灭菌前微生物控制要求

应监控灭菌前产品的微生物污染水平并确立控制标准，此标准与所采用的灭菌方法的功效相关。无论是非最终灭菌生产的药品还是最终灭菌生产的药品，均应进行灭菌前微生物污染水平的检查。采用过度杀灭程序的最终产品，灭菌前微生物污染水平的检查可定期进行。对实施参数放行的产品而言，应将此试验视作中间控制并须每批检查。必要时还应监控热原的污染水平。可能情况下，应在紧挨灌装点的位置，用除菌过滤器将所有药液，尤其是大容量注射剂进行除菌过滤。

6.4.4　无菌配制过程的要求

非最终灭菌的注射剂，在配制过程中，清洗后的内包装容器、胶塞等至少应在 D 级区处理。除在配制后须灭菌或除菌过滤的产品外，无菌原料、物料的处理应在 B 级背景区内局部 A 级条件下进行。在生产加工过程中须无菌过滤的药液必须在 C 级区内配制；配制后不做除菌过滤的产品，药液的配制应在 B 级区内局部 A 级条件下进行；无菌配制的产品，其处理和灌装必须在 B 级背景区内局部 A 级条件下进行。部分密封的容器（如冻干剂生产中所采用的半压塞类容器）有两种传递方式：在完全压塞之前必须在 B 级背景区内局部 A 级条件下进行；或将其装入密封的传送车内在 B 级环境中传递。

6.4.5　对设备的要求

除传送带本身能连续灭菌（如隧道式灭菌器）外，传送带不得穿越 A 级（或 B 级）区与低级别区的隔离墙。在现实和可能条件下，生产设备及辅助装置的设计和安装方式应便于在洁净区外操作、保养和维修。如需灭菌，应尽可能在完全装配后进行。在洁净区内进行设备维修时，如所规定的洁净度和/或无菌状态遭到破坏，应对该区域进行必要的清洁、消毒和/或灭菌，而后方可重新开始生产操作。

水处理设施及其分配系统的设计、安装和维护应能确保供水达到适当的质量标准。水系统的运行不应超过其设计能力。注射用水储罐和输送管道所用材料应当无毒、耐腐蚀；储罐的通气口应当安装不脱落纤维的疏水性除菌滤器；管道的设计和安装应当避免死角、盲管。注射用水的制备、储存和分配应能防止微生物滋生，可采用 70℃ 以上保温循环。应当按照操作规程对注射用水管道进行清洗消毒，并有相关记录；注射用水应当检测微生物限度和细菌内毒素，发现微生物污染达到警戒限度、纠偏限度时应当按照操作过程处理。

所有设备如灭菌柜、空气处理及过滤系统、呼吸过滤器和气体过滤器及水的处理、生产、储存和配送系统等，都必须验证并定期维修保养；维修保养后，经批准方可投入使用。

总之，无菌生产工艺所需的物料、容器、设备和任何其他物品都应无菌，并通过与墙密封的双扉灭菌柜进入无菌操作区，或以其他方式进入无菌操作区，但不得引入污染。不可燃气体应通过除菌过滤器进入洁净区。任何新的工艺须验证其有效性。应根据工艺及设备的实际运行情况，定期进行再验证，确认已验证的状态，或在工艺及设备有重要变更后，进行再验证。

6.4.6　对无菌药品容器封口的要求

不同无菌药品对其容器封口的质量要求有差异，包括：①需维持无菌和产品组分含量，无需维持顶空气体；②需维持无菌、产品组分含量和顶空气体；③要求维持无菌的多剂量包装，即包装被打开后，防止药品使用过程中微生物侵入和药品的泄漏。因此，无菌药品容器封口系统的泄漏类型也可分为：①微生物的侵入；②药品逸出或外部液体/固体的侵入；③顶空气体含量改变，例如，顶空惰性气体损失、真空破坏和/或外部气体进入。

无菌药品容器的密封应采用经过验证的方法。熔封性容器，如玻璃或塑料安瓿，应进行100%的完整性检查。其他密封形式的产品，应按照适当的方法抽样检查。半压塞冻干的小瓶，从半压塞开始至轧盖应始终在 A 级洁净区的保护之下。无菌灌装的小瓶在完成轧盖前，尚未形成完整的密封系统，因此，应在 A 级洁净区保护下直到轧盖完成。由于小瓶的轧盖会产生大量的非活性微粒,因此,轧盖机应有单独房间并有适当的排风。轧盖间在动态条件下,可能达不到 A 级洁净区的标准,但其微生物指标应符合规定标准。

在抽真空状态下密封的容器,应在预先确定的适当时间后,检查其真空度保持水平。非经肠道用药品的容器在灌装后,应逐一对其外部污染或其他缺陷进行检查。如采用灯检法,应在照度和背景均受控的条件下进行灯检。应定期检查灯检人员的视力(佩戴眼镜的员工,可戴镜检查),并允许他们在眼疲倦时,暂停灯检,进行休息。如果采用其他检查方法,该方法应经过验证并定期检查设备的性能,结果应有记录。

当无菌药品的包装设计、包装材料和/或生产工艺条件等发生变更,可能影响容器封口密封性时,应对产品容器封口系统的密封性进行再评估和再验证。

6.4.7 对卫生的要求

应当按照操作规程对洁净区进行清洁和消毒。采用两种以上的消毒剂定期交叉消毒,以防止微生物产生耐药性。为及时发现是否出现耐受性菌株及其蔓延情况,应定期进行环境监测。应监测消毒剂和清洁剂的微生物污染状况,稀释液应存放在事先清洁过的容器内,存放期不得超过规定时限(经灭菌的除外)。A/B 级洁净区应使用无菌的或经无菌处理的消毒剂和清洁剂。洁净区的熏蒸可能有助于降低死角的微生物污染,应当验证熏蒸剂的残留水平。

6.4.8 批的划分和批记录的审查

(1) 无菌药品批的划分

无菌药品的生产必须按照规定划分批号,划分的原则见表 6-7。

表 6-7 无菌药品批的划分原则

分类	批次划分	附注
大、小容量注射剂	以同一配液罐最终一次配制的药液所生产的均质产品为一批	使用多个过滤设备、多台灌装设备,经验证具有同一性能者 使用多台灭菌器,经验证确能达到同一灭菌条件者 同一配制批,用多台灭菌器灭菌时,每一灭菌器次可作为亚批
粉针剂	以同一批无菌原料在同一连续生产周期内生产的均质产品为一批	使用多台分装机,经验证确有同一性能者
冻干粉针剂	以同一批配制的药液使用同一台冻干设备,在同一生产周期内生产的均质产品为一批	使用多台冻干机,经验证确有同一性能者

(2) 对批记录审查的要求

通过对批记录的审查,可以反映出无菌生产操作中,生产过程和环境控制措施在日常生产管理工作中的落实情况。

在做出无菌生产批号最终产品放行决定之前,应将所有批记录和数据对照书面程序、操作参数和产品规格要求,对整个生产环节中的所有过程进行彻底审查。所有的中间控制数据和实验室控制结果都要包括在批记录文件中。

审查环境和人员监控数据,以及其他与产品释放相关的支撑系统的数据,例如,HEPA、HVAC、WFI、蒸汽发生器、适当的设备功能(警报报告、各种过滤器的完整性)也应作为是否放行该批产品的一个必要依据。

在批记录中一般都记录有中断和停车,记录的方式各不相同。特别是生产线中断和意外停车时，应把停车时间和停车延续时间详细记录在批记录中。除了增加无菌组分在高风险操作区内的存放时间外，长时间中断生产会增加受污染的危险。在无菌生产中，无菌性缺陷往往是由于非典型的或者不希望发生的长期停车造成的。这些中断都应有比小事件更详细的记录。如发生中断，一定会明显增加靠近暴露产品和容器密封的活动，或者停留时间超过合理的暴露时间，所以，如果必要，应进行生产线的局部和全面清洁。应当建立书面程序，说明在某些中断时，如调整设备、修理等时，生产线清场的要求。在无菌生产过程中，任何电力供应的中断，即使只有一瞬间，都属于生产偏差并应记录在批记录中。

6.4.9 对无菌操作人员的要求

在无菌药品生产的质量保证要素中，人员的素质是第一要素。这些素质包括无菌药品生产方面的基础知识及专业技能、所受的培训、公众健康意识、工作态度及责任心等。

洁净区内的操作人数应尽量少，可能条件下，检查和监控应在洁净区外进行。

6.4.9.1 无菌操作人员的培训

任何人在允许进入无菌生产区和进行操作前都应经过适当培训。培训的内容应当有书面程序，包括无菌技术、洁净室行为准则、微生物学、卫生、着装、不合格的无菌产品对病人安全的危害、无菌生产区操作等。培训的内容还需要根据培训计划进行定期更新。管理人员要定期评价操作人员是否遵守书面程序的规定，质量控制部门也要定期监控人员在生产操作中是否符合规定的书面程序和基本的无菌要求。

为了保证产品的无菌性，涉及无菌操作的人员在任何时候都应当遵守基本的无菌技术原则。

① 仅用无菌工器具接触无菌物料 无菌工器具经常用于处理无菌物品，在使用间歇，仪器应放置在 A 级环境中的无菌容器中。必要时工器具可以在整个操作中更换。首次更衣后，操作人员的无菌手套应定期消毒或者更换，以尽可能减少污染风险。人员不得用衣服或手套的任何部位直接接触无菌产品、容器、密封件或关键表面。所有掉落或接触地上的工具、仪器及物品在该批生产过程中不得用手触摸，更不能再次捡起使用。

② 缓慢和小心移动 快速移动会破坏单向流，产生不可接受的紊流。这样的移动影响了无菌区域，使得挑战性试验不符合洁净室的设计和控制参数。缓慢和小心移动是人员在无菌生产洁净区内应始终遵循的基本原则。

③ 保持整个身体在单向气流通道之外 单向流设计用于保护无菌设备表面、容器、密封件以及产品。对高风险操作区单向流保护的破坏会增加产品污染的风险。

④ 进行合理操作以不影响产品的无菌性 为了保证无菌物料附近的无菌状态，人员应在适当的侧面进行操作，在单向流条件下，不得在产品上游方向进行无菌操作。操作人员接近无菌生产线时，不得说话。

6.4.9.2 建立对无菌操作人员的监控计划

人员能够严重影响无菌产品生产的环境质量，应建立对人员的监控计划。可通过对每位操作人员每天或每个批号手套和着装表面取样分析来进行监控。取样过程应按照服装取样位置和取样频率规定来进行。质量监控部门应给劳动强度特别大的操作人员建立完整的监控计划。无菌生产区生产人员必须自始至终在整个操作过程中保持手套无污染。即使在取样前进行手套消毒也是不适当的，因为它可能影响在无菌操作中的微生物回收。高标准的个人卫生要求及清洁是至关重要的。应当教育从事无菌药品生产的员工，使他们能及时报告可能会造成污染或污染类型发生变化的异常情况；应定期进行健康检查，对那些可能导致微生物污染风险增大的员工，应由指定的称职人员负责采取适当的措施。

没有受过严格培训的外部人员（如按合同施工的建筑工人或维修人员）需进入洁净区时，应对他们进行特别详细的指导和监控。从事动物组织材料加工处理的人员，或者从事与现生产无关的微生物培养的工作人员，不应进入无菌产品生产区，除非他们严格遵循进入上述操作区相关的标准操作规程。

6.4.9.3 不同洁净区人员的着装要求

无菌生产区着装应为人体和暴露的无菌产品之间提供屏障，防止人体产生的微粒和微生物污染。弹力手套、洁净室靴子和鞋套为着装中的常用物品，应有详细的书面程序说明以无菌方法穿着这些服装部件的方法。

更衣和洗手必须遵循相应的书面规程，以尽可能减少这类活动对洁净区的污染。在洁净区内不得戴手表和首饰，不得涂抹化妆品。工作服及其质量应与生产操作的要求及操作区的洁净级别相适应，其穿着方式应能保护产品免遭污染。我国 2010 版 GMP 对洁净区更衣有严格规定，各洁净区的着装要求见本书第 2.1.1.3 节。

洁净区所用工作服的清洗和处理方式应当能够保证其不携带有污染物，不会污染洁净区。工作服的清洗和处理应遵循书面规程，最好设置单独的洗衣间，因为工作服处理不当会损坏纤维并由此增加散发微粒的危险。

6.5 对无菌检验的要求

无菌检验属于质量管理的范畴。本书第 4 章已经对药品质量管理做了全面论述，对无菌药品来说，质量管理的基本要求是一样的。所不同的是，无菌药品质量管理内容更加复杂、要求更加严格，主要体现在两个方面：一是无菌检验的特殊要求；二是产品放行的特殊要求（如大容量注射剂的参数放行）。这里只对无菌检验的一些特殊要求加以讨论。

影响无菌检验结果的因素很多，其中比较重要的有：实验室检验环境的控制、取样和培养、阳性检测结果的调查等。实验室检验环境中的设施和控制应与无菌灌封操作的条件相一致。如果检验设施和控制条件较差或有缺陷，将会导致无菌检验的失败。

6.5.1 微生物实验室控制

无菌检验需要在微生物实验室进行，实验室检验环境中的设施和控制应与生产时无菌灌封操作的条件一致。如果生产中的设施和控制明显好于无菌检验实验室的设施和控制，可能会因实验室的污染出现假阳性结果。在这种情况下，建议使用隔离器进行无菌检验，可以将假阳性减少到最低程度。

无菌检验方法应准确和具有可重现性。《中国药典》2020 版第四部通则 1101 对检验程序和使用培养基等有详细的规定。

进行方法验证时，应进行适当的微生物挑战检验，以证明检验方法具有重现性。如果微生物生长被阻止，则应改进检验方法，例如，增加稀释、额外膜过滤器洗涤、添加活性抑制剂等，以优化微生物的回收率。

用于无菌检验的培养基应无菌，并能促进微生物生长。

实施无菌检验的人员应具有合格资质，并定期进行培训。具有可以接受的无菌检验实践。

6.5.2 取样

增加取样的数量可以提高无菌检验的可信度，然而更重要的是尽量控制产品的污染水平。WHO GMP 指南（1992）在其无菌产品附则中规定：在 95% 的可信度下，无菌灌装产品允许的染菌水平不得大于 0.1%，用以验证无菌灌装工艺条件可靠性的培养基灌装法也以此为标准。在培养基灌装试验中，当灌装量为 1000 瓶时，计算出此条件下通过无菌检查的概率为 36.7%，检出染菌的概率仅为 63.3%，而当样本数增加至 3000 时，检出批染菌的概率则可达到 95.03% 的可信度。

此外，取样的时机、时间及频率也很重要。对于无菌灌装作业而言，为减少对产品可能的污染，尘粒可在作业前进行测试或安装在线连续动态监测微粒系统，沉降菌监测应实现全程监控，悬浮菌和药棉擦拭试验可在产品刚灌完时进行。尤其是药棉擦拭试验，如在灌装结束时是一种最差的条件，这时的结果合格显得更为安全。取样时机不应一概而论，如在灌装作业中出现故障，样品就应当及时多取。取样的时间及频率应考虑两个因素：一是样品的代表性；二是减少取样作业对产品污染的风险。

被检验样品必须能够代表批产品和工艺条件，因此在取样时要做到：

① 在无菌生产操作的开始、中间及结束阶段都要取样分析；

② 在生产过程出现中断和偏差时要取样分析。

由于无菌检验方法具有局限性，所以只要出现阳性结果都应认为是严重的质量问题，需要进行全面的调查。

6.5.3 阳性检测结果的调查

6.5.3.1 调查过程

无菌检查结果呈阳性时的调查主要分实验室调查、生产过程调查和环境调查三部分。

（1）实验室调查

分离并鉴别无菌检查中发现的污染菌。分析此菌是否为实验室或生产车间的常见污染菌，从而推断其来源。

① 阴性对照实验是否呈阴性结果。

② 调查当时的环境监控结果以及无菌检查人员的卫生状况。

③ 调查当时的无菌检查操作程序是否符合规定要求。

④ 调查无菌检查用物品是否符合无菌检查的要求。

对于最终热力学灭菌产品，通过分析分离菌灭菌耐热参数以及产品灭菌前的污染菌种类和数量也可推断其来源。其他方法的灭菌产品也可采用类似的方法推断无菌检查结果的可靠性。

（2）生产过程调查

审查批生产记录（BPR），尤其应仔细审查那些与无菌保证相关的工艺。当然不应仅限于灭菌工序。

（3）环境调查

查阅与此生产批相关的生产环境监控记录，包括空气悬浮粒子、沉降菌及浮游菌状况、环境表面的微生物污染状况以及操作人员的卫生状况等。

6.5.3.2 评价和处理

(1) 实验室偏差

若调查发现以下事实成立，则可判断该批产品无菌检查阳性结果归咎于实验室偏差，试验被确认无效，可按规定进行复检。

① 环境监测的结果表明无菌检查试验的环境不达标准。

② 检验操作不符合规定要求。

③ 阴性对照结果呈阳性。

④ 污染菌经分离鉴定后，可确认是试验过程中的物品被污染或操作不当所引起的污染。

如果复试结果均呈阴性，则检品符合无菌检查要求；如果复试结果呈阳性，则检品不符合无菌检查要求。

(2) 生产过程偏差

若调查发现生产过程中存在与无菌保证相关的偏差因素或生产环境监测结果不合格，则判定此批产品无菌检验不合格。

(3) 其他情况判断

对于最终灭菌产品，若能证明产品经验证过的灭菌工艺处理后，该污染菌不可能存活（存活概率小于百万分之一），且灭菌冷却阶段无二次污染风险（如采用过热水旋转灭菌柜灭菌），即污染菌在灭菌后无法进入产品容器内，则可判断为实验室误差并按规定进行复检。

对于非最终灭菌产品，若无明显证据表明该阳性结果是因实验室偏差所致，则判定该批无菌检查不合格，产品做报废处理。

复检合格产品则判定无菌检查合格。若复检结果仍呈阳性，除有充分证据表明是实验室误差外，一般均判为无菌检查不合格。若为实验室误差，则可按规定再复检一次。

若实验室误差出现频率较高，则应加强人员培训并改善实验条件。人员培训及实验条件的改进情况均记录在案，并加以保存。

6.6 预防和清除热原污染

6.6.1 热原的概念

热原（pyrogens）是指临床上引起哺乳动物发热反应的物质。含有热原的注射液注入人体 30min 后即可使人体产生发冷、寒战、体温升高、身痛、出汗、恶心、呕吐等不良反应，有时体温可升至 40℃，严重者出现昏迷、虚脱，甚至危及生命。所以注射剂的生产应严格控制热原的产生和污染。

细菌内毒素是热原的一种，是目前医药工业中最普遍和最主要的外源性热原，主要物质是革兰阴性菌细胞壁中降解的脂多糖等，具有特别强的热原活性，也称内毒素（endotoxin）。

热原的性质见表 6-8。

表 6-8　热原的性质

耐热性	部分热原在 150℃ 数小时也不会裂解，在 180℃ 3~4h、250℃ 30~45min 或 650℃ 1min 可使热原彻底破坏。在通常注射剂灭菌的条件下，往往不足以使热原破坏
滤过性	热原体积小，直径在 1~5nm，一般过滤器均不能截留
水溶性	热原能溶于水
不挥发性	不易挥发，不易被水蒸气带走
其他	热原能被强酸、强碱破坏，也能被强氧化剂（高锰酸钾或过氧化氢）钝化。超声波也能破坏热原

6.6.2　污染热原的途径

在注射剂生产的全过程都可能带入热原。

① 溶剂带入　注射用水是设备、器具清洗、溶液配制的基础，这是注射剂出现热原污染的一个重要原因。蒸馏水器结构不合理，或操作不当、储存时间过长等都会污染热原，所以应使用新鲜的注射用水，最好随制随用。

② 原料带入　包装不适宜或破损，以及一些本身容易滋生微生物的原辅料，如胰岛素、葡萄糖、右旋糖酐、水解蛋白、抗生素等都会导致热原污染，在生产过程中不容易除尽，因而常常产生热原反应。

③ 容器、用具、管道和装置等带入　这些物品因清洗后未能及时干燥，清洗过程不彻底或被外部清洗水污染，灭菌除热原过程中工艺条件发生偏离等，又与药物直接接触，会将热原带入注射剂中。

④ 制备过程中的污染　制备过程中，由于操作时间长，装置不密闭，人员操作不当等均会增加微生物污染的机会，从而可能产生热原。

⑤ 灭菌后带入　最终灭菌生产的输液瓶，若铝盖扎口不严，灭菌时冷却水会进入铝盖和胶塞之间的空隙中，储存期间也会受微生物污染而带入热原。

6.6.3　预防热原的措施

针对热原污染的途径，在生产的全过程，应采取生物洁净技术，预防热原的污染。

① 适当的设备清洁、干燥、存放可使生物负荷得到控制，防止内毒素的扩散。设备的设计应使之很容易拆装、清洁、消毒和/或灭菌。如果没有应用足够的去内毒素的操作程序，则应在工艺设备的上游和下游进行内毒素控制。

除菌过滤和湿热灭菌已被证实不能有效除去内毒素。通过高温干热灭菌或者经验证的清洁方法可以除去设备表面的内毒素。一些在线灭菌（CIP）程序开始时用适当的高纯度水或/和洗涤剂（如酸、碱、表面活性剂）清洗和冲洗，然后用热的注射用水做最后冲洗。设备在清洁后要进行干燥处理。

② 无菌生产工艺的每一工序都应有时间限度。时间限度包括从原料药投料、溶液配制开始到产品过滤的时间，灭菌的时间，在生产线上产品暴露的时间，无菌设备、容器、密封件存放的时间等。在不同的生产阶段过程，质量维护均应用数据说明。在确定每一工序（如制剂工艺阶段）的时间限度时，应该对生物负荷和内毒素负荷进行评估。

在确定产品过滤的总时间时，要考虑防止微生物穿过过滤器的时间。这一时间限度同时也应能够预防上游微生物负荷和内毒素负荷的显著增加。因为上游过滤器、溶液澄清过滤器和除颗粒过滤器有可能为微生物及内毒素提供基质，所以要建立和调整这些过滤器的最长使用时间。

③ 生产的每个工序（包括灭菌前的各阶段）都必须采取预防措施，以尽可能降低污染。配制或灌装微生物类产品不得在其他药品生产的洁净区内进行。但是，死的微生物疫苗或灭活的细菌制剂，可以与其他无菌药品在同一生产厂房内灌装。

6.6.4 除去热原的方法

根据热原的性质，可以采取如表 6-9 所示的措施除去热原。目前认为，可被接受的除热原工艺应可以使内毒素数量下降至少 3 个对数单位。

表 6-9　热原的去除方法

高温法	玻璃器皿，在洗涤干燥后，于 250℃ 加热 45min 以上，可以破坏热原
酸碱法	玻璃容器、用具用重铬酸钾硫酸溶液浸泡处理或用稀氢氧化钠溶液煮沸 30min 以上等酸法氧化或碱法水解破坏热原
吸附法	活性炭对热原有较强的吸附作用，同时有助滤脱色作用，所以在注射剂生产中使用较广。常用量为 0.1%～0.5%。也可以将活性炭与白陶土合用除热原。由于活性炭自身的杂质问题、清洁难度以及可能对药物产生吸附，所以在制剂生产中应慎重使用
超滤法	内毒素在溶液中的尺寸一般不会超过 0.1μm，一般控制超滤膜的孔径在 50～500Å(1Å＝0.1nm)，在适当的过滤操作温度和压力下，可以有效拦截热原
反渗透法	通过三醋酸纤维素膜或聚酰胺膜反渗透除去热原
凝胶滤过法	采用葡聚糖凝胶等具有三维网状结构的高分子聚合物，利用分子筛原理除去热原。常用于生物大分子药物的热原去除

6.7　灭菌方法和设备

6.7.1 概述

（1）灭菌方法选择

灭菌方法是指应用物理和化学等方法杀灭或除去一切存活的微生物繁殖体或芽孢，使被灭菌物品达到无菌的方法。选择哪种方法进行灭菌，主要由制剂的特点、微生物的情况和主成分的性质（化学稳定性、热稳定性等）决定。根据 2020 年 12 月 NMPA 药品审评中心发布的《化学药品注射剂灭菌和无菌工艺研究及验证指导原则（试行）》，无菌药品的灭菌工艺选择一般按照灭菌工艺选择的决策树（如图 6-5）进行，只要产品允许，应尽可能选用最终灭菌生产工艺。若产品不适合采用最终灭菌生产工艺，可选用过滤除菌工艺或非最终灭菌生产工艺（无菌生产工艺）。只要可能，应对非最终灭菌的产品做补充性灭菌处理（如流通蒸汽灭菌），但流通蒸汽处理不属于最终灭菌。在可能条件下，应尽量采用热力灭菌法。每次热力灭菌均应记录灭菌过程时间/温度曲线。也可用具有适当精确度和准确度的其他设备记录。

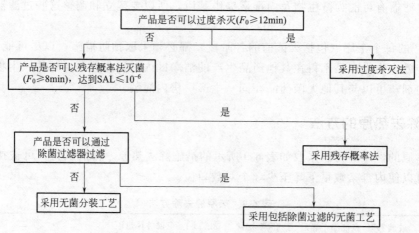

図 6-5　无菌药品灭菌工艺选择的决策树

（2）灭菌管理

不管采用哪种灭菌方法，灭菌后的产品必须要经过无菌检查，以证明所采用灭菌方法的效果，同时还要对灭菌方法进行验证。

任何情况下，所采用的灭菌工艺必须经过注册和药监部门的认可。任何灭菌工艺在投入使用前，都必须通过物理检测手段和必要时的生物指示剂试验，来验证其对产品的适用性及灭菌效果，即每种被灭菌品的所有部位都达到了设定的灭菌要求。

应对灭菌工艺的有效性定期进行再验证（每年至少一次）。设备有重大变更后，应进行再验证。应保存再验证的结果和记录。所有的被灭菌品均须按照规定的要求处理，以获得良好的灭菌效果，灭菌程序的设计应确保灭菌完全。应通过验证确认所有灭菌程序的装载方式。应将生物指示剂作为灭菌监控的补充手段。应按供货商的要求保存和使用生物指示剂，并通过阳性对照试验来确认其质量。使用生物指示剂时，应采取严格措施，防止微生物污染。

应当有明确区分已灭菌产品和未灭菌产品的方法。每一车（盘或其他装载设备）产品或物料均应贴签，清晰地注明品名、批号并标明是否已经灭菌。必要时，可用湿法灭菌指示带来标识一批（或一个亚批）是否已灭过菌，但事实上，灭菌指示带并不能确保该批的无菌特性。每一个灭菌批次都应有灭菌记录。应把灭菌记录作为该批产品放行与否的依据之一。

应通过验证确定监控和/或记录灭菌温度探头的位置。可能条件下，在验证过程中，应在同一部位安放另一支独立的测温探头作对照。可使用化学或生物指示剂，但它们不得替代物理测试。只有当所有被灭菌品都达到设定的灭菌温度后，才开始计算灭菌时间。每种装载方式所需升温时间均须测定。在高温灭菌阶段后，应有措施防止冷却过程中已灭菌品遭受污染。任何与产品相接触的冷却用液体或气体都应当是灭过菌的。

6.7.2　湿热灭菌法

6.7.2.1　湿热灭菌法简介

（1）概念

湿热灭菌法系指将物品置于灭菌设备内利用饱和蒸汽、蒸汽-空气混合物、蒸汽-空气-水混合物、过热水等手段使微生物菌体中的蛋白质、核酸发生变性而杀灭微生物的方法。该法具有热传导快、穿透力强、灭菌能力强的特点，为热力学灭菌中最有效、应用最广泛的灭菌方法。药品、容器、培养基、无菌衣、胶塞以及其他遇高温和潮湿不发生变化或损坏的物品，均可采用此法灭菌。流通蒸汽不能完全杀灭细菌孢子，不能作为不耐热无菌产品的辅助灭菌手段。

（2）湿热灭菌条件

湿热灭菌条件通常采用121℃ 15min、121℃ 30min 或116℃ 40min 的程序。使用115℃以下灭菌时应做耐热菌检查，证明产品确未受耐热菌污染。也可采用其他温度和时间参数，但必须保证物品灭菌后无菌保证水平（SAL）不得高于 10^{-6}。对热稳定的药物，应首选过度杀灭法，即 F_0（标准灭菌时间）值大于等于 12min 的灭菌工艺，SAL 应小于等于 10^{-12}；对热不稳定的药物，可以选择残存概率法，即 F_0 值大于等于 8min 的灭菌工艺。如 F_0 值不能达到 8min，提示选择湿热灭菌工艺不合适，需要考虑无菌生产工艺。

（3）湿热灭菌程序

常见的湿热灭菌程序包括脉动真空灭菌程序（或称预真空灭菌程序）、混合蒸汽-空气灭菌程序、过热水灭菌程序等。脉动真空灭菌器和混合蒸汽-空气灭菌器见图 6-6，高压过热水喷淋灭菌器工艺流程见图 6-7。脉动真空灭菌程序属于饱和蒸汽灭菌，是指在灭菌阶段开始之前通过真空泵或其他系统将空气从腔室中移出，然后通入蒸汽进行灭菌。对物品包装、放置要求较宽，常用于对空气难以去除的多孔/坚硬物品进行灭菌，尤其适用于可以包藏或夹带空气的装载物，如软管、过滤器和灌装机部件。混合蒸汽-空气灭菌程序是指当蒸汽进入灭菌柜时，风机将蒸汽和灭菌器内的空气混合并循环，将产品和空气同时灭菌。与饱和蒸汽灭菌相比，其热传递效率较低。过热水灭菌程序是指在灭菌时，产品被固定在托盘上，灭菌水开始进入灭菌腔体，通过换热器循环加热、蒸汽直接加热等方式对灭菌水加热、喷淋灭菌。灭菌程序的选择和开发常依据灭菌产品和材料的热稳定性、物品性质、包装形式、装载方式、灭菌方式等。

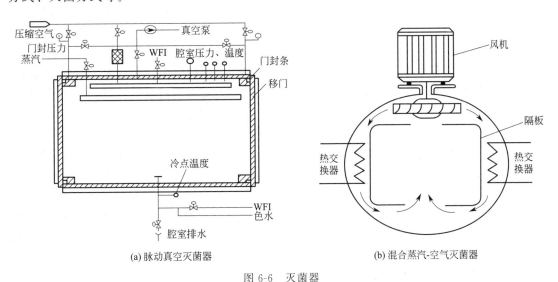

图 6-6 灭菌器

（4）影响湿热灭菌效果的因素

待灭菌产品中含有微生物的种类和数量直接影响灭菌效果，因此，灭菌前产品的微生物污染应予以控制。应根据产品工艺特点，制订灭菌前的微生物限度并进行监测、记录。

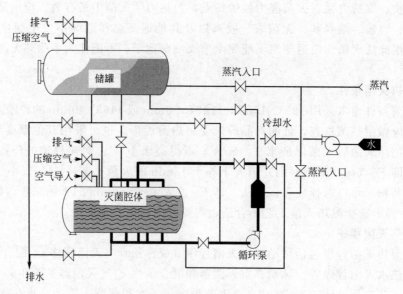

图 6-7　高压过热水喷淋灭菌器工艺流程

湿热灭菌必须先用流通蒸汽或真空排出柜内空气，预热至全部装载的灭菌物达到灭菌温度时，才能计时灭菌。灭菌柜应能正确表示灭菌物内部最低点温度，以确保灭菌完全。灭菌周期内的温度、压力、时间应详细记录。自动记录图纸应与原始记录一并保存。

采用湿热灭菌时，被灭菌物品有适当的装载方式，不能排列过紧密，以保证灭菌的有效性和均一性。湿热灭菌法应确认灭菌柜在不同装载时可能存在的冷点。当用生物指示剂进一步确认灭菌效果时，应将其置于冷点处。此法生物指示剂通常选择嗜热脂肪芽孢杆菌芽孢（spores of *Bacillus stearothermophilus*），也可采用其他对湿热灭菌耐热性强的微生物。

湿热灭菌程序常包括脉动真空灭菌程序、混合蒸汽-空气灭菌程序、过热水灭菌程序等，其监控的参数应包括灭菌温度和压力。程序控制仪表通常应独立于监控及记录仪表。如采用自控和监测系统，该系统应经过验证，以确保符合关键工艺的要求。该系统应能记录系统本身以及工艺运行过程中出现的故障，操作人员应监控这类故障的发生。应定期将独立的温度显示器的读数与灭菌过程中记录获得的图对照。对腔室底部装有排水口的灭菌柜而言，可能需要测定并记录该点在灭菌全过程中的温度数据。如灭菌程序中包括抽真空操作，则应经常对腔室做检漏试验。

被灭菌品如果不是密封容器中的产品，则应用合适的材料将其适当包扎，所用材料及包扎方式应有利于空气排放、蒸汽穿透并在灭菌后能防止污染。在规定的温度和时间内，被灭菌物品所有部位均应与灭菌剂充分接触。

应注意，与产品直接接触的容器、灌装设备、胶塞及可能与之接触的工器具等的灭菌，应采用纯蒸汽灭菌，灭菌用蒸汽应达到适当的质量标准。蒸汽中含添加剂的量不应给产品或设备造成污染。

6.7.2.2　湿热灭菌的设备

（1）灭菌柜

湿热灭菌法的主要设备是灭菌柜。灭菌柜的种类很多，性能差异也很大，但其基本结构大同小异，所用的材质为坚固的合金。现在国内很多企业使用的方形高压灭菌釜能密闭耐压，有排气口、安全阀、压力和温度指示装置。带有夹套的灭菌柜备有带轨道的格车，分为若干格。灭菌柜顶部装有压力表两只，一只指示蒸汽夹套内的压力，另一只指示柜室内的压力，两只压力表中间为温度计。灭菌柜的上方还应安装排气阀，以便开始通入加热蒸汽时排出不凝性气体。近年来，我国的蒸汽灭菌设备取得了长足发展，主要技术、性能指标已经接近或达到国际先进水平。在硬件配置方面，引进先进的加工制造以及检测设备，以保证灭菌设备零部件的加工质量，如机器人焊接技术、内窥镜检测仪等；在软件系统方面，普遍采用自动控制方式，通过选用高可靠性元器件和先进的设计方案以提高系统的可靠性；在文件体系方面，已接受工厂验收测试理念，提高了对验证的认识，形成了安装手册、操作手册、维修手册、软件安装手册、过程控制文件、压力容器资料等文件体系。

（2）灭菌釜的基本灭菌程序

灭菌釜的基本灭菌程序为：装瓶→升温，进蒸汽置换空气→灭菌→排汽→预热水冷却→卸瓶。

6.7.2.3　热压灭菌器使用的注意事项

① 必须将灭菌器内的空气排出。如果灭菌器内有空气存在，则压力表上所表示的压力是蒸汽和空气二者的总压力，而非单纯的蒸汽压力。结果压力虽然达到预定水平，但温度达不到。若表压与温度表指示不一致，则有可能是空气没有排尽，也可能是压力表失灵，也可能是不饱和蒸汽，应找出原因加以解决。

② 灭菌时间必须出全部药液真正达到所要求的温度时算起，湿热灭菌时的预热时间（升温时间）虽可较干热灭菌预热的时间短，但测定和缩短预热时间的重要性也决不次于干热灭菌。例如 250～500mL 玻瓶输液，预热时间一般为 15～30min，多者 45min。

③ 灭菌完毕后停止加热，一般须使压力表所指示的压力逐渐下降到零后，才能放出灭菌器内的蒸汽，使灭菌器内的压力与大气压相等后，稍稍打开灭菌器，待 10～15min 后，再全部打开。这样可避免内外压力差太大而使物品冲出灭菌器外和使玻璃瓶爆裂。这点必须注意，以免发生工伤事故。为了缩短灭菌周期，也有往灭菌器内盛装有溶液的封闭容器喷雾冷却水，加速冷却。以水温 18℃，雾滴大小 80μm 喷雾式的冷却效果最大，过冷过粗的喷雾将引起瓶子的爆破。对于灭菌后要求干燥，但又不易破损的物料，灭菌后立即放出灭菌器内蒸汽，以利于干燥。

6.7.2.4　流通蒸汽灭菌法和煮沸灭菌法

流通蒸汽灭菌法是在不密闭的容器内，用蒸汽灭菌，压力与大气压相等，即 100℃ 的蒸汽灭菌。在 2010 年版 GMP 实施前，我国药厂的注射剂特别是 1～2mL 的注射剂及不耐高温的品种，常采用此法。煮沸灭菌法就是把安瓿或其他物品放入水中煮沸灭菌。流通蒸汽灭菌与煮沸灭菌，一般是 100℃ 处理 30～60min，不能保证杀灭所有芽孢，灭菌产品存在较大的生物安全性风险，因此，2010 年版 GMP 明确此法不能作为无菌药品生产的最终灭菌方法。

6.7.2.5　低温间歇灭菌法

此法是将待灭菌的制品，于 60～80℃ 加热 1h，将其中的细菌繁殖体杀死，然后在室温或孵卵箱中放置 24h，使其中的芽孢发育成繁殖体，再第二次灭菌。连续操作三次以上，至全部芽孢消灭干净为止。此法适用于必须用热法灭菌但又不耐较高温度的制剂或药品。缺点是时间长，消灭芽孢的效果不够完全。应用本法灭菌的制剂或药品，除本身具有抑菌力者外，须加适量抑菌剂，以增加灭菌效力。该法不能作为无菌药品生产的最终灭菌方法。

6.7.3 干热灭菌法

6.7.3.1 干热灭菌法简介

(1) 概念

干热灭菌法是利用高温使微生物或脱氧核糖核酸酶等生物高分子产生非特异性氧化而杀灭微生物的方法。是将物品置于干热灭菌柜、隧道灭菌器等设备中，利用干热空气达到杀灭微生物或消除热原物质的目的。干热灭菌法适用于耐高温但不宜用湿热灭菌法灭菌的物品，如玻璃器具、金属材质容器、纤维制品、固体试药、液体石蜡等。

(2) 干热灭菌条件

干热灭菌条件一般为 160~170℃ 120min 以上、170~180℃ 60min 以上或 250℃ 45min 以上，也可采纳其他温度和时间参数。应保证物品灭菌后的 SAL 小于 10^{-6}。干热过度杀灭后物品的 SAL 应小于 10^{-12}，此时物品一般无需进行灭菌前污染微生物的测定。250℃ 45min 的干热灭菌也可除去无菌产品包装容器及有关生产灌装用具的热原物质。

(3) 影响因素

采用干热灭菌时，被灭菌物品应有适当的装载方式，不能排列过密，以保证灭菌的有效性和均一性。

干热灭菌法应确认灭菌柜中的温度分布符合设定的标准及确定最冷点位置等。常用的生物指示剂为枯草芽孢杆菌芽孢（*Bacillus subtilis* spores）。细菌内毒素灭活验证试验是证明除热原过程有效性的试验。一般将不少于 1000 单位的细菌内毒素加入待除热原的物品中，证明除热原工艺能使内毒素至少下降 3 个对数单位。细菌内毒素灭活验证试验所用的生物指示剂一般为大肠埃希菌内毒素（*Escherichia coli* endoxin）。

干热灭菌时灭菌柜腔室内的空气应循环并保持正压，以阻止非无菌空气进入。进入腔室的空气应当经过高效过滤器过滤，高效过滤器应当经过完整性测试。当干热灭菌用于去除热原时，验证应包括内毒素挑战性试验。干热灭菌过程中的温度、时间和腔室内、外压差应当有记录。

6.7.3.2 干热灭菌的主要设备

干热灭菌的主要设备有干热灭菌柜、隧道灭菌系统。强制对流式干热隧道烘箱灭菌柜见图 6-8。

干热灭菌设备一般由下列几个重要部分组成。

① 加热器 它是干热灭菌设备的主要组成部分，对灭菌效果的好坏影响极大。加热器故障是造成干热灭菌设备灭菌效果下降的主要原因之一，其主要表现为升温速度下降；影响热分布；产生尘埃物质。而造成加热器故障的原因主要是加热器的长期使用或通过加热器的空气质量较差所致。所以一般应在灭菌器的加热系统配置电流监测器，以及时发现其故障。

② 高效过滤器 在干热灭菌设备中，进风应通过高效过滤器。除去内部空气循环系统中产生的尘埃物质需要高效过滤器；防止排风倒流的污染也可装高效过滤器。所以高效过滤器必需满足于干热灭菌工艺用风量的要求，并能承受相应的风压。

③ 缓冲板、风阀、气流调节器或空气挡板 缓冲板或空气挡板用于控制干热灭菌器的空气流量，多安装于进风或排风风管或加热器附近，用于正压控制。气流调节器可以安装在排风系统中防止倒流风污染的高效过滤器附近，通过控制排风量控制正压，也可以用气流调节器控制进风和排风风量以保持正压。一般情况下，干热灭菌器腔室内的压力略高于其相邻

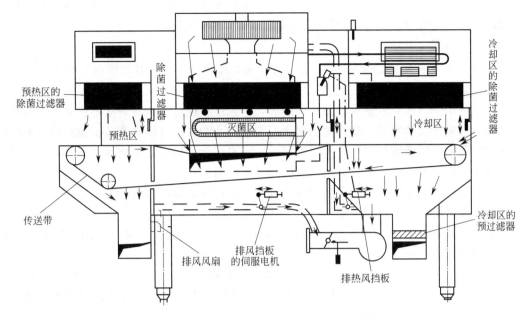

图 6-8　强制对流式干热隧道烘箱灭菌柜

的非无菌区而略低于其相邻的无菌区。

④ 风机　风机对干热灭菌器中的气流循环影响很大，风机的风量应该可以测量，并可调整，必要时可以要求供应商将此项要求增加到其设备标准中，因为风机风量的测量指示值可以为设备使用过程中检查风机状态提供依据。

⑤ 传送带（仅适用于连续法）　传送带的速度，在连续传送干热灭菌系统中，是影响灭菌效果的十分重要的因素。目前大多数干热连续法灭菌系统中已设有传送带速度控制器，且有速度显示和记录装置。由于传送带速度决定了物料经过灭菌器时所接受的热量，所以其速度记录是证明灭菌器在控制状态下运行的基本资料之一，生产工艺中亦有必要保存每次灭菌过程中传送带速度的记录。同时，干热灭菌器的 SOP，也应明确规定各种灭菌过程中传送带的运行速度范围，此运行速度范围应是经过验证确定的。

⑥ 运行连锁控制系统　干热灭菌器中连锁控制系统设有门连锁控制系统、压力传感器、温度传感控制、停止传送带运行的连锁控制装置等，以保证在任何情况下出现温度低于设计要求时，防止灭菌物品在低于灭菌温度的情况下通过灭菌器。

⑦ 温度控制器及记录仪　在干热灭菌系统中，温度探测、传感、控制、记录系统是整个灭菌过程控制的基础。其控制系统必须能保证灭菌器腔室内灭菌温度可以保持在设定的灭菌温度范围内，其记录系统必须将温度探测、传感系统的温度读数准确无误地记录。

6.7.4　辐射灭菌法

（1）概念

辐射灭菌法是指利用 γ 射线、X 射线和粒子辐射处理产品，杀灭其中微生物的灭菌方法。目前的辐射灭菌多采用 ^{60}Co 源放射出的 γ 射线，它具有能力高、穿透力强、无放射性污染和残留、冷灭菌、适用范围广等特点。辐射灭菌主要用于热稳定性差的材料和产品的灭菌。许多药品和某些包装材料对辐射敏感，因此，只有经试验证明本法对产品质量没有不利影响时方可采用，并应符合现行版《中国药典》和注册批准的相关要求。医疗器械、容器、生产辅助用品、不受辐射破坏的原料药及成品等均可用辐射灭菌。

(2) 影响因素

采用辐射灭菌法灭菌后的无菌物品其 SAL 应不大于 10^{-6}。γ 射线辐射灭菌所控制的参数主要是辐射剂量（指灭菌物品的吸收辐射剂量）。该剂量的确定应考虑灭菌物品的适应性及可能污染的微生物最大数量及最强抗辐射力，事先应验证所使用的剂量不影响被灭菌物品的安全性、有效性及稳定性。常用的辐射灭菌剂量为 25kGy。对最终产品、原料药、某些医疗器材应尽可能采用低辐射剂量灭菌。灭菌前，应对被灭菌物品微生物污染的数量和抗辐射强度进行测定，以评价灭菌过程赋予该灭菌物品的无菌保证水平。

辐射灭菌时，应采用适当的化学或物理方法对灭菌物品吸收的辐射剂量进行监控，以充分证实灭菌物品吸收的辐射剂量是在规定的适合限度内。如采用与灭菌物品一起被辐射的放射性剂量计，则放射性剂量计要置于规定的部位。在初安装时，剂量计应用标准源进行校正，并定期进行再校正。

辐射灭菌工艺应经过验证。验证内容应包括辐射剂量、辐射时间、包装材质、装载方式，并考察包装密度变化对灭菌效果的影响。辐射灭菌应有记录，应在规定时间内完成，并有防止已辐射物品与未辐射物品混淆的有效措施。

^{60}Co-γ 射线辐射灭菌法最常用的生物指示剂为短小芽孢杆菌孢子（spores of *Bacillus*，如 NCCTC 10327、NCIMB 10692、ATCC 27142）。

6.7.5 气体灭菌法

(1) 概念

气体灭菌法系指用化学消毒剂形成的气体杀灭微生物的方法。常用的化学消毒剂有环氧乙烷、气态过氧化氢、甲醛、臭氧（O_3）等。此法适用于在气体中稳定的物品的灭菌。采用气体灭菌法时，应注意灭菌气体的可燃可爆性、致畸性和残留毒性。甲醛的毒性大且有残留，已不推荐使用，其他均在应用中。环氧乙烷为 GMP 指南推荐的气体灭菌方法，下面以其为例进行介绍。

环氧乙烷（氧化乙烯）因其小分子、不稳定三元结构而具有很强的化学活泼性和穿透性，是最常用的一种灭菌气体。可用于医疗器械、塑料制品等不能采用高温灭菌的物品。含氯的物品及能吸附环氧乙烷的物品则不宜使用此法灭菌。

(2) 灭菌工艺

环氧乙烷灭菌工艺常采用真空过程，也可采用正压过程。前者通常采用 100%纯环氧乙烷或含 40%～90%环氧乙烷的混合气体（如 CO_2 或 N_2），后者采用含 8%～20%环氧乙烷的 CO_2 混合气体。产品在充有灭菌气体的受压腔室内进行灭菌处理。

标准的环氧乙烷灭菌处理工艺由预处理、灭菌和解析三个阶段组成，具体过程为：①预处理：使待灭菌产品达到预定的温度和湿度；②抽真空：排出灭菌室的空气，达到设定真空度 2～3min 后，保持一定时间（≥5min）进行检漏；③加湿：满足灭菌湿度要求，通常相对湿度为 45%～65%，加湿要求用净化蒸汽；④加药：应保证环氧乙烷充分气化，加入量（浓度）和加入速度应能控制和调节，灭菌室压力不应超过其最高工作压力；⑤灭菌：应确保灭菌室中的物品能在设定温度、压力、湿度范围内维持规定的时间。可采用下列灭菌条件：温度 54℃±10℃；相对湿度 60%±10%；环氧乙烷浓度 400～600mg/L；灭菌时间 90min。

（3）影响因素

采用环氧乙烷灭菌时，灭菌柜内的温度、湿度、灭菌气体浓度、灭菌时间是影响灭菌效果的重要因素，必须按工艺照规程严格控制。

灭菌程序验证应能证明环氧乙烷对产品不会造成破坏性影响，并证明不同产品或物料所设定的排气条件和时间能够确保所有残留气体及反应产物降低至设定的合格限度。

环氧乙烷气体与微生物细胞直接接触是至关重要的，应采取预防措施，以避免微生物被包藏在晶体内或干燥的蛋白质内。

灭菌时，将灭菌腔室先抽成真空，然后通入蒸汽使腔室内达到工艺所要求的温湿度平衡额定值，再通入经过滤和预热的环氧乙烷气体。应尽可能缩短灭菌前的等待时间。每次灭菌时，将一定数量的适当的生物指示剂安放在被灭菌品的不同部位，用以监控灭菌程序。灭菌过程中，应严密监控腔室的温度、湿度、压力、环氧乙烷浓度及灭菌时间，所获得的监控结果应归入相应的批记录。每次灭菌记录的内容应包括：完成整个灭菌过程的时间，灭菌过程中腔室的压力、温度和湿度，环氧乙烷的浓度及总消耗量。应用仪表记录整个灭菌过程的压力和温度，灭菌曲线应归入相应的批记录。灭菌后的物品应存放在受控的新鲜空气通风置换环境中，以便将环氧乙烷气体残留物及反应产物降低至规定的限度内，避免产生毒性。

灭菌条件应予验证。应进行泄漏试验，以确认灭菌腔室的密闭性。包装材料的性质和数量对灭菌效果有明显的影响。灭菌程序确认时，还应考虑物品包装材料和灭菌腔室中物品的排列方式对灭菌气体的扩散和渗透影响。生物指示剂一般采用枯草芽孢杆菌芽孢。

此法灭菌程序的控制具有一定难度，整个灭菌过程应在技术熟练人员的监控下进行。

6.7.6 过滤除菌法

（1）概念

过滤除菌法是利用细菌不能通过致密微孔滤材的原理除去气体或液体中微生物的方法。常用于热不稳定的药品溶液或原料的除菌。2018 年 10 月 NMPA 组织制定了《除菌过滤技术及应用指南》，作为实施我国 GMP（2010 年修订）的指导性文件。

（2）除菌过滤器

除菌过滤器采用孔径分布均匀的微孔滤膜作为过滤材料，微孔滤膜分亲水性和疏水性两种。滤膜材质依过滤物品的性质及过滤目的而定。药品生产中采用的除菌滤膜孔径一般不超过 $0.22\mu m$。过滤器不得对被滤过成分有吸附作用，也不应释放物质，不得有纤维脱落，禁用含石棉的过滤器。滤器和滤膜在使用前应进行洁净处理，并用高压蒸汽进行灭菌或做在线灭菌。更换品种和批次应先清洗滤器，再更换滤膜。

（3）过滤除菌效率（log reduction value，LRV）

过滤过程中无菌保证与过滤液体的初始生物负荷及过滤器的对数下降值 LRV 有关。LRV 表示过滤器的过滤除菌效率，即在规定条件下，被过滤液体过滤前的微生物数量与过滤后的微生物数量比的常用对数值：

$$LRV = \lg N_0 - \lg N$$

式中，N_0 为产品除菌前的微生物数量；N 为产品除菌后的微生物数量。

过滤器的过滤除菌效率，对孔径为 $0.22\mu m$ 的过滤器而言，要求 $1cm^2$ 有效过滤器面积的 LRV 应不小于 7。

（4）影响因素

过滤除菌时，被过滤产品总的污染量应控制在规定的限度内。与其他灭菌方法相比，除菌过滤的风险最大，为保证过滤除菌效果，可采用两个过滤器串联过滤，或在灌装前进行再次过滤。对于非最终灭菌药品的除菌过滤，在靠近灌装位置安装第二只灭过菌的除菌过滤器再过滤一次。最终除菌过滤应尽可能接近灌装点。在过滤除菌中，一般无法对全过程中过滤器的关键参数（滤膜孔径的大小及分布，滤膜的完整性及 LRV）进行监控。应采用适当的方法对除菌过滤器在使用前后的完好性进行检查，并在使用后立即确认其完好性并记录。常用的方法有起泡点试验、扩散流试验或压力保持试验，确认滤膜在除菌过滤过程中的有效性和完整性。验证中，应测定过滤已知体积药液所需的时间及过滤器两侧的压差。在常规生产中，任何明显偏离上述数据的情况均应记录并调查原因，调查结果应归入批记录。

同一只过滤器的使用不得超过一个工作日，除非经过验证。过滤器不得与产品发生反应，不得吸附药液的组分或向药液中释放其他物质，以免影响产品质量。

对于通过过滤除菌法达到无菌的产品，应严密监控其生产环境的洁净度，应在无菌环境下进行过滤操作。相关的设备、包装容器、塞子及其他物品应采用适当的方法进行灭菌，并防止再污染。

过滤除菌法常用的生物指示剂为缺陷短波单胞菌（*Brevundimonas diminuta*，ATCC 19146）。

6.8 工艺验证

6.8.1 概述

（1）全面验证

验证是保证无菌设备、工艺和系统等免受微生物污染，确保无菌药品质量的重要手段。无菌生产中凡能对产品质量产生差异和影响的所有要素（厂房、设施、设备、物料、工艺用水、环境、人员、工作服等）都应当进行验证。

以冻干粉针剂为例，全部验证的项目至少应包括空调系统、注射用水、清洁，一直到无菌检查等，详见表 6-10。

表 6-10　冻干制剂验证要求

验证内容	基本要求及备注
厂房、设施和空调系统	空调净化系统、洁净度，参见本书厂房验证
注射用水系统	符合现行版《中国药典》要求
隧道洗灭系统	瓶子洗-烘-灭菌/去热原符合要求
清洁程序	配液罐、冻干腔室；胶塞清洁热原检查达标
灭菌程序	冻干腔室；口罩、洁净服、手套、除菌过滤器

验证内容	基本要求及备注
除菌过滤	滤器完好性检查
冻干程序	水分、成型、不溶性微粒
培养基灌装试验	3 次，每次＞3000 支，每批污染率＜0.1％
药液污染菌检查	参照《美国药典》《中国药典》要求
无菌检查	弄清产品有无抑菌作用、淋洗液种类和用量、中和剂种类和用量

本节只对无菌药品生产工艺验证中的一些特殊要求做简单介绍。

（2）相对标准

对无菌产品验证，需要设定无菌合格的相对标准。根据国际通用原则，可以采用如下无菌相对标准。

最终灭菌产品的无菌相对标准：SAL 小于 10^{-6}。

非最终灭菌产品的无菌相对标准：小于 0.1％的产品染菌率；或 3 批通过 3000 瓶的培养基灌装模拟试验，每批低于 0.1％的染菌率，每年至少做 2 次（第一次必须连续进行 3 批次验证，每半年进行至少一批的再验证）。

6.8.2　灭菌程序验证

灭菌程序的验证是无菌保证的必要条件。灭菌程序经验证后，方可交付正式使用。灭菌程序验证包括：

① 撰写验证方案及制订评估标准；
② 确认灭菌设备技术资料齐全、安装正确，并能处于正常运行（安装确认）；
③ 确认关键控制设备和仪表能在规定的参数范围内正常运行（运行确认）；
④ 采用被灭菌物品或模拟物品进行重复试验，确认灭菌效果符合规定（性能确认）；
⑤ 汇总并完善各种文件和记录，撰写验证报告。

日常生产中，应对灭菌的运行情况进行监控，确认关键参数（如温度、压力、时间、湿度、灭菌气体浓度及吸收的辐照剂量等）均在验证确定的范围内。灭菌程序应定期进行再验证。当灭菌设备或程序发生变更（包括灭菌物品装载方式和数量的改变）时，应进行再验证。产品灭菌设备的验证周期为每年一次，无菌产品的灌装工序，模拟试验培养基灌装每半年验证一次。

6.8.3　工艺验证的项目

注射剂（包括最终灭菌和非最终灭菌药品）的工艺验证项目见表 6-11。

表 6-11　工艺条件验证项目及标准

验证工艺	验证项目	评估项目及标准
洗瓶	洗瓶水澄明度 压缩空气（微粒、油气残留量） 干燥箱或隧道式干燥器 安瓿瓶或玻璃瓶	微粒检查符合注射用水要求 A 级洁净级别 按设备验证要求 澄明度、微粒、热原、无菌检查（染菌率＜0.1％）

验证工艺	验证项目	评估项目及标准
配液及过滤	药液 过滤器 灭菌过滤前药液(不能灭菌产品) 灭菌前药液 管道清洗液	澄明度、pH 值、含量 起泡点试验(孔径、完整性、相容性) 微生物挑战性试验(用于不能灭菌产品) 生物负载(根据产品自定限度),细菌内毒素 $0.25\sim1$EU/mL 澄明度
灌装	灌装机 灌装半成品 惰性气体 无菌灌装(不能灭菌产品)	装量、速度、封口质量 澄明度、装量、封口质量、残留量 纯度 99.9% 以上,澄明度、微粒和微生物 污染度≤1%
灭菌	蒸汽灭菌柜 灭菌热穿透试验 挑战性试验 灭菌后冷却水质量	热分布试验最冷点与平均温度差<±2.5℃ 无菌保证水平(SAL)小于 10^{-6} 生物指示剂试验 大肠杆菌<1CFU/500mL

6.8.4 无菌模拟灌装试验

(1) 概念

无菌生产工艺的验证应当包括培养基模拟灌装试验,即培养基灌装试验,又称作系统适应性试验(system suitability tests)或生产工艺模拟试验(process simulation tests),是指采用适当的培养基或其他介质,模拟制剂生产中无菌操作的全过程,评价该工艺无菌保障水平的一系列活动。它是用来评价用无菌工艺生产的非最终灭菌无菌产品的无菌保证水平的一项重要依据,也是对无菌生产工艺进行在线验证的重要手段。为此,2018 年 10 月 NMPA组织制定了《无菌工艺模拟试验指南(无菌原料药)》和《无菌工艺模拟试验指南(无菌制剂)》,作为实施我国 GMP(2010 年修订)的指导性文件。无菌模拟灌装试验应根据产品的剂型、培养基的选择性、澄清度、浓度和灭菌的适用性选择培养基,一般选用大豆胰蛋白胨肉汤(TSB)或其他能适合广谱菌(包括霉菌和酵母菌)生长的培养基。应尽可能模拟常规的无菌生产工艺,包括所有对无菌结果有影响的关键操作,以及生产中可能出现的各种干预和最差条件。

(2) 适用范围

新建的无菌灌装线或空调净化系统、设备、生产工艺及人员发生重大更改后,经至少连续三批培养基灌装验证试验后,方可正式投入生产。常规生产条件下,每班次半年进行 1 次培养基灌装试验,每次至少灌装一批。培养基灌装试验也是对无菌作业人员卫生水平的一次检定。因此,实际生产的每一班组人员都必须参加验证试验,即无菌灌装生产线的每位员工每年至少参加一次培养基灌装试验。

无菌工艺模拟试验应从无菌操作的第一步开始,直至无菌产品完全密封结束。如果在产品制备阶段采用了无菌工艺,此部分工艺也应作为模拟验证的一部分。对于全过程无菌生产(如配制后不能除菌过滤)的产品,无菌工艺模拟还应涵盖原液配制、半成品配制等无菌操作过程。企业应根据风险评估确定无菌工艺模拟试验的起始工序。

(3) 遵循原则

在对无菌生产工艺充分认知和生产经验累积的基础上,应结合工艺、设备、人员和环境等要素定期开展无菌工艺模拟试验,以确认无菌生产过程的可靠性。开展无菌工艺模拟试验应遵循以下原则：

对无菌生产过程实施风险评估，识别生产过程风险点。评估结果应在试验方案设计时给予考虑。

应充分考虑硬件装备水平与无菌风险的关联性，结合无菌生产过程所涉及的工艺、设备、人员以及操作时限等因素针对性开展模拟试验。尽可能模拟实际无菌生产全过程。应特别关注暴露操作、人工干预等高风险过程。采用良好设计且受控的无菌灌装系统，特别是自动化的系统如吹灌封、隔离器等，污染率可大幅度降低。

如在同一生产线生产不同剂型和容器规格的产品，应考虑模拟试验方案对各产品无菌工艺过程的适用性。应对有显著差异的无菌工艺过程开展模拟试验。采用风险评估的方式统筹考虑该生产线生产使用的容器类型、规格大小、产品类别、灌装速度、过程中断等环节，进行试验方案的设计。

（4）试验要求

在进行培养基灌装试验前，应对无菌灌装区环境（A 级区）进行全面监测，包括空气悬浮粒子监测、表面微生物监测、空气浮游菌监测及层流罩下的沉降菌监测。只有各项监测结果达标时，方可进行培养基灌装。

应严格按照培养基生产厂商的配制要求，在配料间用注射用水配制培养基。除菌过滤前，用一无菌瓶取 50mL 培养基溶液，用于除菌过滤前培养基溶液的含菌量测定。除菌过滤作业应尽可能模拟实际生产。

由受过培训的无菌生产操作人员模拟实际的灌装作业进行培养基灌装。灌装容器及胶塞应与产品生产时完全一致，每批可接受的灌装数量为 5000～10000 瓶，如正常生产的批次量低于 5000 瓶，培养基灌装至少应为实际生产线最大批次量，每瓶灌装量应不得少于瓶容量的 1/3。

全面监测培养基灌装的动态环境，包括空气悬浮粒子、表面微生物、浮游菌、层流罩下沉降菌以及操作人员的手和衣服的监测。环境监测查出的微生物，均需鉴别到种。环境监控资料是评价无菌工艺验证的重要依据之一。

（5）试验菌株

用于灌装试验的每一批培养基都应进行微生物的促生长试验（growth promotion test）。用以下六种试验菌株分别接种培养，每种菌株接种 2 瓶，每瓶接种量控制在 100 个活细胞以内，见表 6-12。

表 6-12　培养基灌装试验菌种

分类	菌种	菌株号		培养条件	
				温度/℃	时间/d
需氧菌	枯草芽孢杆菌（Bacillus subtilis）	CMCC（B）63 501	ATCC 6633	30～35	2～3
	金黄色葡萄球菌（Staphyloccocus aureus）	CMCC（B）26 003	ATCC 6538		
	铜绿假单胞菌（Pseudomonas aeruginosa）	CMCC（B）10 104	ATCC 9027		
	环境监测中分离的菌株				
厌氧菌	生孢梭菌（Clostridium sporogenes）	CMCC（B）64 941	ATCC 11437 ATCC 18404	30～35	2～3
真菌	白色念珠菌（Candida albicans）	CMCC（F）98 001	ATCC 10231	20～25	5～7
	黑曲霉菌（Aspergillus niger）	CMCC（F）98 003	ATCC 16404		

接有上述微生物的培养基，每种菌株在 7 天内应至少有一瓶明显出现生长，否则，可复试一次。如果营养试验结果不合格，培养基灌装试验无效，须重新验证。

(6) 结果评估

我国 GMP（2010 年版）附录 1 无菌药品的生产中规定：培养基灌装容器的数量应足以保证评价的有效性。对批次量较小的产品，培养基灌装的数量应至少等于产品的批次量。培养基模拟灌装试验的目标是零污染，应按以下要求对无菌工艺进行评估。

① 灌装数少于 5000 瓶时，不得检出污染品。

② 灌装数在 5000~10000 瓶时：

当有 1 瓶污染时，需进行调查，并应考虑重复培养基灌装试验；

当有 2 瓶污染时，需进行调查，并应在调查后进行再验证。

③ 灌装数超过 10000 瓶时：

当有 1 瓶污染时，需进行调查；

当有 2 瓶污染时，需进行调查，并应在调查后进行再验证。

④ 发生任何微生物污染时，均应当进行调查。

对失败进行全面调查的内容，应延伸到上一次培养基灌装试验合格后对所生产产品无菌可能的影响因素。

(7) 偏差调查

出现超标结果时，应进行调查，以查明导致偏差的可能原因，采取适当的纠正和预防措施。同时再进行连续三批的培养基灌装试验。如果复试结果中有任何一批不合格，该工艺不得用于产品生产，直至通过验证。

无菌灌装工艺一旦改变，必须至少用一批培养基灌装，进行验证。如果以往的培养基灌装结果显示该生产线始终处于良好的稳定状态，并且工艺变更程度不大，只灌装一批培养基即可。如果无菌环境设施发生改变，但不影响无菌工艺操作，则无需进行培养基灌装验证。

此类变更可通过各种物理和微生物学试验进行验证，如高效过滤器的完整性检查、压差监控、空气悬浮粒子监测、沉降菌监测以及空气浮游菌监测等。

思考题

1. 名词解释：无菌、无菌药品、灭菌、无菌操作法、无菌保证水平（SAL）。

2. 注射剂的质量要求有哪些？

3. 为什么说无菌检查存在局限性？

4. 什么是洁净区、洁净级别、空气净化、高风险操作区、生物洁净技术、无菌隔离操作技术、吹灌封技术？

5. 什么是吹灌封技术？简述吹灌封技术的工艺过程和特殊要求。

6. 如何理解净化空调系统的全程控制理念？

7. 根据不同的生产工艺，无菌药品分几类？主要区别是什么？工艺布局的原则要求有哪些？

8. 简述小容量注射剂、大容量注射剂、无菌分装粉针剂和冻干粉针剂生产工艺的特殊要求。

9. 无菌药品生产管理有哪些基本原则要求？对生产各要素的管理应注意哪些问题？

10. 简述无菌药品容器的密封完整性验证方法。

11. 简述无菌检查结果呈阳性时的调查过程、评价和处理。

12. 简述不同洁净区的着装要求。

13. 试分析无菌药品生产的热原污染途径，应如何预防和消除热原污染？

14. 常用的灭菌方法有哪些？简述其基本原理和条件。

15. 湿热灭菌条件及影响灭菌效果的因素有哪些？

16. 灭菌程序验证包括哪些内容？

17. 什么是培养基灌装试验？

18. 试述培养基灌装试验的结果评价。

第7章 疫苗生产质量安全管理

扫码获取数字资源

7.1 疫苗概述

7.1.1 疫苗的定义

17世纪，英国医生爱德华琴纳发明了疫苗（vaccine）这一术语，他首次报告了牛痘对抗天花且不致死的安全方法，拉丁文"vacc"是"牛"的意思。但是人类尝试"疫苗"并不是从接种天花疫苗开始的，有文字记载，中国人在10世纪就采用了类似的"接种疫苗"的方法，将患者豆痂研磨成粉后裹在棉花里塞入鼻孔、将豆痂粉吹入鼻孔、让健康儿童穿几天天花患儿的内衣、用棉花蘸取天花疱浆液塞入鼻孔等。

在漫漫历史长河中，人类一直寻求摆脱各种瘟疫的方法，20世纪，大规模的人群接种疫苗成为预防疾病的常规手段，我们已经通过疫苗有效控制了多种疾病，例如天花、白喉、破伤风等。传统的疫苗以预防传染病为主要目的，主要用于健康人。疫苗接种人体后可刺激免疫系统产生特异性体液免疫和（或）细胞免疫应答，使人体获得对相应病原微生物的免疫力。近年来，由于人类疾病谱的变化和社会发展的需要，出现了治疗用疫苗，如抗肿瘤疫苗、避孕疫苗等。

广义的疫苗包括预防和治疗用疫苗，是指以病原微生物或其组成成分、代谢产物为起始材料，采用生物技术制备而成，用于预防、治疗人类相应疾病的生物制品。狭义的疫苗主要指预防性疫苗。

《疫苗管理法》将疫苗的概念界定为，为了预防、控制疾病的发生、流行，用于人体免疫接种的预防性生物制品。

按照《疫苗管理法》的界定，本章所说的疫苗不包括兽用疫苗；疫苗的主要作用是预防和控制疾病，不涵盖治疗和诊断类疫苗；疫苗属于药品中的生物制品类，其生产质量管理应符合国家对生物制品管理的相关要求。

7.1.2 疫苗的分类

疫苗的本质是产生抗原，抗原即指能够刺激机体产生（特异性）免疫应答，并能与免疫应答产物抗体和致敏淋巴细胞在体内外结合，发生免疫效应（特异性反应）的物质。从疫苗的使用管理、抗原类型、抗原产生的途径等不同角度来看，疫苗有许多分类方式。

7.1.2.1 按照使用和流通管理分类

可分为国家免疫规划疫苗和非国家免疫规划疫苗。

① 国家免疫规划疫苗即一类疫苗，是指政府免费向公民提供，公民应当依照政府的规定受种的疫苗，包括国家免疫规划确定的疫苗，省、自治区、直辖市人民政府在执行国家免疫规划时增加的疫苗，以及县级以上人民政府或者其卫生主管部门组织的应急接种或者群体性预防接种所使用的疫苗。

② 非国家免疫规划疫苗即二类疫苗，是指由公民自费并且自愿受种的其他疫苗。常见的二类疫苗有：口服轮状病毒疫苗、甲肝疫苗、HIB 疫苗、流感疫苗、狂犬病疫苗等。二类疫苗中有可替代一类疫苗的选择，乙肝疫苗就属于一类疫苗，但二类疫苗中也有乙肝疫苗可供选择，如进口的乙肝疫苗就是二类疫苗。

7.1.2.2 按照生产工艺分类

可分为灭活疫苗、减毒活疫苗、新型疫苗如亚单位疫苗等。

传统疫苗主要以病原体为原料，经过灭活或者减活，达到不引起疾病却可以激发免疫反应的效果。随着分子生物学的发展，逐渐研制出人工合成的新型疫苗，因为人工合成的组件可能是抗原蛋白，可能是 DNA、RNA，不再是原始的完整病原体，所以新型疫苗出现后，疫苗分类方面不同科学家的论著中有不同的方式。

《中国药典》疫苗总论中根据生产工艺，将疫苗分为灭活疫苗、减毒活疫苗、亚单位疫苗、基因工程重组蛋白疫苗、结合疫苗、联合疫苗。上述各类中的联合疫苗，包括多联/多价疫苗，但不能区别其灭活、减毒活疫苗的重叠现象。

① 灭活疫苗是指病原微生物经培养、增殖，用物理化学方法灭活以去除其增殖能力后制成的疫苗，如钩端螺旋体疫苗、甲型肝炎灭活疫苗等。

② 减毒活疫苗是指采用病原微生物的自然弱毒株或经培养传代等方法减毒处理后获得致病力减弱、免疫原性良好的病原微生物减毒株制成的疫苗，如皮内注射用卡介苗、麻疹减毒活疫苗等。

③ 亚单位疫苗是指病原微生物经培养后，提取、纯化其主要保护性抗原成分制成的疫苗，如 A 群脑膜炎球菌多糖疫苗、流感亚单位疫苗等。

④ 基因工程重组蛋白疫苗是指采用基因重组技术将编码病原微生物保护性抗原的基因重组到细菌（如大肠埃希菌）、酵母菌或细胞，经培养、增殖后，提取、纯化所表达的保护性抗原制成的疫苗，如重组乙型肝炎疫苗等。

⑤ 结合疫苗是指由病原微生物的保护性抗原成分与蛋白质载体结合制成的疫苗，如 A 群 C 群脑膜炎球菌多糖结合疫苗。

⑥ 联合疫苗是指由两个或两个以上活的、灭活的病原微生物或抗原成分联合配制而成的疫苗，用于预防不同病原微生物或同一种病原微生物的不同血清型/株引起的疾病。联合疫苗包括多联疫苗和多价疫苗。多联疫苗用于预防不同病原微生物引起的疾病，如吸附百白

破联合疫苗、麻腮风联合减毒活疫苗；多价疫苗用于预防同一种病原微生物的不同血清型/株引起的疾病，如23价肺炎球菌多糖疫苗、流感病毒裂解疫苗。

按工艺划分类型是非常庞大复杂的分类方式，随着科学技术的不断发展，也在不断刷新人们的认知。因此无论是《中国药典》还是其他学术著作都无法穷极这一分类。

7.1.2.3　按照病原体分类

可分为病毒性疫苗、细菌性疫苗和基因工程疫苗。

历史上引起瘟疫的主要病原体为病毒或细菌，因此传统疫苗的抗原物质主要为病毒和细菌两类。抗原物质为病毒，预防病毒引起疾病的疫苗称为病毒性疫苗。抗原物质为细菌，预防细菌引起的疾病的疫苗称为细菌性疫苗。

随着科技发展，人们可以用基因工程的手段生产非病原体抗原，包括一些抗原蛋白、可以表达出抗原物质的遗传物质，如DNA疫苗、RNA疫苗，包括通过人工手段用腺病毒等病毒载体包裹遗传物质制成疫苗。因此，基因工程手段生产的新型疫苗无法按照传统的病毒和细菌这样的病原体类型分类，这里统称为基因工程疫苗。

7.1.2.4　按组成成分分类

可分为单一成分疫苗和联合疫苗。

单一抗原成分组成的疫苗称为单一成分疫苗。有疫苗学专家认为联合疫苗即指多联疫苗，因此把单一抗原、多价疫苗、联合疫苗并列分类。

7.1.3　疫苗的特殊性

疫苗是国家实行特殊管理药品的一种，其特殊性主要体现在以下几方面：①主要用于健康人，国家免疫规划疫苗以婴幼儿为主。②关系公共安全，社会关注度高、敏感性强、容忍度低。③无法靠终产品检验控制质量，必须靠全过程控制。④生产和使用都具有一定封闭性，公众选择权小，市场竞争不充分。⑤一般情况和突发公共卫生事件情况下需求差距巨大。⑥生产工艺复杂，技术难度高，对人员技术能力和从业经验要求高。目前业内专业人员数量和能力均严重不足。⑦由于疫苗来源于病原微生物，其创新以现有品种的质量提升和升级换代，以及联合疫苗、多价疫苗研发为主。

因此，疫苗生产过程的设计、监督是所有药品中最为严格的。我国是世界上唯一为疫苗立法的国家，反映出国家对于疫苗这一高风险生物制品的高度重视。

7.1.4　疫苗全生命周期

疫苗的全生命周期是指疫苗的研制、注册上市、风险管理、上市后研究、市场成长与成熟、市场衰退、产品退市等环节（参见1.1节）。本节从研制、生产、流通使用和异常反应监测这几个重要的阶段进行简要介绍。

7.1.4.1　疫苗研制

疫苗的研制涵盖工艺开发、临床试验和检定方法研究等多个方面。在制定疫苗研制策略时，需考虑目标疾病的感染、发病机制、流行病学和免疫学特征。设计疫苗工艺路线，并验证可行性。建立与人体感染/发病机制相似的实验动物或细胞模型，进行免疫学特征研究。比较和优化候选疫苗，进行保护效果验证等。通过配方优化，提高疫苗免疫原性和免疫效果。

疫苗开发的技术路线见图 7-1。

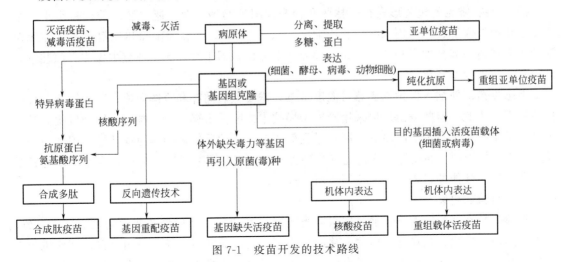

图 7-1　疫苗开发的技术路线

临床前研究：包括：①药学研究。菌毒种和细胞库建立、工艺研究和质量标准研究。②有效性研究。采用感染动物模型评价疫苗的免疫原性和保护效果。③安全性评价。单次给药和重复给药评价急性毒性和长期毒性。

临床试验：在疫苗上市前，为了评估其在人群中的安全性和有效性，必须进行临床试验。Ⅰ期临床试验：初步考察人体安全性；Ⅱ期临床试验：疫苗的剂量探索研究；Ⅲ期临床试验：全面评价的有效性和安全性；Ⅳ期临床试验：考察在广泛使用条件下的效果和不良反应。

7.1.4.2　疫苗生产

疫苗的生产一般包括抗原的获得（培养、扩增）、抗原的分离纯化、配制、灌装、灯检、包装等步骤。不同种类的疫苗，在生产工艺路线上有着一定的区别。只有将科学的生产工艺、严格高效的管理、完善的质量控制与产品检测、全面的监管结合起来，才能够确保生产出安全、有效的疫苗。

(1) 抗原的获得

培养、扩增等上游生产流程主要是为了获得抗原。对于减毒活疫苗和灭活疫苗而言，这一步实际上是病原体自身的扩增，以得到足够的原料用于后续的灭活或亚单位分离工序。病毒病原体需要感染大规模培养的细胞而获得扩增，细菌病原体则需要通过大规模发酵培养而获得。

(2) 抗原的分离和纯化

下游生产流程主要是从有生命的宿主（如植物、细胞、组织）或培养液系统回收和纯化得到疫苗原液的过程，主要包括以下步骤。

① 提取。将其表达的产物和表达系统分离开来，包括离心（垂直管状离心机，叠片状离心机）、过滤（微滤法横向流过滤，微滤法切向流过滤）和沉淀等。

② 纯化。去除影响产品安全性、有效性和稳定性的有害成分，减少产品体积浓缩终产品。不同种类不同表达系统的疫苗，纯化方法大不相同。此外，灭活疫苗还需要灭活的工艺步骤。

(3) 配制和灌装

① 配制：配制就是按工艺规程要求把各活性成分、辅料以及溶解成分进行配制，并按

顺序进行混合，制成批配制溶液。

② 灌装：常见的包装形式有西林瓶和预充注射器两种。西林瓶在灌装前，每个小瓶都要经过超声波清洗、注射用水终洗、压缩空气吹干、350℃高温灭菌除热原等工序，在无菌灌装线上快速灌装、加塞和轧盖密封。预充注射器由机器手臂在无菌环境中操作，灌装进入针筒后，机器加塞密封。

液态疫苗即使加入保护剂仍然对温度敏感，需要低温储存和冷链运输，不利于无条件的环境使用。为此，有些疫苗可以采用冷冻干燥技术或喷雾干燥技术，制成粉针剂以提高其稳定性。冻干技术本身可能因冷冻、脱水过程而改变产品性质，影响其免疫活性，因此，需要从 pH 值、保护剂、温度等方面优化佐剂种类和比例以及工艺参数。另外，冷冻干燥过程是一个非常耗时耗能的过程，并非适用于所有疫苗。

(4) 灯检和包装

灯检是指在背光照射下，通过肉眼或光散射技术观察运动后疫苗瓶中的玻璃屑、纤维、毛发、黑块、白块、色块等不溶物，从而防止不合格产品漏检。通常采用全自动灯检机与人工肉眼相结合的方式，确保瓶中没有混入杂质、胶塞位置准确、瓶身没有裂痕等。灯检合格后，瓶身需粘贴印有品名、批号等信息的标签，然后连同说明书装入包装盒。每个包装盒上还印有一个专属追溯码。每个最小包装单位都有唯一的追溯码，疫苗的生产信息、流通信息和接种者信息，都将可以通过追溯码查询。小包装盒放入中包装盒，中包又被机器打成大包，自动贴标签，随后进入冷库（不同疫苗的储藏温度不同，少数冻干疫苗无需冷藏保存）。在箱中放入温度检测仪，全程记录冷链物流中的实时温度。

7.1.4.3　疫苗流通使用

疫苗属于特殊药品，目前不允许在零售药店直接销售。疫苗上市许可持有人应当按照采购合同约定，向疾病预防控制机构供应疫苗。疾病预防控制机构应当按照规定向接种单位供应疫苗。疾病预防控制机构以外的单位和个人不得向接种单位供应疫苗，接种单位不得接收该疫苗。疫苗上市许可持有人、疾病预防控制机构可以自行配送疫苗，也可以委托配送单位配送疫苗。委托配送单位配送疫苗时，要对受托方的质量保障能力和风险管理能力进行评估，并与其签订委托协议，明确疫苗质量责任、操作规程等内容，并对受托方进行监督。疫苗接种单位依照严格的规程实施预防接种。

疫苗是生物制品，其有效成分往往是生物活性物质，其抗原活性及免疫原性等生物特性易受到保存温度等影响，疫苗需要保持其稳定的生物活性才能有效激活人体免疫系统，冷链是维持疫苗生物活性即效价的有效手段，温度升高会加速疫苗效价的衰减。因此疫苗的储存、运输要求更高、条件更严，疫苗配送是保障疫苗质量的重要环节。法律法规对于疫苗配送的主体、条件、规范要求都有明确的规定，确保配送环节疫苗的质量安全。储存运输硬件设备要求如下。

① 配送单位。应该装备保证疫苗质量的储存、运输冷链设施设备，根据疫苗储存、运输的需要，配备普通冷库、低温冷库、冷藏车和自动温度监测器材或设备等。

设区的市级、县级疾病预防控制机构应该配备普通冷库、冷藏车或疫苗运输车、低温冰箱、普通冰箱、冷藏箱（包）、冰排和温度监测器材或设备等。

接种单位应配备普通冰箱、冷藏箱（包）、冰排和温度监测器材或设备等。

② 储存运输温度监测。疫苗配送企业、疾病预防控制机构、接种单位对疫苗运输的整个过程做好温度监测。记录的内容包括疫苗运输工具、疫苗冷藏方式、疫苗名称、生产企

业、规格、批号、有效期、数量、用途、启运和到达时间、启运和到达时疫苗储存温度和环境温度、启运至到达行驶里程、送/收疫苗单位、送/收疫苗人签名。有关单位在接收和购进疫苗时也必须要索取本次运输、储存全过程的温度检测记录。当配送单位不能提供本次运输、储存全过程温度检测记录或者温度控制不符合要求时，采购单位应该拒绝接收或者购进，并报告给药品监督管理部门和卫生健康主管部门。

③ 疫苗储存、运输中温度异常管理。疫苗应在批准的温度范围（控制温度）内储存、运输。疫苗储存、运输过程中出入库、装卸等常规操作可能会产生温度偏差，疫苗上市许可持有人、疫苗生产企业要评估这些偏差对疫苗质量的影响及可接收的条件。在一些特殊情况发生时，例如停电、储存运输设备发生故障，也会导致温度异常，这时需要填写"疫苗储存和运输温度异常情况记录表"，并及时启动重大偏差或次要偏差处理流程，评估这一特殊情况对于疫苗质量的潜在影响，并将评估报告提交给相应单位。经过评估，对于疫苗质量没有影响的，可以继续使用。对于疫苗质量产生不良影响的，要在当地卫生健康主管部门和药品监督管理部门的监督下销毁。接种单位也应该建立起定期检查制度，包括检查包装、监测温度、检查有效期等。

7.1.4.4 异常反应监测

预防接种异常反应是相关各方均无过错的药品不良反应。由于疫苗本身特性和疫苗接种者的个体差异，任何一种疫苗都不可避免地会产生预防接种异常反应。发生预防接种异常反应的概率极低，特别是死亡、残疾等严重异常反应的比例更低。国家加强预防接种异常反应监测主要目的是加强疫苗使用的安全性检测、调查核实预防接种异常反应的情况和原因，及时采取风险控制措施，更好地保障疫苗使用安全，同时为改进疫苗质量和提高疫苗接种服务质量提供依据。

（1）预防接种异常反应

预防接种异常反应是指合格的疫苗在实施规范接种过程中或者实施规范接种后造成受种者机体组织器官、功能损害，相关各方均无过错的药品不良反应。需要注意的是，第一，必须造成了受种者集体组织器官、功能损害，如果没有损害后果，不属于预防接种异常反应。例如一些一过性反应，包括发热、局部红肿、食欲不振、乏力等症状，均不属于预防接种异常反应。第二，必须各方均无过错，如果是因为疫苗质量问题给受种者造成的损害，或是因为接种单位违反预防接种工作规范、免疫程序、疫苗使用指导原则、接种方案给受种者造成的损害，不属于预防接种异常反应。还有受种者在接种疫苗前本人或其监护人没有如实提供受种者的健康状况和接种禁忌等情况，在受试者有疫苗说明书规定的接种禁忌的情况下接种，导致原有疾病急性复发或者病情加重，这种情况下，受种者本人或其监护人存在过错，不符合"各方均无过错"这一条件，因此也不属于预防接种异常反应。第三，损害结果与疫苗接种之间需要存在因果关系。例如受种者接种时若正处于某种疾病的潜伏期或者前驱期，接种后偶合发病，这种情况下，损害后果是由接种者本身疾病引起的，与疫苗不存在因果关系，不属于预防接种异常反应。还有些情况是因为心理因素发生的个体或群体的心因性反应，也与疫苗本身不存在因果关系，不属于预防接种异常反应。

（2）疫苗接种异常反应监测

接种单位、医疗机构等发现疑似预防接种异常反应时，要按照规定向疾病预防控制机构报告。

【案例 7-1】 新型冠状病毒肺炎（COVID-19)灭活疫苗研发

病毒灭活疫苗，是经典的疫苗制备方式，是通过化学或物理的方式将病毒"杀死"。虽然这只是一个死病毒，但仍具有免疫原性，人体的免疫系统还"认"得它，能够激活人体的免疫反应，产生相应抗体。常见的灭活疫苗还包括脊髓灰质炎疫苗、手足口病疫苗、森林脑炎疫苗、出血热疫苗等。在已经上市的疫苗中，病毒灭活疫苗占据了大多数。我国两个新型冠状病毒肺炎灭活疫苗就是基于这种技术路线研发的。

疫苗的研发是一个极其科学、严谨的过程。从病毒到疫苗，一般要经过长达数年甚至数十年的研发过程。再长一些的，比如艾滋病疫苗，研发了数十年，到现在还没有研发成功，可见它是非常复杂、艰难的科技研发过程。

一般而言，疫苗研发过程分为五个阶段，见图 7-2。

图 7-2　疫苗研发阶段示意图

① 免疫原获取。毒种和细胞的研究包括疫苗株筛选、毒种库建立、抗体制备及鉴定、检测方法建立、生产工艺研究、配伍及配方筛选等一系列新冠疫苗的工艺和安全质控关键技术，确定其工艺技术路线和产品基本质量属性。

按照相关法规规定，需从至少 10 株毒株中筛选出最适宜生产的毒株，而后在生产用的细胞株上进行适应性传代培养，稳定传代后，建立毒种库，并完成毒种库的全面检定。该过程至少需要 1 个月时间。

② 生产工艺研究。包括细胞复苏、扩增、收获、灭活、浓缩等。

③ 质量研究。重点是如何有效控制它的安全性和有效性。如果灭活不彻底，接种到人体就会引起感染发病。灭活过程如果破坏了疫苗的免疫原性，则疫苗起不到保护作用。灭活得恰到好处，是非常关键的一步。

④ 动物实验。通过在小鼠、大鼠、兔子、猴子等动物模型上开展相应的实验，以完成对疫苗免疫原性、安全性和保护性的评价，初步确定疫苗中抗原用量和制剂配方。我国研发的新冠灭活疫苗先后在小鼠、大鼠、豚鼠，以及恒河猴、食蟹猴等 7 种实验动物身上开展了免疫原性研究。疫苗科研攻关团队在多种实验动物身上开展疫苗攻毒实验，取得了阶段性突破。随后，又紧锣密鼓地开展了安全性评价工作，实验动物未出现任何异常和不良反应。

⑤ 人体临床研究。临床研究分为三期，通常需要 2～5 年时间。待确认疫苗的安全性和有效性后，便可进入上市审批注册阶段，这个过程一般需要 1～2 年。获得生产许可批件后，才能开始规模化生产和产品检定，大概需要半年到 1 年的时间才能通过批签发正式上市。综合起来，从开始研发到完成Ⅲ期临床平均需要 8～10 年。

由于我国经历过 SARS 病毒的爆发，积累了大量研究数据和经验，极大地缩短了我国新冠病毒疫苗的研究周期。

【案例 7-2】 灭活疫苗工艺路线

灭活疫苗通常指全病毒灭活疫苗，由于其含有完整病毒几乎全部的抗原成分，具有较强的免疫原性。灭活疫苗工艺路线是最具有成功潜力的疫苗工艺路线之一。现代工艺中灭活疫苗的基本工艺路线见图 7-3。

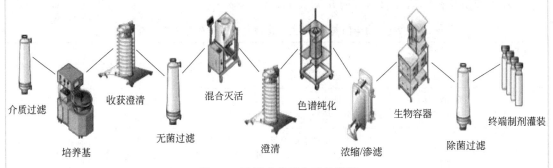

图 7-3　灭活疫苗基本工艺路线

工艺路线涉及了从培养基准备、收获澄清、色谱纯化、浓缩及缓冲置换、除菌过滤，直至终端制剂灌装的全流程。

新冠灭活疫苗的工艺流程同样包括培养扩增、灭活、纯化、配制、罐装、灯检、包装等工序。每一剂疫苗都有一个全程追溯疫苗流向的编码，可以追溯疫苗的生产、流通、接种等情况信息。生产过程中有质量控制，生产过程中的中间产品及最终产品都会进行严格的各项质量检测；检测半成品、样品的重点是蛋白质含量、半成品的铝含量（佐剂）、滴度检测、工艺用水等；检测新冠疫苗的抗原含量，是检验疫苗质量的一项重要指标，疫苗在 2～8℃储存条件下有效期可达三年。包装的形式有西林瓶装疫苗和预充式注射器装疫苗两种。

只有将科学的生产工艺、先进的制药设备、严格高效的管理、完善的质量控制与产品检测、全面的监管结合起来，才能够确保生产出安全、有效的疫苗。

7.2　疫苗通用技术规范

疫苗是药品的一种，在药品分类中属于生物制品类（biological products）。生物制品包括疫苗、血液制品、生物技术药物、微生态制剂、免疫调节剂、诊断制品等。由于这类药品是以微生物、细胞、动物或人源组织和体液等为起始原材料，用生物学技术制成，所以在生产管理和生产过程控制上有许多特别的要求。从监管的角度，国家颁布了《疫苗管理法》，强化持有人的质量主体责任，并对疫苗的全生命周期质量实施最严格管理。《中国药典》（2020 年版）的"人用疫苗总论"对疫苗的通用技术作出了规范，为贯彻《疫苗管理法》提出了指导意见。本节内容以灭活疫苗为主。

7.2.1 《中国药典》"人用疫苗总论"结构与内容

《中国药典》的"人用疫苗总论",是根据我国实际情况起草、修订和完善的,核心是全过程质量控制;重点突出疫苗生产用细胞、菌毒种、培养液等原材料和辅料质量控制,疫苗生产和质量检定,稳定性评价、储存运输以及使用说明书规范要求等全生命周期的规范。

"人用疫苗总论"结构与内容简介见表 7-1。

表 7-1 《中国药典》"人用疫苗总论"结构与内容简介

编号	题目	内容
1	概述	定义及适用范围
2	过程控制的基本要求	通过对疫苗生产全过程质量控制、产品批间一致性控制以及疫苗中目标成分和非目标成分的控制,确定疫苗生产全过程控制的基本技术要求
3	疫苗生产用种子系统	疫苗生产用种子系统包括生产用菌毒种及基因工程疫苗生产用细胞株。参照国际通用的要求,进一步明确种子库系统的定义和概念,以及建库、检定和保存过程中的总体要求
4	病毒疫苗生产用细胞基质	确定了疫苗生产用细胞的全面要求,包括明确病毒疫苗生产用细胞基质选择的基本原则、常用细胞基质的类别和定义、疫苗生产用细胞使用代次确定的基本原则、三级细胞库管理的基本要求
5	生产用培养基/液	明确生产用培养基及其他添加成分的使用原则和质量控制的基本要求
6	内包材	直接接触疫苗的内包材不得影响疫苗质量;规定了一切辅料及稀释剂要作为疫苗的整体进行评价评估
7	生产	包括原液、半成品、成品制备、储存和检测的原则性要求
8	稳定性评价	包括对成品以及需要放置的中间产物在生产、运输以及贮存过程中有可能暴露的所有条件下的稳定性研究,以此为依据设定产品将要放置的条件(如温度、光照、湿度等),以及在这种条件下将要放置时间的基本要求;并对稳定性评价方案、检测指标和方法以及结果评价作了指导性描述
9	贮存和运输	明确疫苗中间品和成品贮存条件及参数的原则性要求;并对疫苗运输过程的条件及确定运输条件的相关验证作出原则性要求
10	标签和说明书	明确疫苗标签包括的内容和相关要求,对疫苗说明书的内容以及不良反应、禁忌和注意事项的描述作出具体要求

7.2.2 过程控制基本要求

疫苗具有以下特殊性:第一,疫苗的生产涉及生物过程和生物材料,如细胞培养、活生物体材料提取等。这些生产过程存在固有的可变性,因而其副产物的范围和特性也存在可变性,甚至培养过程中所用的物料也是污染微生物生长的良好培养基。第二,生物制品质量控制所使用的生物学分析技术通常比理化测定具有更大的可变性。第三,为提高产品效价(免疫原性)或维持生物活性,常需在成品中加入佐剂或保护剂,致使部分检验项目不能在制成成品后进行。所以在疫苗生产过程中应当对生产过程和中间产品的检验进行特殊控制。

(1)建立完整的生产质量管理体系,保证每批产品均能按照批准的工艺组织生产,产品符合质量标准及注册批准要求(参见本书第 1.5 节、1.6 节)。

（2）疫苗制品的生产设计应与相关设备的能力与生产规模相匹配，为保证上市产品的溯源和追踪，半成品配制原则上应来源于同一批原液，不同批原液合批配制半成品的，应评估可能存在的风险并经批准。

（3）批间一致性控制

批间一致性控制是指每批疫苗之间的质量指标，包括原液、半成品和成品，应控制在允许的质量指标之内。确保每批疫苗质量的稳定性，是疫苗全过程质量控制的具体表现，其控制要求详见图7-4。

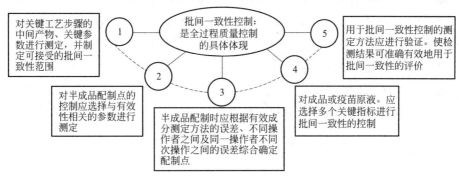

图 7-4　疫苗批间一致性控制要求示意图

（4）对目标成分和非目标成分的控制

疫苗中的目标成分系指疫苗有效成分，应根据至少能达到临床有效保护的最低含量或活性确定疫苗中有效成分的含量及（或）活性。添加佐剂的，应对佐剂的种类、性质及用量进行充分评估（COVID-19疫苗加铝佐剂）。

疫苗的非目标成分包括工艺相关杂质和制品相关物质/杂质。工艺相关杂质包括来源于细胞基质、培养基成分以及灭活和提取、纯化工艺使用的生物、化学材料残留物等；制品相关物质/杂质包括与生产用菌毒种相关的除疫苗有效抗原成分以外的其他成分，以及抗原成分的降解产物等。

生产过程中应尽可能减少使用对人体有毒、有害的材料，必须使用时，应验证后续工艺的去除效果。除非验证结果提示工艺相关杂质的残留量远低于规定要求，且低于检测方法的检测限，通常应在成品检定或适宜的中间产物控制阶段设定该残留物的检定项。

应通过工艺研究确定纯化疫苗的制品相关物质/杂质，并采用适宜的分析方法予以鉴定。应在成品检定或适宜的中间产物控制阶段进行制品相关物质/杂质的检测并设定可接受的限度要求。

（5）要持续加强物料供应商管理、变更控制、偏差管理、产品质量回顾分析、产品稳定性考察等工作。

（6）采用信息化手段如实记录生产、检验过程中形成的所有数据，确保生产全过程持续符合法定要求。对于无法采用在线采集数据的人工操作步骤，应将该过程形成的数据及时录入相关信息化系统或转化为电子数据，确保相关数据的真实、完整和可追溯。

7.2.3　通用技术要求

7.2.3.1　种子批系统管理

为了保证疫苗生产的一致性、降低基因变异、保持生物学活性（增殖活力、免疫原性）、保证种子纯净（无外源因子、单一特性）及生产的便利性，疫苗生产需要建立种子批。主种子批和工作种子批的建立和使用应限定种子增殖代次。

① 原始种子/细胞种子。是指经培养、传代及遗传稳定性等研究并经鉴定可用于疫苗生产的菌毒种或者细胞株，可以是一个代次的，也可以是多代次菌毒种或者细胞株，是主种子批/主细胞库前各代次种子的总称；原始种子/细胞种子用于主种子批/主细胞库的制备。

② 种子批系统。包括原始种子/细胞种子、主种子批/主细胞库和工作种子批/工作细胞库，建立种子批系统的目的在于保证疫苗生产的一致性和连续性。

③ 生产用种子批系统。应建立主种子批/主细胞库和工作种子批/工作细胞库并规定使用的限定代次。

7.2.3.2　种子批的检定项目

种子批检定项目至少应包括：

① 鉴别（血清学、全病毒或部分特征性序列测序）。

② 免疫原性。

③ 外源因子。

④ 无菌验证。

⑤ 病毒/细菌种子表型特征。

⑥ 遗传稳定性。对种子批遗传稳定性的评估，通常应自主种子批代次起至少超过疫苗中病毒代次 5 代以上。

7.2.3.3　种子批系统管理要点

① 原始种子的研发可在非 GMP 车间操作，但主种子批和工作种子批须在符合 GMP 条件的设施中操作和建立。

② 应详细记录病毒种子的来源和传代历史以及传代过程中对病毒表型产生任何可能影响的所有操作（如冷适应、改变温度敏感性、不同物种或细胞传代，特别是经肿瘤原性细胞的传代或减毒特性改变）或有目的的基因操作（如重排或重组、反相遗传学或嵌合重组等）。

③ 原始种子可以是病毒从初始分离到细胞、鸡胚培养或特定动物的适应过程中产生的多代次病毒培养物，经初步研究显示具备研发疫苗的特性。此时的病毒可能是多克隆群体形式，进行噬斑形态观察，基因序列分析可呈现多种特性病毒存在。

7.2.3.4　生产用培养基/培养液

培养基中供细菌生长所需的营养成分包括蛋白质、糖类、无机盐、微量元素、氨基酸以及维生素等物质。应尽可能避免使用可引起人体过敏反应或动物来源的原材料，任何动物源性的成分均应溯源并进行外源因子检测。

病毒疫苗生产用细胞培养液应采用成分明确的材料制备，并验证生产用细胞的适应性。对使用无动物源性血清培养基的，应详细记载所有替代物及添加物质的来源、属性和数量比率等信息。疫苗生产用培养基中不得使用人血清。使用生物源性材料，应检测外源性因子污染，包括细菌和真菌、支原体、分枝杆菌以及病毒。对生产过程中添加的具有潜在毒性的外源物质，应对后续工艺去除效果进行验证，残留物检测及限度应符合相关规定。

常用添加成分：

① 牛血清。牛血清应来源于无疯牛病地区的健康牛群，并应符合药典的要求。通过灭活程序的牛血清更具安全性，但使用经灭活的牛血清时，其检测应在灭活前进行，符合规定后方可使用。除另有规定外，病毒减毒活疫苗生产时制备病毒液的维持液不得添加牛血清或其他动物血清成分。

② 人血白蛋白。病毒培养阶段或病毒收获液保存时所用人血白蛋白，应符合国家对血液制品相关管理规定。同一批次疫苗生产工艺中需多步使用人血白蛋白时，宜采用来自同一厂家的产品。作为保护剂使用的，其有效期还应能满足疫苗有效期的要求。

③ 抗生素。疫苗生产中不得添加青霉素和其他β-内酰胺类抗生素。必须使用抗生素时，应选用毒性低、过敏反应发生率低、临床使用频率低的抗生素，使用抗生素种类不得超过一种，除另有规定外，接种病毒后维持液不得再添加任何抗生素。

7.2.3.5 原液制备和抗原纯化

原液制备的工艺步骤和参数的设定应基于工艺效能，纯化工艺的选择应兼顾抗原纯度、活性、残留物限度等因素，以获得最适的收获物和最少的工艺杂质为目标，工艺应经验证。

① 原代细胞培养。将产于同一种群的适宜日龄、体重的一批动物，获取目标组织或器官并在同一容器内消化制成均一悬液分装于多个细胞培养器皿培养获得的细胞为一个细胞消化批。源自同一来源的动物，于同一天制备的多个细胞消化批可为一个细胞批，可用于一批病毒原液的制备。

② 传代细胞培养。传代细胞培养将工作细胞库细胞按规定传代，同一种疫苗生产用的细胞扩增应按相同的消化程序、分种扩增比率、培养时间进行传代。生物反应器微载体培养的应按固定的放大模式扩增，并建立与生物反应器培养相适应的外源因子检查用的正常对照细胞培养物。

③ 二倍体细胞。取工作细胞库1支或多支复苏，按固定或批准的比率扩增和限定的传代连续传代至适宜的数量，用于一批疫苗原液的制备。二倍体细胞的扩增传代应清晰记载传代数（passage number）和群体倍增（population doubling）的关系；尤其是采用生物反应器微载体培养的，以计数细胞总数折算细胞代数。

④ 病毒增殖和收获。同一工作种子批按同一感染复数（multiplicity of infection，MOI）的量接种，以保证批间一致性。除另有规定外，接种病毒后维持液不得再添加牛血清、抗生素等成分。同一细胞批接种同一工作种子批病毒后培养，在不同时间的多个单次病毒收获液经检验后可合并为一批病毒原液。多次收获的病毒培养液，如出现单瓶细胞污染，则与该瓶有关的任何一次病毒收获液均不得用于生产。

⑤ 病毒灭活。应选择适宜的灭活剂和灭活程序，对影响灭活效果的相关因素进行验证，确定灭活工艺技术参数。如灭活温度、时间、pH、蛋白浓度、核酸残留量、水浴/空气浴、体积、搅拌方法、灭活剂纯度及含量等因素。应建立至少连续5批次样品的病毒灭活动力曲线进行灭活效果的验证，通常以能完全灭活病毒的2倍时间确定灭活工艺的灭活时间，应在灭活程序前去除可能影响灭活效果的病毒聚合物。灭活程序一经结束应立即取样进行灭活验证试验，取样后不能立即进行病毒灭活验证试验时应将样品置于—70℃及以下暂存并尽快进行灭活验证试验。应选择敏感的病毒检测方法，并对方法学的最低检测能力进行验证。对同一批病毒原液分装于多个容器的，应按容器分别取样进行验证，不得采用合并样品进行验证。

⑥ 抗原纯化。全菌体或全病毒疫苗主要是去除培养物中的培养基成分或细胞成分。亚

单位疫苗、多糖疫苗、蛋白质疫苗等，除培养基或细胞成分外，还应去除细菌或病毒本身的其他非目标抗原成分，以及在工艺过程中加入的试剂等。

7.2.3.6　中间产物

① 中间产物定义。中间产物是从起始材料开始，通过一个或多个不同工艺如发酵、培养、分离以及纯化，添加必要的稳定剂等各工艺过程所获得的产物。

② 中间产物的检测。应对中间产物制备成半成品前进行关键项目的质控检测，如病毒滴度、活菌数、抗原活性、蛋白质含量以及比活性指标的检测，并需考虑对后续工艺阶段无法检测的项目，如纯度、残留物等进行检测。

③ 中间产物的存放。中间产物应按照连续生产过程进入后续的加工处理步骤。中间产物因等待检测结果需要暂存时，应选择适宜的保存方式和条件，并对可能影响有效性和安全性的降解产物进行检测，制定可接受的标准。

④ 贮存条件的各参数确定。应以疫苗生命周期的稳定有效为原则，即疫苗各中间产物经确定的保存时间、温度和内外环境等条件贮存至制备成品疫苗，该成品疫苗在规定效期内仍然能达到规定的质量标准。应考虑贮存容器与中间产物或其他组成成分的相互作用可能产生的影响（如容器吸附、释放或与内容物的物理化学反应等），以及中间产物与贮存容器空间的气体交换导致内容物的酸碱度改变；此外，还应考虑光照、湿度、在冷库中的存放位置等因素；强毒株病毒/细菌种子生产未经灭活前的原液贮存还应考虑生物安全因素等。

7.2.3.7　配制和检测

① 配制。疫苗制品的生产设计应使相关设备的能力与生产规模相匹配，为保证上市产品的溯源和追踪，半成品配制原则上应来源于一批原液，不同批原液合批配制半成品的，应评估可能存在的风险并经批准。添加抑菌剂应在有效抑菌范围内采用最小加量；添加佐剂应依据抗原含量及吸附效果确定其加量。

② 检测。疫苗成品检测项目一般包括鉴别试验、理化测定、纯度、效力测定、异常毒性检查、无菌检查、细菌内毒素检查、佐剂、抑菌剂及工艺杂质残留量检测等。

③ 疫苗的工艺杂质，主要包括以传代细胞生产的病毒性疫苗中宿主细胞蛋白质和 DNA 残留，以及生产过程中用于培养、灭活、提取和纯化等工艺过程的化学、生物原材料残留物，牛血清、甲醛和 β-丙内酯等灭活剂、抗生素残留等，对于与疫苗关键质量属性相关的工艺杂质（如细胞基质残留蛋白质和残留 DNA、抗生素、核酸酶、残余牛血清等），如因产品特性无法在成品中检测时，应在适当的中间产物（如原液或半成品）取样检测，其检测结果应能准确反映每一成品剂量中的残留水平。

④ 一般工艺杂质，如经充分验证证明生产工艺可对其有效、稳定地去除或控制，并持续达到可接受的水平或残留水平处于分析方法的检测限以下，相关残留物检测可不列入产品的检定项目中。

⑤ 依据具体情况，成品的部分检定项目可在贴签或包装前进行。

⑥ 应尽可能采用准确的理化分析方法或体外生物学方法取代动物试验进行生物制品质量检定，以减少动物的使用。检定所用动物，除另有规定外，均应采用清洁级或清洁级以上的动物；小鼠至少应来自封闭群动物。

7.2.3.8　稳定性评价

2006 年 WHO 将疫苗稳定性评估的完整数据概括为三个主要目的。第一，证明产品在生产及使用过程中，保持其安全性和有效性始终符合设定的标准；第二，通过几个批次（至少连续 5 批）产品的稳定性研究，为鉴定产品的内在特性，提供有效、可行的检测方法；第三，证明产品的生产一致性。

《中国药典》（2020 版）"人用疫苗总论"中明确规定，疫苗稳定性研究结果用于确定疫苗的保存、运输条件及有效期，并证明在有效期内疫苗的有效性和安全性等指标符合规定要求。

疫苗稳定性评价应包括对成品以及需要放置的中间产物在生产、运输以及贮存过程中有可能暴露的所有条件下的稳定性研究，以此为依据设定制品将要放置的条件（如温度、光照度、湿度等），以及在这种条件下将要放置的时间。对变更主要生产工艺的制品也应进行稳定性评价，并应与变更前的制品比较。

疫苗稳定性评价的主要类型包括：实时实际条件下的稳定性研究；加速稳定性研究；极端条件下稳定性研究；热稳定性研究。疫苗最根本的稳定性评价应采用实时实际条件下的研究方案对疫苗产品进行评价，还应根据不同的研究目的所采用的其他适宜的评价方法进一步了解疫苗的稳定性。确定中间产物和成品保存条件的主要评估标准通常是看其效力能否保持合格，也可结合理化分析和生物学方法进行稳定性检测。应根据疫苗运输过程可能脱冷链及震动等情况，选择适宜的评价方法。

7.3　疫苗生产管理

疫苗生产质量管理需要符合 GMP 规定，其基本要求与其他药品生产质量管理有共通之处，也就是说，GMP 对药品生产所规定的条款原则上都适用于疫苗的生产。

但是疫苗属于生物制品，具有生物活性，无法靠终产品检验控制质量，必须靠全过程控制，因此在生产管理上有一些特别需要注意的事项。同时，疫苗关系公共安全，社会关注度高、敏感性强、容忍度低，因此对于疫苗的生产准入门槛要高于普通药品。此外，在疫苗的供应需求上也与一般药品有本质区别。一般情况和突发公共卫生事件情况下需求差距巨大，国家免疫规划疫苗需要有持续稳定的供应保障，因此在生产管理方面，疫苗上市许可持有人还应该履行疫苗供应保障的义务。

本书前面章节已经对于药品生产管理有详实的介绍，以下侧重介绍疫苗生产管理中的特殊要求。

7.3.1　疫苗生产工艺流程

疫苗上市许可持有人采用经研究确定的生产工艺和质量控制标准生产疫苗。通过上市前临床试验，确认了该疫苗产品的安全性和有效性，国务院药品监督管理部门在批准疫苗注册申请时，对疫苗的生产工艺、质量控制标准予以核准。因此，按照经核准的生产工艺和质量控制标准生产和检验疫苗，是保证疫苗临床使用安全性和有效性的前提。

病毒性疫苗生产工艺过程包括：细胞制备、病毒接种、病毒培养、病毒收获、原液制备、半成品配制和灌装等工序。灭活疫苗工艺还包括灭活、纯化等工序（详见图 7-5）。

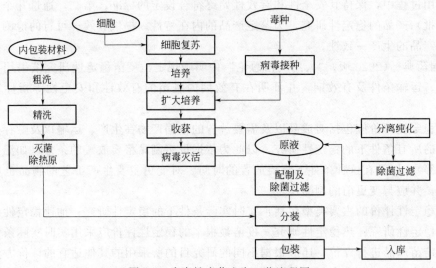

图 7-5　病毒性疫苗生产工艺流程图

7.3.2　GMP 附录：《生物制品》

GMP 是药品生产管理和质量控制的基本要求，旨在最大限度地降低药品生产过程中的污染、交叉污染以及混淆、差错等风险，确保持续稳定地生产出符合预定用途和注册要求的药品。药品生产全过程符合 GMP 要求，是药品生产活动的一个基本要求。疫苗作为药品的一种，也应遵守这一基本要求。

GMP 正文的条款对所有药品的生产质量管理都是适用的，为了对某些特殊种类药品的生产质量管理作出针对性的规范，GMP 制定了若干附录（参见本书第 1.5 节），这些附录也应当视为 GMP 的一部分，《生物制品》就是其中之一。疫苗与其他药品相比较，其特殊性在于原料的来源大多是强致病的细菌或病毒。除了生物安全性之外，给生产过程的控制带来诸多的变数，决定了其生产过程管理必然会有些特殊的要求。

2020 年以国家药监局令第 58 号公告修订发布的 GMP 附录——《生物制品》，是 GMP 对这类药品提出的规范要求，疫苗生产质量管理中必须遵守并持续符合这些规定（表 7-2）。

表 7-2　GMP 附录《生物制品》内容概要

章	主要内容
第一章　范围	界定生物制品范围：包括疫苗、抗毒素及抗血清、血液制品、细胞因子、生长因子、酶等
第二章　原则	规定了需对生产过程和中间产品的检验进行特殊控制的类型；要建立完善生物安全管理制度体系
第三章　人员	对各类人员培训、安全、卫生、健康等要求；关键人员专业、资质要求
第四章　厂房与设施	洁净度要求；预防交叉污染措施；生产厂房和设备共用或专用的具体规定；空气净化区正压负压的规定；避免活生物体的污染；管道系统、阀门和呼吸过滤器清洁和灭菌；防止物品、设备、冷库、恒温室被污染的措施
第五章　动物房及相关事项	各类动物房应符合实验动物的规定；动物健康状况需监控并记录；检定用动物符合药典规定

章	主要内容
第六章　生产管理	对原辅料、细胞、菌毒种使用要求；对种子批、细胞库和成品的规定；生物制品批号管理；生产操作中防止污染的规定；验证和风险评估
第七章　质量管理	对生物制品原辅料、中间产品、原液及成品进行检验；佐剂的供应商、生产工艺及质量标准变更管理；中间产品管理规定；数据管理、工艺监控、质量控制和趋势分析
第八章　术语	原料的定义；辅料定义；包括佐剂、稳定剂、赋形剂等

在 GMP 附录《生物制品》中，除了各章的通用规定外，还有几个条款专门提到对疫苗生产质量的特殊要求：

① 关键人员任职条件。疫苗生产企业生产管理负责人、质量管理负责人和质量受权人应当具有药学、医学等相关专业本科及以上学历（或中级以上职称），并具有 5 年以上从事相关领域生产质量管理经验，以保证能够在生产、质量管理中履行职责，并承担相关责任。

② 设备使用。灭活疫苗（包括基因重组疫苗）、类毒素和细菌提取物等产品灭活后，可交替使用同一灌装间和灌装、冻干设施。每次分装后，应当采取充分的去污染措施，必要时应当进行灭菌和清洗。

③ 生产设计。疫苗制品的生产设计应使相关设备的生产能力与生产规模相匹配。

④ 批管理。为保证上市产品的溯源和追踪，半成品配制应来源于一批原液，若采用多批次原液混合配制单批半成品，应符合《中国药典》等相关规定。

⑤ 佐剂管理。疫苗生产所用佐剂应与药品监督管理部门批准或备案的相关生产工艺及质量标准一致；佐剂的供应商、生产工艺及质量标准变更应经过充分研究和验证，并按照国家相关法规要求进行批准、备案或年度报告。

⑥ 生产数据管理。疫苗生产企业应采用信息化手段如实记录生产、检验过程中形成的所有数据，确保生产全过程持续符合法定要求。对于人工操作步骤，应将该过程形成的数据及时录入相关信息化系统或转化为电子数据，确保相关数据的真实、完整和可追溯。

⑦ 偏差管理。应对疫苗等生物制品的质量进行趋势分析，全面分析并及时处置工艺偏差及质量差异，对发生的偏差应如实记录并定期回顾。

7.3.3　严格疫苗生产准入

疫苗是国家公共卫生资源，战略物资。从疫苗宏观管理层面上看，国家严格控制疫苗生产准入。其主要涵义是充分利用资源，让具备疫苗研发生产条件的企业做大做强，避免疫苗生产出现小、乱、差、散的无序竞争局面。

① 增加"从事疫苗生产活动"的法定条件要求（见表 7-3）。从事疫苗生产活动，除符合《药品管理法》规定的从事药品生产活动的条件外，还应当具备下列条件：一是具备适度规模和足够的产能储备；二是具有保证生物安全的制度和设施、设备；三是符合疾病预防、控制需要。《疫苗管理法》第二十二条明确规定："国家对疫苗生产实行严格准入制度。"其政策导向就是要优化产业结构；发展现代生物免疫技术，提高产业的智能化、规模化、数字化程度，达到或接近国际疫苗领域先进水平。

② 疫苗上市许可持有人应当具备疫苗生产能力，超出疫苗生产能力确需委托生产的，应当经国务院药品监督管理部门批准。鉴于疫苗生产和质控的复杂性和产品的高风险性，为保证疫苗上市许可持有人对于疫苗生产全过程的控制和管理能力，疫苗上市许可持有人应具备疫苗生产能力，且在通常情况下应自行生产。为了鼓励联合疫苗的研发进展，联合疫苗在特定情况下可采取部分委托生产的方式。此外，贯彻国家推进疫苗生产规模化、集约化部署，也需要为产业集团内部的资源整合、委托生产留有一定的接口，因此在规定情形下，经国务院药品监督管理部门批准，可以委托生产。由此可见，疫苗委托生产的门槛远远高于普通药品。

表 7-3　从事疫苗生产活动条件表

法律规定	从事疫苗生产活动的具体要求	备注
《药品管理法》规定的条件	有依法经过资格认定的药学技术人员、工程技术人员及相应的技术工人	人员要求
	有与药品生产相适应的厂房、设施和卫生环境	生产条件要求
	有能对所生产药品进行质量管理和质量检验的机构、人员及必要的仪器设备	对 QA 和 QC 的要求
	有保证药品质量的规章制度，并符合国务院药品监督管理部门依据本法制定的药品生产质量管理规范要求	符合 GMP 要求
《疫苗管理法》增加的条件	具备适度规模和足够的产能储备	规模和产能要求
	具有保证生物安全的制度和设施、设备	生物安全要求
	符合疾病预防、控制需要	防控需求
	疫苗上市许可持有人应当具备疫苗生产能力	持有人要求
	超出疫苗生产能力确需委托生产的，应当经国务院药品监督管理部门批准	委托生产批准要求
	接受委托生产的，应当遵守疫苗管理法规定和国家有关规定，保证疫苗质量	对受托方要求

7.3.4　保障疫苗供应

疫苗上市许可持有人应当依法组织生产，保证能够按时按量生产疫苗，保障疫苗供应。疫苗上市许可持有人停止疫苗生产的，应当及时向国务院药品监督管理部门或者省级药品监督管理部门报告，使国务院或省级药品监督管理部门及时得到信息并采取相应措施。

7.4　疫苗质量管理

疫苗上市许可持有人对于疫苗全生命周期质量管理负有主体责任。疫苗上市许可持有人应当加强全生命周期质量管理，对于疫苗的安全性、有效性和质量可控性负责。

质量管理的主要内容包括质量保证和质量控制两大方面，涉及质量体系的建立、企业的质量方针、各级人员的质量责任、生产过程的质量控制、产品的质量标准、检测实验室的管理、原辅料供应单位的审查、质量风险管理、质量警戒管理（含 ADR 报告）、企业质量自审等要求。本书"第 4 章 质量管理与控制"及相关章节对这些内容已经有详细的介绍，对疫苗的质量管理也是适用的。

本节的疫苗质量管理，遵循《疫苗管理法》《生物制品批签发管理办法》《疫苗生产车间生物安全通用要求》等相关法律法规，有针对性地介绍一些关于疫苗质量管理方面的要求。

7.4.1 疫苗上市许可持有人的质量管理责任

疫苗是具有特定空间结构的生物大分子，其生产工艺要求高，且生产过程极为复杂，生产工艺对疫苗影响显著。疫苗的生物活性、安全性和有效性与其结构的复杂性和生产工艺密切相关。从疫苗产品研发到 GMP 生产质量管理，如何管控风险，如何在疫苗生产工艺开发过程中利用质量源于设计（quality by design，QbD）的理念，如何确保生产工艺的重复性、质量的稳定性，如何提高疫苗的安全性、有效性和可及性等，这些都是疫苗持有人和生产企业面临的责任和挑战。

国家对疫苗实行上市许可持有人制度，落实持有人主体责任是确保疫苗全生命周期质量的根本措施。持有人的主体责任不是空洞的口号，而应当细化并落实到各个层级的人员身上，特别是法定代表人和生产、质量负责人。

① 持有人主体责任。持有人对疫苗的安全性、有效性和质量可控性负主体责任，依法依规开展疫苗上市后生产、流通、药物警戒等环节风险管理活动，并承担相应责任。

② 相关主体责任。其他与疫苗生产相关的主要原材料、辅料和包装材料供应商以及疫苗供应过程储存、运输等相关主体依法承担相应环节的责任。

③ 关键人员职责。持有人的关键人员应当认真履职、明确责任。

a.法定代表人/主要负责人：负责确立质量方针和质量目标，提供资源保证生产、流通，药物警戒活动持续符合相关法规要求，保证质量管理部门独立履行职责，对疫苗产品全面负责。

b.生产管理负责人：负责本企业疫苗产品生产活动的组织和实施，确保按照批准的工艺组织生产。对生产过程的持续合规负主要责任。

c.质量管理负责人：负责组织建立企业质量管理体系并确保体系能够持续良好运行。对疫苗产品质量负主要责任。

d.质量受权人：负责疫苗产品放行，确保每批已放行产品的生产、检验均符合相关法规、批准的工艺和标准要求。对放行的产品质量负主要责任。

④ 关键人员资质要求。持有人的生产管理负责人、质量管理负责人和质量受权人应当具有医学、药学、生物学等相关专业本科及以上学历（或中级以上职称），具有 5 年及以上从事生物制品领域生产质量管理经验，并能够在生产、质量管理中履行职责，承担相关责任。

持有人负责疫苗流通质量管理的负责人应当具有医学、药学、生物学等相关专业本科以上学历，或具备中级以上专业技术职称及 3 年以上从事疫苗管理或技术工作经历，并符合GSP 中质量负责人的有关资质要求，能够在疫苗流通质量管理中履行职责，并承担相关责任。

持有人的法定代表人、主要负责人、生产管理负责人、质量管理负责人和质量受权人，负责疫苗流通质量管理的部门负责人应当有良好的信用记录，药品严重失信人员不得担任上述职务。

⑤ 持有人质量体系。持有人应当根据相关法律法规、规章、技术标准、质量规范等要求，建立完整的疫苗质量管理体系，定期对质量管理体系的运行情况开展自检并持续改进；对疫苗生产、流通的相关主体质量体系进行审核和监督。不断完善上市后疫苗生产、流通的质量体系。

持有人应按照规定，对原辅料、储存配送服务等供应商进行定期审核，确保供应商满足疫苗生产、流通的相关要求。

⑥ 上市后管理。持有人应当根据相关法律法规以及质量规范等要求，建立药物警戒体系，设立专门机构，配备专职人员，主动收集、跟踪分析疑似预防接种异常反应，并及时采取风险控制措施。持有人应对药物警戒体系运行情况开展自检并持续改进。

持有人应制定并实施疫苗上市后风险管理计划，开展疫苗上市后研究，对疫苗的安全性、有效性和质量可控性进行进一步确认，对已上市疫苗的安全性、有效性和质量可控性定期开展上市后评价。

7.4.2　疫苗生产过程的质量控制

疫苗作为生物制品，组成和性质复杂，必须严格生产过程控制。在保证生产过程稳定的基础上，通过生物学和理化分析结果评估产品质量，尤其要完善质量控制体系支撑，包括生产制备过程，工艺参数控制，原辅料、中间产品、原液和终产品的质量检验及生产设备、检定设备验证等。

疫苗上市许可持有人作为疫苗的责任主体，对于疫苗生产全过程和疫苗质量进行审核、检验是非常必要的。工艺过程产物可通过多种分析技术进行检测，了解目标分子的结构和相关杂质。按照《中国药典》、国家药品监督管理部门核准的质量标准、相关质控要求对生物制品原辅料、中间产品、原液及成品进行检验。

疫苗生产所用佐剂应与药品监督管理部门批准或备案的相关生产工艺及质量标准一致；佐剂的供应商、生产工艺及质量标准变更应经过充分研究和验证，并按照国家相关法规要求进行批准、备案或年度报告。

中间产品的检验应当在适当的生产阶段完成，当检验周期较长时，可先进行后续工艺生产，待检验合格后方可放行成品。必要时，中间产品应当留样，以满足复试或对中间控制确认的需要，留样数量应当充足，并在适宜条件下贮存。本章第 7.2 节详细介绍了《中国药典》疫苗通用技术规范的要求。

生产过程质量管理至少包括：建立与生产相适应的管理机构，配备足够数量的并具有适当资质的管理和操作人员、足够的厂房和空间、适用的设备和维修保障、适当的运输条件，建立经批准的工艺规程和操作规程，有涵盖生产过程的批生产记录并能追溯产品的完整历史，建立药品召回系统以确保能够召回任何一批产品，能够对生产过程中的偏差及质量缺陷采取措施。

疫苗作为生物制品，生产过程中易受到多种因素影响，因此要加强生产全过程控制，严格偏差管理要求。生产质量管理过程中所有的偏差均应当有记录，任何偏差都应该评估其对产品质量的潜在影响，并进行必要的调查、检验、考察等，采取预防措施有效防止类似偏差的再次发生。

7.4.3 数据管理

数据是全过程管理的重要基础，及时、如实记录相关生产和检验数据，是对药品生产活动进行管理的重要内容。考虑疫苗生产全过程的技术特点，疫苗企业必须采用信息化手段记录数据，对于不同的生产检验方式可采用不同的记录方法。对于采取仪器设备（包括计算机化系统）进行自动化生产和检验的过程，应当将该过程形成的数据及时录入相关信息化系统，必要时采集照片或视频记录。采用信息化手段如实记录生产、检验过程中形成的所有数据，有利于保证生产全过程相关数据的真实、完整和可追溯。

任何篡改、编造疫苗生产、检验、记录等数据的弄虚作假，都是严重的违法行为，必将受到法律的严惩。

7.4.4 偏差、故障和事故管理

疫苗生产质量管理过程任何偏离生产工艺、物料平衡限度、质量标准、检验方法、操作规程等的情况都可能对产品质量造成影响。疫苗生产中即使有完善的质量控制体系，也无法杜绝生产工艺偏差、质量差异、生产过程中的故障和事故。对这些偏差、故障和事故要如实记录、及时处理。偏差、故障和事故的处理的思路和方法与其他药品基本一致。

需要注意的是，疫苗生产过程中的生产工艺偏差可能对疫苗质量有所影响，企业需要将相关记录和应对措施在相应的批签发申请文件中载明。对于可能影响疫苗质量的，疫苗上市许可持有人除了要立即采取措施纠正偏差、控制风险之外，还应该及时向省级药品监督管理部门报告。省级药品监督管理部门接到报告后，对偏差的质量风险进行评估，采取相应的监管措施，避免存在质量问题的疫苗销售使用和危害公众健康。

7.4.5 疫苗"批签发"

7.4.5.1 批签发申请

批签发一般由企业在完成产品生产并审核、检验合格后提出，是建立在企业提交的申报资料和样品真实可靠的基础上的。因此，企业申请疫苗批签发应当按照相关规定向批签发机构提供批生产及检验记录摘要等资料和同批号产品等样品，供批签发机构进行审核和检验。保证批签发申报资料和样品的真实性。

7.4.5.2 生物制品批签发管理要求

国家市场监督管理总局令第 33 号公布的《生物制品批签发管理办法》于 2021 年 3 月 1 日起施行，该办法共八章 48 个条款。

生物制品批签发，是指国家药品监督管理局对获得上市许可的疫苗类制品、血液制品、用于血源筛查的体外诊断试剂以及国家药品监督管理局规定的其他生物制品，在每批产品上市销售前或者进口时，经指定的批签发机构进行审核、检验，对符合要求的发给批签发证明的活动。未通过批签发的产品，不得上市销售或者进口。

《生物制品批签发管理办法》规定了取得批签发证明文件的要求。其中对疫苗的批签发格外重视，要求更加严格，实际上是给疫苗生产过程控制安装了"监控器"。对疫苗批签发特别强调的几点内容如下。

① 申请疫苗批签发的，除了应当满足资料审核、样品检验，以及必要时现场检查的相关要求外，还要求申请人提交生产过程中与疫苗质量管理相关的评估材料。比如：疫苗的生产工艺偏差、质量差异、生产过程中的故障和事故以及采取措施的记录清单和对疫苗质量影响的评估结论；可能影响疫苗质量的，还应当提交偏差报告，包括偏差描述、处理措施、风险评估结论、已采取或者计划采取的纠正和预防措施等。对可能影响质量的重大偏差，应当提供所在地省级药品监督管理部门的审核评估报告。

② 批签发机构在疫苗批签发时，应当逐批进行资料审核和抽样检验，不能简化。对疫苗批签发申请资料或者样品的真实性有疑问，或者存在其他需要进一步核实的情况的，批签发机构应当予以核实，必要时应当采用现场抽样检验等方式组织开展现场核实。

③ 批签发机构在批签发过程中发现疫苗存在重大质量风险的，应当及时向国家药品监督管理部门和省级药品监督管理部门报告。接到报告的部门应当立即对疫苗上市许可持有人进行现场检查，根据检查结果通知批签发机构对疫苗上市许可持有人的相关产品或者所有产品不予批签发或者暂停批签发，并责令疫苗上市许可持有人整改。疫苗上市许可持有人应当立即整改，并及时将整改情况向责令其整改的部门报告。

④ 申请疫苗批签发时，如果申请人提供虚假数据、资料、样品或者有其他欺骗行为的，依照《疫苗管理法》第八十一条的规定予以处罚。即："由省级以上药品监督管理部门没收违法所得和违法生产、销售的疫苗以及专门用于违法生产疫苗的原料、辅料、包装材料、设备等物品，责令停产停业整顿，并处违法生产、销售疫苗货值金额十五倍以上五十倍以下的罚款，货值金额不足五十万元的，按五十万元计算；情节严重的，吊销药品相关批准证明文件，直至吊销药品生产许可证等，对法定代表人、主要负责人、直接负责的主管人员和关键岗位人员以及其他责任人员，没收违法行为发生期间自本单位所获收入，并处所获收入百分之五十以上十倍以下的罚款，十年内直至终身禁止从事药品生产经营活动，由公安机关处五日以上十五日以下拘留"。

⑤ 出口疫苗应当符合进口国（地区）的标准或者合同要求，可按照进口国（地区）的标准或者合同要求申请批签发。

⑥ 进口疫苗类制品和血液制品应当同时提交生产企业所在国家或者地区的原产地证明以及药品管理当局出具的批签发证明文件。进口产品在本国免予批签发的，应当提供免予批签发的证明性文件。相关证明性文件应当同时提供经公证的中文译本。相关证明性文件为复印件的，应当加盖企业公章。

⑦ 疫苗类产品应当在 60 日内完成批签发。

认真执行疫苗批签发制度，不仅有利于药品监管部门对疫苗生产质量的监管，也可以促进疫苗持有人建立切实可行的质量管理体系，落实关键人员的质量责任，严格执行 GMP，加强疫苗风险管控，保障疫苗质量。

7.4.5.3 豁免批签发的情形

世界卫生组织规定，在特殊情况下，如突发公共卫生事件，允许豁免疫苗的批签发。在我国，已获得注册的疫苗按照正常程序销售无法满足疾病防控的紧急需要的情况下，经国务院药品监督管理部门批准后，可以免除批签发要求。

豁免批签发，通常由卫生健康主管部门结合公共卫生事件等处置工作的需要，提出某种疫苗需要紧急销售、供应的需求，药品监督管理部门根据企业生产质量管理体系执行情况和既往批签发历史，经过综合的风险评估，最终做出是否豁免的决定。在豁免的情况下，应当更加强调上市许可持有人履行对于疫苗生产全过程质量控制和有关的审核、检验义务。

7.4.6 疫苗异常反应监测

疫苗异常反应监测是疫苗上市后风险管理的重要内容。疫苗上市许可持有人的主要职责有以下几个方面：①设立专门机构，配备专职人员。疫苗上市许可持有人是疫苗质量管理责任的主体，应当设立专门机构，配备专职人员，建立健全疑似预防接种异常反应监测体系。②主动收集、跟踪分析疑似预防接种异常反应。建立面向接种单位、医疗机构、受种者等有效的信息收集途径，主动收集并跟踪分析疑似预防接种异常反应的信息。③及时采取风险控制措施。④将疑似预防接种异常反应向疾病预防控制机构报告。⑤将质量分析报告提交省、自治区、直辖市人民政府药品监督管理部门。疫苗上市许可持有人应当对疑似预防接种异常反应是否涉及疫苗质量问题进行分析，形成质量分析报告，提交所在地省级人民政府药品监督管理部门。

7.4.7 疫苗报告制度

持有人应当对疫苗生产、流通全过程开展质量风险管理，对质量体系运行过程中可能存在的风险进行风险识别、评估、控制、沟通，采取有效预防控制措施，及时开展风险回顾直至风险关闭。

① 质量事故报告。持有人在生产、流通管理过程中，发现重大偏差及重大质量问题或事故可能会影响疫苗产品质量的，应当立即向国家药品监督管理局和所在地省级药品监督管理部门报告。报告至少包括以下内容：一是重大质量问题或事故的详细情况；二是涉及产品的名称、批号、规格、数量、流向等信息；三是已经或可能产生的不良影响；四是已采取的紧急控制或处置措施；五是拟进一步采取措施；六是应当说明的其他情况。

② 年度报告制度。持有人应当建立年度报告制度，年度报告至少应当包括疫苗生产和批签发情况、关键人员变更情况、生产工艺和场地变更情况、原辅料变更情况、关键设施设备变更情况、销售配送情况、疑似预防接种异常反应情况、年度质量回顾情况、风险管理情况、接受检查和处罚情况等。

③ 疫苗公示制度。持有人应当建立信息公开制度，按照规定在其网站上及时公开疫苗产品信息、说明书和标签、药品相关质量管理规范执行情况、批签发情况、召回情况、接受检查和处罚情况以及投保疫苗责任强制保险情况等信息。

7.4.8 建立电子追溯系统

疫苗上市许可持有人应建立疫苗电子追溯系统。可以自建追溯系统，也可以采用第三方技术机构提供的追溯系统。建立追溯系统时要遵循统一的疫苗追溯标准和规范，与全国疫苗电子追溯协同平台相衔接，实现生产、流通、预防接种全过程最小包装单位疫苗来源可查，去向可追。疫苗最小包装单位的信息也可以通过生产、流通和预防接种环节的原始记录核查真伪。

7.4.9 疫苗责任强制保险

国家实行疫苗责任强制保险制度，即疫苗上市许可持有人按照规定投保疫苗责任强制保险，因疫苗质量问题造成受种者损害的，保险公司在承保的责任限额内予以赔付。由于疫苗涉及人民群众的身体健康，如果因为疫苗质量问题造成受种者损害，疫苗上市许可持有人可能难以承受众多的赔偿请求，有必要通过保险机制分散风险。疫苗责任强制保险是落实社会共治原则的一项具体制度，也有利于保险公司对于疫苗上市许可持有人的监督制约作用。

7.5 疫苗生物安全管理

生物安全，是指国家有效防范和应对危险生物因子及相关因素威胁，生物技术能够稳定健康发展，人民生命健康和生态系统相对处于没有危险和不受威胁的状态，生物领域具备维护国家安全和持续发展的能力。

生物安全，不仅影响个体生命安全，更关乎国家公共安全，关乎人类安全。我国对生物安全，特别是病原微生物的安全问题非常重视，先后发布了五个相关法律法规，见表7-4。

表 7-4　我国生物安全的法律法规表

序号	名称	发布部门和时间
1	《中华人民共和国生物安全法》	全国人民代表大会常务委员会,2020 年 10 月 17 日
2	《病原微生物实验室生物安全管理条例》	国务院,第 698 号令,2018 年 4 月 4 日
3	《疫苗生产车间生物安全通用要求》	国家卫生健康委、科技部、工业和信息化部、国家市场监管总局和国家药监局联合发文,国卫办科教函〔2020〕483号,2020 年 6 月 18 日
4	《病原微生物实验室生物安全通用准则》（WS 233—2017）	国家卫生和计划生育委员会,2017 年 7 月 24 日
5	《人间传染的病原微生物名录》	卫生部,卫科教发〔2006〕15 号,2006 年 1 月 11 日

7.5.1 《生物安全法》的主要内容

我国于 2020 年 10 月 17 日颁布了《中华人民共和国生物安全法》（以下简称《生物安全法》）。疫苗的研发、生产、使用必须遵守该法的规定。《生物安全法》的主要内容可以概况为如下几点：

① 防控重大新发突发传染病、动植物疫情，以此来体现对人民健康的呵护。在新冠疫情防控期间，我国有制度的优越性，更有以人民为中心的依法治国的理念。《生物安全法》首先是以人民的健康作为规范的调整对象。

② 确保生物技术的健康有序发展，在生命技术的研究开发、应用中，《生物安全法》作为规范，将促进和保障这个领域的健康有序发展。

③《生物安全法》对实验室安全作出了明确规定。

④ 保障我国的生物资源和人类遗传资源的合理开发利用，这方面的纠纷、产权分配产生的很多内容，也纳入《生物安全法》的调整范围之内。

⑤ 防范外来物种入侵与保护生物多样性，确保我国的生态安全。

⑥ 应对微生物耐药，保障人类和动物的生命安全，人与自然和谐共处、天人合一的理念，被尝试纳入法律当中。

⑦ 防范生物恐怖袭击是非常重要的内容。

⑧ 防御生物武器威胁，确保国家安全。

7.5.2 疫苗实验室的分级管理

《生物安全法》制定了统一的实验室生物安全标准，疫苗实验室应当符合生物安全国家标准和要求。实验室是进行科研工作的必需场所，根据危险度等级，包括传染病原的传染性和危害性，国际上将生物实验室按照生物安全水平（biosafety level，BSL）分为 P1（protection level 1）、P2、P3 和 P4 四个等级，见表 7-5。

表 7-5 生物实验室分类表

类别	名称	用途
P1	基础实验室	适合对人体、动植物或环境危害较低,不具有对健康成人、动植物致病的因子
P2	基础实验室	适用于对人体、动植物或环境具有中等危害或具有潜在危险的致病因子,对健康成人、动物和环境不会造成严重危害,具有有效的预防和治疗措施
P3	防护实验室	适用于处理对人体、动植物或环境具有高度危险性,通过直接接触或气溶胶使人传染上严重甚至是致命的疾病,或对动植物和环境具有高度危害的致病因子,通常有预防和治疗措施
P4	最高级别防护实验室	适用于对人体、动植物或环境具有高度危害性,通过气溶胶途径传播或传播途径不明,或未知的、高度危险的致病因子。没有预防和治疗措施。比如埃博拉病毒、艾滋病病毒

7.5.3 病原微生物实验室生物安全管理

7.5.3.1 病原微生物的管理

① 从事病原微生物实验活动，应当严格遵守有关国家标准和实验室技术规范、操作规程，采取安全防范措施。

② 国家根据病原微生物的传染性、感染后对人和动物的个体或者群体的危害程度，对病原微生物实行分类管理。

③ 从事高致病性或者疑似高致病性病原微生物样本采集、保藏、运输活动，应当具备相应条件，符合生物安全管理规范。

7.5.3.2 实验室的管理

① 设立病原微生物实验室，应当依法取得批准或者进行备案。个人不得设立病原微生物实验室或者从事病原微生物实验活动。

② 国家根据对病原微生物的生物安全防护水平，对病原微生物实验室实行分等级管理（见表 7-6）。从事病原微生物实验活动应当在相应等级的实验室进行。低等级病原微生物实验室不得从事国家病原微生物目录规定应当在高等级病原微生物实验室进行的病原微生物实验活动。

③ 高等级病原微生物实验室从事高致病性或者疑似高致病性病原微生物实验活动，应当经省级以上人民政府卫生健康或者农业农村主管部门批准，并将实验活动情况向批准部门报告。对我国尚未发现或者已经宣布消灭的病原微生物，未经批准不得从事相关实验活动。

④ 病原微生物实验室应当采取措施，加强对实验动物的管理，防止实验动物逃逸，对使用后的实验动物按照国家规定进行无害化处理，实现实验动物可追溯。禁止将使用后的实验动物流入市场。病原微生物实验室应当加强对实验活动废弃物的管理，依法对废水、废气以及其他废弃物进行处置，采取措施防止污染。

⑤ 病原微生物实验室的设立单位负责实验室的生物安全管理，制定科学、严格的管理制度，定期对有关生物安全规定的落实情况进行检查，对实验室设施、设备、材料等进行检查、维护和更新，确保其符合国家标准。病原微生物实验室设立单位的法定代表人和实验室负责人对实验室的生物安全负责。

表 7-6　病原微生物分类表

病原微生物分类	致病特点及举例
第一类病原微生物	能够引起人类或者动物非常严重疾病的微生物，以及中国尚未发现或者已经宣布消灭的微生物
第二类病原微生物	能够引起人类或者动物严重疾病，比较容易直接或间接在人与人、动物与人、动物与动物间传播的微生物，如狂犬病病毒 CVS-11 株、脊髓灰质炎病毒、SARS、COVID-19
第三类病原微生物	能够引起人类或者动物疾病，但一般情况下对人、动物或者环境不构成严重危害，传播风险有限，实验室感染后很少引起严重疾病，并且具备有效治疗和预防措施的微生物，如白色念珠菌、金黄色葡萄球菌、铜绿假单胞菌、大肠杆菌、蜡样芽孢杆菌
第四类病原微生物	在通常情况下不会引起人类或动物疾病的微生物，如嗜热脂肪芽孢杆菌、黑曲霉、生孢梭菌、枯草芽孢杆菌、缺陷假单胞菌

7.5.3.3　制定安全保卫制度

① 病原微生物实验室的设立单位应当建立和完善安全保卫制度，采取安全保卫措施，保障实验室及其病原微生物的安全。国家加强对高等级病原微生物实验室的安全保卫。高等级病原微生物实验室应当接受公安机关等部门有关实验室安全保卫工作的监督指导，严防高致病性病原微生物泄漏、丢失和被盗、被抢。

② 国家建立高等级病原微生物实验室人员进入审核制度。进入高等级病原微生物实验室的人员应当经实验室负责人批准。对可能影响实验室生物安全的，不予批准；对批准进入的，应当采取安全保障措施。

③ 病原微生物实验室的设立单位应当制定生物安全事件应急预案，定期组织开展人员培训和应急演练。发生高致病性病原微生物泄漏、丢失和被盗、被抢或者其他生物安全风险的，应当按照应急预案的规定及时采取控制措施，并按照国家规定报告。

④ 病原微生物实验室所在地省级人民政府及其卫生健康主管部门应当加强实验室所在地感染性疾病医疗资源配置，提高感染性疾病医疗救治能力。

⑤ 企业对涉及病原微生物操作的生产车间的生物安全管理，依照有关病原微生物实验室的规定和其他生物安全管理规范进行。涉及生物毒素、植物有害生物及其他生物因子操作的生物安全实验室的建设和管理，参照有关病原微生物实验室的规定执行。

7.5.4　疫苗生产车间生物安全管理

7.5.4.1　设立生物安全负责人

为推进新冠疫苗研发生产，2020年6月18日，国家卫健委、科技部、工信部、国家市场监管总局、国家药监局等五部委联合印发《疫苗生产车间生物安全通用要求》，自发布日起实施。实际上，这是为新冠疫苗大规模生产做准备。

新冠病毒传染性强，毒性大，因此关于疫苗的一切研究都必须严格在生物安全的环境下进行操作。在设计新冠疫苗工艺路线、质量标准的过程中，应当按照国家对疫苗的安全性的各项指标、检测项目和质量指标严格把关。所有与疫苗质量相关的环节不减少、不省略，是保证疫苗研发安全性的第一要义。

利用病原微生物进行疫苗生产，具有一定的生物安全风险，需要在确保疫苗质量的同时，确保生产活动的生物安全。

对疫苗生产车间防护水平需要进行分级，针对低/高生物安全风险车间，其生产车间与设施、生产设备、验证和评估等应按照低/高生物安全相关要求执行。

企业应设生物安全负责人，负责生物安全管理事宜，当发现存在生物安全隐患时，生物安全负责人具有立即停止相关生产活动的权限。

企业应当对车间所有人员提供上岗培训和持续培训，培训的内容应当与岗位要求相适应。除进行生物安全理论和实践的培训外，还应当有相关法规、相应岗位的职责、技能的培训，并定期评估培训的实际效果。从事高致病性病原微生物活动的人员应每半年进行一次培训。

7.5.4.2　生物安全报告制度

① 企业要在风险评估的基础上建立和完善生物安全保卫制度，采取安全保卫措施，并向当地公安机关备案，接受公安机关的监督指导。

② 企业应将生物安保纳入风险管理范畴，确保对病原微生物的菌（毒）种、样品、潜在污染材料或废弃物的有效管理，且留有管理记录。应有专门安保人员提供外围防护的安全保障，安保人员应得到有效培训。

③ 发生高致病性病原微生物泄漏、丢失和被盗、被抢或者其他生物威胁的，应当按照应急预案的规定及时采取控制措施，并按照规定报告。发生违反生物安保规定的有关事件，应进行报告、记录并进行调查，必要时采取相应措施。

④ 停产报告制度。持有人因工艺升级、搬迁改造等原因，计划停产3个月以上的，应当在停产3个月前，向国家药品监督管理局和所在地省级药品监督管理部门报告；持有人常年生产品种因设备故障等突发情况导致无法正常生产，预计需停产1个月以上的，应当在3日内向国家药品监督管理局和所在地省级药品监督管理部门报告。

⑤ 停产后恢复生产。持有人在疫苗长期停产（正常周期性生产除外）恢复生产时，应当向所在地省级药品监督管理部门报告，省级药品监督管理部门结合日常监管情况进行风险评估，在必要时可对恢复生产的品种开展现场检查。

【案例 7-3】　P3实验室应用——新冠肺炎核酸检测

核酸检测是确诊新冠肺炎的"金标准"，需要在 P3 实验室进行。检测流程可分为 8 个步骤：检测前的准备工作→核对样本信息→样本灭活→开盖加样和核酸提取→PCR 反应体系配制→核酸扩增检测→检测完成→高压灭菌。

第一步，检测前的准备工作。打开样本前，必须做好全方位的防护。在实验室的洁净室，穿上隔离衣、防护服、防护口罩、护目镜、面屏、双层医用乳胶手套、防水靴套，每个步骤都不能有错。

第二步，核对样本信息。进入实验室核心区后，先用 75％酒精对送样箱进行外表面消毒，消毒完毕后核对被检样本姓名、性别、年龄、编号等信息。

第三步，样本灭活。样本将在水浴箱经半小时 56℃高温灭活，使病毒蛋白不再有生理活性，失去感染、致病和繁殖能力。这会让检测时相对安全，但病毒蛋白的基因序列并没有受到影响。

第四步，开盖加样和核酸提取。这是检测的核心环节，实验员拿到灭活后的样本时，第一个动作就是振荡，尽量让拭子上的病毒洗脱在培养基溶液中，再静置 5min 沉淀。接下来是开盖加样，必须人工操作，且需要两个人高度配合才能完成。一人拧开样本罐盖子，另一人拿着微量移液器在样本罐中吸取微量溶液，放到另一个提取管里，再拧上管盖。核酸提取可以使用仪器辅助，但由于比对需要，往往要加以人工操作，需要反复进行离心、加试剂、洗涤等 10 多个步骤。其中，需要打开管盖的操作就达 7 次以上，完成一例人工核酸提取要 50min 左右。

第五步，PCR 反应体系配制。走出核心实验区，开始进行 PCR 反应体系配制，将提取的病毒核酸加入到核酸扩增检测试剂中。

第六步，核酸扩增检测。将配制好的 PCR 反应物放置在荧光定量 PCR 仪上。在电脑上设置 PCR 反应条件，运行仪器，开始核酸扩增检测。

第七步，检测完成。实时关注检测情况，大约 1.5h 后，核酸扩增完成，进行检测结果判读，整个流程大概 4h。

最后一步，也是非常重要的一步，污染物的高压灭菌处理。实验过程产生的污染物通过高压灭菌后，按普通医疗垃圾处理。

──────── 思考题 ────────

1. 简述疫苗的定义和各类疫苗的概念。
2. 灭活疫苗研发工艺流程有哪几个步骤？
3. 疫苗生产过程控制的基本要求是什么？
4. 简述疫苗稳定性评价的目的及其类型。
5. 从事疫苗生产活动应具备哪些条件？
6. GMP 附录《生物制品》对疫苗生产质量管理提出哪些针对性要求？
7. 简述疫苗上市许可持有人主体责任。

8. 简述疫苗批签发的目的与要求。

9. 疫苗质量风险管理的目的是什么?

10. 我国发布了哪些有关生物安全的法律法规?

11. 病原微生物分哪几类? 生物实验室分哪几类?

12. 如何做好病原微生物管理和实验室安全管理?

13. 如何做好疫苗生产车间生物安全管理?

第 8 章　制药用水

学习目的与要求

① 掌握药品生产过程中制药用水的分类、指标要求和制备流程。

② 初步掌握纯化水和注射用水的处理工艺和对进水水质的要求以及截留的物质；熟悉水系统中微生物污染的来源以及所用的消毒灭菌方法。

③ 熟悉制药用水储存和分配方式及适用情况。

④ 了解制药用水系统验证程序，设备的设计、安装、运行以及性能确认，日常在线监控、取样点布置和取样频率。

8.1　法规对制药用水的要求

8.1.1　制药用水的概念

(1) 制药用水

制药用水通常指制药工艺过程中用到的各种质量标准的水，因其使用范围不同而分为饮用水、纯化水、注射用水和灭菌注射用水（见图 8-1）。一般应根据各生产工序或使用目的与要求选用适宜的制药用水。制药用水是药品生产中用量最大、使用最广的一种辅料，对药品生产质量至关重要。

(2) 饮用水

饮用水为天然水经净化处理所得的水，其质量必须符合中华人民共和国国家标准 GB 5749—2022《生活饮用水卫生标准》。

(3) 纯化水

纯化水为饮用水经蒸馏法、离子交换法、反渗透法或其他适宜的方法制备的制药用水。不含任何附加剂，其质量符合《中国药典》2020 年版二部纯化水项下的规定。

纯化水有多种制备方法，应严格监测各生产环节，防止微生物污染。

(4) 注射用水

注射用水为纯化水经蒸馏所得的水，应符合细菌内毒素试验要求。注射用水必须在防止细菌内毒素产生的设计条件下生产、储藏及分装。其质量应符合《中国药典》2020 年版二部注射用水项下的规定。

为保证注射用水的质量，应减少原水中的细菌内毒素，监控蒸馏法制备注射用水的各生产环节，并防止微生物的污染；应定期对注射用水系统进行清洗与消毒。注射用水的储存方式和静态储存期限应经过验证确保水质符合质量要求，例如可以在 80℃ 以上保温或 70℃ 以上保温循环或 4℃ 以下的状态下存放。

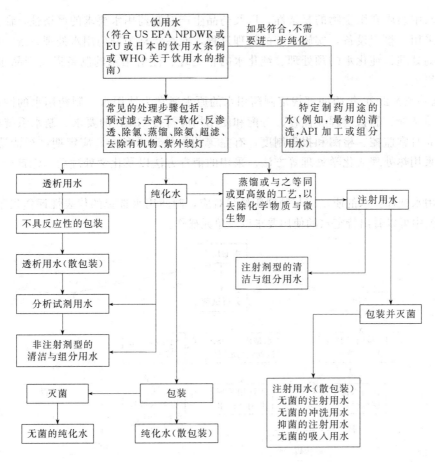

图 8-1　制药用水的种类（取自 USP-NF2021 版）

以上各类制药用水的应用范围见表 8-1。

表 8-1　制药用水的应用范围

类别	应用范围
饮用水	药品包装材料粗洗用水，中药材和中药饮片的清洗、浸润、提取等用水 《中国药典》同时说明，饮用水可作为药材净制时的漂洗、制药用具的粗洗用水。除另有规定外，也可作为饮片的提取溶剂
纯化水	非无菌药品的配料，直接接触药品的设备、器具和包装材料最后一次洗涤用水，非无菌原料药精制工艺用水、制备注射用水的水源，直接接触非最终灭菌药品的包装材料粗洗用水等 纯化水可作为配制普通药物制剂用的溶剂或试验用水；可作为中药注射剂、滴眼剂等灭菌制剂所用饮片的提取溶剂；口服、外用制剂配制用溶剂或稀释剂；非灭菌制剂器具的精洗用水。也用作非灭菌制剂所用饮片的提取溶剂。纯化水不得用于注射剂的配制与稀释
注射用水	直接接触无菌药品的包装材料的最后一次精洗用水，无菌原料药精制工艺用水，直接接触无菌原料药的包装材料的最后洗涤用水，无菌制剂的配料用水等 注射用水可作为配制注射剂、滴眼剂等的溶剂或稀释剂及容器的精洗
灭菌注射用水	主要用于注射用灭菌粉末的溶剂或注射剂的稀释剂。其质量应符合灭菌注射用水项下的规定
蒸馏水	用作试剂制备时的溶剂，分析校准、空白对照及实验装置的清洗，制备高纯水的原水
高纯水	可用作试剂，试剂制备时的溶剂以及实验器具的清洗

由于水中杂质和微生物的复杂性，以及药品生产对制药用水要求的严格性，制药用水的制备需要采用一整套设备，实施系统的处理过程，此系统称为制药用水处理系统。这个系统由饮用水的处理、纯化水的预处理、纯化水的精处理、注射用水的制备以及产品水的储存、分配系统组成。

《中国药典》2020年版四部规定制药用水的原水通常为饮用水。制药用水的制备从系统设计、材质选择、制备过程、储存、分配和使用均应符合GMP的要求。制水系统应经过验证，并建立日常监控、检测和报告制度，有完善的原始记录备查，应定期进行清洗与消毒，消毒可以采用热处理或化学处理等方法。采用的消毒方法以及化学处理后消毒剂的去除应经过验证。

制药用水选择：水的质量应与制剂质量相对应，制药用水选择的代表性评估程序如图8-2所示，从图中可以看出特定水的使用要求以及单元操作。

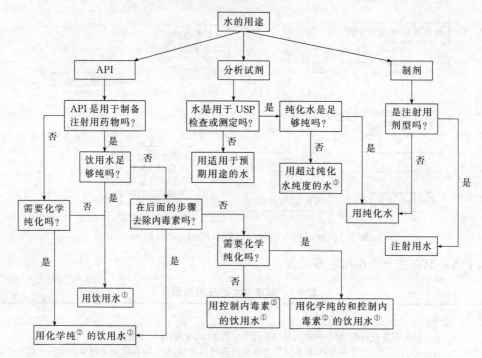

图 8-2　制药用水的选择树（取自 USP-NF2021 版）

① 饮用水是符合 US EPA NPDWR 或 EU 或日本的饮用水条例或 WHO 关于饮用水的指南的水。
② 如果在后续的加工过程中没有灭菌步骤，那么无菌 API 或制剂用水必须是无菌的。
③ 在某些 USP 检查与测定法中所要求的不同于纯化水时，参见 USP-NF2021 版的指导。
注：无论是否需要微生物控制，以适于其预期的用途，所有的水系统应被验证。

8.1.2　GMP 对制药用水的规定

我国 GMP（2010 年版）对制药用水的要求如下。

水处理设备及其输送系统的设计、安装、运行和维护应当确保制药用水达到设定的质量标准。水处理设备的运行不得超出其设计能力。

纯化水、注射用水的制备、储存和分配应当能够防止微生物的滋生。纯化水可采用循环，注射用水可采用 70℃ 以上保温循环。

纯化水、注射用水储罐和输送管道所用材料应当无毒、耐腐蚀；储罐的通气口应当安装不脱落纤维的疏水性除菌过滤器；管道的设计和安装应当避免死角、盲管。

应对制药用水及原水的水质进行定期监测，并有相应的记录。

应当按照操作规程对纯化水、注射用水管道进行清洗消毒，并有相关记录。发现制药用水微生物污染达到警戒限度、纠偏限度时应当按照操作规程处理。

我国 GMP（2010 年版）中制药用水的标准与欧盟 GMP、WHO GMP 中有关制药用水的规定基本一致，实现了与国际水平的完全接轨。

8.1.3　中国、欧洲、美国的药典制药用水指标对比

（1）纯化水指标对比

表 8-2 列出了中国、欧洲、美国的药典对纯化水指标的对比。从表中可以看出，中国、欧洲、美国的药典对纯化水指标的要求相似，都是针对本国、本地情况和保证制药用水质量而做的规定。在《中国药典》2020 年版四部通则制药用水中总有机碳测定法中规定，总有机碳检查用水应采用每升含总有机碳低于 0.10mg、电导率低于 1.0μS/cm（25℃）的高纯水。

表 8-2　中国、欧洲、美国的药典纯化水指标对比

项目	《中国药典》2020 年版	《欧洲药典》10.5 版	《美国药典》NF2021 版
制备方法	纯化水为符合官方标准的饮用水[①]经蒸馏法、离子交换法、反渗透法或其他适宜的方法制备的制药用水,不含任何添加剂	纯化水为符合官方标准的饮用水经蒸馏法、离子交换法、反渗透法或其他适宜的方法制备的制药用水	原水必须为饮用水 无任何外源性添加物 采用适当的工艺制备
性状	无色澄明液体，无臭	—	—
pH/酸碱度	酸碱度符合要求	—	—
氨	≤0.3μg/mL（0.00003%）	—	—
不挥发物	≤1mg/100mL	—	—
硝酸盐	≤0.06μg/mL（0.000006%）	≤0.02μg/mL	—
亚硝酸盐	≤0.02μg/mL（0.000002%）	—	—
重金属	≤0.1μg/mL（0.00001%）	≤0.1μg/mL	—
铝盐	—	不高于 10ppb（10×10⁻¹²）用于生产渗析液时需控制此项目	—
易氧化物	符合规定[②]	符合规定[②]	—
总有机碳	≤0.5mg/L[②]	≤0.5mg/L[②]	≤0.5mg/L
电导率	符合规定	符合规定	符合规定
细菌内毒素	—	≤0.25IU/mL 用于生产渗析液时需控制此项目	—
微生物限度	需氧菌总数≤100CFU/mL	需氧菌总数≤100CFU/mL	菌落总数≤100CFU/mL

① 参见 GB 5749—2022《生活饮用水卫生标准》。

② 纯化水 TOC 检测法和易氧化物检测法两项可选做一项。

（2）注射用水指标对比

表 8-3 列出了中国、欧洲、美国的药典注射用水指标的对比。从表中可以看出，欧洲、美国的药典制备注射用水的原水都用饮用水，而中国药典用纯化水；美国、欧洲的药典把反

渗透法也纳入制备注射用水的方法中；中国的药典仍规定蒸馏法。《中国药典》的细菌内毒素、微生物限度、总有机碳、电导率指标同欧洲和美国药典相同，并且注射用水均在 70℃以上保温循环。

表 8-3　中国、欧洲、美国的药典注射用水指标对比

项目	《中国药典》2020 年版	《欧洲药典》10.5 版	《美国药典》NF2021 版
制备方法	注射用水为纯化水经蒸馏所得的水	使用满足人类用水规范要求或使用纯化水，经过蒸馏或等同于蒸馏法的纯化工艺制得	注射用水的原水必须为饮用水；无任何外源性添加物；采用适当的工艺制备（如蒸馏法或纯化法），制备法需得到验证
性状	无色澄明液体,无臭	无色澄明液体	
pH/酸碱度	pH 5.0～7.0		
氨	≤0.2μg/mL		
不挥发物	≤1mg/100mL		
硝酸盐	≤0.06μg/mL	≤0.2μg/mL	
亚硝酸盐	≤0.02μg/mL		
重金属	≤0.1μg/mL	≤0.1μg/mL	
铝盐	—	最高 10ppb(10×10^{-12}) 用于生产渗析液时需控制此项目	
易氧化物	—	—	
总有机碳	≤0.5mg/L	≤0.5mg/L	≤0.5mg/L
电导率	符合规定	符合规定	符合规定
细菌内毒素	≤0.25EU/mL	≤0.25IU/mL	0.25EU/mL
微生物限度	需氧菌总数≤10CFU/100mL	需氧菌总数≤10CFU/100mL	菌落总数≤10CFU/100mL

8.2　饮用水处理

8.2.1　水系统的动态变化和不可靠性

8.2.1.1　原水水质的动态变化

制药用水的原水——饮用水，可能来源于两个途径，一是天然水如井水或地表水等，二是市政供水，制药厂需要对上述原水进行净化处理，达到饮用水标准。饮用水应符合国家标准 GB 5749—2022《生活饮用水卫生标准》。但是，从制药用水的概念来讲，饮用水中仍然含有大量杂质（有机物、无机物、胶体物质、微生物、余氯）。原水水质不但不纯，而且由于受自然界环境、人为的"三废"排放污染和季节变化的影响而动态变化。

8.2.1.2　制药用水处理系统的不稳定性

（1）影响水处理的因素

由于水中杂质的多样性，使水的处理技术较复杂；各个处理设备环节都会成为影响制药

用水水质的因素，如设备故障、储罐和管道的材质质量差；人员操作的失误、水质监测管理不当等原因，随时都可能造成制药用水水质的改变。

（2）水本身的腐蚀性和易污染性

许多有机物、无机物都能溶在水中成为杂质；水为多种微生物提供了滋生的条件，在制药用水系统中极易滋生微生物，污染水质；水对系统设备的腐蚀性也会增加污染，给药品质量带来风险。

综上所述，多种因素造成制药用水系统的不稳定性。必须按照药典和 GMP 的规定，严格动态地监控制药用水系统的各个环节，确保工艺用水质量。

8.2.2 饮用水的处理方法

饮用水的处理过程有混凝、沉淀与澄清、砂滤和软化（见表 8-4），经上述过程处理后的饮用水可以达到国家饮用水标准。

表 8-4　饮用水的处理方法

处理方法	原　理	介　质	被截留物质
混凝	向原水中投入化学混凝药剂,使水中的胶体物质产生凝聚和絮凝	无机混凝剂如硫酸铝、明矾、铝酸钠、硫酸亚铁、硫酸铁、氯化铁、铵矾、聚合铁；有机混凝剂如属于阳离子型聚合电解质类、阴离子型聚合电解质类、非离子型电解质类	胶体物质
沉淀与澄清	沉淀有自然沉降沉淀、混凝沉淀和化学沉淀澄清是利用在原水中加入混凝剂和积聚的泥渣相互碰撞接触、吸附,从而将固体颗粒从水中分离出来	—	固体颗粒物和胶体颗粒
砂滤	原水中固形物因机械阻挠和吸附被截留在滤料表面；被截留物因重叠和架桥形成过滤薄膜；继续过滤原水中的固形物,使小颗粒被截留	滤材多为石英砂、无烟煤和锰砂等	细小的悬浮物
软化	离子交换原理	钠型阳离子交换树脂	Ca^{2+}、Mg^{2+}

8.3　纯化水的制备

8.3.1　纯化水的制备方法、原理及水质要求

8.3.1.1　纯化水的制备方法和原理

纯化水必须符合离子和有机化学纯度的要求，并且必须使其免受微生物的污染，用于纯化水制备的原水是饮用水，需经过去离子、蒸馏、离子交换、反渗透、过滤或其他适当的纯化程序来被净化。处理方法及原理见表 8-5。纯化水制备系统必须被验证，以便能可靠地、连续地生产和分配符合标准要求的水。

目前纯化水的处理方法有六种，其中最常用的是机械过滤＋活性炭过滤＋一级反渗透＋EDI、机械过滤＋活性炭过滤＋二级反渗透±EDI 两种方法；上述处理方法中对进水水质的

要求详见表 8-6。

表 8-5　纯化水的处理方法及原理

处理方法	原理	进水水质主要指标要求
机械过滤＋活性炭过滤＋两级离子交换	物理截留吸附、离子交换原理	表面活性剂＜0.5mg/L,色度＜5 度
机械过滤＋活性炭过滤＋两级反渗透	物理截留吸附、反渗透原理(在原水中加以比自然渗透压力更大的压力,使渗透向相反方向进行,把原水中的水分子压到半渗透膜的另一边,变成纯化水)	浊度＜0.5 度,pH 值 4～7,水温 15～35℃,不得检出表面活性剂、洗涤剂、油分等,规定了硫酸钙溶度积、沉淀离子等
机械过滤＋活性炭过滤＋离子交换＋一级反渗透	物理截留吸附、离子交换和反渗透原理	符合离子交换和反渗透法进水水质要求
机械过滤＋活性炭过滤＋一级反渗透＋电法去离子(EDI)	物理截留吸附、反渗透和离子交换原理	符合反渗透和离子交换进水水质要求
机械过滤＋活性炭过滤＋二级反渗透±电法去离子(EDI)	物理截留吸附、反渗透和离子交换原理	符合反渗透和离子交换进水水质要求
机械过滤＋活性炭过滤＋软化器＋蒸馏法	物理截留吸附、离子交换和原水加热蒸发,使水分子与杂质完全分离,水蒸气再冷凝成水	符合离子交换进水水质要求

8.3.1.2　各种纯化处理方法对进水水质的要求

(1) 水质指标的概念

水质指标主要有浊度、淤泥密度指数和污染指数、pH 值、电导率、氯离子、硫酸根离子、酸消耗量（pH＝4.8）、总硬度、铁离子、硫离子、铵离子、二氧化硅等。

浊度指水中均匀分布的悬浮颗粒及胶体状态的颗粒使水的透明度降低的程度。单位为 FTU (farmatin)，即每含有 1mg/L 标准土（白陶土、硅藻土 SiO_2）的浑浊液的浊度为 1 度。浊度是一种光学效应。

SDI (silt density index，淤泥密度指数) 和 FI (fouling index，污染指数) 为膜过滤法测定水中细小微粒的方法。SDI 适用于浊度较低（反渗透进水中微粒的测定）的水。

(2) 纯化水系统不同处理方法对进水水质指标的要求

纯化水系统不同处理方法对进水水质指标的要求见表 8-6。

表 8-6　纯化水系统不同处理方法对进水水质指标的要求

	处理方法 检测项目	电渗析	离子交换	反渗透	
				卷式膜 (醋酸纤维素系)	中空纤维膜 (聚酰胺系)
1	浊度/度	1～3 (一般＜2)	逆流再生宜＜2 顺流再生宜＜5	＜0.5	＜0.3
2	色度/度	—	＜5	清	清
3	污染指数值	—	—	3～5	＜3
4	pH 值	—	—	4～7	4～11
5	水温/℃	5～40	＜40	15～35	15～35 (降压后最大为 40)
6	化学耗氧量（以 O_2 计）/(mg/L)	＜3	2～3	＜1.5	＜1.5
7	游离氯/(mg/L)	＜0.1	宜＜0.1	0.2～1.0	0

	处理方法 检测项目	电渗析	离子交换	反渗透	
				卷式膜 (醋酸纤维素系)	中空纤维膜 (聚酰胺系)
8	铁(总铁计)/(mg/L)	<0.3	<0.3	<0.05	<0.05
9	锰/(mg/L)	<0.1	—	—	—
10	铝/(mg/L)	—	—	<0.05	<0.05
11	表面活性剂/(mg/L)		<0.5	检不出	检不出
12	洗涤剂、油分、H_2S 等	—	—	检不出	检不出
13	硫酸钙溶度积			浓水<19×10^{-5}	浓水<19×10^{-5}
14	沉淀离子(SiO_2,Ba 等)	—	—	浓水不发生沉淀	浓水不发生沉淀
15	Langelier 饱和指数			浓水<0.5	浓水<0.5

8.3.2　纯化水的预处理系统

原水可能不能满足离子交换树脂或反渗透膜对进水的要求,往往需要进行预处理。其主要对象是水中的悬浮物、微生物、胶体、有机物、重金属和游离状态的余氯等。除原水水质外,更应针对制药用水水质纯度的要求及各单台水处理设备的最大能力等因素,综合考虑采用针对高含盐量原水的预处理系统。

8.3.2.1　纯化水系统预处理方法选择的原则

① 原水中悬浮颗粒含量小于 50mg/L 时,可采用接触凝聚过滤。

② 原水中碳酸盐硬度较高时,可在去除浊度的同时,加入石灰进行预软化。

③ 当原水中的有机物含量较高时,可采用加氯、凝聚、澄清过滤等方法处理。或增加活性炭过滤、有机物去除器等去除有机物的措施。

④ 原水中游离氯超过进水要求时,用活性炭过滤或加亚硫酸钠等方法处理。

⑤ 如果采用反渗透或电法去离子设备,应在原水进入设备之前,再增设一个(组)精密过滤装置作为后续处理设备的保护措施。

⑥ 如果后续工序对胶体状态的硅要求较严格,可在加入石灰的同时加入氧化镁或白云粉,以达到去除硅的目的。

⑦ 当原水中铁、锰含量较高时,应增加曝气、过滤装置,以去除铁、锰。

8.3.2.2　纯化水预处理的方法

纯化水预处理方法有过滤、吸附、电渗析、添加剂和软化剂等,在实际选择预处理的方法时,要根据进水的水质指标和对出水水质的要求进行选择,以达到预处理的目的。

(1) 预过滤

预过滤的目的是为了去除来自原水中 $7 \sim 10 \mu m$ 粒子的固体污染物,保护后续工序的部件免受这些颗粒的危害,而且这些颗粒可能妨碍设备的性能并缩短它们的有效寿命。

颗粒床过滤器是对于较大的水系统的多层过滤器或砂滤器,筒式过滤器是对于较小水系统的,其去除效率和能力大有不同,装置与系统配置在过滤介质的类型和工艺中的位置有很大的不同,颗粒床过滤器或筒式过滤器常位于去除原水中的消毒剂单元操作之前的水预处理系统。

过滤器在设计与操作运行中应考虑的问题有过滤介质的沟流、泥沙的封堵、微生物生长以及过滤介质的损伤等。可以采取下列控制措施：压力和流速的监控，反冲洗处理，消毒措施及更换过滤介质，合适的过滤器尺寸等。

（2）活性炭

粒状的活性炭床可以吸附低分子量的有机物和氧化剂（例如氯和氯胺的化合物），并能从水中除去它们。经活性炭吸附后可以得到某一质量指标的水，并保护后续操作单元的不锈钢表面、树脂以及膜不与之发生反应。

活性炭过滤的特点如下：①有效吸附有机物；②用催化氧化和化学吸附功能去除金属离子；③催化脱氯，脱氯过程并不是简单的吸附，而是在其表面发生了催化作用，所以活性炭有很强的脱氯能力，可以运行相当长的时间。

对活性炭系统操作时应注意的问题：容易长菌，供水压力是否引起沟流，有机吸附的能力，不适当的水流速和接触时间，是否能够在线再生，是否会产生细菌内毒素，有机化学物质和增加微小的炭粒子。对活性炭系统的控制措施：监测水流速和压差，用热水或蒸汽消毒和反冲洗；检测吸附能力并定期更换活性炭，使用化学添加剂和可再生的有机净化装置等办法来增强活性炭床的作用。

（3）电渗析

电渗析是电力推动式过滤膜，是利用阳离子交换膜只能透过阳离子，阴离子交换膜只能透过阴离子，选择性透过特性的原理。离子交换膜是关键的材料，分阳离子交换膜和阴离子交换膜，都带有固定的基团和可解离的离子。用静电及选择性渗透膜分离浓缩，将金属离子从水流中冲洗出去。电渗析装置分压滤式和水槽式。电渗析要求定期交换阴阳两极和冲洗，以保证系统的处理能力。

（4）添加剂

在水系统中使用化学添加剂有多种好处：①通过使用消毒剂（例如含氯的化合物以及臭氧）可控制水中的微生物；②通过使用絮凝剂可增强悬浮固体物的去除；③可去除含氯化合物；④避免在反渗透膜上结垢；⑤为通过反渗透更好地去除含碳和含氨的化合物而调节pH。这些添加剂可以通过后续的处理步骤去除，不形成添加物。在系统中应设计控制和监控程序以确保添加剂连续有效的浓度，以及在后续处理步骤中去除添加剂。

（5）软化剂

水软化剂位于消毒剂去除装置的上游或下游。利用阳离子交换树脂来去除水中的硬度离子如钙、镁离子，还可以去除其他具有较低亲和力的阳离子（如铵离子）。水软化剂树脂床可用浓缩的氯化钠溶液（盐水）进行再生。

使用软化剂操作中应注意的问题：微生物繁殖，树脂颗粒凝聚和有机物污染，供水流速引起的沟流，离子交换的能力，树脂破碎造成的污染，树脂再生时氯化钠溶液对水系统造成的污染等。使用软化剂时应控制的措施：①当用水量较少时让水循环流动；②定期对树脂和再生的盐水系统进行消毒处理；③对软化装置进行微生物的控制（紫外光和氯气或巴氏灭菌等）；④盐水系统选择适当的再生频率；⑤监测软化器出水的硬度；⑥在下游使用过滤器以去除树脂碎片等。

8.3.3 纯化水的精处理

8.3.3.1 纯化水的精处理方法选择原则

纯化水精处理系统可根据原水的悬浮杂质、含盐量等选择纯化水精处理系统的处理单元。

根据原水含盐量，参考下列原则选择纯化水制备的系统单元。

① 原水进水的含盐量在 500mg/L 以下时，一般可采用普通的离子交换法除盐。

② 对含盐量为 500～1000mg/L 的原水，结合原水中硬度与碱度比值，可考虑采用弱酸阴离子交换、强酸阳离子交换床串联或组成双层离子交换床。另外，当强酸阴离子的含量超过多效蒸馏水机的进水水质要求时，可考虑选用弱碱型离子交换树脂，以提高水处理系统的经济性。

③ 当原水为 1000～3000mg/L 高含盐量的苦咸水时，可采用反渗透的方法先将含盐量降至 500mg/L 以下，再用离子交换法脱盐。

经过各种方法制备得到的纯化水水质应达到《中国药典》2020 年版规定的标准。

8.3.3.2 蒸馏法

使用蒸馏水机将原水加热蒸发，使水分子与杂质完全分离，水蒸气再冷凝成水，得到蒸馏水。根据设计的不同，常分为单效蒸馏、多效蒸馏和蒸汽压缩蒸馏三种。其中，较为常用的方法为后两种；多效蒸馏法的灭菌和除热原指标均很稳定，且重现性强。

使用蒸馏操作应注意的问题：挥发性有机物质（如三氯甲烷）以及气态的杂质（例如氨和二氧化碳）的携带；蒸发器溢流、不适当的放空；冷凝器和蒸发器中停滞的水；泵和压缩机的密封设计；小孔的蒸发器和冷凝器的泄漏以及启动和运行期间电导率（质量）的变化等。

使用蒸馏时应控制的措施：采用初步的除碳步骤（以去除溶解的二氧化碳和其他挥发性的或不可冷凝的杂质）；安装可见的或自动化的水位显示；卫生级泵和压缩机的使用；在不使用期间进行排污；自动转换不合格水到废水流中的在线电导率监测；小孔泄漏的定期完整性检测。

8.3.3.3 离子交换法

离子交换系统使用带交换基团的树脂，利用树脂离子交换的性能，去除水中的金属离子。离子交换系统既可以设计成将阴床与阳床分开，也可以设计成混合床的形式。

离子交换在水处理中的应用如下。

① 软化处理通常使用钠离子软化。

② 软化和除碱，在某些情况下，单纯的钠离子交换不能满足水质的要求，当原水中含碱量较高时，会使水系统中产生 CO_2 腐蚀，必须做适当的除碱处理。

③ 除盐有两种方法：一种是复合串联离子交换床，即阴阳离子交换器除盐；另一种是混合离子交换床除盐。混合床除盐比复合串联床除盐更为彻底。所以，一般混合床多设于复合串联床系统的后续，混合床出水的电导率可达到 $0.2\mu S/cm$ 以下，SiO_2 的含量小于 $20\mu g/L$ 的水平。图 8-3 为离子交换法制备纯化水流程。

离子交换系统须用酸和碱定期再生处理。一般阳离子树脂用盐酸或硫酸再生；阴离子树脂用氢氧化钾或氢氧化钠再生。由于这两种再生剂都具有杀菌效果，因而同时也成为控制离子交换系统中微生物的措施。

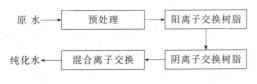

图 8-3　离子交换法制备纯化水流程

8.3.3.4 电法去离子

电法去离子（electrodeionization，EDI）亦是离子交换系统的一种，也称填充床电渗析，就是在电渗析器的隔膜之间装填阴阳离子交换树脂、将电渗析与离子交换有机地结合起来的一种水处理技术。它被认为是水处理技术领域具有革命性创新的技术之一，工作原理见图8-4。

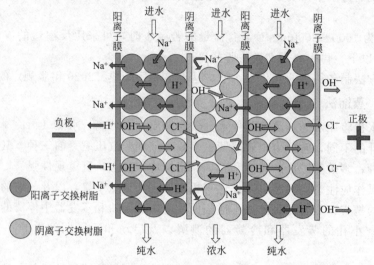

图8-4　EDI工作原理图

EDI系统中，水首先进入树脂段，每个EDI模块的正负极接上直流电源，当水通过树脂时，电能驱使树脂颗粒表面上吸附的金属电荷离子通过膜进入浓水腔脱去，得到高纯度的产品水，其电阻率可达18MΩ·cm，水的利用率可高达95%。电法去离子的最大特点是利用电能而不是化学能对离子交换树脂进行再生。这个系统的特点是，离子交换树脂用量极少，仅为IE法的5%左右，不仅具有较高的出水质量，而且利用电能而不是化学能对树脂再生，降低劳动强度，节省酸碱和大量清洁水，减少环境污染，无须停机更换树脂，系统的运行和再生可以同时连续进行。

EDI单元必须避免水垢的形成，还有污垢和受热或氧化退化。预处理及反渗透装置能明显地降低硬度、有机物、悬浮固体和氧化剂，从而达到可以接受的水平。EDI单元主要用一些化学剂消毒。特殊制造的EDI模块可以采用80℃左右的热水消毒。

电法去离子系统出水水质稳定，操作简单，成本低，常常作为反渗透系统的后续设备，进一步去除离子。

8.3.3.5 反渗透

反渗透法（reverse osmosis，RO）操作工艺简单、除盐效率高，还具有较高的除热原能力，比较经济。

(1) 反渗透处理水的原理

反渗透是压力驱动工艺，利用半渗透膜去除水中溶解的盐类，同时去除一些有机大分子、前阶段没有去除的小颗粒等。半渗透的膜可以渗透水，而不可以渗透其他的物质，如：很多盐、酸、沉淀、胶体、细菌内毒素。通常情况下反渗透膜单根膜脱盐率可大于99.5%。反渗透膜的工作原理如图8-5所示。

按照物理形态可将反渗透膜分为对称膜（均质膜）、不对称膜和复合膜。反渗透技术的关键在于起到除盐作用的反渗透膜的性能，要求反渗透膜具有较高的透水率和脱盐性能。

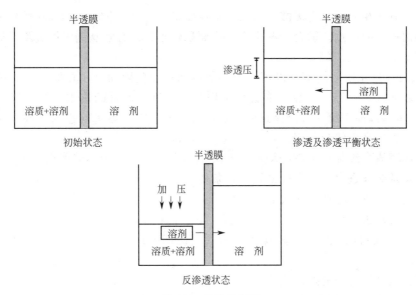

图 8-5 反渗透原理

反渗透装置的设计与操作中应注意的问题：对消毒剂和颗粒极度敏感的膜材料；化学的以及微生物的膜污染；膜的密封性和完整性；可溶性气体（例如二氧化碳和氨）的通过；以及废水量等。应当采取的控制措施：对水流进行适当的前处理；选择适当的膜材料；进行膜密封性和完整性挑战试验；耐热性；周期性消毒；监测压差、电导率、微生物水平以及总有机碳。

（2）反渗透系统装置及组合方式

典型的反渗透系统包括反渗透给水泵、阻垢剂加药装置、还原剂加药装置、$5\mu m$ 精密过滤器、一级加压泵、一级反渗透装置、CO_2 脱气装置或 NaOH 加药装置、二级加压泵、二级反渗透装置以及反渗透清洗装置等，反渗透单元如图 8-6 所示。

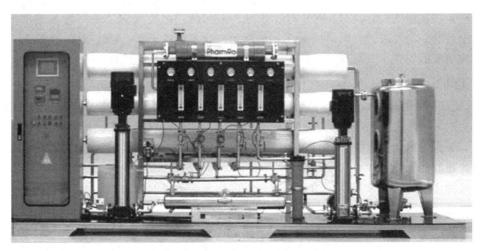

图 8-6 反渗透单元装置图

在纯化水处理系统中常用的反渗透装置组件有螺旋卷式和中空纤维式。

反渗透装置有各种不同的组合方式，不同的组合方式有不同的适用范围。

① 一级反渗透系统（单级） 通常用在原水水质较好，含盐量不高的场合。与传统的

离子交换除盐方式相比，具有无酸碱污染，不需要单独的具有防腐蚀和高排污标准的纯化水工房，占地面积小的优点。适合一些生产工房面积较小、没有独立制水站、工厂周边环保要求高的药厂。

② 二级反渗透系统　通常可以用于大多数制药用水的除盐。用在原水含盐量较高的情况。采用串联方式，即将第一级反渗透出水作为第二级反渗透的进水。第二级反渗透排水（浓水）的质量远远高于第一级反渗透的进水，可与第一级反渗透的进水合并作为第一级反渗透的进水，以提高水的利用率。

一级反渗透或二级反渗透系统均可与 EDI 结合运用，以达到不同的出水水质要求。

(3) 反渗透装置进水、产水标准及运行条件

反渗透装置的进水标准参照表 8-6。

反渗透装置产水标准：产水电导率≤6μS/cm；pH＝5.0～7.0。

反渗透装置运行条件：最高操作压力＜2.2MPa；单元压差＜0.07MPa；进水压力＞0.15MPa。

(4) 反渗透系统污染的控制方法

对进水做适当的预处理；选择适当的滤膜；进行"完好性苛刻条件"（挑战性）试验；将膜设计成螺旋形，以改善冲洗效果；定期对反渗透膜消毒；监控膜两端的压差；测定反渗透膜前端进水的电导率、微生物污染及总有机碳水平等。

(5) 反渗透膜的清洗

① 当下列情况发生时，需清洗反渗透膜元件：正常化的渗透液流量降低 10%；产品水中正常的盐含量增加 10%；进水和浓缩液之间的压差 Δp 比基准状况上升了 15%。

② 在清洗之前需先确定薄膜表面污垢的种类。其方法有：分析处理现场性能资料；使用决定污染指数 SDI 值的薄膜过滤所收集的污染物做分析。检查进水管内表面及反渗透膜进水端，如为红棕色，则怀疑可能已产生铁的污垢；如为黏性胶状物，则为生物污垢或有机物质的沉淀。

③ 反渗透膜的清洗步骤：配制和混合适当 pH 的清洗液，用清洗液清洁至低压控制无渗透液产生；在酸清洗时，pH 值升高 0.5 时，需加酸；之后浸泡清洗并冲洗难溶的污垢；检测排出系统的清洗液，判断清洗情况；最后用纯化水冲洗干净，确定冲洗干净后，才可转入反渗透装置的正常生产操作。

8.3.3.6 超滤

超滤（ultrafiltration，UF）是另一种类型的膜分离技术，应用十分广泛，超滤膜的孔径一般为纳米级，可用来分离除去水中的有机体、各种细菌以及多数病毒和热原物质。超滤能耗低，装置简单，操作方便。可以用于在特定位置对储水罐的流出水进行质量控制。

(1) 超滤的原理

超滤为切向流（交叉流动）的过滤方法，进行分子量级的分离。

超滤过程同时存在三种情况：

① 颗粒在超滤膜表面和微孔上产生吸附；

② 颗粒的粒径大小与滤膜孔径相似时，颗粒在孔隙中滞留，引起超滤膜的堵塞；

③ 颗粒的粒径大于超滤膜的孔径时，颗粒在膜表面处于机械截留状态，对颗粒实现筛分。

(2) 超滤膜的结构和过滤特性

超滤所需的压力较低，膜比较厚实，由纤维素或非纤维素的聚合物注塑于多孔的支撑材料构成，超滤膜组件的主要形式为中空纤维式和螺旋卷式。

超滤的过程属动态过滤,来自泵的动力在膜的表面产生垂直的切向力和法向力,利用两个力分离和去除被截留物质。

超滤与反渗透的主要区别在于超滤膜可以使盐和其他电解质通过,而胶体和分子量较大的物质被滤出。

(3) 超滤膜的清洗处理

超滤膜经过较长时间的运行后,膜表面会逐渐形成污染物和凝胶质沉淀,在水压的作用下被压紧呈致密状,从而使装置的运行阻力增大,膜的透水能力降低。

清洗处理有多种物理、化学方法。应首先用物理方法,例如用无添加剂的水对膜进行强力冲洗,分为膜的两端无压力差的等压冲洗法和两端存在压力差的反洗法。只有在物理清洗不能满足需要的情况下,才采用化学处理方法。化学清洗法按其作用性质分为碱性清洗、酸性清洗、氧化还原清洗和生物酶清洗四大类。生物酶清洗主要用于去除油脂类和蛋白质,采用胰蛋白酶和胃蛋白酶作为清洗剂。从安全考虑,原则上最好不用化学清洗法,如果必须使用时,应尽量用化学残余物容易去除的清洗剂。清洗后应检测并监控清洗剂的残余量。

(4) 超滤系统应注意的内容

滤膜材料对消毒剂的适应性;膜的完好性;由微粒及微生物引起的污染;因过滤器中污染物的滞留而造成的污染物在系统中的滞留,以及过滤器密封的完好性。

(5) 超滤系统控制污染的措施

定期消毒;采用能够冲洗滤膜表面的设计;进行超滤器的完好性挑战试验;定期更换超滤器滤芯;适当提高超滤器进水温度;对原水的总有机碳和压力进行监控。

8.3.3.7 微孔过滤

(1) 微孔过滤(micro filtration,MF)**的基本原理**

微孔过滤主要有如下两种过滤机理:尺寸排除与碰撞拦截,黏附与静电吸附。尺寸排除与碰撞拦截过滤主要是筛孔颗粒截留和滤饼效应颗粒截留。黏附与静电吸附主要是利用水中许多小颗粒呈负电荷,能被带正电荷的滤膜捕获。

(2) 微孔滤膜过滤器的种类及特性

① 微孔滤膜过滤器的种类 按用途可分为除菌过滤器和一般性杂质过滤器。微孔过滤器的滤材呈多样化,常见的有砂滤棒滤器、玻璃棒滤器、非石棉板框压滤器、微孔滤膜过滤器等。这些微孔过滤器的过滤方式还分为压滤与抽滤。

② 微孔滤膜过滤器的特性 滤膜的厚度大约为 $150\mu m$;具有完整一致的聚合物薄膜;具有确定的孔径和较高的过滤效率;膜面有较高的开孔率;颗粒的承载量较低;无纤维释放;工艺过程中通常用作最终过滤。

(3) 微孔过滤常用的滤材

① 树脂材料、亲水性除菌级滤材 可以反复冲洗、反复耐受121℃的在线蒸汽灭菌,常用于水及气体过滤,其亲水性膜常用于液体的除菌过滤。

② 金属复合膜 具有完全的疏水特性,所有的材料均为耐温材料,极限温度可以达到180℃。最适宜使用在需要用纯蒸汽在线灭菌的储罐或呼吸过滤器中。

③ 深度微孔过滤膜 系由聚丙烯纤维不规则放置构成网状流道形成的滤网,价格比较便宜,主要用于去除滤液中的粗大杂质,以保护后续的微孔薄膜。深度过滤膜能耐受高压湿热灭菌、在线蒸汽灭菌。

④ 薄膜微孔过滤膜 肉眼观察是一极薄、表面十分平滑的膜片。从电子显微镜中观察是一组很多层次的网状小孔紧密连接而成的坚硬薄片。每个网状小孔均有一定大小的孔径,

可以准确地分离各种不同大小的颗粒或细菌。

（4）微孔过滤器的类型和组合形式

按滤膜结构可分为深层过滤、表面过滤和膜过滤。

按滤膜作用可分为澄清过滤、预过滤和终端过滤。

常见的是将澄清过滤、预过滤和除菌过滤组合在一起。当制药用水过滤器的直径为 $10\sim30$in（1 in＝25.44mm）时，其滤芯孔径的选择原则一般为预过滤为 $1\mu m$，最终过滤为 $0.22\mu m$。

（5）微孔过滤器的系统的设计和操作运行中应注意的问题

微孔过滤器的大小要适当，以防止由于流速不当而引起的沟流或过滤介质的损失；避免被泥沙阻塞，防止微生物生长及过滤介质的损失；防止蒸汽冷凝水阻塞储罐排气管，导致储罐损坏；避免微生物在滤膜表面的堆积给储罐或去离子水设备中的树脂带来微生物污染的风险。

（6）微孔过滤器的控制措施

对微孔过滤系统内水压和流速进行监控；对微孔过滤器进行反冲、消毒或定期更换过滤介质；在储罐排气口使用疏水性微孔过滤器；在储罐排气口的微孔过滤器上安装温控外套，以防止蒸汽冷凝；在初次使用前，先将微孔过滤器灭菌，此后定期灭菌、定时更换；应严格控制微孔过滤器用于水处理系统或分配回路中，因为微孔过滤器也会成为微生物的污染源。造成污染的风险在于滤膜的破裂或微生物生长进而穿过滤膜。

8.3.3.8 几种主要分离膜的比较

几种主要的膜分离处理过程的区别见表 8-7。

表 8-7 膜分离处理过程的区别

方法	膜的功能	分离驱动力	透过物质	被截留物质
微滤	多孔膜、溶液的微滤、脱微粒子	压力差	水、溶剂、溶解物	悬浮物、细菌类、微粒子
超滤	脱除溶液中的胶体、各类大分子	压力差	溶剂、离子和小分子	蛋白质、各类酶、细菌、病毒、乳胶、微粒子
反渗透和纳滤	脱除溶液中的盐类及低分子物	压力差	水、溶剂	无机盐、糖类、氨基酸、BOD、COD 等
透析	脱除溶液中的盐类及低分子物	浓度差	离子、低分子物、酸碱	无机盐、尿素、尿酸、糖类、氨基酸
电渗析	脱除溶液中的离子	电位差	离子	无机、有机离子
渗透气化	溶液中的低分子及溶剂的分离	压力差、浓度差	蒸汽	液体、无机盐、乙醇溶液
气体分离	气体、气体与蒸汽分离	浓度差	易透过气体	不易透过气体

8.3.4 纯化水制备典型流程

纯化水制备典型流程见图 8-7，从图中可以看出，原水经过砂滤、活性炭过滤、软化器、精滤等预处理后进入精处理阶段，精处理阶段可根据实际生产工艺用水水质的要求分别采用不同的后处理方式。如果对出水水质要求仅为纯净水指标时，可以采用一级反渗透＋EDI的工序或两级反渗透；如果对电导率要求更高时，可以采用二级反渗透＋EDI的工序；

若对微生物限度有要求时，则在采用二级反渗透＋EDI处理后再经微孔滤膜、灭菌工艺后，用于生产中。在纯化水的制备过程中，要视每个工序的进出水水质要求进行浊度、硬度、TOC、SDI、pH等的在线实时监测，以保证出水最终达到设计要求。

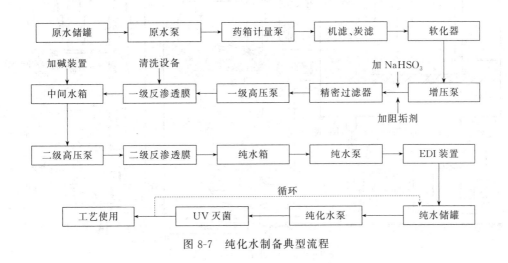

图 8-7　纯化水制备典型流程

8.4　注射用水的制备

现行的中国、欧洲和美国药典对注射用水中微生物和细菌内毒素有相同的限度规定。《美国药典》NF2021版在注射用水系统中描述，生产注射用水的最后单元操作仅限于采用蒸馏法或在去除化学杂质与微生物方面与蒸馏等效的或更高级的其他工艺。虽然蒸馏技术已经是一种长期可靠的技术，但目前欧洲、美国、日本等均同时认可反渗透法制备注射用水。

注射用水制备常用的设备有多效蒸馏水机和热压式蒸馏水机。

在蒸馏过程当中，低分子杂质可能被夹带在水蒸发后的蒸汽中以水雾或水滴的形式被携带，所以需要通过一个分离装置来去除细小的水雾和夹带的杂质，这其中包括内毒素。纯化了的蒸汽经冷凝后成为注射用水，通过蒸馏的方法至少能减少99.99%的内毒素含量。

8.4.1　蒸馏法制备注射用水的流程

典型蒸馏法制备注射用水的流程见图8-8。使用的设备及水质要求如下。

8.4.1.1　原水储罐

原水储罐使用304L不锈钢材料。储罐应设置高、低水位电磁感应液位计。储罐内进水管道上设置喷淋球，以保持罐内顶部及四周湿润，不受储水量变化的影响。罐内顶部设置$0.22\mu m$的除菌级呼吸过滤器，以避免罐内水位变化时罐外空气对纯化水的污染。

8.4.1.2　蒸馏水机

（1）热压式蒸馏水机

蒸汽压缩是一种蒸馏方法，水在蒸发器的管程里面蒸发，蒸发列管水平或垂直方向排列，水平设计一般是通过再循环泵和喷嘴进行强制的循环类型，而垂直设计是自然循环类型。

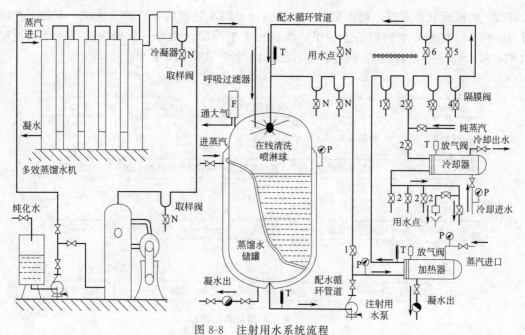

图 8-8　注射用水系统流程

N—取样；P—压力；T—温度；F—过滤器；数字代表用小点

热压式蒸馏水机的工作原理如图 8-9 所示。在热压式蒸馏水机中，进料水在列管的一

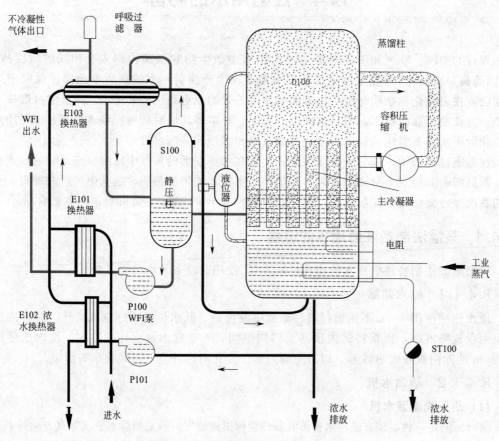

图 8-9　热压式蒸馏水机工作原理图

侧被蒸发，产生的蒸汽通过分离空间后再通过分离装置进入压缩机，通过压缩机的运行使被压缩蒸汽的压力和温度升高，然后高能量的蒸汽被释放回蒸发器和冷凝器的容器，在这里蒸汽冷凝并释放出潜在的热量，这个过程是通过列管的管壁传递给水的。水被加热蒸发的越多，产生的蒸汽就越多，此工艺过程不断重复。流出的蒸馏物和排放水流用来预热原水进水，这样节约能源。因为潜在的热量是重复利用的，所以无需配置一个单独的冷凝器。

（2）多效蒸馏水机

图 8-10 为多效蒸馏水机系统的原理图，多效蒸馏水机作为注射用水的生产设备之一，衡量其性能的标准在于设备的产水量、去除热原的能力、单位条件下产出的蒸馏水量和纯蒸汽冷却后的蒸馏水是否容易受到冷却水污染。

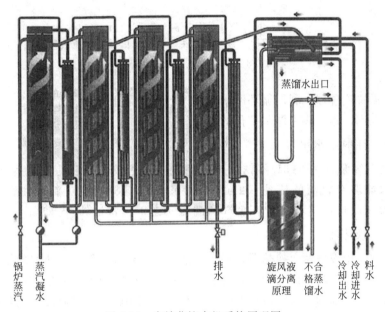

蒸馏水出口

锅炉蒸汽　蒸汽凝水　　排水　　旋风液滴分离原理　不合格蒸馏水　冷却出水　冷却进水　料水

图 8-10　多效蒸馏水机系统原理图

8.4.1.3　蒸馏水机热交换器

蒸馏水机热交换器是蒸馏水机的一个主要部件，用于将气液两相状的纯蒸汽、蒸馏水的混合液冷却成为蒸馏水。由于用纯化水质量的去离子水作冷却水，与蒸馏水有相似的离子质量，此时使用电导仪不能监控微生物含量。所以冷却器通常采用双重管板设计（图 8-11），以防止因冷却水泄漏对蒸馏水的污染。

8.4.1.4　纯蒸汽发生器

为多效蒸馏水机的一号蒸馏柱，可对注射用水系统设备或管道进行蒸汽消毒。蒸馏柱采用内外双层焊接型蒸发管，避免可能出现锅炉源蒸汽泄漏，造成与原料水之间的交叉污染。纯蒸汽发生器采用 316L 不锈钢材料制造，有较高程度的自动控制设备，对蒸汽的压力、流量、温度、电导率、pH 等进行监控。

8.4.1.5　注射用水储罐

储罐为调控系统用水峰谷情况的设备。其容积结合蒸馏水机的出水能力和制药用水情况确定。采用 316L 不锈钢材料制造，设置高、低水位电磁感应液位计或玻璃液位计。罐内循

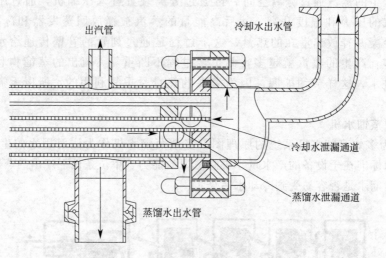

图 8-11　双重管板换热器

环回水管道上设置喷淋球，利用循环回水的动力形成对罐体的在线清洗状态，以保持储罐内顶部及四周的湿润，不受罐内储水变化的影响。

8.4.1.6　注射用水水泵

水泵是卫生级泵，由 316L 不锈钢材料制造。具有较高的压头，以保证注射用水循环系统中的水能够有较高的流速（2m/s 以上），最大限度地控制循环管壁上微生物膜的生成。要求泵能够在热水中含有蒸汽的湍流状态下正常运转。

8.4.1.7　换热器

配水循环回路中设置两台换热器，一台加热器，一台冷却器。加热器的作用是使系统中水的温度始终保持在较高温度之上，例如 80℃ 以上，使注射用水系统始终处于巴氏消毒状态，以控制系统微生物的生长。冷却器的作用是将系统中较高的水温冷却至药品生产工艺用水温度，例如水温控制在 40℃ 以下。冷却器采用内外双层焊接结构，以避免冷却能泄漏时对注射用水产生污染。

8.4.1.8　配水循环管路

设计上要求系统串联循环，管道与阀门管件采用 316L 不锈钢制造。管道连接和管道与阀门管件的连接采用惰性气体保护焊接和管箍卫生连接，为尽量减少连接处的缝隙，应以焊接为主，卫生连接为辅。管道的安装应设置 0.3% 以上的坡度，以利于排尽管道内的余水。对管道进行适当的保温，以减少热量散失，节约能耗。

为尽量减少微生物滞留在系统中的可能性，316L 不锈钢管道最好采用内部机械抛光或机械加电抛光，提高管壁的光洁度。管道安装完成，投入使用之前，需对管道内壁进行化学钝化处理，使管道内壁的不锈钢材料表面形成一层氧化铬保护层，以抵抗高纯度高温注射用水对管道的腐蚀。所有方法的最后用去离子水冲洗至系统出水的 pH 值为 7。

应进行管道压力试验。做检查管道机械性能的强度试验和管道连接的严密性试验。试验时应断开设备，如罐、热交换器、泵等。在连有罐或其他设备进行试验时，试验压力不得超过设备所允许的压力。通常，管道的强度试验是进行水压试验，试验压力为管道工作压力的 1.25 倍。例如，大多数制药用水的管道工作压力在 0.5MPa 以下，则试验压力应不低于

图中标注：出汽管　冷却水出水管　冷却水泄漏通道　蒸馏水泄漏通道　蒸馏水出水管

0.625MPa。无论工作压力有多低，试验压力不得低于工作压力加上 0.3MPa。管道的严密性试验压力一般为管道的工作压力加上 30kPa。

制药用水系统，尤其是注射用水系统的管道设计应在可能的情况下将死水段（死角）减至最少或彻底消除（见图 8-12），一般应将死水段的长度限制在支管段管径的 3 倍以内，亦即著名的"3D"规则。

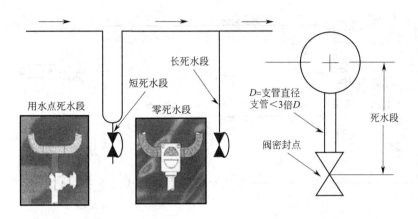

图 8-12 减少死水段的配水管道设计方式

从循环管道流出的水不应该再回到系统中去。配水系统的设计应包括储罐出口和回路上设置取样阀，保证水的取样。取样点可以设置在输送水到使用点的过程中，也可以是在水系统的用水点上。用水点的阀门与使用工序之间以及与辅助设备之间应直接连接。应防止水倒流至被控制的系统中，造成可能出现的再污染。配水系统应能够使用纯蒸汽湿热灭菌或化学消毒的方法控制微生物，通常将水系统设计成为系统可以连续地在消毒条件下运行或者进行定期消毒。典型的注射用水配水储存循环系统如图 8-13 所示。

使用点冷却器要求具有防止污染的双端板结构，可使用普通冷却水。系统对用水点进行流量检测，比较数据，对供回水流量进行控制，以满足管道内流速始终≥1m/s。

8.4.1.9 控制系统

应整合蒸馏水机的控制系统、泵的启动系统、换热器电动或气动阀门的控制、储罐水位控制、系统温度控制和水质控制等方面的功能，按照对水系统各项指标进行检测、控制、记录的要求进行控制系统的综合设计。

8.4.1.10 蒸馏法制备注射用水的主要要点

蒸馏法制备注射用水系统对原水的水质要求没有膜处理系统严格。应注意的要点为：杂质的聚集、蒸发器的溢流、死水、泵和蒸汽压缩机的密封性设计以及开机和运行间的电导率变化。

8.4.1.11 蒸馏法制备注射用水质量控制的方法

提高气液分离的可靠性、目测检查或自动显示高位水的水位；注意冷凝器的冷却水和蒸馏水之间可能出现的交叉污染；使用消毒后的泵和蒸汽压缩机；正确地排水并防止排水的倒流；加强用水控制，对系统使用在线电导率测试；有将不合格的产品水自动分流至废水侧一并流出的装置。

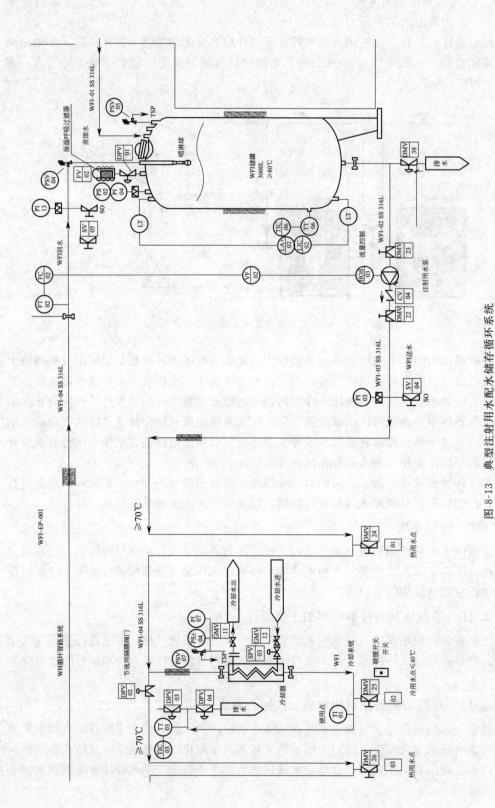

图 8-13 典型注射用水配用水储存循环系统

本图表示的注射用水储存分配系统，采用了各工艺用水点使用换热器降温处理，实用点温度可根据工艺要求任意调节，降温前系统前系统内温度完全满足 80℃以上保温，70℃以上保温循环的基本原则

8.4.2 反渗透法制备注射用水

《美国药典》NF2021 版收载反渗透法为制备注射用水的法定方法之一。反渗透法制备注射用水应注意的问题如下。

① 至少要采用两级反渗透系统。同时，反渗透单元的进口和下流管路中应安装大功率的紫外线杀菌灯，以控制微生物的污染。

② 采用卫生级的隔膜阀。应采用卫生级的隔膜阀、隔膜片（应有相应的药监机构如FDA 的许可证书），防止阀门存水造成的微生物繁殖。

③ 在反渗透滤器后安装巴氏灭菌装置。在反渗透滤器后安装一个巴氏灭菌装置，将水加热到 75～80℃，使微生物污染减至最少。

④ 配水管道尽量避免使用 PVC 管或塑料管。由于反渗透系统是一个典型的冷水系统，系统中接头处均易受到污染。在系统中尽量避免采用硬聚氯乙烯（PVC）管或塑料管，而PVC 管具有潜在的浸出性问题。

8.4.3 储存分配系统

水储存分配系统的合理设计对于制药用水系统是非常关键的。任何水储存和分配系统的最理想的设计必须满足以下基本要求：将水质量维持在可接受的限度内，按所要求的流速和温度把水输送至使用点，使资金的投入和运行费用最低。

国际制药工程协会 ISPE 指南推荐了主要分配方式，分别为：批系统；分支/单向；平行环路，单个罐；热储存、热分配；室温储存、室温分配；热储存，冷却与再加热；热罐，自限制的分配；使用点换热器等。

储存和分配选项比较结果见表 8-8，表中比较了目前应用于制药行业的几种储存和分配选项，选项比较是基于资金、能耗、操作成本、维护、可验证性和其他的因素，每个系统的每个类别分为低、中等或高。

储存分配系统可以利用设计特点来保证在合理成本下最大限度地降低污染风险，每个系统的设计是通过输送到使用点的水质来确定其有效性的。水储存和分配设计的选择/优化系统的方法，可以按照使水储存在不适宜微生物生长环境下的时间最长、水温变化最小和在消毒时所有的区域都要接触到的规则进行系统优化。

除图 8-8、图 8-13 中的储存和分配系统外，下面将介绍热储存，热分配；平行环路，单个罐；分批罐再循环系统的分配图及特点。

热储存，热分配的方式如图 8-14 所示，当所有的使用点都需要热水（高于 70℃）时可以选用这个配置，这个系统能够很好地控制微生物，操作简单，消毒频率低，但是要注意防烫、循环泵的气蚀等问题。

平行环路，单个罐的系统如图 8-15 所示，这种方式是一个热储罐和两个独立的环路；一个热分配和一个冷却再加热的环路。平行环路是非常普遍的，在有多个温度要求时具有显著的优势，或者是在区域很大用一个单一的环路会变得成本较高或压力方法满足不了要求时使用。

分批罐，再循环系统如图 8-16 所示，此种方式只限于资金紧张、较小系统、微生物质量关注程度低的情况下使用，操作成本较高。

表 8-8 储存和分配项选比较表

类别	批系统	分支/单向	平行环路，单个罐	热储存，热分配	常温储存，常温分配	热储存，冷却与再加热	热罐，自限制的分配	使用点换热器	无罐的常温环路
资金成本	高	低	中等	低	低-中等	中等	中等	高	低
水消耗	高	高	中等	低	低-中等	低	中等	高	中等
能量消耗	低	低	取决于环路	低	低	高	中等	中等	低
可验证性	简单	复杂	复杂	简单	一般	简单	一般	一般	一般
可操作性	复杂	复杂	取决于环路	简单	一般	一般	一般	一般-复杂	一般
维护要求	中等	低	取决于环路	中等	低	中等	中等	高	中等
罐周转率	不重要	有限	对常温罐一般，对热罐不重要	不重要	一般	不重要	有限	不重要	不适用
管线冲洗需要	重要	重要	取决于环路	不重要	一般	不重要	一般	重要	一般
满足高峰需要的能力	局限于质保控制	极好	一般到极好	极好	极好（冷急流体积）	一般	一般-极好	局限于交换器尺寸	一般
环路平衡和控制需求	一般	简单	重要	简单	一般	一般	一般	重要	一般
微生物/内毒素生长可能性	低-中等	高①	热=低，常温=中等	低	中等①	低-中等②	低-中等②	中等	热=低，常温=中等
什么情况下最适合	生产方法不可靠，用水前需QA放行，需要小系统	资金紧张，连续使用，经常冲洗或消毒	多种温度要求和压力限制	需要热水，生产的水是热的，或微生物控制很关键	常温或冷水高，峰需水量高，水在常温下生产	严格的微生物控制，消毒时间和限制，能量消耗不是所关注的，很多低温使用点	常温到冷水的需求高，单位能量消耗是所关注的，很多低温使用点	需要热和温水，低温使用点少	空间限制或罐的周转率是所关注的，有限的资金
什么情况下最不适合	资金和操作成本是所关注的	偶尔的使用需求，或操作成本是所关注的	水压平衡困难	起始资金或能量的可用性紧张	消毒不适合操作计划	单位能量消耗高	单位能量消耗高，或罐的周转率是所关注的	空间，起始资金或能量的可用性紧张	常温或冷却水需量高

① 低温每 24h 热消毒一次。

② 储罐始终是冷的或常温的，环路是冷的，环路进入储罐前的返回环路要进行加热。在进入储罐前热水消毒一次，每 24h 热水消毒一次。

③ 经常进行热水冲洗或蒸汽消毒能有效控制微生物负荷。如果每个分支在高周转率下使用（至少每天一次）也能明显地降低微生物负荷。

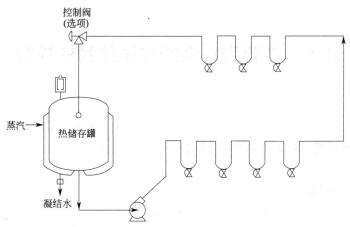

图 8-14 热储存，热分配

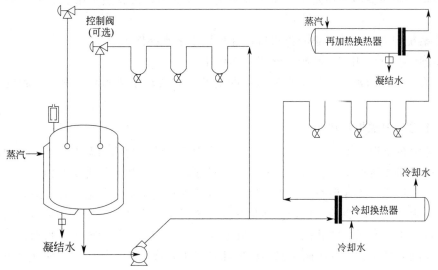

图 8-15 平行环路，单个罐

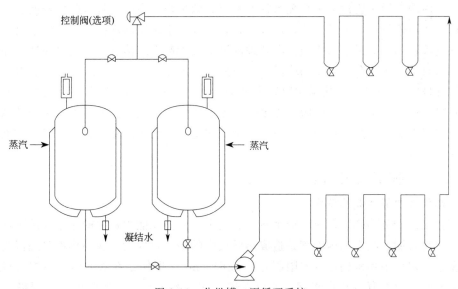

图 8-16 分批罐，再循环系统

8.5 制药用水系统内微生物的控制

8.5.1 制药用水系统中微生物的污染

8.5.1.1 外源性污染

水系统微生物污染的外部来源主要有以下方面：

① 储罐上的排气口没有使用呼吸过滤器保护；

② 储罐呼吸过滤器内使用了质量不完善的空气滤芯，或者整个组装好的呼吸过滤器有泄漏；

③ 水系统中有已经被污染的出水口，并且发生了水的倒流；

④ 储罐的排气口阻塞，呼吸过滤器不起作用；

⑤ 更换活性炭过滤器、离子交换器中的活性炭和去离子树脂时，细炭粒和树脂残片带来的污染。

8.5.1.2 内源性污染

水系统中各个设备单元的操作，可能是系统中主要的微生物内源性污染源。原水中的微生物容易被吸附在活性炭床、离子交换树脂、过滤器膜和其他水处理单元的表面，并逐渐形成生物膜。生物膜是某些种类的微生物生存于低营养环境下的一种适应性反应，生存于生物膜中的微生物受到生物膜的保护，许多化学消毒剂对生物膜毫无作用。如果其中某些微生物被冲洗脱落并送往水系统的其他区域时，在水系统的下游就可能形成微生物菌落群体。微生物也可能像细微的炭粒一样吸附在悬浮的固体粒子上，成为水系统中下游处理设备和配水管道系统的内源性污染源。

另一个内源性微生物污染源是配水管道系统。微生物能在配水管道的内表面、阀门和其他区域内生成菌落群体，大量繁殖，形成生物膜，成为水系统内部持久性的微生物污染源。

克服内源性污染而采取的措施：在储罐内顶部设置起在线清洗作用的喷淋球；注射用水系统循环水泵采用卫生级泵而且采用其本身输送的介质进行密封；配水管道采用 304L 或 316L 不锈钢材料；管道的连接采用以轨道自动惰性气体保护焊接为主，加上卫生卡箍连接为辅的连接体系；管道中使用的阀门越来越多地采用不锈钢隔膜阀或其他卫生级的球阀和蝶阀；系统设置热交换器严格控制流动与储存水的水温；系统中大量设置取样点，方便系统验证和日常监控等。

8.5.1.3 细菌性热原污染

(1) 细菌性热原污染的概念

大多数细菌和许多霉菌都能够产生热原。其中，致热原能力最强的是革兰氏阴性杆菌的产物。微生物代谢产物中的内毒素是造成热原反应的最主要因素。在药典中对细菌内毒素有明确的要求，对注射用水的内毒素限制是 0.25EU/mL。即使是在水的储存和配送过程中很快被破坏的细菌也会释放出内毒素，所以在进入配水系统前，采取除菌的处理措施是必要的，它比在配水系统中依靠保护措施（例如加热）来除去细菌会更好。无论是外源性污染或是内源性污染最终都可能导致热原污染。

（2）细菌性热原的理化性质

① 耐热性强　热原在 60℃ 加热 1h 不受影响，100℃ 也不热解。120℃ 加热 4h 破坏 98％，180～200℃ 干热 2h 以上或 250℃ 45min 可彻底破坏。各种革兰氏阴性菌分离出来的热原耐热性较强，在中性介质中，即使加热到 150℃ 经数小时也不会裂解。青霉菌属的热原耐热性亦强，通常 121℃、30min 的灭菌程序处理对它无影响，必须使温度达到 180℃、4h，250℃、45min 或 650℃、1min 才能被完全破坏。

② 滤过性　热原的体积多数在 0.1～50μm 之间，可通过除菌过滤器进入滤液中，但能被活性炭、硅藻土滤器等吸附。

③ 不挥发性　热原本身不具有挥发性，但能在蒸馏时被未汽化的水滴机械地带入蒸馏水中，故蒸馏水机均设有隔沫汽液分离装置。

（3）水系统中去除热原的方法

可以通过控制微生物进入系统和控制微生物的繁殖，将内毒素降至最低。对水处理系统进行消毒也能够达到去除微生物的目的。也可在管道内或使用点处加装超滤器或者带电介质过滤器。

去除热原有两种最成熟且有效的方法收载于《美国药典》：蒸馏法及反渗透法。超滤法也可去热原，超滤属机械过滤，尚不是药典正式收载的去热原方法。

多效蒸馏水机设置有特殊的去热原装置，通常是超长管板式汽液旋风分离装置，一般能达到使原水中的细菌内毒素下降 2.53 个对数单位的效果。

8.5.2　制药用水系统中微生物的鉴别

8.5.2.1　微生物的培养

（1）经典的微生物培养法

纯化水用平皿倾注法，注射用水用薄膜过滤法。

纯化水用平皿倾注法：把接种物均匀地分散在培养皿中，注入熔化的琼脂或其他培养基，凝固后进行培养。

注射用水用薄膜过滤法：先用微孔滤膜将微生物截留后，再加培养基培养。

培养温度和培养时间：经典的检测方法学采用高营养型培养基，培养温度通常在 30～35℃，培养时间为 48～72h。

（2）特殊的培养方法

在某些制药用水系统中，采用低温培养（20～25℃），并且延长培养时间（5～7 天）；在对制药用水系统验证期间或验证之前，应决定是否采用较低温度的培养方法，或者采用较长培养时间法来对制药用水系统进行监控。

8.5.2.2　微生物的检测分析方法

（1）培养法

对某种微生物的特性鉴别是用水系统的监控要素之一。因此，传统上优先使用培养法，因为它同仪器法相比有两个优点：理想的检测特点，操作方便；理想的事后检测能力，能处理大量的样品。

（2）推荐水系统测试微生物的方法

在水系统的测试或验证试验中，推荐用以下方法监控制药用水系统中的微生物。

饮用水：平皿倾注法，最小样品量 1.0mL，琼脂平面培养基，培养时间 42～72h，温度 30～35℃。

纯化水：平皿倾注法，最小样品量 1.0mL，琼脂平面培养基，培养时间 48～72h，温度 30～35℃。

注射用水：膜过滤法，最小样品量 100mL，琼脂平面培养基，培养时间 48～72h，温度 30～35℃。

8.5.3　制药用水系统的消毒灭菌

制药用水系统中的微生物控制，基本上是通过消毒来实现的。可以用热消毒法或者化学消毒法进行消毒。波长为 254nm 的紫外光也可用于对制药用水系统进行连续消毒。

8.5.3.1　化学消毒灭菌

（1）能进行化学消毒的物质

化学消毒法适用于各种材质，消毒处理时一般采用氧化，例如卤化物、过氧化物、臭氧、过氧乙酸等。卤化物是有效的消毒剂，但是其残余物难以消除，而且对管道内壁生长的生物膜不起作用。过氧化氢、臭氧和过氧乙酸等化合物通过形成过氧化物及其自由基来氧化细菌和生物膜，特别是浓度为 5% 的过氧化氢很有效。可以使用上述化学物质或者它们与其他化学物质的不同混合物进行消毒。

（2）臭氧消毒灭菌

① 臭氧消毒灭菌的优点　用臭氧灭菌不产生任何禁止的副产品或残余物。在没有可氧化物质时，臭氧分解成氧，一旦有可氧化物质，就会形成二氧化碳。臭氧最后要变成氧-臭氧分子，没有任何由杀菌物质引起的后续问题。制药工业的经验显示 0.1～0.2mg/L 的低浓度臭氧足以将细菌量控制在小于 100CFU/mL。臭氧半衰期为 30～60min，需要连续加入臭氧，可以用工艺参数来控制臭氧的量。

② 残留臭氧的去除　在大多数制药工艺中，使用点的水是不能含有臭氧的，须在用水之前将水中的臭氧去除。在 254nm 紫外线下可将臭氧转换成氧气。在臭氧消毒灭菌系统中配置大功率紫外线灯以去除消毒后水中残留的臭氧。

8.5.3.2　热消毒灭菌

热消毒法包括热水定期或连续循环消毒和使用蒸汽消毒。热消毒法只适用于能够耐受高温的系统，如材质为不锈钢或聚合塑料的系统。尽管热消毒法能够控制生物膜的形成，但它对于已形成的生物膜是无能为力的。卫生处理的最直接的方法就是在配水管道系统中将循环处理水加热到 80℃ 以上，并在此温度下保持一定的时间。如果系统设计合理，可以用较为经济的方法控制卫生处理的周期。

配水管道的蒸汽灭菌多使用在注射用水系统中，使用纯蒸汽灭菌，需要在储罐的呼吸口加装过滤器和排水口处加装阀门，也需要较高的蒸汽压力。

8.5.3.3　紫外线消毒灭菌

紫外光的能量在 200～300nm 之间有较强的杀菌能力，能损害微生物的 DNA，从而减少细菌，还可以阻碍生物膜的形成。然而对于浮游菌的微生物来说，紫外线仅仅是部分有效。紫外光单独使用并不能去除已经存在的生物膜，然而同传统的热消毒法或化学消毒法配合使用时，非常有效，而且能够延长两次消毒之间的时间间隔。紫外线消毒的效力要依其作用的水的质量、光线的密度、水的流动速率、接触时间和细菌的类型来决定。

8.5.3.4 消毒灭菌过程应注意的问题

① 对消毒工序应进行验证，以证明降低和控制微生物污染的能力能够达到合格的水平。

② 在进行热消毒法验证时，应做热分布检查，以证明整个系统的温度都达到了消毒要求的温度。

③ 在进行化学消毒法验证时，要求证明达到浓度要求的消毒剂遍布整个系统。

④ 化学法消毒后，应能证明有效去除了水中的化学残留物。

⑤ 根据系统监控结果来决定消毒频率，使系统的微生物在控制状态下运行且不能超过预警水平。

8.5.4 制药用水系统水质的警戒限度与纠偏限度

目前多数检测水中微生物数量的技术和方法都需48h后才能获得确切结果，待检测结果出来时，制药用水样品源通常已经用于生产过程。如果水的质量不符合标准，就会使采用这些制药用水生产的整批药品报废。因此，应当建立一个有关制药用水的量化的微生物学准则，以确定当检测结果超出限度范围时所应采取的控制措施。

对于一个已定的过程控制属性来说，使用警戒限度和纠偏限度有助于保持系统控制避免超出此属性的合格或不合格的规范。

警戒限度是指制药用水的质量水平或范围，当警戒限度被突破时，表明制药用水工艺运行即将偏离正常运行条件，必须引起重视。

纠偏限度是指制药用水的质量水平或范围，当超出纠偏限度时，表明制药用水工艺的运行已偏离正常运行条件，应当立即采取纠正性措施，使其恢复到正常运行条件。

警戒限度和纠偏限度应建立在制药用水工艺和产品规格标准的范围之内。因此，超出警戒限度和纠偏限度并不意味着整个工艺过程已危及产品质量。

任何制药用水系统所建立的微生物警戒限度和纠偏限度，都必须同所选用的监控方法和与之匹配的标准水平联系在一起。使用微生物列举法，一般最大的纠偏限度应为：纯化水<100CFU/mL；注射用水<10CFU/100mL。

8.6 制药用水系统的运行管理与维护

8.6.1 制药用水系统的运行管理

现代制药用水系统的运行管理着重强调对系统的工艺过程控制，即对水系统中水的制备、储存、分配系统的管理和水系统中微生物的控制。对水系统中采用的每一个处理单元设备的功能都应有明确的进出水指标要求和检测记录，要求在系统中设置相应的检测仪表进行密切监控，尤其是监控每一个水单元设备处理前后的水质变化情况。

(1) 对于纯化水系统运行管理的要点

① 对原水的 pH、余氯（Cl_2）、浊度、微生物的滋生情况进行监控，对水进行全化学成分、溶解固体总量（TDS）的分析。

② 监控活性炭过滤器处理前后有机物、余氯（Cl_2）、浊度和污染指数的变化情况，一般要求处理后水的浊度小于 0.5HTU，淤泥密度指数 SDI ≤ 5.0，余氯（Cl_2）量＜0.1mg/L。

③ 监控软化器处理前后的钙镁离子浓度、胶体硅和溶解硅及树脂、固体总量等。

④ 监控反渗透膜处理前后水质的变化，要求反渗透膜处理后，除盐率＞97%，处理后的纯化水中剩余的含盐量应控制在 0.1mg/L 以下。

⑤ 监控离子交换器处理前后 pH、胶体硅、溶解硅及树脂、固体总量、微生物、热原的数量级、对树脂进行分析看有无破碎微粒、电导率的变化等，通常制药用纯化水的电阻至少应大于 2MΩ。

⑥ 应监控系统采用灭菌方法处理前后微生物量的变化。例如，当纯化水系统采用臭氧或巴氏灭菌时，主要判断处理前后的细菌含量。处理的强度与时间和细菌的含量有关。

⑦ 纯化水各个用水点原则上每个月应进行一次全使用点的检测。

(2) 对于注射用水系统运行管理的要点

① 应注意蒸馏水或反渗透水的制备、储存、分配系统管道上的使用点等各部位出水的电导率、pH、微生物、热原、化学成分和排污物中的溶解固体总量（电导率法）的变化。

② 注意循环系统微生物的控制情况和灭菌周期。

③ 注意控制在蒸馏水机原水进水量改变和原蒸汽压力改变时，蒸馏水出水水质的变化，尤其应关心热原物质的变化情况。

④ 注射用水各个用水点原则上每个月应进行一次全使用点的检测。

8.6.2 制药用水系统的维护

8.6.2.1 制药用水系统维护的原则与频率

(1) 制药用水系统维护的原则

① 发生故障时，应向制药用水管理负责人报告，由其决定采取适当的措施。

② 所有影响制药用水系统正常工作的情况（如更换阀门、热交换器垫圈等）必须事先向制药用水管理负责人报告，并得到认可，以便协调。

③ 对制药用水系统的改造，例如拆除某些部件或增加新的部件或管道，都必须执行相应的 SOP，并画出新的图纸。

④ 制药用水系统的变更应向 QA 管理人员报告，并按相应规定执行。

⑤ 制药用水系统的图纸由维修部门保存，并作为 SOP 的补充。所有采取的措施（如灭菌、偏差情况的处理、维修等）都必须记入工作日志。自动记录纸经检查后，应标上检查日期、时间并签名。

(2) 制药用水系统维护的频率

① 制药用水系统原则上 1 年应清洁保养 1～2 次。

② 每半年更换 1 次纯化水储罐、注射用水储罐氮气过滤器，并检查循环泵。

③ 每年对纯化水、注射用水储罐及循环管道进行 1 次清洗并灭菌。

④ 每年更换 1 次循环系统内各支路一级阀门的阀芯密封圈。

⑤ 每年全面检修整个制药用水系统，检查并确保电气及控制元件、各管道接头、阀门和密封件符合使用要求。校验系统中有关温度、压力变送器和仪表。

⑥ 每 2 年更换 1 次循环系统中所有干管阀门和支管中的一级开关阀门。

8.6.2.2 制药用水系统的预防性维护保养

应建立预防性的维护方案，以确保制药用水系统随时都处于监控状态下。维护方案应包括以下方面。

(1) 制药用水系统的操作规程

水系统的操作和例行维护工作以及纠正性措施都应有书面的规程，应该明确规定实行纠正措施的时间。操作规程要详述每一个工作的功能、安排、由谁负责某项工作，应详细描述怎样进行某一个操作等，应包括日常管理记录，并随时存档，在水系统验证期间要对操作规程的有效性进行评估。

(2) 关键的质量属性和操作条件监控计划

应包括对关键的质量属性和操作参数的记录，并对计划实施监控。操作条件的监控计划应包括：

① 在线传感器或记录仪（如电导率仪、硬度仪和 TOC 仪）的记录文件；

② 实验室测试和操作参数的自动或手工记录文件；

③ 监控所需的取样频率；

④ 取样点位置的附图；

⑤ 取样测试的结果；

⑥ 取样结果的评估结论以及实施纠正措施的要求；

⑦ 关键仪器的校验。

(3) 定期消毒计划

制订定期消毒处理计划，以保证制药用水系统内微生物的数量始终处于受控制的状态。

(4) 预防性的设备维护

应该实施预防性维护计划，计划中应当阐明进行什么样的预防性维护，维护工作的频率以及如何进行维护，而且应当有书面的记录。

(5) 机械系统和操作条件的变化控制

水系统中机械构造形式和操作参数应当经常处于监控状态下。对计划中的改变，应当就其对整个水系统产生的影响进行全面评估。当某些方面改变以后，应对整个系统重新验证并使其合格。在系统做出某些调整后，有关的图纸、手册和规程也应当进行相应的修订。

8.6.2.3 制药用水系统维护保养的标准操作规程

制药用水系统维护保养规程应该包括下列内容：

① 如果去离子是水系统内的一个组成部分，则应建立离子交换树脂再生规程；

② 如果反渗透装置是水系统的一个组成部分，则应制订反渗透薄膜消毒规程；

③ 过滤器的消毒和更换规程，包括过滤器规格；

④ 紫外线强度的监控和紫外线灯的更换规程；

⑤ 储罐和配管的灭菌规程；

⑥ 仪器的校准规程和校验程序；

⑦ 活性炭过滤器消毒和更换规程；

⑧ 臭氧发生器保养规程。

在维护保养的标准操作过程中，应将整个保养过程记录下来并与过去的记录相对比，其对比的结果应相互一致，当出现偏差的时候，根据偏差的原因，采取纠偏措施。

8.7　制药用水系统的日常监控

8.7.1　日常在线监控、间隙监控及取样分析

制药用水系统在日常运行过程中，应进行在线监控与间隙监控检测。监控检测所采用的取样频率应能保证制药用水系统总是处于严格的控制之中，能够连续地生产出质量合格的制药用水。样品应取自水处理和配水系统中有代表性的部位。取水样品不仅应反映水系统的最终成品水的质量，还应该反映出系统中每一个制造单元所起的作用和性能指标，每个单元处理前后的水质情况，水处理工艺过程中的水样的变化情况。即对水处理过程进行全面控制。

取样计划应考虑到被取水样的理想特性，例如高纯水系统，因有较为关键的微生物学要求，所以需要更为严格的取样频率。取样时，应特别注意所取样品应具有代表性。取样器具应预先进行消毒，在收集样品前，应充分冲洗。含有化学消毒剂的样品在中和后才可以进行微生物学分析。用于微生物学分析的样品，在取样后应立即进行微生物学检测，来不及马上进行检测的样品应在适当条件保存至测试开始时为止。

8.7.2　日常监控取样点布置和取样频率

因为制药用水系统的取样点和频率是在验证基础上确立的，因此，取样点应覆盖所有的关键部位；设备上取样点的取样频率可以低于使用点上的取样频率。

纯化水管道系统取样点布置和取样频率：①送、回水管每天取样 1 次；②使用点可轮流取样，但需保证每个用水点每月取样不少于 1 次。

8.7.3　制药用水系统水质测试指标

(1) 化学指标和微生物指标

符合《美国药典》NF2021 版标准和《中国药典》2020 年版标准。

(2) 重新取样检测

由于取样、化验等因素，有时会出现个别用水点水质不合格现象，此时须重新取样化验。

① 在不合格取样点再取一次样；

② 重新化验不合格指标；

③ 重测这个指标必须合格。

8.8 制药用水系统的验证

验证是一个程序，通过此程序获得和记录一个高度保证的证明，证明一个特定的工艺将连续生产出符合已建立的一系列质量指标的产品。在验证之前和验证期间，制订关键的工艺参数和它们的操作范围。验证程序确认和证明设备的设计、安装、运行以及性能。验证通过以下几个阶段来进行：安装确认、运行确认以及性能确认。一个典型水系统验证生产周期如图 8-17 所示。

一个验证计划通常包括以下几个步骤。

① 制订成品水与原水的质量标准。

② 定义适当的单元操作以及它们的操作参数，以达到预期的来自原水的成品水的质量属性。

③ 选择管路、设备、控制与监测技术。

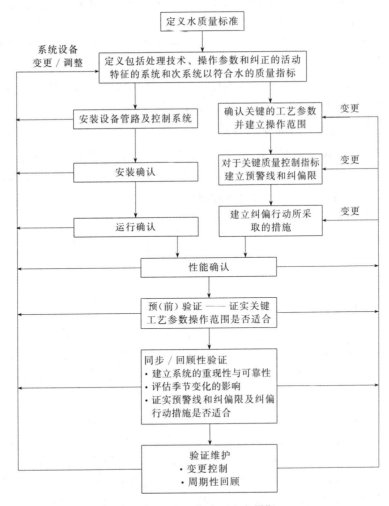

图 8-17 水系统验证生产周期

④ 建立安装确认（IQ），包括：仪器校验，检查已确认图纸是否准确描述水系统的构造结构，（如必要）进行专门的试验以确认安装是否符合设计要求。

⑤ 建立运行确认（OQ），包括：检测和检查以确认设备、系统报警和控制是否正常运转，建立适当的预警限和纠偏限（这个确认阶段可能与下一步的某些方面相重叠）。

⑥ 建立预性能确认（PQ），包括：确认关键工艺参数操作范围是否适合（在此验证阶段，证实关键质量属性与操作参数的预警限和纠偏限）。

⑦ 保证正在进行的控制规程的适当性，例如，消毒的频率。

⑧ 验证维护程序的增补（也称为连续的验证生命周期）：包括某种机制以控制水系统的变更，建立和实现预定的预防性维护保养（包括仪器的再校验）。另外，验证维护工作应包括针对关键过程参数和纠偏行动措施的监测程序。

⑨ 制订一周期性的检查系统性能与再校验的时间表。

⑩ 完成验证方案，记录上述步骤。

8.8.1 典型注射用水系统的验证

注射用水系统验证，应根据注射用水系统配置图、设备一览表以及各设备的出水质量和系统水质指标，详细地分析系统中各设备的运行特点、运行方式，找出需要验证取样测试的项目，逐一明确各项待验证技术指标，并为系统进行设计、安装、运行、性能确认，保证整个系统可以提供合格的水质。

注射剂车间注射用水系统：原水为纯化水，采用热压式蒸馏水机制备注射用水，储存和分配系统采用热储存、热分配的方式，验证过程如下。

8.8.1.1 注射用水系统的安装确认

确认注射液用水系统安装所需的文件，如流程图、系统描述及设计参数，水处理设备及管路安装调试记录，仪器仪表的鉴定记录、设备操作手册和使用维修规程 SOP；根据生产要求检查安装是否合格，安装是否符合设计及规范。

8.8.1.2 注射用水系统的运行确认

运行确认是为证明该系统是否能够达到设计要求及生产工艺要求而进行的实际运行试验，所有的水处理设备均应开动，对各设备的运行、参数、管路、水泵和阀门等检查。

8.8.1.3 注射用水系统的性能确认

确认注射用水系统全部用水点水质符合《注射用水质量标准》要求，可以满足产品生产工艺要求。确认注射用水系统按清洁消毒操作规程制订的清洁消毒方法和周期能够控制系统微生物滋生和污染，能够保证注射用水质量符合工艺要求。确认注射用水系统操作规程的适用性。

注射用水系统按设计要求安装、调试、运转正常后（包括确认已完成），即可进行验证。在验证中多采取连续式运行方式，注射用水储存和分配系统的性能确认共分为三个阶段，第一阶段和第二阶段每天都要对全部注射用水取样口水质进行全项检验，第三阶段每月对全部注射用水取样口水质进行一次全检，对全部注射用水取样口水质进行微生物限度和细菌内毒素指标检测。性能确认三个阶段取样程序的验证目的和持续时间见表 8-9。性能确认后要填写测试报告，如果发生偏差，要填写偏差报告，制订纠偏措施。

表 8-9　性能确认三个阶段取样程序的验证目的和持续时间

验证阶段	主要目的	典型持续时间
第一阶段	考察系统各功能段的功能情况 制订合适的运行范围 制订和最终确定操作、清洗和维护程序 证明所生产水和输送水符合质量要求	至少 2～4 周(10～20 天)
第二阶段	持续证明按 SOP 运行在确定的范围内 持续证明所生产及输送水达到质量要求	至少 2～4 周(10～20 天)
第三阶段	证明长期性能 确保潜在的季节变化的因素得到评估和处理	至少一年

8.8.2　验证确认后的监控和变更控制

8.8.2.1　定期抽样检测

制药用水系统的验证第三阶段包括汇聚一年常规控制计划所得的数据。因此，需要拟订一个采样计划，这个计划应足以证明制药用水系统是按照指定的标准操作规程（SOP）在进行。归纳以上验证内容，注射用水日常监测计划见表 8-10。

表 8-10　注射用水日常监测计划

采取点	系统运行方式	管道连续方式	测试状态	采样频率	监控指标
回水总管	连续式	串联、并联	生产时	每天 1 次	化学、微生物、细菌内毒素(热原)
	批量式	串联、并联	生产时	每天 1 次	化学、微生物、细菌内毒素(热原)
用水点每天轮流取样	连续式	串联	生产时	每月至少 1 次	微生物、细菌内毒素(热原)
		并联	生产时	每周至少 1 次	微生物、细菌内毒素(热原)
	批量式	串联	生产时	每月至少 1 次	微生物、细菌内毒素(热原)
		并联	生产时	每周至少 1 次	微生物、细菌内毒素(热原)
注射用水储罐	批量式	串联	生产时	每个储罐①	化学、微生物、细菌内毒素(热原)
	连续式	并联	生产时	每天 1 次	化学、微生物、细菌内毒素(热原)
	批量式	并联	生产时	每个储罐①	化学、微生物、细菌内毒素(热原)

① 根据验证所定的使用天数，每批注射用水批准使用前必须测试化学、微生物和细菌内毒素（热原）的指标，并注明本批注射用水的失效日期。

8.8.2.2　变更的控制

制药用水系统出现变更时，需要对变更的内容进行控制，变更控制可以提供制药用水系统操作、规程、验证、安全和质量保证的合理建议，而且会影响到系统中关键部件或控制参数发生变化。

尽管在制药用水系统生命周期内，不同阶段的控制目标是相同的，但在不同阶段使用相同的系统控制变更可能很困难。而且，变更控制的方法在不同阶段通常都有所变化，在特定阶段需要适应变更控制目的。

8.8.2.3　制药用水系统的维护

制药用水系统的维护应符合一个受控的、被证明可行的维护程序，应考虑以下几个方面：

① 系统元件使用的频度；

② 特殊任务所需的 SOP；

③ 所需备件的管理；

④ 发布清晰的维护指令；

⑤ 利用已完成的工作来再检查和批准，并记录和复查维护期间的问题和过失。

8.8.3　制药用水系统的再验证

当制订的系统扩展的变更涉及关键控制设施、操作参数、规格或接受准则时，就应该进行再验证。

制药用水系统每年应复查一次，复查小组成员应来自工程系统、质量保证系统、操作和维护系统。复查范围包括系统性能、可信度、质量偏移（趋势）、失败事件、调查结果以及监测结果超标的查处。

思考题

1. GMP（2010 年版）对用于药品生产的制药用水有哪些要求？

2. 简述制药用水的分类和应用范围。

3. 简述在制剂生产时，对用水选择的评估程序。

4. 制药用水为什么需要净化？

5. 影响饮用水水质的因素有哪些？

6. 纯化水制备时为什么需要预处理？

7. 制备纯化水的方法有哪些？

8. 简述反渗透、电渗析、超滤、微滤这几种膜分离处理过程的主要区别。

9. 分别简述采用多效蒸馏水器和热压式蒸馏水器制备注射用水的优点及操作中的注意事项。

10. 简述注射用水储存分配的优化规则。

11. 注射用水储存分配的方式有哪几种？各有什么优点？

12. EDI 的工作原理是什么？

13. 在制药用水系统中常用的消毒灭菌方法有哪些？

14. 制药用水系统日常监测取样点如何布置？

15. 简述制药用水系统的验证周期。

16. 制药用水系统验证的基本要求有哪些？

17. 针对水针制剂生产线设计用水系统方案应考虑的因素有哪些？

参 考 文 献

[1] 国际人用药品注册技术协调会. Q12 药品生命周期管理的技术和监管考虑. 国家药品监督管理局药品审评中心.
     2019.11〔2020-06-03〕http：//www.cde.org.cn/main/news/view Info Common/zebbc327b7e358eq41cddd92a
     28cdded.

[2] 全国人大常委会. 中华人民共和国药品管理法（2019 年修订）. 2019 年国家主席令第 31 号，2019.6.

[3] 全国人大常委会. 中华人民共和国疫苗管理法. 2019 年国家主席令第 30 号，2019.6.

[4] 国务院办公厅. 关于全面加强药品监管能力建设的实施意见 国办发〔2021〕16 号，2021.4.

[5] 国家市场监管总局. 药品注册管理办法（2020 修订）局令第 27 号 ，2020.1.

[6] 国家市场监管总局. 药品生产监督管理办法（2020 修订）局令第 28 号，2020.1.

[7] 国家药监局. 药品上市后变更管理办法（试行）2021 年第 8 号，2021.1.

[8] 国家药监局新闻宣传中心. 国家药监局 2021 年监管计划及 2020 年年度总结. 2021.2.

[9] 国家卫生部. 药品生产质量管理规范，2010.

[10] 朱世斌，曲红梅. 药品生产质量管理工程. 2 版. 北京：化学工业出版社，2017.3 .

[11] GB 50073—2008 洁净厂房设计规范.

[12] Graham C Cole. Pharmaceutical Production Facilities Design and Applications. London：Taylor&Francis Ltd，2003.

[13] 王可. 化学原料药合成车间的设计探讨. 化工与医药工程，2020，41（1）：1-9.

[14] 张真继，邵丽萍. 企业资源计划. 北京：电子工业出版社，2014.

[15] 国家食品药品监督管理局安全司，药品认证管理中心，高级研修学院. 药品生产质量管理规范培训教材指南. 天津：
     天津科学技术出版社，2011.

[16] 陈荣秋，马士华. 生产运作管理. 5 版. 北京：机械工业出版社，2017.

[17] 崔福德. 药剂学. 7 版. 北京：人民卫生出版社，2011.

[18] 姚裕群，杨俊青. 人力资源管理. 6 版. 北京：中国人民大学出版社，2018.

[19] ［美］约翰 M 伊万切维奇，［美］罗伯特·科诺帕斯克. 人力资源管理. 原书第 12 版. 北京：机械工业出版社，2015.

[20] ［日］坂本硕也，［日］细野泰彦. 生产管理入门. 王明贤，李牧，译. 北京：化学工业出版社，2019.

[21] 杨施娟，陈赛赛. 浅谈药品生产 GMP 管理过程中质量风险管理的实施与应用. 科技创新与应用，2016（16）：
     268-269.

[22] 邱建国. 风险评估在药品质量管理中的应用. 世界最新医学信息文摘. 2015，15（91）：147-148.

[23] 龚益鸣. 现代质量管理学. 2 版. 北京：清华大学出版社，2007.

[24] 欧盟 GMP. 4 卷. 2003.

[25] 蒂托 A 康蒂，近藤良夫，格里高利，等. 21 世纪的质量：企业永续经营中的质量和竞争观念. 狄辉，译. 北京：中
     国人民大学出版社，2005.

[26] Richard Prince. Pharmaceutical Quality. USA，Davis Healthcare International Publishing. 2004.

[27] 国家药品监督管理局. 国家药监新闻发言人介绍华海药业缬沙坦原料药有关情况.〔2018-07-29〕https：//
     www.nmpa.gov.cn/directory/web/nmpa/yaowen/ypjgyw/20180729174001758.html.

[28] 中国医药包装协会. T/CNPPA 3001—2017 吹灌封一体化（BFS）输液技术指南，2017.

[29] 国家药品监督管理局. 化学药品注射剂灭菌和无菌工艺研究及验证指导原则（试行），2021.

[30] 国家药品监督管理局. 化学药品注射剂包装系统密封性研究技术指南（试行），2020.

[31] 国家药品监督管理局. 无菌工艺模拟试验指南（无菌制剂和无菌原料药），2018.

[32] 国家药品监督管理局. 除菌过滤技术及应用指南，2018.

[33] 国家食品药品监督管理总局. 化学药品注射剂与药用玻璃包装容器相容性研究技术指导原则（试行），2015.

[34] 潘卫三. 工业药剂学. 3 版. 北京：中国医药科技出版社，2015.

[35] 国家食品药品监督管理局.《药品生产质量管理规范（2010 年修订）》附录计算机化系统和确认与验证. 2015.

[36] European Commision Enterprise and Industry Directorate-General Consumer Goods Pharmaceuticals. The Rules Gov-
     erning Medicinal Products in the European Union Volume 4 European Union Guidelines to Good Manufacturing Prac-
     tice Medicinal Products for Human and Veterinary Use（2005 Revision），2006.

[37] U. S. Government Printing Office. 21 Code of Federal Regulations Parts 210 and 211-Current Good Manufacturing
     Practice in Manufacturing, Processing, Packing or Holding of Drugs; General and Current Good Manufacturing

Practice For Finished Pharmaceuticals (Revisions as of 2 May 2006). Washington DC：2007.

［38］ Curts Connie. FDA-Regulated Validation in Clinical and Nonclinical Environments (Regulatory Affairs). IEEE Engineering in Medicine and Biology Magazine，2007，26（1）：91-101.

［39］ 全国人大常委会.中华人民共和国生物安全法.2020.10.

［40］ 杨晓明.世纪大讲堂《新冠疫苗研发最全科普》.中国生物，2020，9.

［41］ 国家市场监管总局.生物制品批签发管理办法.2020，11.

［42］ 国家市场监督管理总局.GMP附录：《生物制品》.2020，4.

［43］ 制药业网.灭活疫苗下游工艺概述.2021，1.

［44］ 国家卫健委，科技部，工信部，等.疫苗生产车间生物安全通用要求.2020，6.

［45］ 袁杰，王振江等.中华人民共和国疫苗管理法释义［M].北京：中国民主法治出版社，2019：95-164.

［46］ 杨晓明，等.当代疫苗学［M].北京：高等教育出版社，2020.

［47］ 王军志等.疫苗质量控制与评价［M].北京：人民卫生出版社，2013.

［48］ 国家药典委员会.中华人民共和国药典（2020年版).北京：中国医药科技出版社，2020.

［49］ 国家食品药品监督管理总局.水系GMP实施指南.2010.

［50］ 钱应璞.制药工艺用水系统设计与实践.北京：化学工业出版社，2001.

［51］ 金熙，项成林，齐东子.工业水处理技术问题及常用数据.北京：化学工业出版社，2004.

［52］ ［德］R Rautenbach.膜工艺：组件和装置设计基础.王乐夫，译.北京：化学工业出版社，2004.

［53］ 严瑞瑄.水处理剂应用手册.北京：化学工业出版社，2003.

［54］ 梁治齐.实用清洗技术手册.2版.北京：化学工业出版社，2005.

［55］ 钱应璞.冷冻干燥制药工程与技术.北京：化学工业出版社，2007.

［56］ 美国药典委员会.美国药典（NF2021版).2021.

［57］ 欧洲药典委员会.欧洲药典（10.5版).2021.

［58］ 中国医药设备工程协会.中外制药用水对比调研报告.2016.